세상의 속도를
따라잡고 싶다면

Do it!

우분투와 로키로 배우는 리눅스 기본기
리눅스 입문

설치 ≫ 명령어 ≫ 자동화 ≫ 서버 구축까지 한 권에 담았다!

박필준 지음

이지스 퍼블리싱

세상의 속도를 따라잡고 싶다면 **Do it!**
변화의 속도를 즐기게 됩니다.

Do it!
리눅스 입문
Do it! Linux for Beginners

초판 발행 • 2025년 12월 9일

지은이 • 박필준
펴낸이 • 이지연
펴낸곳 • 이지스퍼블리싱(주)
출판사 등록번호 • 제313-2010-123호
주소 • 서울특별시 마포구 잔다리로 109 이지스빌딩 3층(우편번호 04003)
대표전화 • 02-325-1722 | **팩스** • 02-326-1723
홈페이지 • www.easyspub.co.kr | **Do it! 스터디룸 카페** • cafe.naver.com/doitstudyroom
인스타그램 • instagram.com/easyspub_it | **엑스(구 트위터)** • x.com/easys_IT
페이스북 • facebook.com/easyspub

총괄 • 최윤미 | **기획 및 책임편집** • 이소연 | **기획편집 2팀** • 신지윤, 박재연, 이소연, 신수경
교정교열 • 박명희 | **표지 디자인** • 김보라 | **본문 디자인** • 김보라, 책돼지 | **인쇄** • 미래피앤피
마케팅 • 권정하 | **독자지원** • 박애림, 이세진, 김수경 | **영업 및 교재 문의** • 이주동, 김요한(support@easyspub.co.kr)

- '세상의 속도를 따라잡고 싶다면 Do it!'은 출원 중인 상표명입니다.
- 잘못된 책은 구입한 서점에서 바꿔 드립니다.
- 이 책에 실린 모든 내용, 디자인, 이미지, 편집 구성의 저작권은 이지스퍼블리싱(주)와 지은이에게 있습니다.

 이 책을 저작권자의 허락 없이 무단 복제 및 전재(복사, 스캔, PDF 파일 공유)하면 저작권법 제136조에 따라 **5년** 이하의 징역 또는 **5천만 원** 이하의 벌금을 부과할 수 있습니다. 무단 게재나 불법 파일 등을 발견하면 출판사나 한국저작권보호원에 신고해 주십시오(불법 복제 신고 https://www.copy112.or.kr).

ISBN 979-11-6303-798-9 13000
가격 28,500원

머리말

20년 실무 경력과 10년 강의 노하우를 한 권에 담았다!
리눅스 기초부터 실무 핵심 기능까지 직접 실습하며 배운다!

리눅스 첫걸음, 체계적인 학습 방식으로 시작하자!

서버와 클라우드, 사물 인터넷 시스템까지 리눅스는 오늘날 대부분의 IT 인프라를 지탱하는 핵심 운영체제입니다. 하지만 그래픽 중심의 환경에 익숙한 사용자에게 명령어에 기반한 리눅스는 낯설고 복잡해서 다가가기 힘들 수 있습니다. 이 책의 목표는 리눅스가 누구나 '이해할 수 있는 기술'이라는 인식을 독자들이 가질 수 있도록 하는 것입니다. 이 목표에 기초해서 **단순히 명령어를 외우는 데 그치지 않고 리눅스가 왜 그런 방식으로 동작하는지 원리를 이해하며 체계적으로 학습**할 수 있도록 구성했습니다.

실무와 교육 현장의 경험으로 완성한 리눅스 입문서!

저는 지난 20년간 개발자, 시스템 엔지니어, 프리랜서로 활동하면서 다양한 프로젝트를 구축·운영하고 장애에 대응하는 경험을 했습니다. 그 과정에서 리눅스는 단순한 운영체제를 넘어 문제 해결 방식과 사고의 틀을 바꾸는 기술임을 깨달았습니다. 또한 10여 년간 대학, 기업, 공공기관에서 리눅스를 가르치며 수많은 학습자들이 실습을 통해 문제를 해결하며 성장하는 과정을 함께했습니다. 그래서 실무와 교육 현장에서 얻은 생생한 경험과 노하우를 이 책에 고스란히 담을 수 있었습니다. 또한 **실제 강의에서 수강생들이 어려워했던 지점과 실무에서 마주칠 문제의 해결 사례를 바탕으로 입문자가 리눅스를 제대로 배울 수 있도록 정리**했습니다.

명령어 활용부터 서버 구축, 클라우드까지 한 권으로 끝내자!

이 책은 단순히 명령어의 결과를 확인하는 데서 멈추지 않고 '리눅스가 왜 이렇게 동작하는가'를 이해하도록 돕는 데 중점을 두었습니다. **모든 학습은 가상환경에서 직접 실습하며 진행**할 수 있습니다. 첫째마당에서는 리눅스의 기본 개념과 시스템 구조를 이해하고, 둘째마당에서는 사용자와 프로세스 제어, 리다이렉션, 셸 스크립트 등 리눅스의 핵심 명령어를 실습합니다. 마지막으로 셋째마당에서는 웹 서버와 파일 서버를 구축하고 사물 인터넷 장치 제어, 클라우드 활용 등 실무에 꼭 필요한 핵심 기능을 익힙니다. 또한 **장이 끝날 때마다 '되새김 문제'를 풀면서 배운 내용을 스스로 점검**하며 확실히 다질 수 있습니다.

리눅스를 처음 접하는 분들에게 이 책이 단순한 명령어 모음집을 넘어 리눅스의 철학과 구조적 사고를 이해하는 출발점이자 좋은 길잡이가 되기를 바랍니다. 기술은 빠르게 변하지만 기본기를 이해한 사람은 어떤 변화 속에서도 길을 잃지 않습니다. 이 책이 여러분의 기술적 성장 여정에 든든한 발판이 되기를 희망합니다.

원고의 완성도를 높이기 위해 함께 애써 주신 이소연 편집자님과 출판 과정을 지원해 주신 이지연 대표님께 깊이 감사드립니다. 그리고 기나긴 집필 기간 동안 변함없는 응원과 깊은 이해심으로 힘이 되어 준 가족 모두에게 진심 어린 사랑과 감사의 마음을 전합니다.

박필준 드림

책 미리 보기

체계적인 3단계 코스로 공부해요!
운영체제 기초부터 명령어 활용, 서버 구축, 클라우드까지!

1 첫째마당 리눅스 첫걸음
- 운영체제와 리눅스의 기본 개념 이해하기
- 리눅스 배포판과 가상화 환경 설정하기
- 우분투와 로키 설치하고 기본 명령어 실습하기
- 파일 시스템의 구조와 경로 개념 익히기

2 둘째마당 리눅스 활용하기
- 사용자, 권한, 패키지, 프로세스 관리하기
- 문서 편집기와 문자 처리 명령어 활용하기
- 리다이렉션과 파이프라인으로 데이터 흐름 제어하기
- 셸 스크립트로 자동화와 반복 작업 구현하기

3 셋째마당 리눅스 실전 프로젝트
- 아파치로 웹 서버 구축하고 워드프레스 운영하기
- 삼바와 NFS로 파일 서버 구축하기
- 라즈베리파이로 사물 인터넷 장치 제어하기
- AWS로 클라우드 서버 실습하기

이 책, 이런 분께 추천해요!

- 리눅스를 처음 접하여 기본 개념부터 차근차근 배우고 싶은 분
- 우분투, 로키 등 다양한 배포판을 경험하며 리눅스 실무 능력을 키우고 싶은 분
- 서버 구축부터 사물 인터넷, 클라우드까지 리눅스를 폭넓게 활용하고 싶은 분

이 책, 이렇게 공부하세요!
개념 → 실습 → 점검 → 복습까지 한 권에!

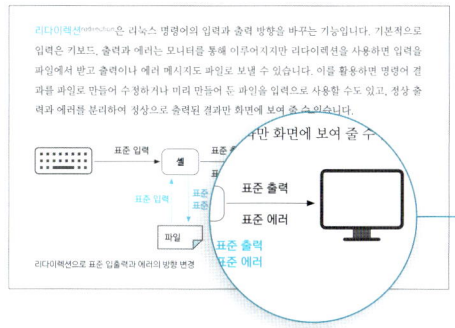

❶ 친절한 설명과 그림으로 개념 이해하기
초보자라도 괜찮아요! 리눅스의 필수 개념을 상세한 설명과 그림으로 제대로 익혀 보세요.

❷ 기본형 익히고 직접 실습하기
리눅스 명령어와 기능의 사용법을 알아보고, 명령어를 직접 입력하며 실습해 보세요.

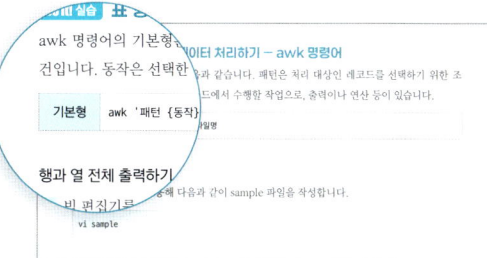

❸ 리눅스 활용 팁 알아 가기
리눅스를 200% 활용하고 싶다면 이 코너를 꼭 읽어 보세요. 리눅스에서 실무 능력을 키울 수 있는 팁을 모두 담았어요.

❹ 배운 내용 점검하면서 복습하기
장 하나를 다 읽었다면 공부한 내용을 잘 소화했는지 스스로 평가해 보세요. 배운 내용을 되새겨서 다지고 헷갈리는 내용은 복습해 보세요.

❺ 별책 부록으로 명령어 한눈에 보기
책에서 배운 명령어와 함께 실무에서 유용하게 사용하는 명령어를 빠르게 찾아 복습하고 활용해 보세요. 별책으로 구성되어 있어 떼어 들고 다니며 언제든 편하게 참고할 수 있습니다.

독자 지원

▶ 저자 직강 동영상 무료 제공 | 저자 선생님에게 1:1 과외를 받아 보세요

이 책의 핵심 내용을 담은 저자 직강 동영상 강의를 여러분께 무료로 제공합니다. 책과 함께 시청하면 리눅스에 더 쉽게 입문할 수 있어요.

- 저자 유튜브 채널: youtube.com/@toymakers
- 이지스퍼블리싱 유튜브 채널: youtube.com/@easyspub

저자 직강 동영상
QR 코드

이지스 플랫폼 | 연결하면 더 큰 가치를 만들 수 있어요

❶ 온라인에서 친구들과 함께 공부해요!

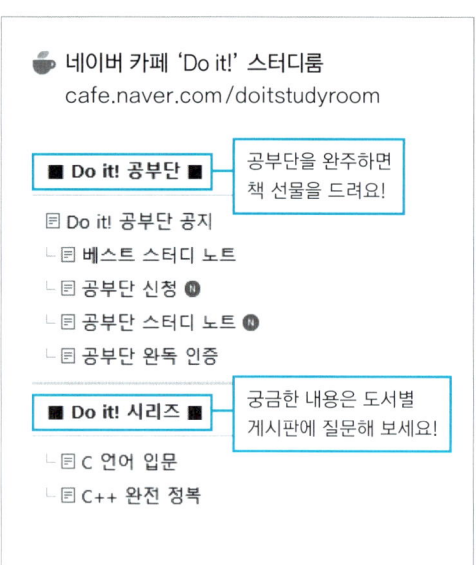

❷ 이벤트 소식은 이곳에서!

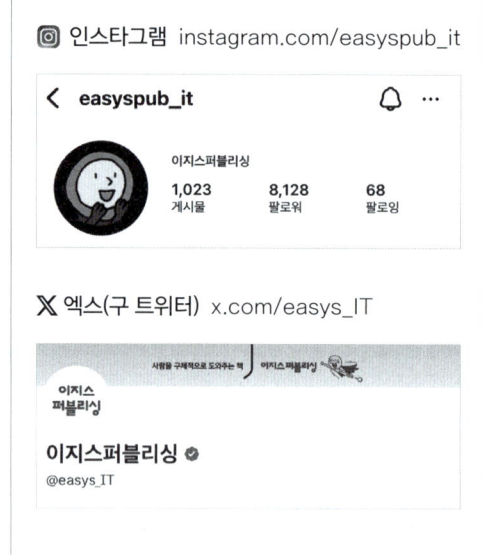

❸ 독자 설문 참여하면 6가지 혜택!

QR코드를 스캔하여 이 책에 대한 의견을 보내 주세요.
독자 여러분의 칭찬과 격려는 큰 힘이 됩니다. 더 좋은 책을 만들도록 노력하겠습니다.

❶ 추첨을 통해 소정의 선물 증정
❷ 이 책의 업데이트 정보 및 개정 안내
❸ 저자가 보내는 새로운 소식
❹ 출간될 도서의 베타테스트 참여 기회
❺ 출판사 이벤트 소식
❻ 이지스 소식지 구독 기회

학습 계획표

리눅스 입문, 혼자서 어떻게 공부해야 할지 막막한가요? 학습 계획표를 따라 체계적으로 공부해 보세요. **초보자**라면 30일 동안 차근차근 배우고, **중급자**라면 15일 동안 핵심을 빠르게 익혀 보세요. 실력에 따라 계획을 세워 공부하고 나면 리눅스가 무엇인지 이해하고 활용할 수 있을 거에요!

초보자를 위한 30일 진도표 — 혼자서도 체계적으로 공부해요!

회차	진도	회차	진도
1일 (/)	01장	16일 (/)	07-1절
2일 (/)	02-1 ~ 02-3절	17일 (/)	07-2절
3일 (/)	02-4절	18일 (/)	07-3절
4일 (/)	03-1절	19일 (/)	07-4절
5일 (/)	03-2 ~ 03-3절	20일 (/)	07-5절
6일 (/)	04-1절	21일 (/)	07-6절
7일 (/)	04-2절	22일 (/)	08-1 ~ 08-2절
8일 (/)	04-3절	23일 (/)	08-3 ~ 08-4절
9일 (/)	04-4절	24일 (/)	09-1절
10일 (/)	05-1절	25일 (/)	09-2절
11일 (/)	05-2절	26일 (/)	09-3절
12일 (/)	05-3절	27일 (/)	10-1 ~ 10-2절
13일 (/)	06-1 ~ 06-2절	28일 (/)	10-3절
14일 (/)	06-3 ~ 06-4절	29일 (/)	11-1 ~ 11-2절
15일 (/)	06-5절	30일 (/)	11-3 ~ 11-4절

중급자를 위한 15일 진도표 — 강의에도 활용할 수 있어요!

회차	진도	회차	진도
1일 (/)	01 ~ 02장	9일 (/)	07-1 ~ 07-2절
2일 (/)	03장	10일 (/)	07-3 ~ 07-4절
3일 (/)	04-1 ~ 04-2절	11일 (/)	07-5 ~ 07-6절
4일 (/)	04-3 ~ 04-4절	12일 (/)	08장
5일 (/)	05-1 ~ 05-2절	13일 (/)	09장
6일 (/)	05-3절	14일 (/)	10장
7일 (/)	06-1 ~ 06-3절	15일 (/)	11장
8일 (/)	06-4 ~ 06-5절		리눅스 완전 정복!

차례

첫째마당 | 리눅스 첫걸음

01장 리눅스와 친해지기 · 16

- **01-1 운영체제와 리눅스** · 17
  - 운영체제란? · 17
  - 리눅스의 탄생 배경 · 17
  - 리눅스의 특징 5가지 · 19
  - 리눅스, 어떻게 활용할까? · 20
- **01-2 리눅스 시스템과 리눅스 배포판** · 22
  - 리눅스 시스템의 구성 요소 · 22
  - 리눅스 배포판 · 23
  - 패키지 관리 방식 · 24
  - 되새김 문제 · 27

02장 리눅스 환경 설정하고 사용하기 · 28

- **02-1 가상화와 하이퍼바이저** · 29
  - 가상화란? · 29
  - 하이퍼바이저의 유형 · 30
  - [Do it! 실습] 버추얼박스 하이퍼바이저 설치하기 · 31
- **02-2 우분투 설치하기** · 41
  - 우분투란? · 41
  - [Do it! 실습] 버추얼박스에 우분투 설치하기 · 43
- **02-3 로키 설치하기** · 48
  - 로키란? · 48
  - [Do it! 실습] 버추얼박스에 로키 설치하기 · 49
- **02-4 리눅스 셸과 기본 명령어** · 57
  - 명령어와 터미널 · 57
  - 리눅스 셸의 역할과 종류 · 58
  - 명령 프롬프트 · 59
  - [Do it! 실습] 터미널 실행하기 · 59
  - [Do it! 실습] 디렉터리와 파일 목록 출력하기 — ls 명령어 · 63
  - [Do it! 실습] 파일 생성하기 — touch 명령어 · 66

Do it! 실습	파일 삭제하기 — rm 명령어	68
Do it! 실습	디렉터리 생성하기 — mkdir 명령어	69
Do it! 실습	디렉터리 삭제하기 — rmdir 명령어	70
되새김 문제		71

03장 파일 시스템과 경로 · 72

03-1 리눅스 파일 시스템 · 73

리눅스 파일 시스템의 5가지 특징 · 73
리눅스 파일의 종류 · 74
트리 구조 · 76

| Do it! 실습 | 시스템 설정값과 환경 설정 정보 확인하기 — getconf 명령어 | 77 |
| Do it! 실습 | 파일 유형과 식별자 확인하기 — ls -l 명령어 | 78 |

03-2 절대 경로와 상대 경로 · 81

절대 경로와 상대 경로란? · 81

| Do it! 실습 | 경로 이동하기 — cd 명령어 | 82 |

03-3 파일 복사하고 변경하기 · 88

Do it! 실습	파일 생성하고 디렉터리 구조 확인하기 — tree 명령어	88
Do it! 실습	파일과 디렉터리 복사하기 — cp 명령어	90
Do it! 실습	파일과 디렉터리 변경하기 — mv 명령어	95

되새김 문제 · 98

둘째마당 | 리눅스 활용하기

04장 리눅스 응용 명령어 · 100

04-1 명령어 매뉴얼 확인하기 · 101

리눅스의 명령어 매뉴얼 · 101

Do it! 실습	명령어 매뉴얼 확인하기 — man 명령어	102
Do it! 실습	명령어의 실행 파일 위치 확인하기 — which 명령어	106
Do it! 실습	명령어의 매뉴얼 위치 확인하기 — whereis 명령어	107

04-2 명령어 사용 기록 확인 및 파일 찾기 · 109

와일드카드 문자란? · 109

Do it! 실습	와일드카드 문자 사용하기	109
Do it! 실습	명령어의 이력 확인하기 — history 명령어	113
Do it! 실습	파일 또는 디렉터리 찾기 — find 명령어	115

04-3 사용자 생성하고 삭제하기 · 119
- [Do it! 실습] 사용자 추가하기 — adduser 명령어 · 119
- [Do it! 실습] 비밀번호 변경하기 — passwd 명령어 · 121
- [Do it! 실습] 사용자 삭제하기 — deluser 명령어 · 122

04-4 파일 접근 권한 설정하기 · 124
- 파일 허가권과 소유권 · 124
- 파일 허가권의 표현 방식 · 125
- [Do it! 실습] 파일 허가권 변경하기 — chmod 명령어 · 127
- 되새김 문제 · 130

05장 패키지, 압축, 프로세스 관리 · 131

05-1 패키지 설치 및 제거하기 · 132
- 패키지와 패키지 관리자 · 132
- [Do it! 실습] 우분투의 패키지 관리자 — apt 명령어 · 133
- [Do it! 실습] 로키의 패키지 관리자 — dnf 명령어 · 138

05-2 아카이브 파일 압축하기 · 141
- 아카이브와 압축 · 141
- [Do it! 실습] 아카이브 파일 만들고 풀기 — tar 명령어 · 142
- [Do it! 실습] 파일 압축하기 — gzip, bzip2, xz 명령어 · 144
- [Do it! 실습] 파일 압축하기 — zip 명령어 · 148
- [Do it! 실습] 파일 압축 해제하기 — unzip 명령어 · 151

05-3 프로세스 관리하기 · 152
- 프로세스란? · 152
- 프로세스의 5가지 상태 · 153
- [Do it! 실습] 프로세스 정보 확인하기 — ps 명령어 · 154
- [Do it! 실습] 문자열 검색과 필터링 — grep 명령어 · 155
- [Do it! 실습] 프로세스 모니터링하기 — top 명령어 · 156
- [Do it! 실습] 특정 프로세스 정보 검색하기 — pgrep 명령어 · 158
- [Do it! 실습] 프로세스의 2가지 실행 방법 — sleep 명령어 · 158
- [Do it! 실습] 프로세스에 신호 보내기 — kill 명령어 · 160
- 되새김 문제 · 162

06장 문서 편집기 · 163

06-1 기본 문서 편집기 — 나노 편집기 · 164
- 리눅스의 문서 편집기 · 164
- [Do it! 실습] 나노 편집기 실행하기 · 164
- [Do it! 실습] 나노 편집기의 단축키 사용하기 · 165

06-2 문자 처리 명령어 173
- **Do it! 실습** 문서 파일의 내용 출력하기 — cat 명령어   173
- **Do it! 실습** 페이지 단위로 문서 보여 주기 — more, less 명령어   174
- **Do it! 실습** 파일의 일부 내용 확인하기 — head, tail 명령어   180

06-3 리다이렉션과 파이프라인 182
- 리다이렉션이란?   182
- **Do it! 실습** 리다이렉션으로 입출력 제어하기   183
- 파이프라인이란?   187
- **Do it! 실습** 파이프라인 사용하기   188

06-4 고급 문서 편집기 — 빔 편집기 191
- vi 편집기와 빔 편집기   191
- 빔 편집기의 3가지 모드   191
- 빔 편집기의 기본 조작법   192
- **Do it! 실습** 빔 편집기 사용하기   193
- **Do it! 실습** 빔 길잡이 실행하기   195

06-5 고급 편집 기능 사용하기 198
- sed 명령어의 동작 원리   198
- **Do it! 실습** 문서의 부분 출력, 삭제, 치환하기 — sed 명령어   199
- awk 명령어의 개념   204
- **Do it! 실습** 표 형식의 데이터 처리하기 — awk 명령어   204
- 되새김 문제   211

07장 셸 스크립트 프로그래밍 212

07-1 로그인 셸과 셸 변수 213
- **Do it! 실습** 로그인 셸 변경하기 — chsh 명령어   213
- **Do it! 실습** 셸 변수 선언하고 출력하기   216
- **Do it! 실습** 변수로 선언한 값 제거하기 — unset 명령어   218

07-2 환경 변수와 셸 프롬프트 219
- 환경 변수란?   219
- PS1 환경 변수란?   219
- **Do it! 실습** 환경 변수 등록하기 — export 명령어   220
- **Do it! 실습** PS1 환경 변수로 셸 프롬프트 변경하기   221

07-3 셸 스크립트의 기본 동작 원리 225
- 셸 스크립트란?   225
- **Do it! 실습** 셸 스크립트 생성하고 실행하기   225
- **Do it! 실습** 환경 변수에 셸 스크립트 경로 추가하기   227
- **Do it! 실습** 명령어 실행 결과를 변수에 저장하기   229

07-4 셸 스크립트와 위치 매개변수 231
위치 매개변수란? 231
Do it! 실습 위치 매개변수 이해하기 232
Do it! 실습 디렉터리의 사용량 출력하기 — du 명령어 233
Do it! 실습 사용자 입력과 출력하기 — read 명령어 234
Do it! 실습 문자열을 형식에 맞춰 출력하기 — printf 명령어 236

07-5 조건문과 수식 연산 239
Do it! 실습 셸 스크립트의 조건문 — test 명령어 239
Do it! 실습 여러 조건 중에서 하나를 선택하는 조건문 244
Do it! 실습 수식 연산하기 — expr, let 명령어와 (( )) 구문 247

07-6 셸 스크립트와 반복문 252
Do it! 실습 셸 스크립트의 for 반복문 252
Do it! 실습 셸 스크립트의 while 반복문과 until 반복문 255
Do it! 실습 조건문과 반복문 함께 사용하기 257
Do it! 실습 사용자 계정 생성을 자동화하는 셸 스크립트 만들기 258

되새김 문제 260

셋째마당 | 리눅스 실전 프로젝트

08장 리눅스로 웹 서버 만들기 262

08-1 웹의 동작 방식 이해하기 263
서버와 클라이언트 환경 263
웹 서버와 웹 브라우저 264
HTTP와 HTTPS 264
웹 페이지의 표현 방식 — HTML 266

08-2 웹 서버의 유형과 특징 267
정적 웹 서버와 동적 웹 애플리케이션 서버 267
웹 서버의 유형 269
웹 애플리케이션 서버의 유형 269

08-3 아파치 웹 서버 설치하기 271
Do it! 실습 아파치로 웹 서버 설치하고 시스템 서비스 제어하기 271
Do it! 실습 PHP 설치하고 동적 웹 페이지 구축하기 274

08-4 워드프레스로 동적 웹 페이지 구현하기 278
Do it! 실습 LAMP 환경 준비하고 워드프레스 설치하기 278
Do it! 실습 워드프레스용 데이터베이스 생성하기 280

	Do it! 실습 워드프레스에서 웹 페이지 꾸미기	283
	되새김 문제	287

09장 리눅스로 파일 서버 만들기 288

09-1 네트워크 환경 이해하기 289
네트워크 환경이란? 289
랜과 왠 290
네트워크의 구성 요소 291
IP 주소 체계 292
서브넷 마스크와 네트워크 대역 293
사설 IP 주소 294

09-2 삼바로 파일 서버 구축하기 296
파일 서버와 삼바 296
Do it! 실습 공유 디렉터리와 삼바 사용자 생성하기 296
Do it! 실습 삼바 설정 파일 편집하기 298
가상 머신과 호스트의 네트워크 구성 방식 300
Do it! 실습 가상 머신의 네트워크 설정하기 301
Do it! 실습 클라이언트 환경에서 삼바 서버 접속하기 309

09-3 NFS로 파일 서버 구축하기 313
NFS란? 313
Do it! 실습 NFS 서버 설정하기 314
Do it! 실습 NFS 클라이언트 설정하고 NFS 서버에 접속하기 318
Do it! 실습 자동 마운트 설정하기 320
되새김 문제 321

10장 사물 인터넷 장치 만들기 322

10-1 리눅스와 사물 인터넷 장치 323
사물 인터넷과 라즈베리파이 323
라즈베리파이의 종류 323

10-2 라즈베리파이 운영체제 326
라즈베리파이 운영체제의 종류 326
운영체제 설치 및 부팅 과정 미리 보기 327
Do it! 실습 라즈베리파이 OS 설치 준비하기 329
Do it! 실습 이미저로 라즈베리파이 OS 설치하기 333
Do it! 실습 OS 커스터마이징하기 335

10-3 라즈베리파이와 리눅스 명령어　　　　　　　　　　　339
- **Do it! 실습** 원격으로 라즈베리파이 연결하기　　　　　339
- **Do it! 실습** 유선으로 라즈베리파이 연결하기　　　　　343
- **Do it! 실습** 라즈베리파이 전용 명령어　　　　　　　　346
- 되새김 문제　　　　　　　　　　　　　　　　　　　　349

11장　클라우드에서 리눅스 사용하기　　　　　　　　　　350

11-1 클라우드 컴퓨팅 환경 알아보기　　　　　　　　　　351
- 클라우드 컴퓨팅이란?　　　　　　　　　　　　　　　351
- 클라우드 컴퓨팅 서비스 모델의 유형　　　　　　　　352
- CSP와 MSP　　　　　　　　　　　　　　　　　　　352

11-2 AWS 계정 생성하고 설정하기　　　　　　　　　　　353
- **Do it! 실습** AWS 계정 생성하기　　　　　　　　　　　353
- **Do it! 실습** 언어와 리전 설정하기　　　　　　　　　　357
- **Do it! 실습** 루트 사용자 계정에 다중 요소 인증 추가하기　358
- **Do it! 실습** IAM 사용자 생성하기　　　　　　　　　　364

11-3 EC2 인스턴스 생성하기　　　　　　　　　　　　　366
- EC2 서비스란?　　　　　　　　　　　　　　　　　　366
- **Do it! 실습** EC2 인스턴스 생성하기　　　　　　　　　366

11-4 EC2 인스턴스 접속하기　　　　　　　　　　　　　371
- **Do it! 실습** 클라우드에서 리눅스 활용하기　　　　　　371
- **Do it! 실습** EC2 인스턴스 중지 및 종료하기　　　　　377
- 되새김 문제　　　　　　　　　　　　　　　　　　　　379

찾아보기　　　　　　　　　　　　　　　　　　　　　　　380

별책 | 부록 A　　핵심 명령어 사전

첫째마당

리눅스 첫걸음

첫째마당에서는 리눅스를 처음 접하는 입문자를 위해 리눅스의 개념과 기본 원리를 살펴봅니다. 그리고 명령어를 직접 사용해 보며 리눅스 시스템과 친숙해지는 과정을 경험합니다. 단순히 명령어를 따라 하는 것을 넘어 리눅스가 작동하는 방식과 구조를 자연스럽게 이해하면서 시스템을 다루는 감각을 익힐 수 있습니다.

- **01장** ▸ 리눅스와 친해지기
- **02장** ▸ 리눅스 환경 설정하고 사용하기
- **03장** ▸ 파일 시스템과 경로

01장

리눅스와 친해지기

01장에서는 리눅스가 어떻게 탄생했고 어떤 특징이 있는지 알아봅니다. 그리고 리눅스 시스템의 구조와 활용 분야를 살펴보고 리눅스 배포판의 종류와 차이점도 함께 학습합니다.

01-1 ◆ 운영체제와 리눅스
01-2 ◆ 리눅스 시스템과 리눅스 배포판

> **학습 목표**
> ✓ 리눅스의 개념과 특징을 이해하고 설명할 수 있다.
> ✓ 리눅스 시스템의 구조와 활용 분야를 설명할 수 있다.
> ✓ 리눅스 배포판의 개념과 종류를 알고 각 배포판의 특징을 구분할 수 있다.

01-1
운영체제와 리눅스

운영체제가 무엇인지 먼저 살펴보고 이어서 리눅스가 어떻게 탄생했는지 알아보겠습니다. 상용 소프트웨어인 유닉스와 달리 오픈소스 소프트웨어로 개발된 리눅스의 특징을 정리하고, 실제 활용 사례를 살펴보며 리눅스와 가까워져 보겠습니다.

운영체제란?

운영체제^{Operating System, OS}는 컴퓨터의 하드웨어 자원을 효율적으로 관리하고 사용자가 응용 프로그램을 설치 및 실행할 수 있도록 돕는 시스템 소프트웨어입니다. 우리가 일상에서 사용하는 스마트폰, 노트북, 서버, 심지어 가전제품도 운영체제를 기반으로 동작합니다. 대표적인 운영체제로 마이크로소프트의 윈도우^{Windows}, 애플의 macOS, 그리고 모바일에서 널리 쓰이는 안드로이드^{Android} 등이 있습니다.

운영체제는 핵심 프로그램인 커널^{kernel}을 중심으로 사용자와 하드웨어를 연결해 주는 다양한 프로그램으로 구성됩니다. 커널은 CPU, 메모리, 저장 장치 등 주요 자원을 제어하며 다른 프로그램이 안정적으로 실행될 수 있는 환경을 만듭니다.

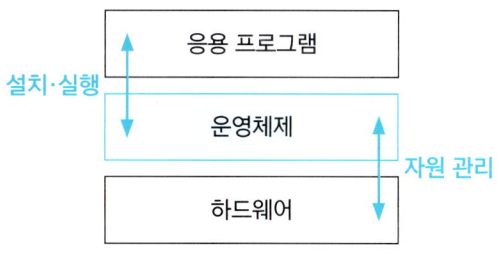

운영체제의 역할

리눅스의 탄생 배경

1969년, 유닉스^{Unix}라는 운영체제가 개발되었습니다. 유닉스는 다중 사용자 환경과 다중 작업^{multitasking}을 지원한 최초의 운영체제로, 이후 등장한 많은 운영체제에 큰 영향을 주었습니다.

유닉스 로고

유닉스는 유료로 사용해야 하는 상용 소프트웨어여서 누구나 자유롭게 쓸 수 없었습니다. 이에 1983년 리처드 스톨먼^{Richard Stallman}은 소프트웨어를 누구나 자유롭게 사용, 수정, 배포할 수 있도록 하자는 자유 소프트웨어 운동을 시작했습니다. 자유 소프트웨어 운동의 3가지 기본 원칙은 다음과 같습니다.

> **자유 소프트웨어 운동의 3가지 기본 원칙**
> 1. 소프트웨어의 작동 원리를 연구하고 자신의 필요에 맞게 변경할 수 있는 자유
> 2. 소프트웨어를 이웃과 함께 공유하기 위해서 복제하고 배포할 수 있는 자유
> 3. 소프트웨어를 개선하고 그 결과물을 공동체 전체를 위해 다시 환원할 수 있는 자유

자유 소프트웨어 운동은 GNU 프로젝트로 구체화되었습니다. GNU는 'GNU is not Unix'의 줄임말로 'GNU는 유닉스가 아니다'라는 의미입니다. 이는 유닉스 시스템과 호환되면서 누구나 자유롭게 사용할 수 있는 프로그램을 만들겠다는 취지를 담고 있습니다. 스톨먼은 GNU 프로젝트를 실행하기 위해 자유 소프트웨어 재단Free Software Foundation, FSF을 설립하고 운영체제를 구성하는 여러 프로그램을 개발했습니다. 대표적으로 문서 편집기인 이맥스Emacs와 사람이 작성한 프로그래밍 코드를 기계가 이해할 수 있는 언어로 변환해 주는 GCC가 있습니다. 하지만 그때까지만 해도 운영체제의 핵심인 커널은 아직 개발되지 않은 상태였습니다.

❂ GCC는 GNU Compiler Collection의 줄임말로 'GNU 컴파일러 모음'을 뜻합니다.

1991년, 핀란드 대학생이었던 리누스 토르발스Linus Torvalds가 커널을 직접 개발하여 공개했습니다. 이 커널이 바로 리눅스Linux입니다. 이후 리눅스는 GNU 프로젝트에서 만든 다양한 프로그램과 결합하며 완전한 운영체제로 발전했습니다. 이렇게 실제로 설치해서 사용할 수 있게 결합한 운영체제를 GNU/리눅스 또는 리눅스 배포판Linux distribution이라고 하며, 보통 간단히 '리눅스'라고 부릅니다.

리눅스 로고

❂ 이 책에서는 '리눅스 배포판'을 줄여서 '리눅스'라고 사용하겠습니다.

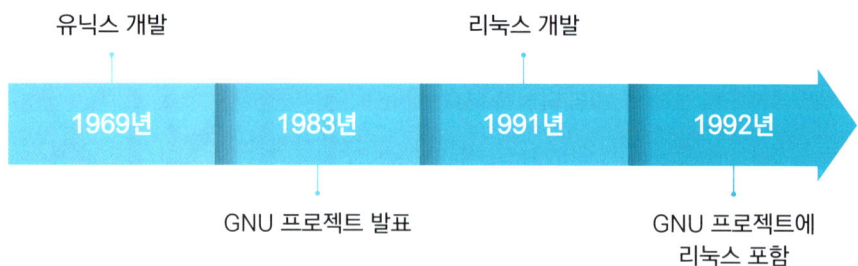

리눅스의 탄생 흐름

리눅스의 특징 5가지

리눅스는 오픈소스에 기반한 운영체제로 유연성, 안전성, 보안성 면에서 강력한 장점이 있습니다. 이러한 특성 덕분에 리눅스는 일반 업무 처리, 서버 관리, 임베디드 개발 등 다양한 분야에서 활용할 수 있습니다. 이제 리눅스의 주요 특징 5가지를 살펴보겠습니다.

✪ 임베디드(Embedded) 개발이란 스마트 워치 같은 특정 하드웨어에서 작동하는 소프트웨어를 개발하는 것을 말합니다.

1. 오픈소스 소프트웨어입니다

리눅스는 GPL^{General Public License}로 배포되어 누구나 소스 코드를 확인하고 수정할 수 있습니다. 사용자는 시스템을 자유롭게 개선하거나 자신만의 용도에 맞게 변경할 수 있습니다.

✪ GPL은 자유 소프트웨어 재단(FSF)에서 만든 라이선스로, 사용자에게 오픈소스 소프트웨어를 사용·연구·공유·수정할 수 있는 자유를 보장해 줍니다.

2. 다중 사용자와 다중 작업을 지원합니다

리눅스는 유닉스의 영향을 받아 다중 사용자^{multi-user}와 다중 작업 환경을 기본으로 지원합니다. 즉, 여러 프로그램을 동시에 실행할 수 있으며 여러 사용자가 독립적으로 시스템에 접속해 작업할 수 있습니다.

3. 성능, 안정, 보안이 우수합니다

리눅스는 장시간 구동해도 성능 저하가 적고 대규모 시스템에서도 안정적으로 동작합니다. 또한 파일과 시스템 권한 관리를 철저히 해서 제한된 사용자만 시스템을 변경할 수 있으므로 보안이 뛰어납니다.

4. 다양한 배포판을 제공합니다

리눅스는 특정 용도와 환경에 맞게 개발한 다양한 배포판을 제공합니다. 배포판이란 리눅스 커널과 여러 프로그램을 합쳐서 하나의 운영체제로 만드는 것을 의미합니다. 대표적으로 우분투^{Ubuntu}, 데비안^{Debian}, 페도라^{Fedora}, 레드햇^{Red Hat} 등이 있으며, 이 외에도 용도에 맞게 최적화한 수백 가지 배포판이 있습니다.

✪ 리눅스 배포판은 01-2절에서 자세히 알아봅니다.

5. 커뮤니티 규모가 방대합니다

리눅스는 전 세계의 개발자와 사용자가 함께 만드는 거대한 커뮤니티를 기반으로 발전해 왔습니다. 커뮤니티에서는 개발자와 사용자가 프로그램 에러를 보고하고 개선 사항을 제안하며, 다양한 문서를 통해 서로 도움을 주고받을 수 있습니다. 수많은 개발자가 리눅스 시스템에 기여하는 것을 자부심으로 여기며, 이는 리눅스 생태계가 지속적으로 발전하는 원동력이 되었습니다.

리눅스, 어떻게 활용할까?

리눅스는 서버와 클라우드 인프라, 슈퍼컴퓨터, 임베디드 시스템, 모바일 기기 등 다양한 분야에서 핵심 역할을 해왔습니다. 오픈소스라는 강점과 높은 안정성, 유연성 덕분에 여러 산업과 연구 분야에서 필수 운영체제로 자리 잡고 있습니다. 리눅스를 활용하는 주요 분야를 살펴보겠습니다.

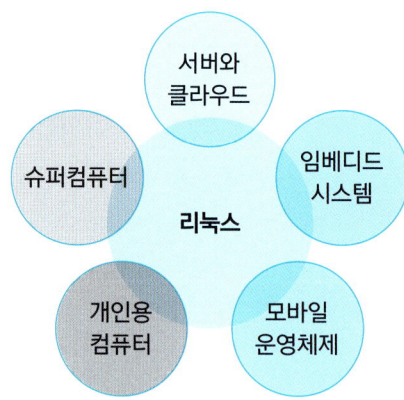

리눅스를 활용하는 다양한 분야

서버와 클라우드

전 세계의 수많은 웹 서버와 데이터베이스 서버는 리눅스를 기반으로 운영됩니다. 리눅스는 장시간 안정적으로 동작하며 네트워크 보안에 강한 구조입니다. 또한 오픈소스 라이선스이므로 무료로 사용할 수 있어서 기업에서는 비용 부담 없이 대규모 인프라를 구축할 수 있습니다. 클라우드 서비스의 대표 주자인 AWS^{Amazon Web Services}, 구글 클라우드, 마이크로소프트의 애저^{Azure}도 리눅스를 기반으로 인프라를 구축하고 운영합니다.

> ⭐ 클라우드 서비스는 인터넷을 통해 파일 저장, 소프트웨어 사용, 서버 운영 등을 언제 어디서나 할 수 있게 해줍니다. 11-1절에서 자세하게 다룹니다.

슈퍼컴퓨터

리눅스는 슈퍼컴퓨터 분야에서 가장 많이 사용하는 운영체제입니다. 리눅스는 사용자 정의를 자유롭게 할 수 있고, 하드웨어 자원을 정밀하게 제어하는 유연성을 제공하므로 전 세계

대부분의 슈퍼컴퓨터는 리눅스를 기반으로 구동됩니다.

개인용 컴퓨터

일부 IT 전문가와 개발자는 리눅스가 제공하는 다양한 개발 도구와 세밀한 제어 환경을 활용하여 리눅스를 데스크톱 운영체제로 사용합니다. 이를 통해 프로그램 개발과 업무용 컴퓨터 환경에서 리눅스를 활용할 수 있습니다.

모바일 운영체제

리눅스 커널은 가볍고 모듈화하기 쉬우며 다양한 하드웨어에 맞춰 수정할 수 있습니다. 대표적인 모바일 운영체제인 안드로이드 역시 리눅스 커널을 기반으로 하며, 스마트폰과 태블릿을 비롯한 다양한 디바이스에서 사용합니다.

임베디드 시스템

리눅스는 스마트 TV, 자동차 내비게이션, 디지털카메라와 같은 사물 인터넷[IoT] 장치에서도 활용됩니다. 사물 인터넷 장치의 핵심 구성 요소인 임베디드 시스템은 특정 기능을 수행하도록 설계된 전용 컴퓨터로 메모리나 처리 성능이 제한된 환경에서 동작합니다. 리눅스는 제한된 자원 환경에서도 최적화할 수 있고 커널을 맞춤화할 수 있어서 임베디드 시스템에서 널리 활용됩니다.

이 밖에도 게임, 교육, 연구, 보안 및 테스트 등 다양한 분야에서 리눅스를 사용하고 있습니다.

01-2
리눅스 시스템과 리눅스 배포판

리눅스 시스템을 구성하는 리눅스 커널, 응용 프로그램, 셸 그리고 하드웨어의 개념과 관계를 살펴보겠습니다. 이어서 리눅스를 실제로 설치해서 사용할 수 있게 결합한 리눅스 배포판의 유형과 패키지 관리 방식을 알아봅니다.

리눅스 시스템의 구성 요소

리눅스 시스템은 리눅스 커널을 기반으로 동작하는 운영체제 환경을 의미합니다. 리눅스 시스템은 하드웨어 위에서 리눅스 커널이 동작하고, 그 위에서 셸과 다양한 응용 프로그램이 실행되는 구조로 이루어집니다. 리눅스 시스템이 어떻게 동작하는지 이해하기 위해 리눅스 시스템의 구성 요소를 자세히 살펴보겠습니다.

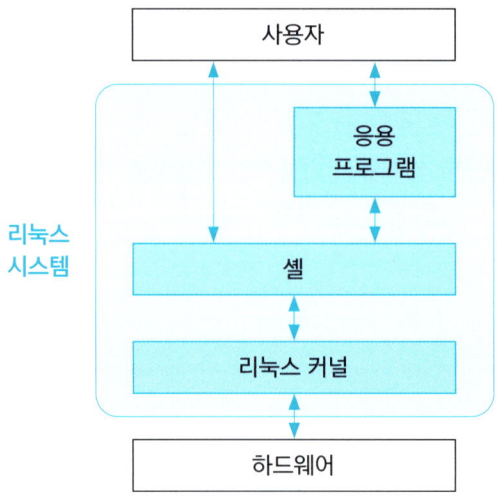

리눅스 시스템의 구성

응용 프로그램

응용 프로그램은 특정한 작업을 수행할 때 사용자가 컴퓨터에서 실행하는 프로그램을 말합니다. 사용자의 목적과 요구에 따라 문서 작성, 그림 편집, 음악 재생, 인터넷 접속, 게임 실행 등 다양한 기능을 제공합니다. 예를 들어 사용자가 리눅스 환경에서 파일 열기나 음악 재생 같은 작업을 할 때 오피스 프로그램이나 음악 플레이어 등의 응용 프로그램을 실행할 수 있습니다.

> ✪ 프로그램은 운영체제와 하드웨어가 잘 동작하도록 돕는 시스템 프로그램과 사용자가 직접 필요에 따라 사용하는 응용 프로그램으로 나뉩니다.

셸

사용자가 컴퓨터에 어떤 작업을 요청할 때 응용 프로그램을 실행해서 명령을 간접적으로 전달할 수도 있지만 셸에 명령어를 입력해서 전달할 수도 있습니다. 셸^{shell}은 사용자가 리눅스 시스템과 직접 소통할 수 있도록 돕는 명령어 해석기입니다. 사용자가 입력한 명령을 리눅스 커널이 이해할 수 있는 형태로 변환해서 전달하고, 커널이 처리한 결과를 다시 사용자가 이해할 수 있는 언어로 출력해 줍니다. 이처럼 셸은 서로 다른 언어를 번역해 주는 통역가와 같은 역할을 합니다. 리눅스를 효과적으로 활용하려면 셸의 개념과 사용법을 잘 이해하는 것이 중요합니다.

> ✪ 셸은 02-4절에서 자세히 배웁니다.

리눅스 커널

리눅스 커널은 리눅스 시스템의 핵심으로 하드웨어 자원을 관리하고 응용 프로그램이 실행될 수 있는 환경을 제공합니다. 주요 기능으로 하드웨어 장치 관리, 프로세스 관리, 네트워크 및 보안 관리, 파일 관리 등이 있습니다. 커널은 장치 드라이버를 호출해 요청된 작업을 처리합니다. 장치 드라이버는 커널과 하드웨어 사이에서 중계자 역할을 하며 하드웨어가 실제 동작하도록 지시합니다.

하드웨어

하드웨어는 눈에 보이고 손으로 만질 수 있는 물리 장치를 의미하며 중앙처리장치$^{Central\ Processing\ Unit,\ CPU}$, 그래픽처리장치$^{Graphic\ Processing\ Unit,\ GPU}$, 메모리, 키보드, 마우스, 하드디스크 등이 대표적입니다. 이러한 장치들은 데이터의 입력과 출력, 저장과 처리 역할을 수행합니다.

리눅스 배포판

리눅스 배포판은 리눅스 커널에 GNU 유틸리티, 패키지 관리자 등 다양한 소프트웨어를 묶어서 배포한 실행 환경을 말합니다. 리눅스 배포판의 뿌리를 따라 올라가면 크게 네 종류의 부모 배포판이 있습니다. 배포판의 종류와 특징을 정리하면 다음과 같습니다.

리눅스 배포판의 유형별 특징

부모 배포판	특징	파생 배포판
슬랙웨어	가장 오래된 배포판으로, 단순성과 사용자 제어를 중시하며 설정은 대부분 수동으로 편집해야 함	슬랙웨어 리눅스
데비안	자유 소프트웨어 철학을 기반으로 만들었으며, 높은 안정성과 호환성을 제공하여 다양한 플랫폼에서 사용할 수 있음	우분투, 리눅스 민트, 라즈베리파이OS
레드햇	기업용 상용 배포판으로, 강력한 기술 지원과 안정성을 제공함	로키, 페도라, 센트OS, 오라클 리눅스
안드로이드	리눅스에 기반한 운영체제로, 모바일과 사물 인터넷 환경에 최적화되어 있음	안드로이드, 옴니롬, 리니지OS

리눅스 배포판은 서버용, 데스크톱용, 임베디드용 등 사용자의 목적에 맞게 수백 가지 종류가 있습니다. 하지만 리눅스를 다룰 때 모든 배포판을 익힐 필요는 없습니다. 대부분의 배포판은 리눅스 커널을 공통으로 포함하고 있으며, 같은 부모 배포판에서 파생된 배포판은 구조와 명령 체계가 대체로 비슷하기 때문입니다. 따라서 오늘날 사용자가 가장 많은 데비안과 레드햇 계열의 배포판만 다룰 수 있다면 대부분의 배포판을 어렵지 않게 사용할 수 있습니다. 이 책에서는 데비안 계열의 우분투^{Ubuntu}와 레드햇 계열의 로키^{Rocky}를 설치하여 기본 사용법과 응용 방법을 익힙니다.

패키지 관리 방식

리눅스에서 패키지^{package}는 소프트웨어와 라이브러리, 설정 파일 등을 하나로 묶어 관리하는 배포 단위를 말합니다. 윈도우 운영체제에서는 EXE 또는 MSI 파일이 패키지에 해당하며, macOS에서는 PKG 형식의 패키지를 사용합니다.

패키지 간에는 의존 관계가 성립합니다. 예를 들어 A라는 패키지가 정상으로 동작하기 위해 B와 C라는 패키지가 필요하다면 A 패키지를 설치할 때 B와 C 패키지도 함께 설치해야 합니다. 이러한 관계를 의존 관계라고 하고 'A 패키지는 B와 C 패키지에 의존성이 있다'고 표현합니다.

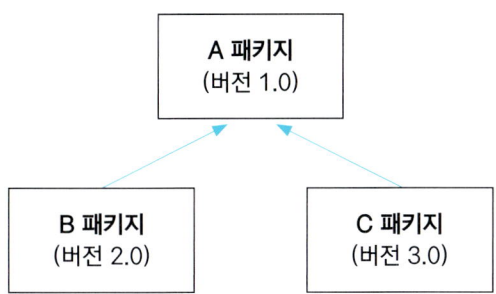

패키지의 의존 관계

하지만 각각의 패키지는 독립해서 관리되므로 의존 관계에 있는 모든 패키지의 버전이 항상 잘 맞는다고 보장할 수는 없습니다. 예를 들어 A 패키지를 사용하기 위해 B와 C 패키지를 설치했는데 B 패키지의 버전이 2.0에서 3.0으로 업데이트되었다고 가정해 봅시다. 만약 B 패키지의 새 버전인 3.0이 A 패키지의 기존 버전인 1.0과 호환되지 않는다면 A 패키지를 사용할 때 에러가 발생할 수 있습니다.

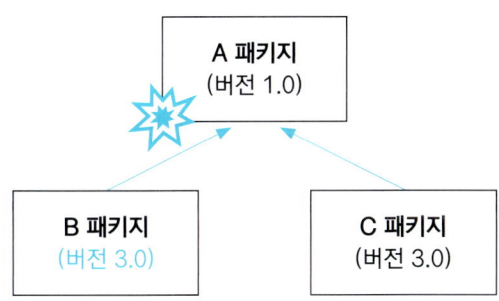

패키지 의존 관계의 어려움

이 문제를 해결하려면 A 패키지의 버전도 함께 변경해야 하는데, 과거에는 이러한 과정을 사용자가 일일이 수동으로 진행해야 했습니다. 예를 들어 앞에서 살펴본 슬랙웨어는 pkgtool이란 패키지 관리 도구를 제공하지만 패키지 간에 의존성을 자동으로 처리해 주지 않습니다. 따라서 특정 소프트웨어가 작동하는 데 필요한 다른 패키지를 사용자가 직접 찾아서 설치해야 합니다. 리눅스 운영체제를 처음 접하는 입문자는 패키지 관리가 어려울 수밖에 없었습니다.

하지만 최근에는 이러한 패키지의 의존 관계를 자동으로 해결해 주는 도구들이 개발되어 널리 사용되고 있습니다. 이제 사용자가 새로운 패키지를 설치하거나 업데이트하면 의존 관계에 있는 다른 패키지를 자동으로 설치하고 업데이트해 주어 훨씬 편리해졌습니다. 리눅스 배포판별로 대표적인 패키지 관리 도구를 정리하면 다음과 같습니다.

리눅스 배포판별 대표적인 패키지 관리 도구

배포판 계열	패키지 관리 도구
데비안 계열(우분투)	apt
레드햇 계열(로키)	yum, dnf

 여기서 잠깐 안드로이드의 패키지 관리 방식

안드로이드 운영체제에서는 일반적으로 앱이 단일 파일인 APK 형식으로 배포되며 앱 간의 의존 관계가 거의 없습니다. 사용자는 구글 플레이 스토어에서 앱을 설치하고 업데이트하는데, 이 과정은 모두 자동으로 이루어지므로 패키지 관리 도구가 따로 필요하지 않습니다.

다만 개발 환경에서는 ADB(Android Debug Bridge)라는 도구를 통해 단일 APK 파일을 설치, 업데이트, 삭제할 수 있습니다. ADB는 리눅스의 패키지 관리 도구처럼 복잡한 의존성을 처리하지는 않지만 기본적인 패키지 관리 기능을 담당한다고 볼 수 있습니다.

# 되새김 문제

1 다음 중 리눅스의 주요 특징이 아닌 것은 무엇인가요?
① 다중 사용자 시스템
② 다중 작업 지원
③ 상용 라이선스 기반으로만 사용 가능
④ 오픈소스 커널 기반

2 다음 중 운영체제가 담당하지 않는 기능은 무엇인가요?
① 파일 시스템 관리
② 메모리 관리
③ 네트워크 물리 배선
④ 프로세스 스케줄링

3 빈칸에 알맞은 말을 써넣어 문장을 완성하시오.

> 리눅스의 핵심 부분으로, 하드웨어를 직접 제어하는 프로그램은 _____(이)다.

4 리눅스 배포판을 설명한 내용으로 옳지 않은 것은 무엇인가요?
① 커널, 패키지, 설치 도구 등을 묶어서 배포한 것이다.
② 대표적인 배포판으로 우분투, 페도라, 로키 등이 있다.
③ 모든 배포판은 동일한 데스크톱 환경을 사용한다.
④ 배포판에 따라 패키지 관리 방식이 다를 수 있다.

5 다음 중 리눅스 시스템을 구성하는 요소로 알맞지 않은 것은 무엇인가요?
① 하드웨어
② 커널
③ 셸
④ 데이터베이스 관리 시스템(DBMS)

정답 1. ③ 2. ③ 3. 커널(kernel) 4. ③ 5. ④

02장

리눅스 환경 설정하고 사용하기

02장에서는 리눅스 환경을 구축하는 데 필요한 가상화와 하이퍼바이저의 개념을 살펴본 후, 리눅스 배포판을 설치하고 기본 명령어를 실습해 보겠습니다. 실습에는 실무 환경과 커뮤니티에서 가장 많이 사용하는 데비안 계열의 우분투와 레드햇 계열의 로키를 사용합니다. 동일한 계열의 배포판은 명령어와 사용 방식이 대부분 유사하므로 이 2가지 배포판만 알아 두면 모든 배포판을 다루지 않더라도 효율적으로 학습할 수 있습니다.

02-1 ◆ 가상화와 하이퍼바이저
02-2 ◆ 우분투 설치하기
02-3 ◆ 로키 설치하기
02-4 ◆ 리눅스 셸과 기본 명령어

학습 목표
- 가상화와 하이퍼바이저의 개념을 이해하고 설명할 수 있다.
- 데비안 계열의 배포판인 우분투를 설치할 수 있다.
- 레드햇 계열의 배포판인 로키를 설치할 수 있다.
- 리눅스의 기본 명령어를 소개하고 사용할 수 있다.

02-1
가상화와 하이퍼바이저

먼저 가상화와 하이퍼바이저의 개념을 이해하고 가상화 환경에서 리눅스 배포판을 설치해 보겠습니다. 만약 가상화를 지원하는 소프트웨어가 없다면 현재 사용하는 운영체제를 포맷한 후 새로운 운영체제를 설치해야 하지만, 가상화 소프트웨어를 활용하면 현재 운영체제를 유지한 채로 새로운 리눅스 배포판을 설치하거나 삭제할 수 있습니다.

가상화란?

가상화virtualization는 물리적인 하드웨어를 추상화하여 소프트웨어로 구현하는 기술을 의미합니다. 가상화 기술을 활용하면 한 컴퓨터를 독립된 여러 대의 컴퓨터처럼 사용할 수 있습니다. 마치 큰 방 하나를 작은 방 여러 개로 나누어 사용하는 것과 비슷합니다.

가상화는 컴퓨터를 추가로 구매하지 않고도 다양한 운영체제와 환경을 실험할 수 있다는 장점이 있습니다. 그 덕분에 가상화는 개발, 테스트, 서버 운영 등 여러 분야에서 널리 활용되고 있습니다. 이렇게 가상화된 컴퓨터를 가상 머신Virtual Machine, VM이라고 하며, 가상 머신에서는 여러 운영체제를 동시에 실행할 수 있습니다. 예를 들어 윈도우에서 가상화를 활용하면 리눅스를 여러 개 설치하고 동시에 사용할 수 있습니다.

가상화 환경에서는 운영체제의 역할을 명확히 이해하는 것이 중요합니다. 운영체제는 호스트host 운영체제와 게스트guest 운영체제로 나뉩니다.

- **호스트 운영체제**: 하드웨어에 직접 설치되어 하드웨어 자원을 관리하는 운영체제입니다. 일반적으로 사용하는 윈도우나 macOS 등이 호스트 운영체제에 해당합니다.
- **게스트 운영체제**: 가상 머신 내부에 설치되는 운영체제입니다. 호스트 운영체제가 제공하는 가상화 자원을 활용하여 독립해서 동작하며 실제 컴퓨터처럼 응용 프로그램을 실행할 수 있습니다. 예를 들어 윈도우를 호스트 운영체제로 사용하면서 그 위에 리눅스 등을 설치하면 리눅스는 게스트 운영체제가 됩니다.

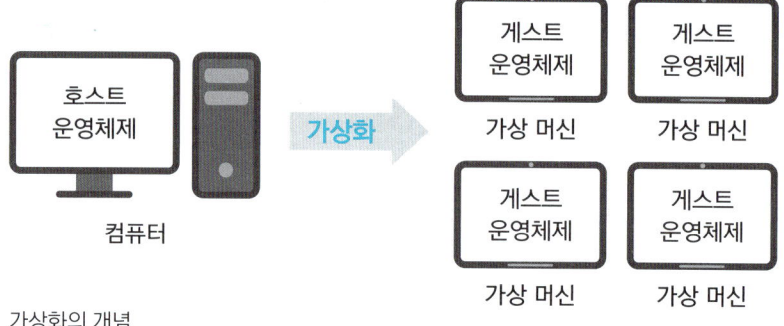

가상화의 개념

하이퍼바이저의 유형

가상화를 구현하려면 하드웨어 자원을 추상화하고 이를 게스트 운영체제가 사용할 수 있도록 분할하는 기능이 필요합니다. 이 역할을 수행하는 프로그램을 하이퍼바이저^{hypervisor}라고 합니다. 하이퍼바이저는 하드웨어 자원을 효율적으로 배분하고 여러 가상 머신이 독립해서 동작할 수 있도록 관리합니다. 하이퍼바이저는 동작하는 방식에 따라 크게 2가지 유형으로 나뉩니다.

- 베어메탈 하이퍼바이저(타입 1): 기본 운영체제 없이 하드웨어 위에서 직접 실행되며 여러 가상 머신을 관리합니다. 성능과 보안성이 우수하여 대규모 서버나 클라우드 환경에 주로 사용됩니다.
- 호스트 기반 하이퍼바이저(타입 2): 호스트 운영체제 위에 소프트웨어 형태로 설치하고 실행합니다. 설치와 사용이 간편하지만 베어메탈 하이퍼바이저에 비해 성능이나 보안 면에서 부족할 수 있습니다.

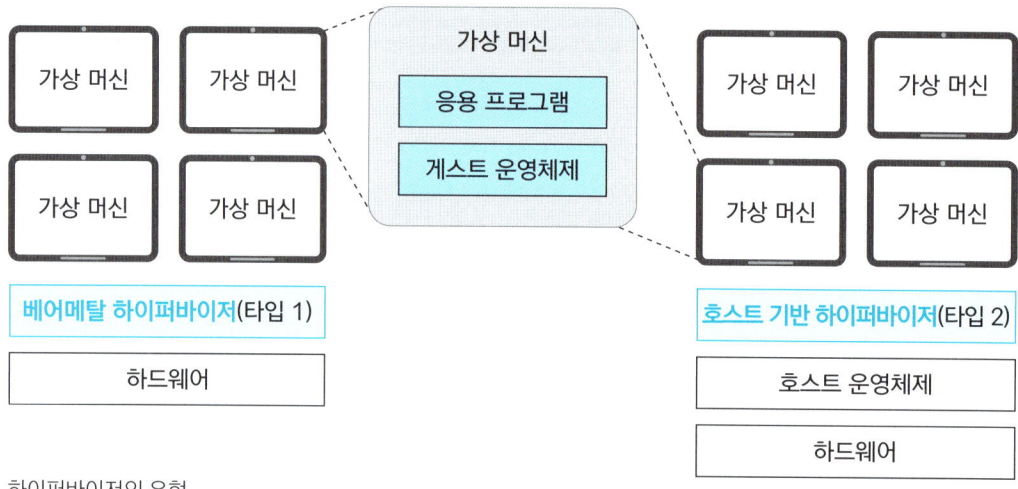

하이퍼바이저의 유형

소규모 개발 환경이나 개인 학습이 목적이라면 호스트 기반 하이퍼바이저를 사용하는 것이 일반적입니다. 반면 고성능과 안정성이 중요한 서버 환경에서는 베어메탈 하이퍼바이저가 적합합니다. 대표적인 하이퍼바이저 프로그램으로 버추얼박스VirtualBox, VM웨어VMware, 젠Xen, 마이크로소프트 하이퍼-VMicrosoft Hyper-V 등이 있습니다. 이 책에서는 오라클Oracle에서 개발한 오픈소스 가상화 소프트웨어인 버추얼박스를 사용합니다.

Do it! 실습 버추얼박스 하이퍼바이저 설치하기

하이퍼바이저로 버추얼박스를 설치해 실습 환경을 구성해 보겠습니다. 버추얼박스는 타입 2에 기반한 하이퍼바이저로 오픈소스 프로그램이어서 따로 비용이 들지 않습니다. 또한 사용하기 간편하여 입문자가 다루기 적합하고 윈도우와 리눅스, macOS 등 다양한 운영체제를 지원합니다.

> ❂ macOS를 사용한다면 31쪽을, 윈도우 운영체제를 사용한다면 35쪽을 참고해 버추얼박스를 설치하세요.

macOS에서 버추얼박스 설치하기

1 버추얼박스 웹 사이트(virtualbox.org/wiki/Downloads)에서 macOS용 설치 파일을 내려받습니다. 인텔 계열 x86 아키텍처를 사용한다면 [macOS / Intel hosts]를, M1과 M2 같은 애플 실리콘 프로세서를 사용한다면 [macOS / Apple Silicon hosts]을 선택해 설치 파일을 내려받습니다.

> ❂ 이 책은 7.1.2 버전의 버추얼박스를 사용합니다. 이후 버전이 업데이트되더라도 실습하는 데는 큰 문제가 없습니다.

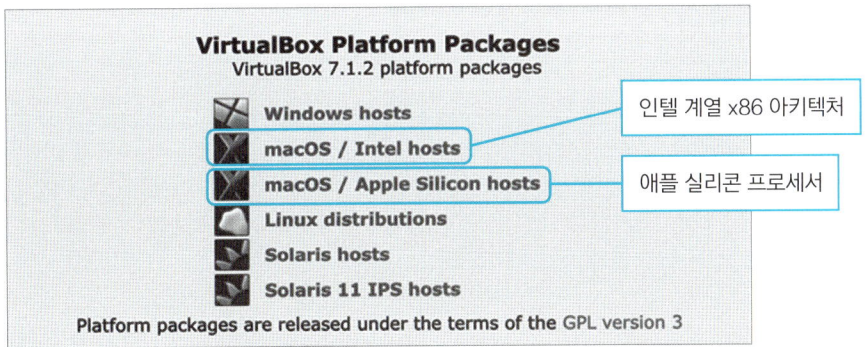

2 내려받은 설치 파일을 열면 다음과 같은 창이 나타납니다. [Virtualbox.pkg] 아이콘을 더블클릭하면 설치를 시작합니다.

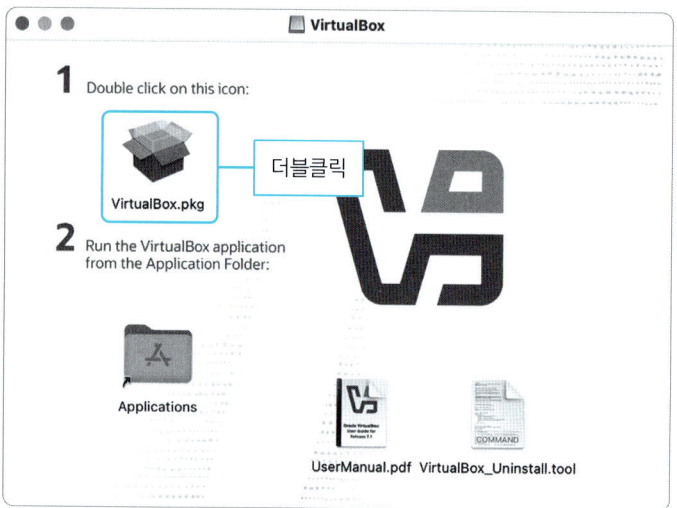

3 버추얼박스를 소개하는 내용이 나옵니다. [Continue] 버튼을 클릭하면 이어서 설치를 진행합니다.

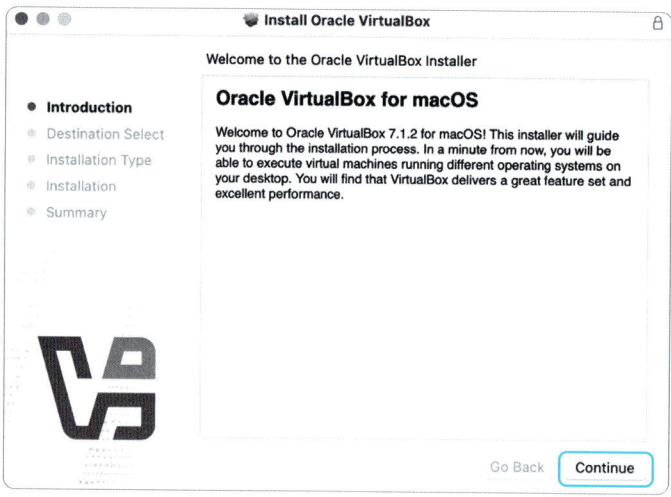

4 사용할 대상과 설치 경로를 결정합니다. 기본값은 컴퓨터의 모든 사용자와 기본 설치 저장 공간입니다. 변경할 사항이 없다면 [Continue] 버튼을 클릭해 다음 단계로 넘어갑니다.

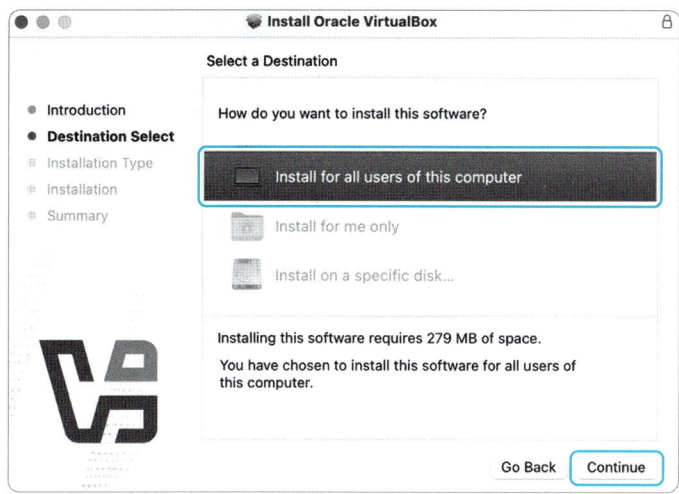

5 이어지는 화면에서 설치 용량을 확인할 수 있으며, 필요에 따라 저장 공간을 다른 곳으로 변경할 수도 있습니다. 더 이상 변경할 사항이 없으면 [Install] 버튼을 클릭해 설치합니다.

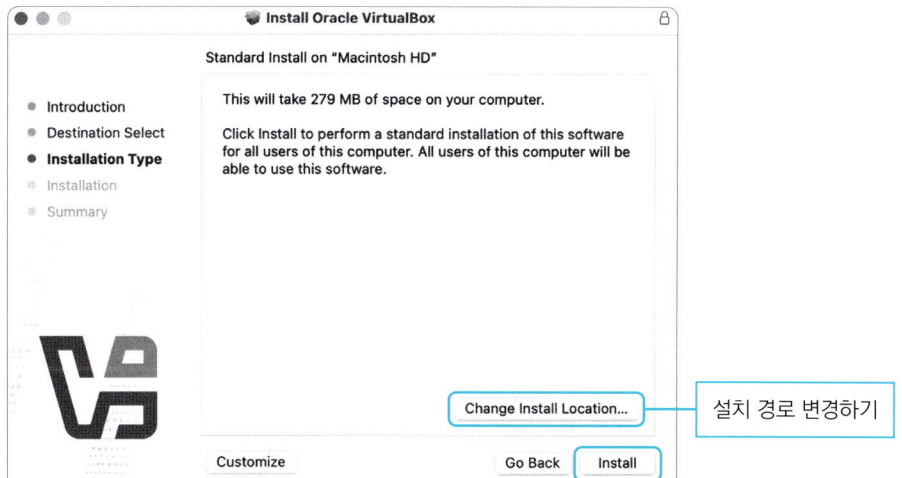

설치 경로 변경하기

6 다음 창이 나타나면 비밀번호 또는 터치 ID를 입력해 계속 설치할 수 있도록 허락합니다.

- macOS에서는 시스템에 영향을 줄 수 있는 프로그램을 설치할 때 비밀번호를 입력해야 합니다. 이렇게 하면 사용자의 허락 없이 프로그램이 자동으로 설치되는 것을 예방할 수 있습니다.

7 파일이 지정한 설치 경로에 복사되면 설치에 성공했다는 문구가 표시됩니다. [Close] 버튼을 클릭해 창을 닫습니다.

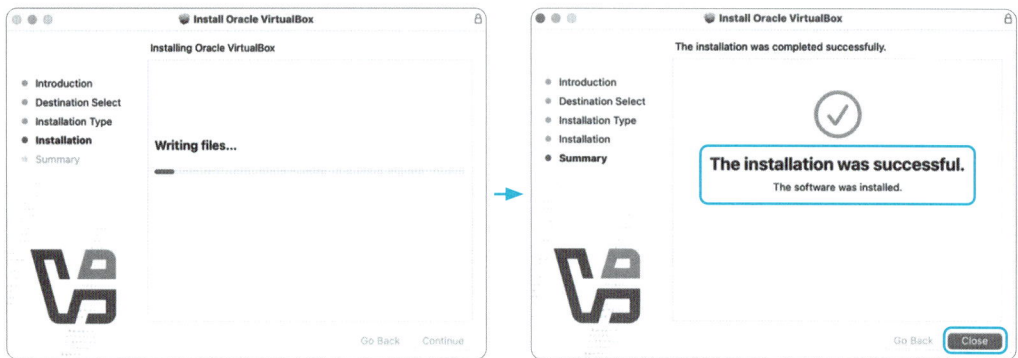

8 버추얼박스의 설치가 완료되면 설치 파일을 유지할지 또는 삭제할지 결정할 수 있습니다. [Keep] 버튼을 클릭하면 설치 파일을 유지하고, [Move to Trash] 버튼을 클릭하면 설치 파일이 휴지통으로 이동합니다. 설치 파일이 더 이상 필요 없다면 [Move to Trash] 버튼을 클릭해 삭제합니다.

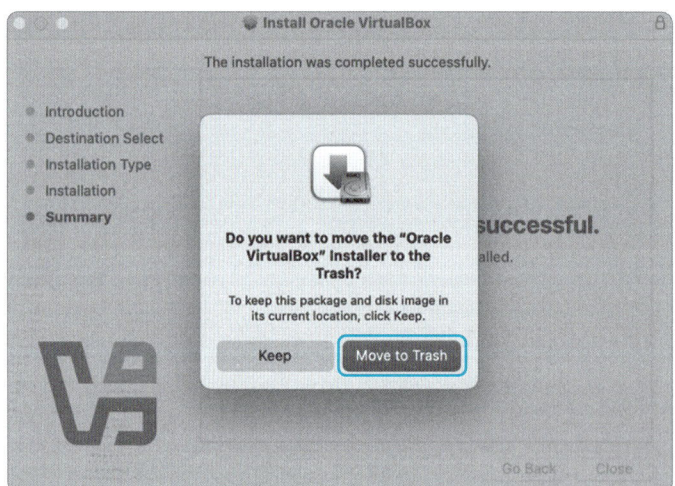

9 버추얼박스를 설치한 후 실행하면 다음과 같은 화면이 표시됩니다.

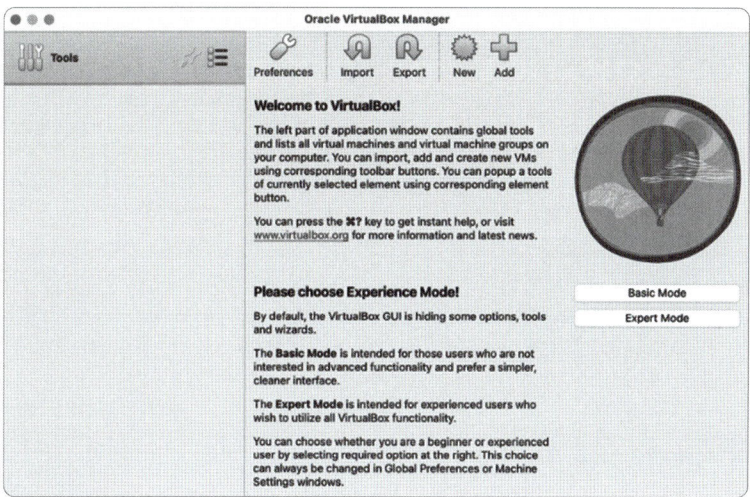

윈도우에서 버추얼박스 설치하기

1 버추얼박스 웹 사이트(virtualbox.org/wiki/Downloads)에서 [Windows hosts]를 클릭해 설치 파일을 내려받습니다.

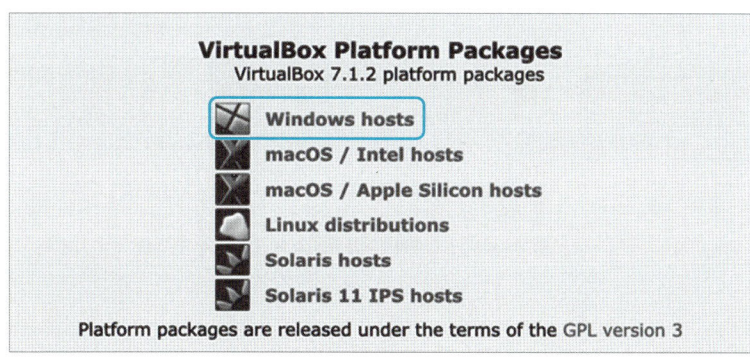

2 설치 파일을 더블클릭해 설치를 시작합니다. 이때 다음처럼 Microsoft Visual C++ 재배포 가능 패키지를 설치하라는 안내 창이 나타날 수 있습니다. 버추얼박스는 C++로 작성된 부분이 많아 이 패키지가 설치되어 있어야 윈도우에서 제대로 동작할 수 있습니다.

💡 Microsoft Visual C++ 재배포 가능 패키지는 C++로 개발된 프로그램을 정상적으로 설치하기 위해 필수 구성 요소를 제공합니다.

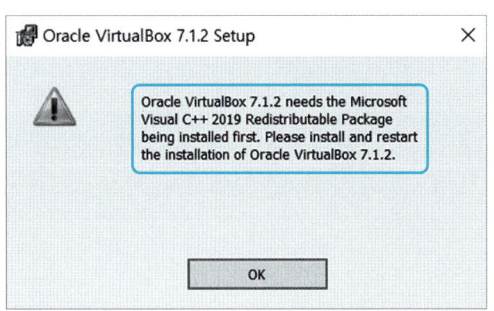

3 검색 엔진에서 'Microsoft Visual C++ 재배포 가능 패키지 다운로드'를 검색해 마이크로소프트의 웹 사이트에 접속합니다. 현재 사용하는 운영체제의 아키텍처에 맞는 파일 버전을 선택해서 내려받습니다.

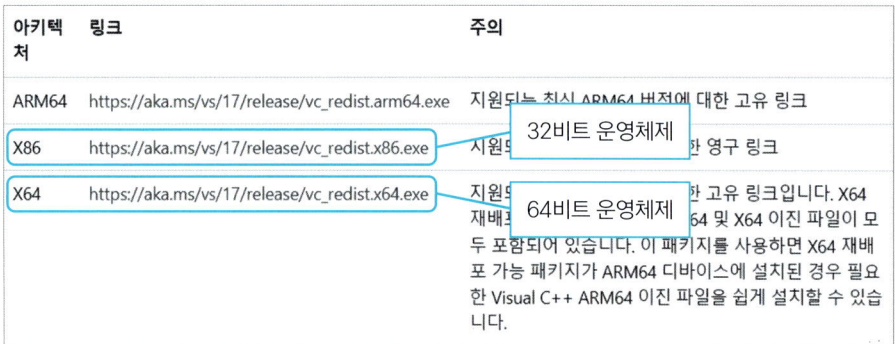

4 내려받은 파일을 더블클릭해 [동의함]에 체크하고 Microsoft Visual C++ 재배포 가능 패키지를 설치한 뒤 컴퓨터를 다시 시작합니다.

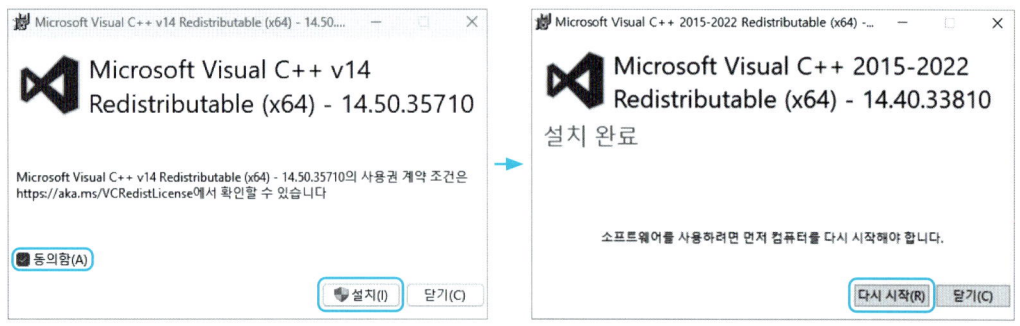

5 패키지를 설치한 후 버추얼박스 설치 파일을 다시 열면 설치가 정상으로 진행됩니다. [Next] 버튼을 클릭해 다음 단계로 넘어갑니다.

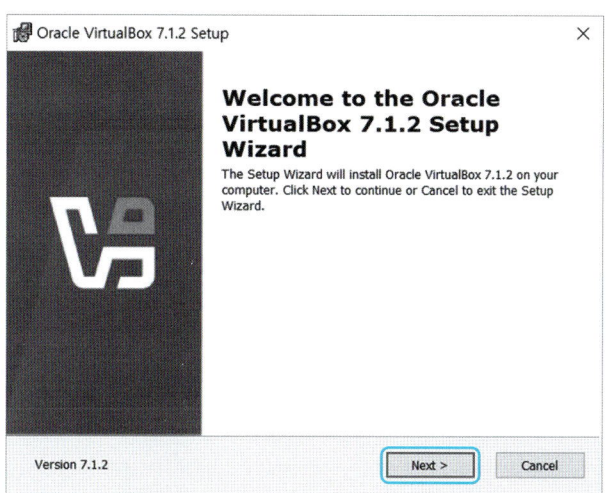

6 버추얼박스 사용자 라이선스 약관에 동의한다는 항목에 체크하고 [Next] 버튼을 클릭합니다.

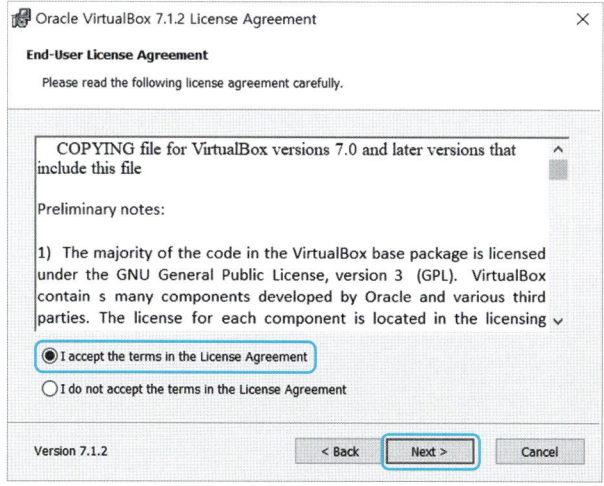

7 버추얼박스의 설치 경로, 필요한 용량, 설치할 프로그램 등을 확인한 후 [Next] 버튼을 클릭합니다.

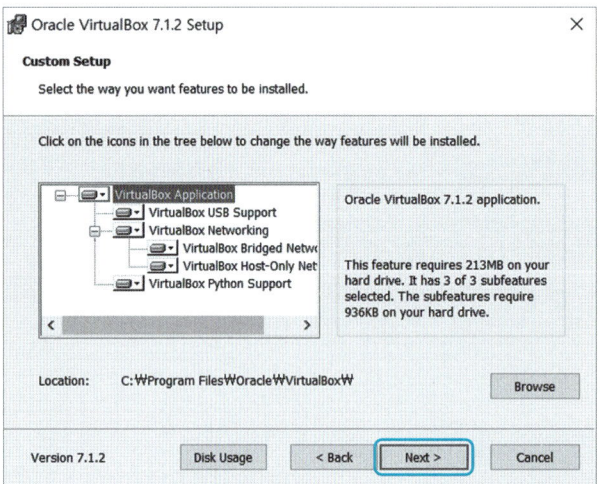

8 버추얼박스 설치 과정에서 네트워크 인터페이스를 수정하므로 네트워크가 일시적으로 끊길 수 있음을 알려 줍니다. 이상이 없다면 [Yes]를 선택해 넘어갑니다.

✪ 만약 네트워크를 통해 데이터를 주고받거나 중요한 작업을 수행하고 있다면 모두 마친 후 버추얼박스 설치를 진행해야 합니다.

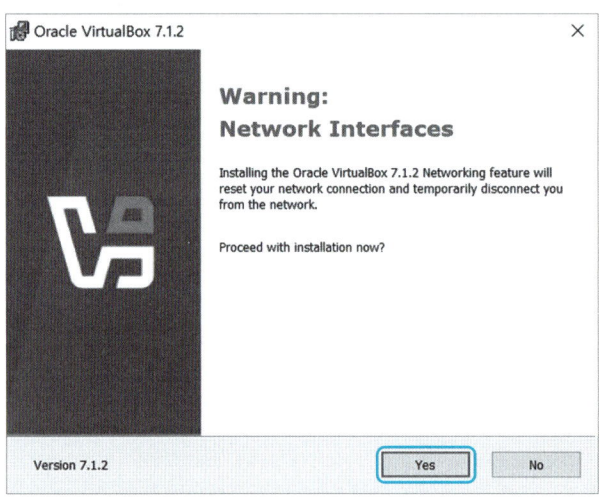

9 이어서 파이썬 API를 통해 버추얼박스의 기능을 자동화하는 프로그램을 설치합니다. 파이썬 API를 사용하면 스크립트를 사용해 버추얼박스를 자동으로 관리할 수 있습니다. [Yes]를 선택하고 넘어갑니다.

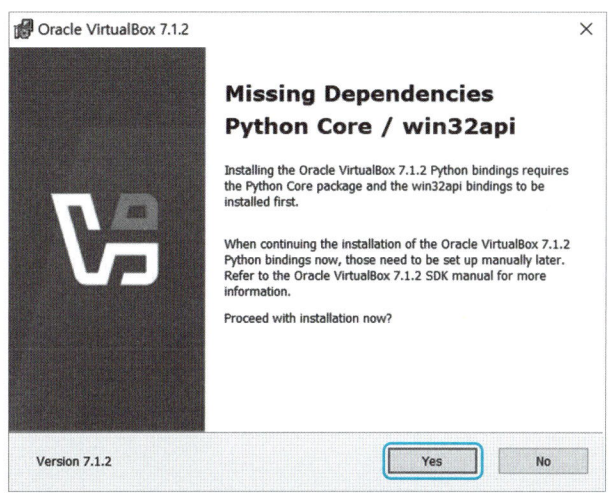

❂ 이 책에서는 'Python Core / win32api' 기능을 사용하지 않지만 이후 버추얼박스를 자동화하고 확장하기 위해 설치하는 것을 권장합니다.

10 버추얼박스를 설치한 후 시작 메뉴나 바로 가기 아이콘을 만들고 싶다면 해당 항목에 체크하고 [Next] 버튼을 클릭합니다.

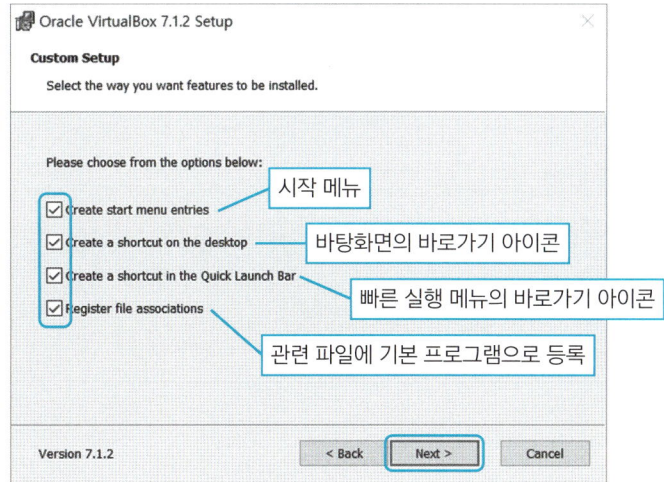

11 버추얼박스 설치와 관련된 모든 준비가 끝나면 [Install] 버튼을 클릭해 설치를 완료합니다.

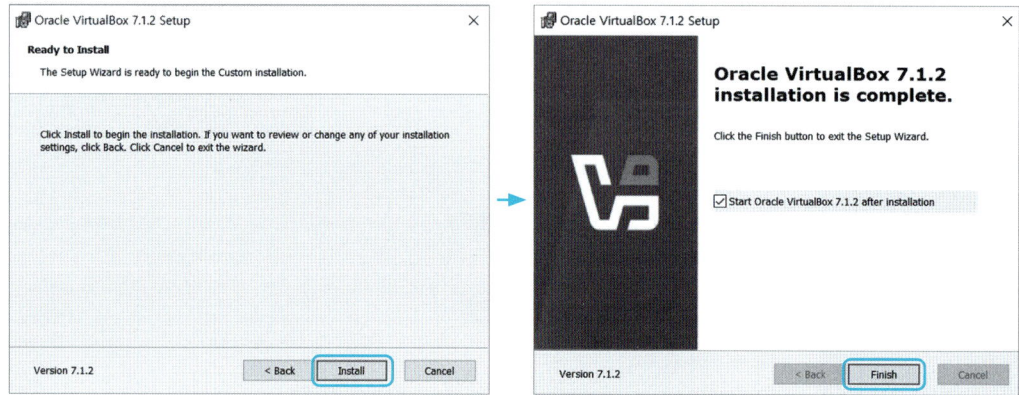

12 버추얼박스 프로그램을 설치한 후 실행하면 다음과 같은 버추얼박스 화면이 표시됩니다.

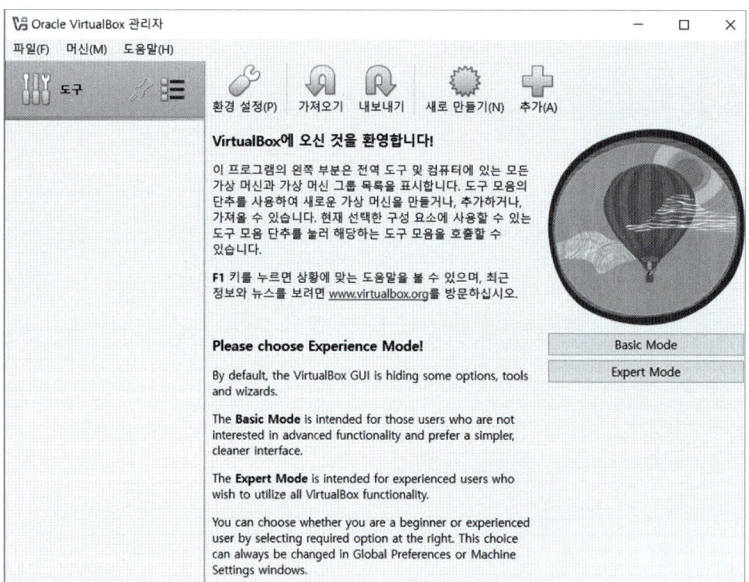

02-2
우분투 설치하기

데비안 계열의 리눅스 배포판 가운데 가장 대표적인 우분투에 대해 알아보고 직접 설치해 보겠습니다. 우분투는 활용 목적에 따라 데스크톱·서버·클라우드·코어로 구분하며 우분투 디스크 이미지 파일을 내려받아 버추얼박스 같은 가상화 소프트웨어에 설치해 사용할 수 있습니다.

우분투란?

우분투Ubuntu는 리눅스 운영체제에서 가장 널리 사용하는 배포판입니다. 사용자 친화적인 인터페이스를 제공하고 사무용이나 개발용으로 활용할 수 있는 기본 소프트웨어가 포함되어 있어서 초보자도 쉽게 사용할 수 있습니다. 또한 전 세계적으로 커뮤니티가 활발해서 문제를 해결하는 데 필요한 자료가 풍부합니다.

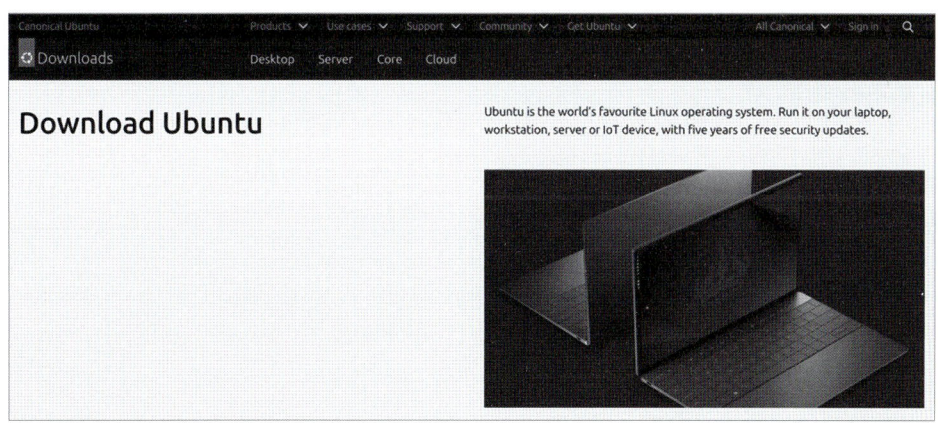

우분투 웹 사이트(ubuntu.com)

우분투 배포판은 활용 목적에 따라 데스크톱desktop, 서버server, 코어core, 클라우드cloud로 구분할 수 있습니다.

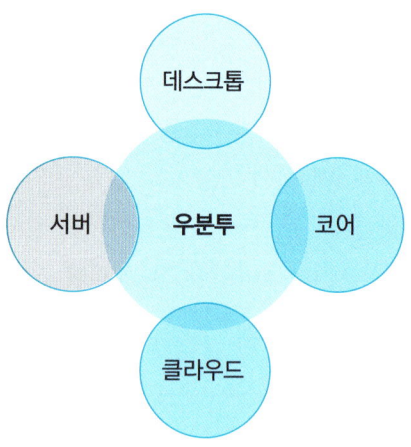

우분투의 유형

- **우분투 데스크톱**: 그래픽 사용자 인터페이스Graphic User Interface, GUI를 지원하는 운영체제입니다. 개인용 컴퓨터나 개발 환경을 구축할 때 적합합니다.
- **우분투 서버**: 명령줄 인터페이스Command Line Interface, CLI를 기반으로 동작합니다. 가볍고 성능에 최적화되어 있어서 웹 서버, 데이터베이스 서버, 파일 서버 등 다양한 서버 환경에 활용합니다.
- **우분투 클라우드**: 클라우드 환경에 특화된 배포판입니다. 클라우드 컴퓨팅의 핵심인 가상화, 컨테이너, 자동화 도구를 지원하며 클라우드 서비스에서 많이 사용합니다.
- **우분투 코어**: 저사양 하드웨어에서도 동작할 수 있는 초경량 배포판입니다. 사물 인터넷 장치, 임베디드 시스템 개발 환경에 적합합니다.

 여기서 잠깐 우분투와 컨테이너 기술

컨테이너container는 소프트웨어를 실행하는 데 필요한 최소한의 라이브러리와 프로그램을 하나의 파일로 묶어 독립된 환경에서 실행할 수 있도록 해주는 기술입니다. 쉽게 말해 소프트웨어와 실행 환경을 박스 하나에 담아 어디서든 똑같이 실행할 수 있게 해줍니다. 대표적인 컨테이너 관리 플랫폼인 도커Docker는 개발 환경을 표준화하고 배포 과정을 단순화하는 데 널리 쓰입니다.

우분투는 컨테이너 환경에서 자주 사용하는 운영체제입니다. 도커 같은 컨테이너 관리 플랫폼은 리눅스 커널 기능을 기반으로 동작하며, 이때 기본 운영체제로 우분투를 선택하는 경우가 많습니다.

Do it! 실습 | 버추얼박스에 우분투 설치하기

앞에서 설치한 버추얼박스에 우분투를 설치해 보겠습니다. 이렇게 하면 버추얼박스가 제공하는 가상 환경에서 리눅스 운영체제를 직접 체험하고 실습할 수 있습니다. 여기서는 GUI를 지원하고 직관적인 화면 구성을 갖춘 우분투 데스크톱을 사용합니다.

1 우분투 데스크톱을 내려받기 위해 우분투 웹 사이트(ubuntu.com/download)에 접속합니다. 화면 위 메뉴에서 [Desktop]을 선택하고 LTS 버전의 [Download] 버튼을 클릭해 설치 파일을 내려받습니다.

◯ LTS(Long Term Support)는 보안 및 소프트웨어 업데이트를 5년간 안정적으로 지원하는 버전을 의미합니다. 따라서 장기간 안전한 환경에서 우분투를 사용하려면 LTS 버전을 설치하는 것이 좋습니다.

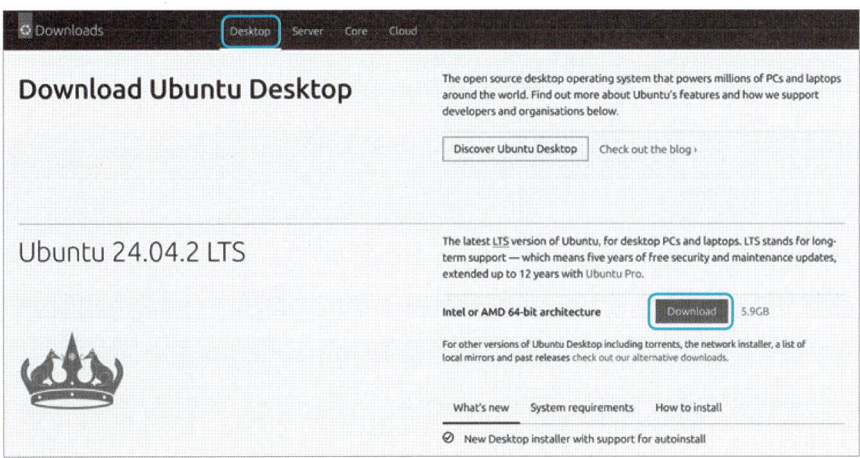

[Download] 버튼을 클릭했는데 내려받기가 되지 않는다면 이어지는 화면에서 [download now] 링크를 클릭해 내려받기를 시작할 수 있습니다.

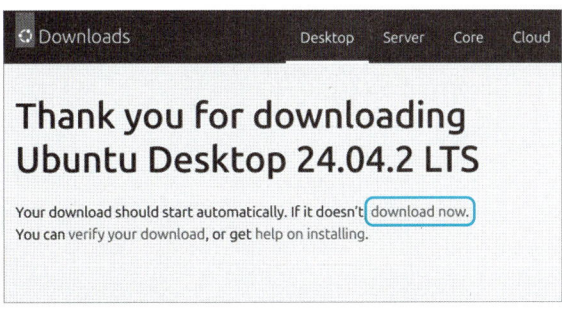

2 우분투 디스크 이미지 파일이 준비되면 가상 머신을 설치할 수 있습니다. 버추얼박스 프로그램을 실행한 후 화면 위 메뉴에서 [새로 만들기]를 클릭하면 가상 머신을 선택할 수 있는 창이 나타납니다.

> 💡 디스크 이미지 파일(.iso)은 CD, USB 등 디스크 전체의 내용과 구조를 그대로 복사해 파일 하나로 압축한 것입니다.

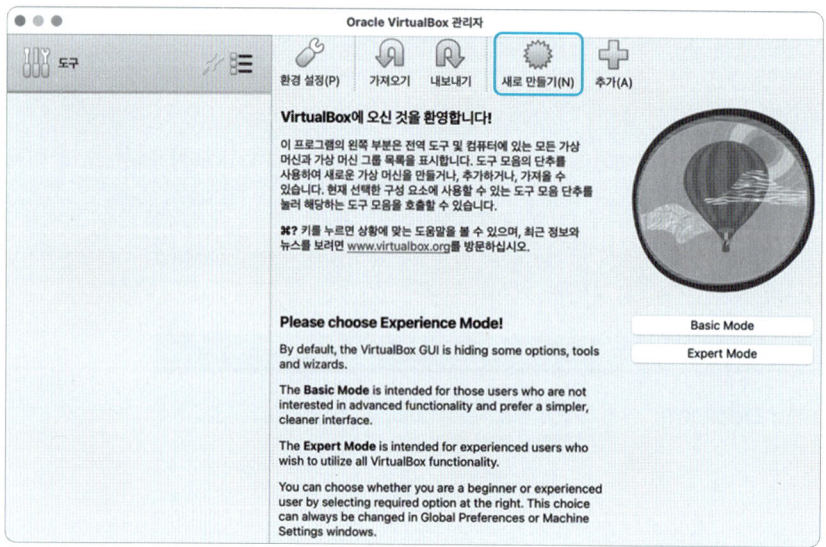

3 ISO 이미지에서 맨 오른쪽에 있는 드롭다운 버튼을 누르고 [기타…] 항목을 클릭합니다. 파일 탐색기가 열리면 우분투 디스크 이미지 파일을 찾아서 선택할 수 있습니다.

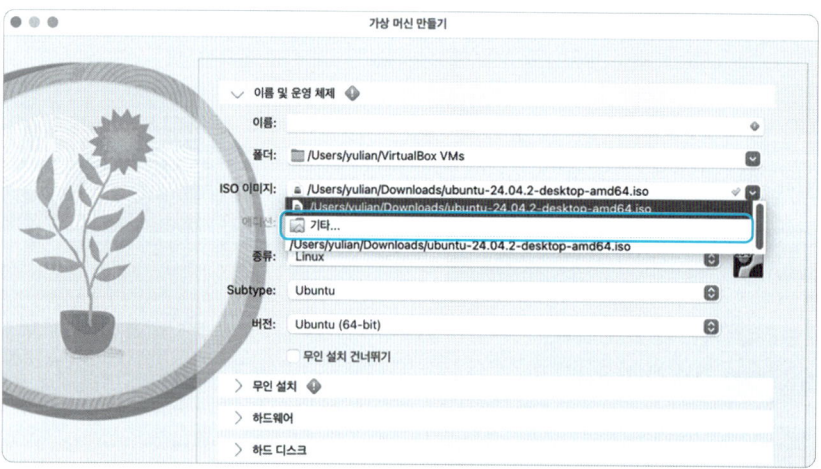

파일 탐색기에서 우분투 디스크 이미지 파일을 선택하면 다음과 같이 이미지 파일의 경로와 파일명이 표시됩니다. 그리고 이름 영역에 가상 머신의 이름을 입력합니다.

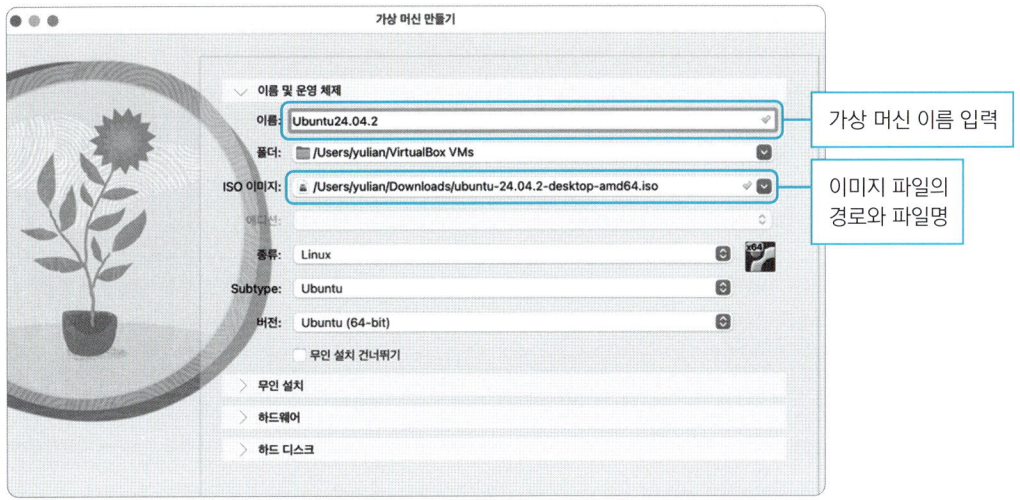

4 [무인 설치] 영역을 클릭하고 가상 머신으로 로그인할 사용자 이름과 암호를 입력합니다. 그리고 [게스트 확장] 옵션에 체크합니다. 이 옵션은 버추얼박스에서 제공하는 추가 소프트웨어 패키지를 함께 설치합니다. 패키지에는 호스트 컴퓨터와 가상 머신 사이의 공유 폴더 사용, 클립보드 공유, 화면 해상도 자동으로 변경 등 편리한 기능이 포함되어 있습니다.

> ✪ 기본으로 사용자 이름과 암호가 설정되어 있지만 이 값은 버추얼박스 정책에 따라 변경될 수 있으니 변경하는 것을 권장합니다.

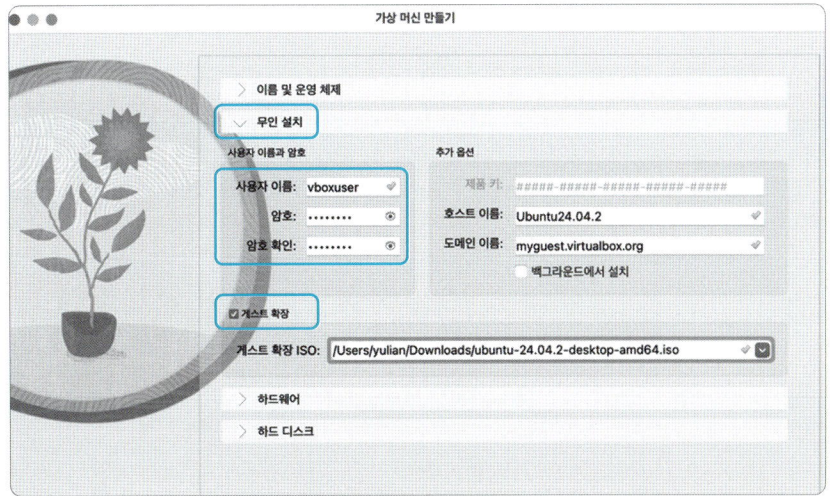

5 이제 [하드웨어] 영역을 클릭해 하드웨어 기본 메모리와 프로세서를 설정합니다. 기본 메모리는 기본값으로 사용하거나 호스트 컴퓨터의 메인 메모리 용량에 맞춰 설정합니다. 호스트 컴퓨터의 메모리가 16GB인 경우 가상 머신의 메인 메모리는 2~4GB로 설정합니다. 프로세서에서는 가상 머신에 할당할 CPU 코어 수를 지정하는데, 호스트 CPU 코어의 절반 이하로 설정하는 것이 안전합니다. 여기서는 1개로 설정했습니다.

> 💡 가상 머신에서 설정하는 하드웨어는 실제 장치가 아니라 소프트웨어로 구현된 가상 장치이지만 실제 호스트 컴퓨터와 자원을 공유하므로 너무 크게 설정하지 않도록 주의해야 합니다.

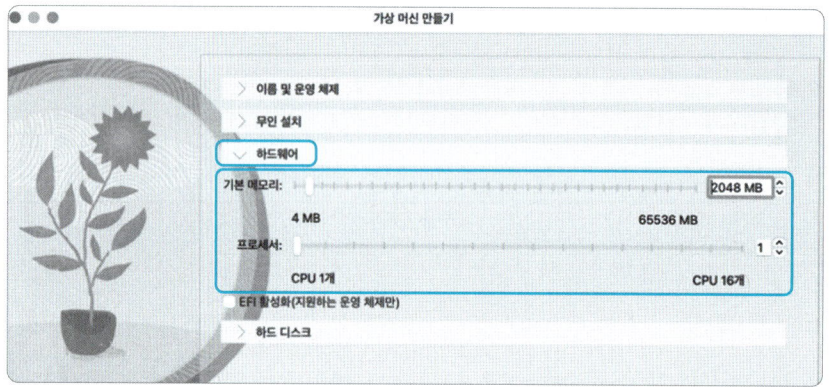

6 [하드 디스크] 영역을 클릭하고 하드 디스크의 용량을 설정합니다. 최대로 저장할 수 있는 하드 디스크의 크기를 지정하며 용량은 실제 사용량에 따라 증가합니다. 대용량 파일을 처리하는 게 아니라면 25GB로 설정하고 [완료]를 클릭합니다.

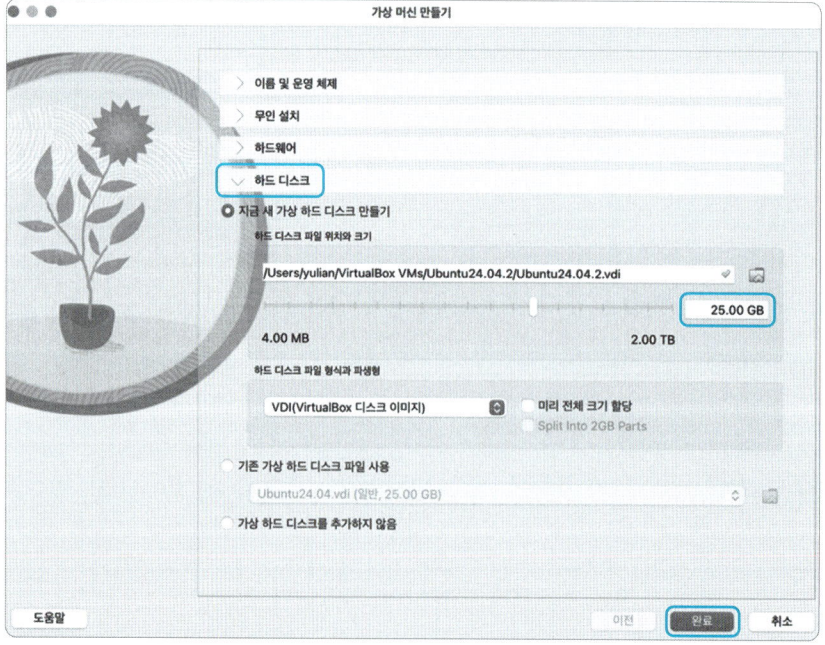

가상 머신이 부팅되고 우분투 운영체제를 설치합니다. 설치가 완료되면 오른쪽과 같이 우분투 데스크톱이 설치된 화면을 볼 수 있습니다.

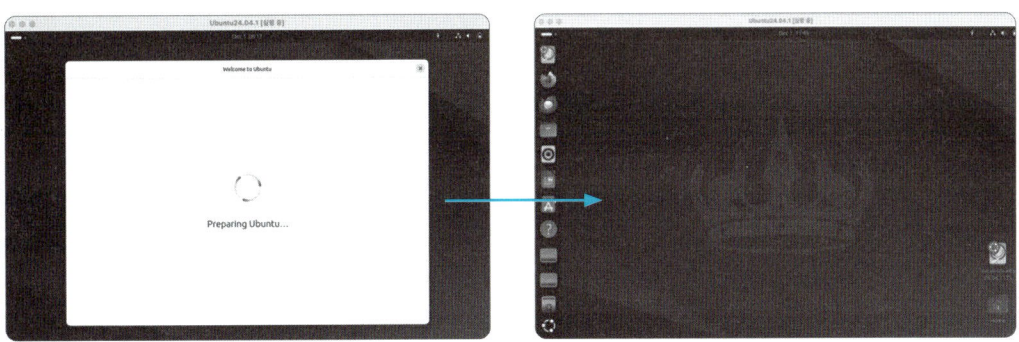

 **여기서 잠깐**   CPU 아키텍처의 종류

우분투 배포판을 내려받으면 우분투 디스크 이미지 파일명은 다음과 같은 형식으로 구성됩니다. 각 영역의 의미는 다음과 같습니다.

ubuntu-24.04.02-desktop-amd64.iso
　배포판 이름　　　버전 번호　　　배포판 유형　　CPU 아키텍처　파일 형식

여기에서 CPU 아키텍처는 컴퓨터의 핵심 부품인 중앙처리장치^{CPU}의 종류를 구분하는 기준입니다. 대표적인 CPU 아키텍처는 다음과 같습니다.

- **x86**: 32비트 주소 체계를 사용하는 CPU로, 구형 데스크톱이나 일부 임베디드 시스템에서 사용합니다.
- **x86-64**: 확장된 64비트 주소 체계를 사용하는 CPU로, 오늘날 대부분의 데스크톱과 노트북에서 사용합니다. x86-64는 공식 기술 용어이며 amd64라고도 부릅니다.
- **ARM**: 모바일 중심의 저전력 아키텍처로, 스마트폰과 태블릿 등에 사용합니다.

02-3
로키 설치하기

레드햇 계열의 대표적인 리눅스 배포판인 로키에 대해 알아보고 설치해 보겠습니다. 로키 배포판은 활용 목적에 따라 제공되는 디스크 이미지 파일을 내려받아 버추얼박스와 같은 가상화 소프트웨어에 설치해서 사용합니다.

로키란?

로키Rocky는 레드햇 계열의 대표적인 상용 배포판인 RHELRed Hat Enterprise Linux과 호환되는 커뮤니티 중심의 리눅스 배포판입니다. 기존에는 레드햇 계열의 대표적인 커뮤니티 배포판으로 센트CentOS를 널리 사용했지만 2014년 레드햇에 인수된 이후 정책이 변경되었습니다. 센트OS는 더 이상 독립적인 안정화 배포판이 아니라 RHEL의 테스트 버전 역할을 하게 되었고, 많은 사용자가 대체재로 로키를 선택하게 되었습니다.

로키 배포판은 용도에 따라 DVD ISO, 부트Boot ISO, 미니멀Minimal ISO 중에서 하나를 선택할 수 있습니다.

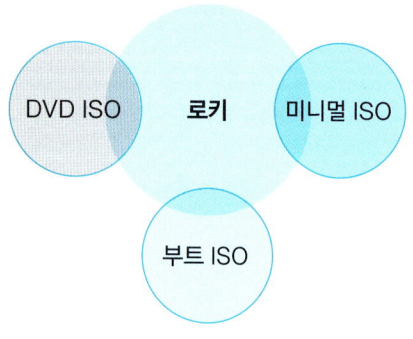

로키 배포판의 유형

- DVD ISO: 용량이 가장 큰 파일입니다. 인터넷을 연결하지 않아도 데스크톱 환경과 다양한 소프트웨어를 한 번에 설치할 수 있어 입문자에게 적합합니다.
- 부트 ISO: 부팅한 후 인터넷에 연결하여 필요한 패키지를 내려받으며 설치하는 방식입니다. 패키지를 맞춤형으로 설치할 수 있다는 장점이 있습니다.
- 미니멀 ISO: 용량이 가장 작은 파일로, 명령어에 기반한 최소 패키지만 포함되어 있습니다. 가볍고 단순한 환경이나 서버에 적합합니다.

Do it! 실습 버추얼박스에 로키 설치하기

입문자도 쉽게 사용할 수 있는 DVD ISO 파일을 버추얼박스에 설치해 로키를 중심으로 레드햇 계열의 배포판은 어떤 특징이 있는지, 다른 배포판과 어떤 차이가 있는지 알아보겠습니다.

1 로키 리눅스의 웹 사이트(rockylinux.org/download)에 접속해 DVD ISO 버전의 로키 배포판을 내려받습니다.

> 이 책은 DVD ISO 10.0 버전을 설치했습니다. 버전이 업데이트될 수 있으나 실습에는 문제가 없습니다.

2 버추얼박스를 실행하고 화면 위 메뉴에서 [새로 만들기]를 클릭하면 가상 머신 만들기 창이 나타납니다.

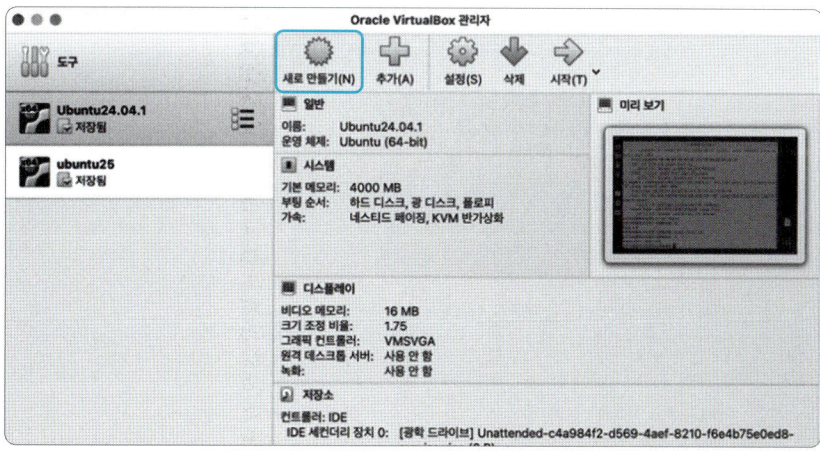

3 이름에 'Rocky'라고 입력하고, ISO 이미지에서 맨 오른쪽에 있는 드롭다운 버튼을 클릭해 내려받은 로키 설치 파일을 선택합니다. 그리고 무인 설치 건너뛰기 옵션을 체크한 후 [완료] 버튼을 클릭합니다.

> ✪ 무인 설치 건너뛰기는 버추얼박스에서 사용자 계정 생성이나 파티션 설정 등을 자동으로 처리할지 여부를 결정하는 옵션입니다. 이 항목을 체크하면 설치할 때 사용자 계정 생성 등을 수동으로 수행합니다.

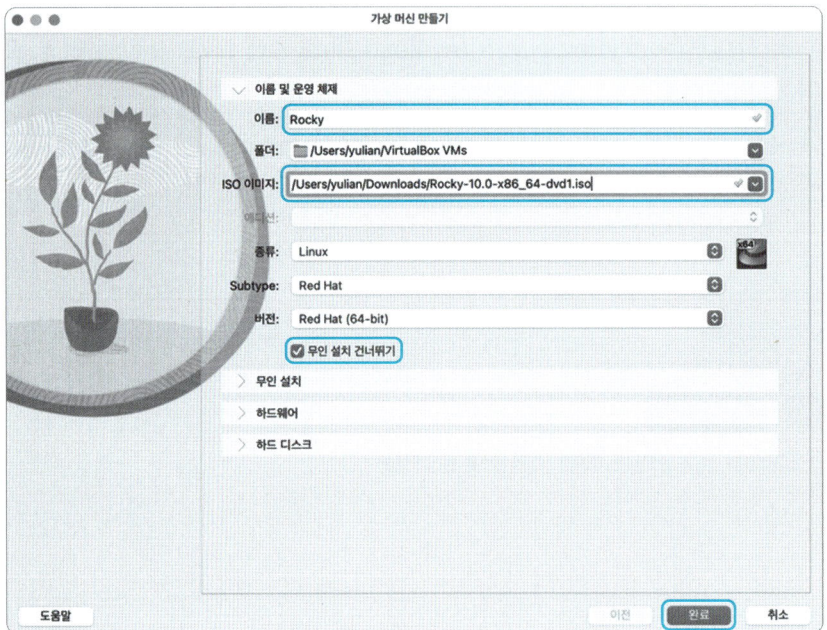

4 [하드웨어] 영역에서 기본 메모리를 설정합니다. 호스트 컴퓨터의 성능에 맞게 조정할 수 있으며 일반적으로 2048MB 정도면 무난하게 사용할 수 있습니다.

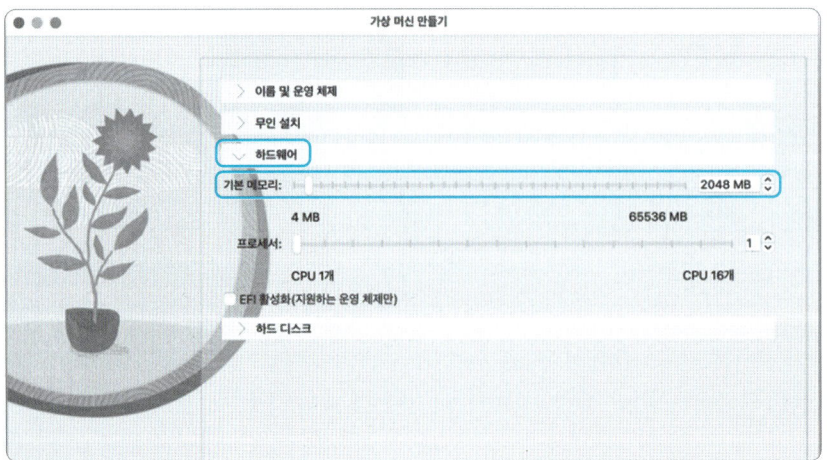

5 [하드 디스크] 영역에서 하드 디스크 파일 크기를 기본값인 20GB로 설정한 뒤 [완료]를 클릭해 설정을 마무리합니다.

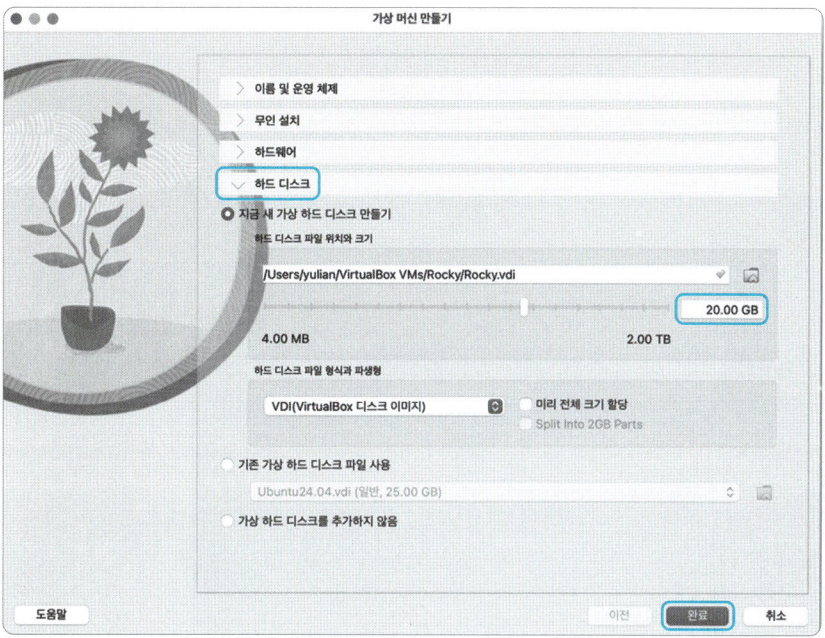

6 설정을 마치면 화면 왼쪽에서 생성된 [Rocky]를 선택하고 버추얼박스의 실행 화면에서 [시작]을 클릭합니다.

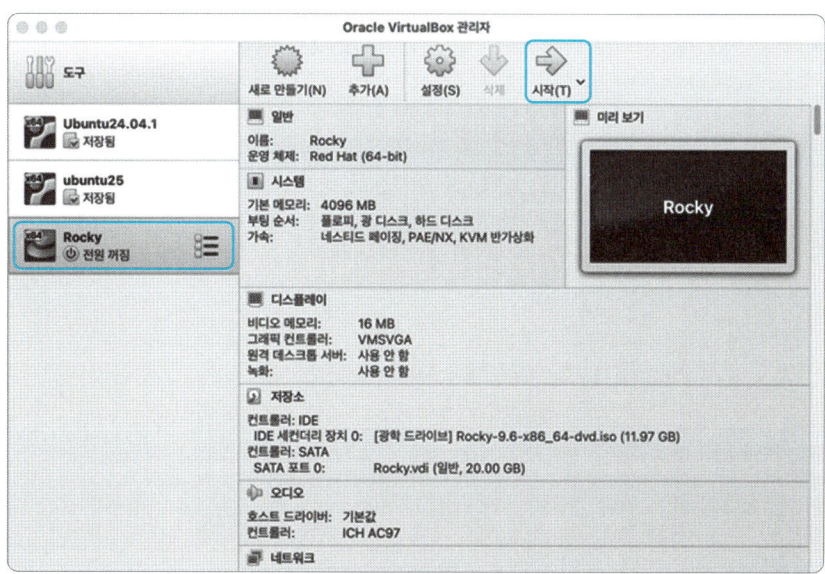

7 부팅 화면이 나타나면 키보드 방향키로 [Install Rocky Linux 10.0] 또는 [Test this media & install Rocky Linux 10.0] 중에서 선택한 뒤 Enter 를 누릅니다. 버추얼박스 창 안에서 마우스를 클릭하면 이후 입력한 내용은 모두 게스트 운영체제인 로키에 전달됩니다. 제어를 다시 호스트 운영체제로 되돌리려면 윈도우에서는 오른쪽 Ctrl 을, macOS에서는 왼쪽 Command 를 누르면 됩니다.

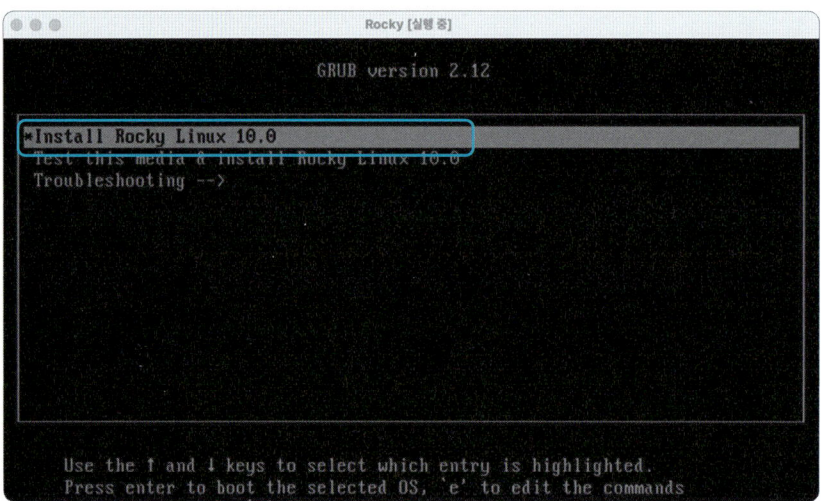

8 로키 설치 화면이 나타나면 사용할 언어로 [한국어]를 선택하고 [계속 진행]을 클릭합니다.

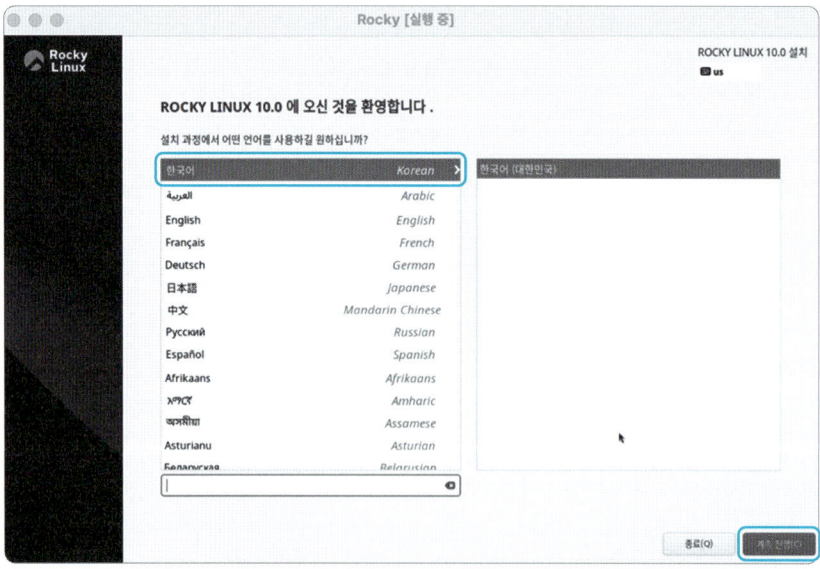

설치 요약 화면이 나타납니다. 여기에서는 [설치 목적지], [root 계정], [사용자 생성]을 설정하겠습니다. 나머지는 기본값 그대로 사용하면 됩니다.

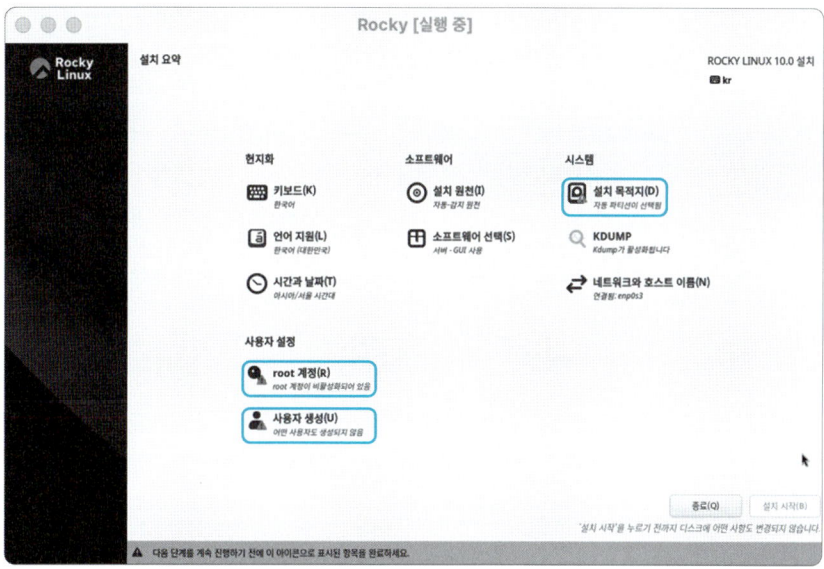

9 [설치 목적지] 항목을 선택합니다. 가상 하드 디스크가 기본으로 선택되어 있으므로 따로 변경하지 않고 화면 왼쪽 위에서 [완료] 버튼을 클릭하면 설정이 끝납니다.   ⭐ 만약 [완료] 버튼이 비활성화되었다면 하드 디스크를 클릭해 선택하면 활성화됩니다.

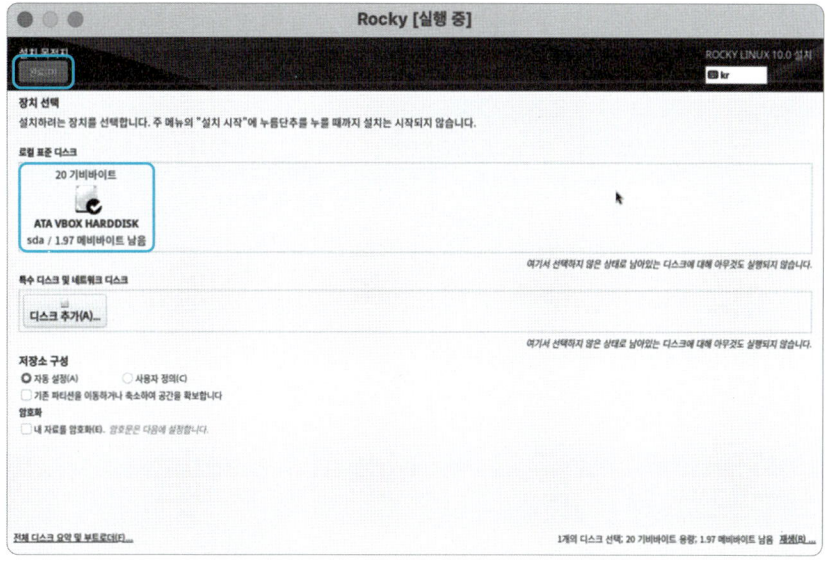

02장 | 리눅스 환경 설정하고 사용하기　53

10 설치 요약 화면에서 [root 계정] 항목을 선택합니다. 여기서는 루트^{root} 계정을 활성화하고 비밀번호를 설정합니다. [root 계정 활성화]를 선택하고 root 비밀번호를 두 번 입력한 후, 화면 왼쪽 위에서 [완료]를 클릭합니다. 비밀번호가 단순할 경우에는 [완료] 버튼을 두 번 클릭해야 합니다.

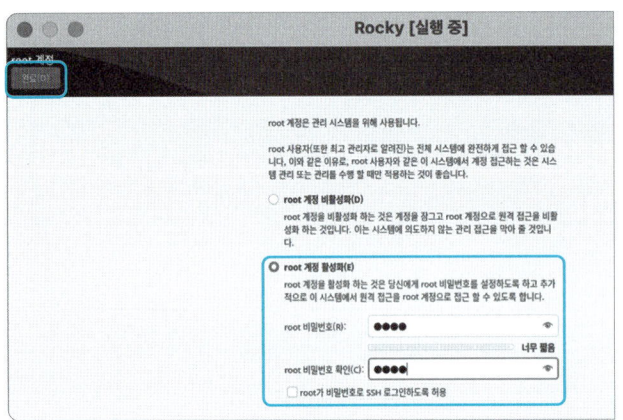

★ 루트 사용자는 리눅스 시스템에서 최고 권한이 있는 관리자 계정이므로 보안을 위해 비활성화하기도 하지만, 학습 목적으로 사용한다면 활성화해야 편리합니다.

11 마지막으로 [사용자 생성] 항목에서 일반 사용자 계정을 추가합니다. 성명을 입력하면 사용자 이름이 자동으로 설정됩니다. 이어서 로그인할 때 사용할 비밀번호를 두 번 입력합니다. 시스템 명령을 수행하는 sudo 명령어를 사용하려면 사용자를 관리자로 설정해야 합니다. [이 사용자 계정(wheel 그룹 구성원)으로 administrative 권한을 추가] 항목을 체크해 사용자를 관리자로 설정하고 [완료]를 클릭해 저장합니다.

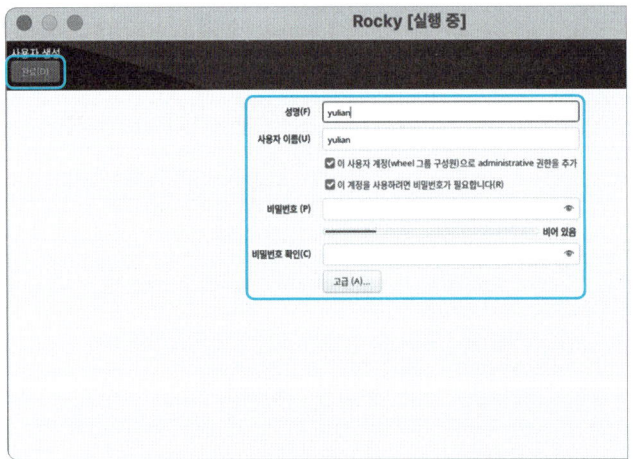

★ [이 계정을 사용하려면 비밀번호가 필요합니다]는 기본값으로 체크되어 있습니다. 체크하지 않을 경우 비밀번호 없이 계정을 생성할 수 있지만 보안에 취약해지므로 체크하도록 합니다.

12 설치 요약 화면에서 기본 설정을 마치면 [설치 시작] 버튼을 클릭하여 설치를 계속 진행할 수 있습니다. 설치 작업이 끝나면 [시스템 재시작] 버튼을 클릭해서 재부팅합니다.

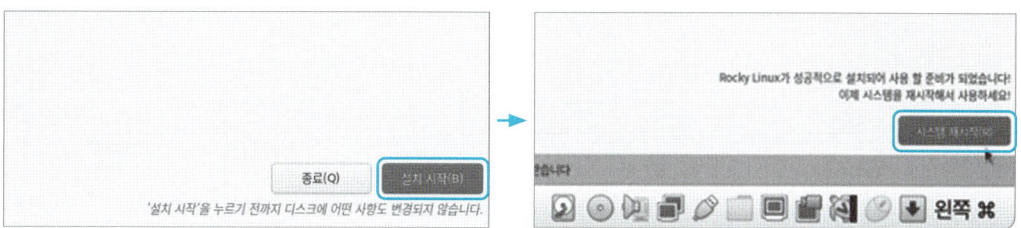

13 다음 로그인 화면이 나타나면 로키 설치 작업을 모두 완료한 것입니다.

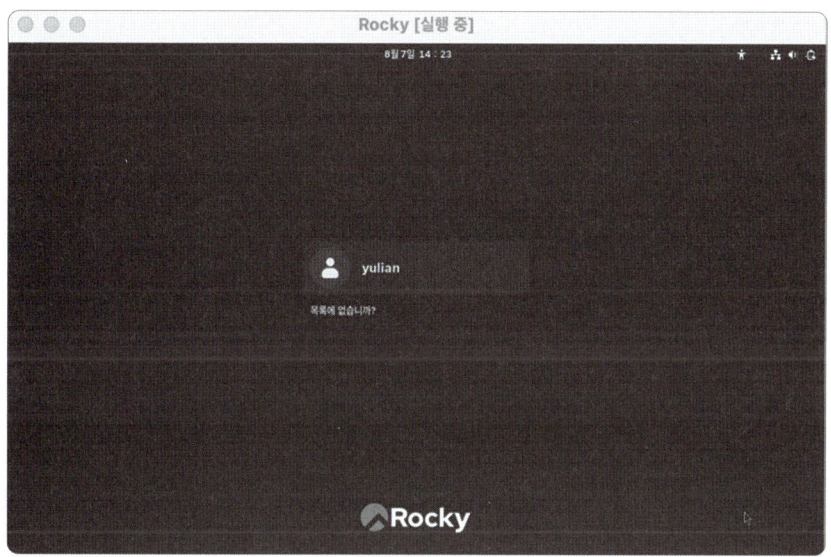

> ★ **여기서 잠깐** 버추얼박스에서 호스트 키 콤보 변경하기
>
> 가상 머신을 실행하면 마우스나 키보드 같은 입력 장치가 게스트 운영체제에 붙잡힌 상태가 됩니다. 이때 호스트 키 콤보를 눌러야 호스트 운영체제로 제어를 돌릴 수 있습니다. 호스트 키 콤보는 윈도우에서는 오른쪽 Ctrl, macOS에서는 왼쪽 Command 가 기본값으로 설정되어 있는데, 사용자가 편리한 대로 키를 변경할 수도 있습니다.
>
> 1. 버추얼박스의 메인 화면에서 macOS는 [VirtualBox → 설정…]을, 윈도우는 [파일 → 환경 설정…]을 선택합니다.
>
> ◯ 계속

02장 | 리눅스 환경 설정하고 사용하기　**55**

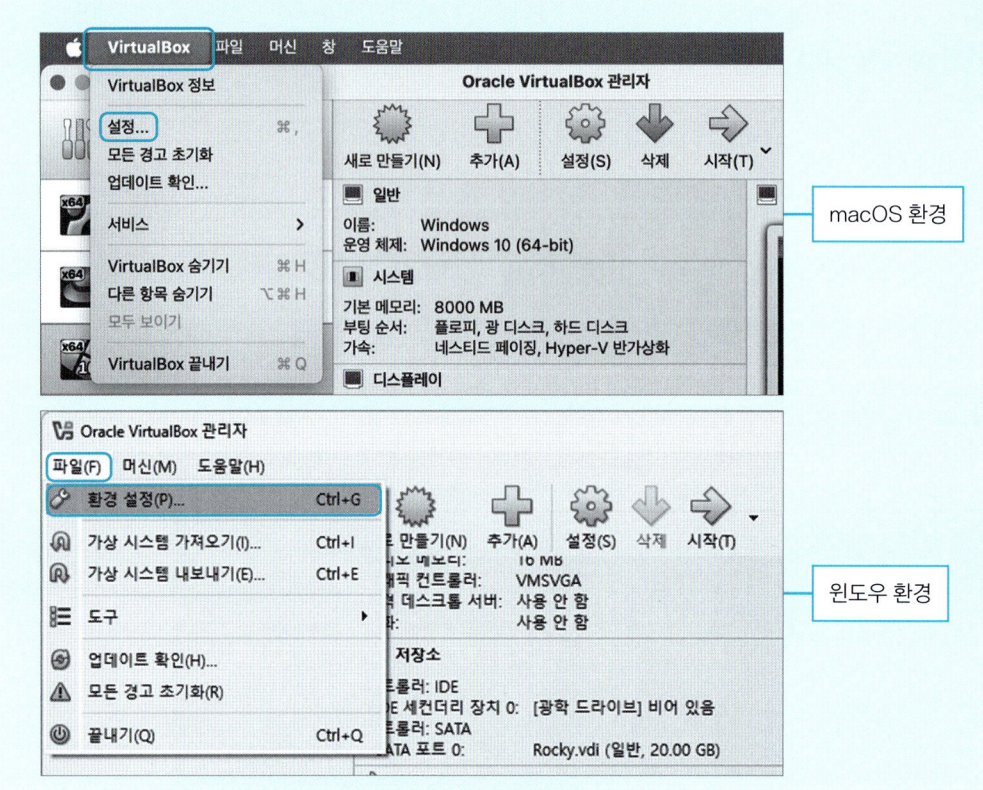

macOS 환경

윈도우 환경

2. 화면 왼쪽에서 [입력]을 선택하고 오른쪽에서 [가상 머신]을 클릭하면 [Host Key Combo] 영역에서 호스트 키 콤보를 설정할 수 있습니다. [Host Key Combo] 오른쪽의 단축키 영역을 클릭하고 키보드를 사용해 단축키를 입력한 뒤 [확인]을 클릭해 저장합니다.

02-4
리눅스 셸과 기본 명령어

리눅스 프로그램을 직접 다루려면 셸과 기본 명령어를 알아야 합니다. 명령어와 터미널, 리눅스 셸의 역할과 종류, 명령 프롬프트의 의미를 살펴보고 리눅스에서 자주 사용하는 기본 명령어를 직접 실습해 보겠습니다. 이 과정을 통해 명령어를 익숙하게 사용하고 리눅스 환경에서 효율적으로 작업할 수 있는 기초를 마련할 수 있습니다.

명령어와 터미널

리눅스는 GUI 환경뿐만 아니라 명령줄 인터페이스Command Line Interface, CLI를 중심으로 동작합니다. 명령어를 사용하면 파일 관리, 프로그램 실행, 시스템 설정 등 다양한 작업을 효율적으로 수행할 수 있습니다. 특히 서버나 경량 배포판에서는 명령어가 유일한 조작 수단이므로 리눅스의 기본 명령어에 익숙해지는 것이 중요합니다. 리눅스 명령어는 다음과 같은 형식으로 사용합니다.

기본형	명령어 [옵션] [인자1] [인자2] ...

- 맨 앞에 명령어를 작성하고 그 뒤에 옵션과 인자를 순서대로 입력합니다.
- 명령어, 옵션, 인자는 띄어쓰기로 구분합니다.
- 명령어 이름은 반드시 입력해야 하지만 옵션과 인자는 명령어에 따라 선택해서 사용할 수 있습니다.

리눅스에서 명령어를 입력할 때 터미널terminal이라는 프로그램을 활용합니다. 터미널은 화면에서 볼 수 있는 프로그램 창으로, 사용자가 키보드로 명령어를 입력하면 컴퓨터가 실행 결과를 화면에 보여 줍니다.

터미널 프로그램

리눅스 셸의 역할과 종류

사용자는 터미널을 통해 셸shell이라는 프로그램을 실행합니다. 리눅스에서 셸은 사용자가 시스템과 상호작용할 수 있도록 돕는 명령어 해석기입니다. 셸은 사용자가 입력한 명령어를 해석해 리눅스 커널에 전달하고 실행 결과를 다시 사용자에게 보여 줍니다. 즉, 셸은 사용자와 커널 사이에서 실시간 통역사 역할을 하는 인터페이스라고 할 수 있습니다. 운영체제의 핵심인 커널을 감싸고 있는 겉부분(껍질)이라는 의미로 '셸'이라는 이름이 붙었습니다.

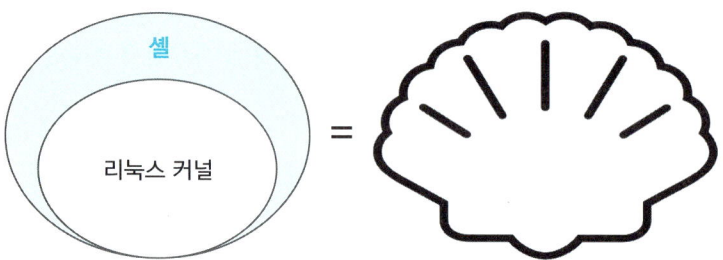

셸의 유래

최초의 셸 프로그램은 1979년 벨 연구소에서 개발한 본셸Bourne Shell입니다. 이후 다양한 확장과 변형을 거쳐 여러 셸이 등장했습니다. 대표적으로 C 언어로 개발된 시셸C Shell과 본셸의 확장판인 콘셸Korn Shell이 있으며, 현재는 GNU 프로젝트로 개발된 배시bash shell를 가장 널리 사용합니다. 이 외에도 티시셸tee-see-shell, 지셸Z shell, 피시셸Fish shell등 다양한 종류가 있습니다.

셸의 종류와 특징

셸 이름	프로그램명	개발자(발표 시기)	특징
본셸	sh	스티븐 본(1979)	• 최초로 유닉스에 탑재한 셸로 POSIX 표준 셸 • 기본 명령어 인터프리터와 간단한 스크립트 기능
시셸	csh	빌 조이(1978)	• C 언어 스타일의 문법 • 명령어 히스토리 기능
콘셸	ksh	데이비드 콘(1983)	• 본셸의 확장판 • 명령어 완성 기능
티시셸	tcsh	켄 그리어(1986)	• 명령어 편집, 명령어 히스토리 탐색, 자동 완성, 자동 로그아웃 기능
배시	bash	브라이언 폭스(1989)	• 본셸에 기반하여 GNU 프로젝트로 개발한 리눅스 표준 셸 • 명령어 치환 및 편집 기능

◐ 계속

| 지셸 | zsh | 폴 팔스타드(1990) | • 향상된 명령어 편집, 파일명 자동 완성, 탭 및 방향키로 명령어 입력 기능 |
| 피시셸 | fish | 악셀 릴렌크란츠(2005) | • 사용자 친화적인 셸
• 컬러 구문 표시, 자동 완성, 명령어 히스토리 검색 기능 |

명령 프롬프트

명령 프롬프트prompt는 셸이 사용자에게 명령어를 입력할 준비가 되었다는 것을 알려 주는 문자열입니다. 사용자가 명령 프롬프트를 통해 입력한 명령어는 셸을 거쳐 커널에 전달되어 실행됩니다. 터미널을 실행하면 화면 왼쪽 위에 명령 프롬프트가 표시되는데 구조는 다음과 같습니다.

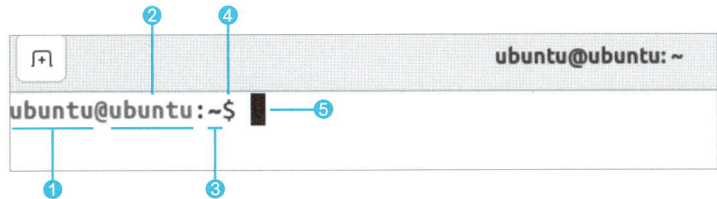

터미널에 표시된 명령 프롬프트

❶ **사용자 이름**: @의 왼쪽에 있는 'ubuntu'는 현재 로그인한 사용자 계정을 의미합니다.
❷ **호스트 이름**: @의 오른쪽에 있는 'ubuntu'는 우분투가 설치된 컴퓨터 이름입니다.
❸ **현재 디렉터리 위치**: 현재 작업하는 디렉터리를 표시합니다. '~'는 사용자의 홈 디렉터리를 의미합니다. 명령어는 실행 위치에 따라 결과가 달라질 수 있으므로 작업 중인 위치를 항상 확인해야 합니다.
❹ **사용자 유형**: '$'는 일반 사용자를, '#'은 루트 사용자를 나타냅니다. 루트 사용자는 일반 사용자보다 권한이 커서 시스템 파일과 디렉터리에 접근할 수 있습니다.
❺ **커서 위치**: 명령어를 입력할 수 있는 지점을 말하며, 명령어를 입력하면 실시간으로 화면에 표시됩니다.

Do it! 실습 터미널 실행하기

셸을 통해 명령어를 입력하려면 먼저 터미널을 실행해야 합니다. 우분투와 로키에서 터미널 프로그램을 실행하는 방법을 알아보겠습니다.

> 이 책은 우분투를 사용해서 실습을 진행하지만 로키에서도 따라 할 수 있도록 안내합니다. 원하는 배포판을 선택하여 실습을 진행해 보세요.

우분투에서 터미널 프로그램 실행하기

1 버추얼박스 화면의 왼쪽에서 우분투를 더블클릭하거나 [시작]을 클릭해서 우분투를 실행합니다.

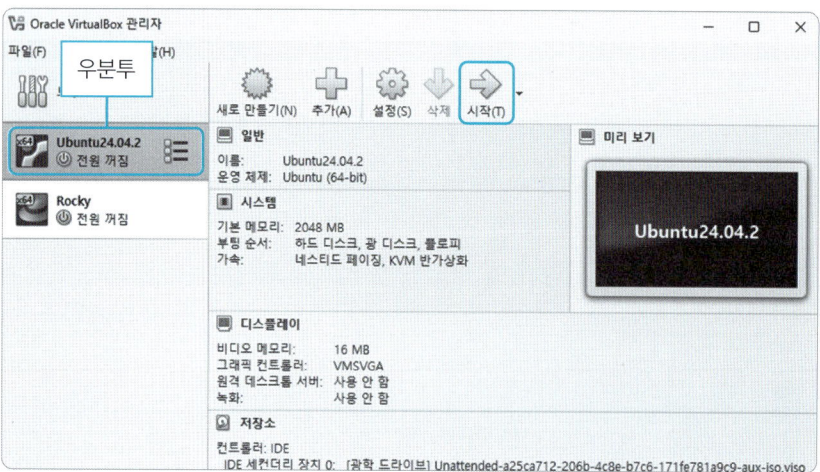

2 우분투 화면이 나타나면 검색 창에서 'terminal'을 검색하고 아래에 표시된 터미널 아이콘을 클릭해서 터미널 프로그램을 실행합니다.

☉ 검색 창이 보이지 않는다면 화면 왼쪽 위에서 아이콘을 클릭하세요.

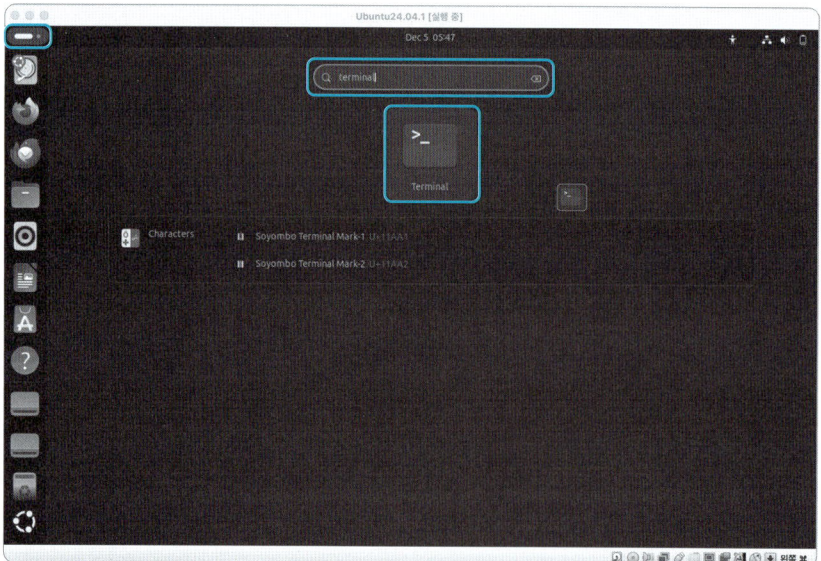

로키에서 터미널 프로그램 실행하기

1 버추얼박스 화면의 왼쪽에서 로키를 더블클릭하거나 [시작]을 클릭해서 로키를 실행합니다.

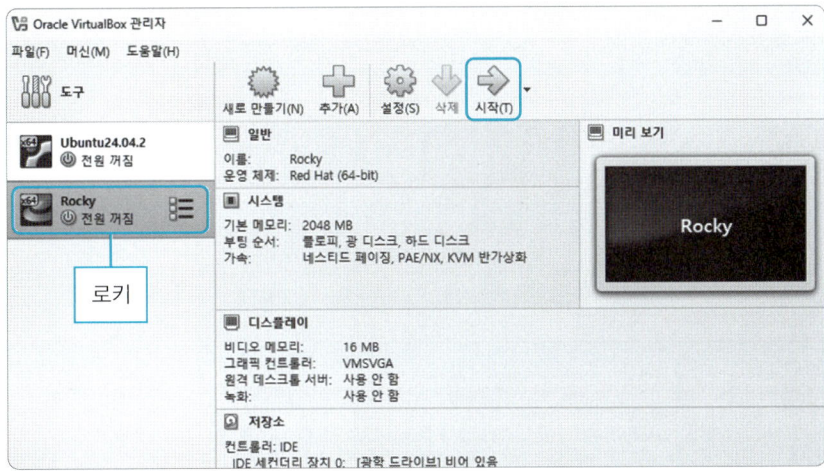

2 로그인 화면이 나타나면 로키를 설치할 때 생성한 사용자 계정을 클릭하고 비밀번호를 입력해 로그인합니다.

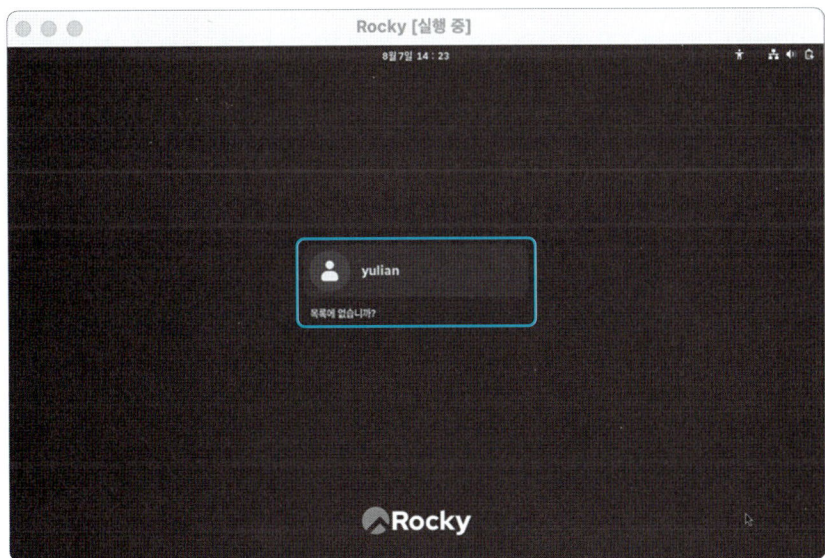

3 로키는 작업 공간 분할 기능을 제공하므로 데스크톱 화면을 2개로 나누어서 사용할 수 있습니다. ▭ 아이콘을 눌러 화면을 분할하면 아래쪽에 빠른 실행 아이콘이 나타납니다. 이 중 ▪ 아이콘을 클릭해 터미널을 실행합니다.

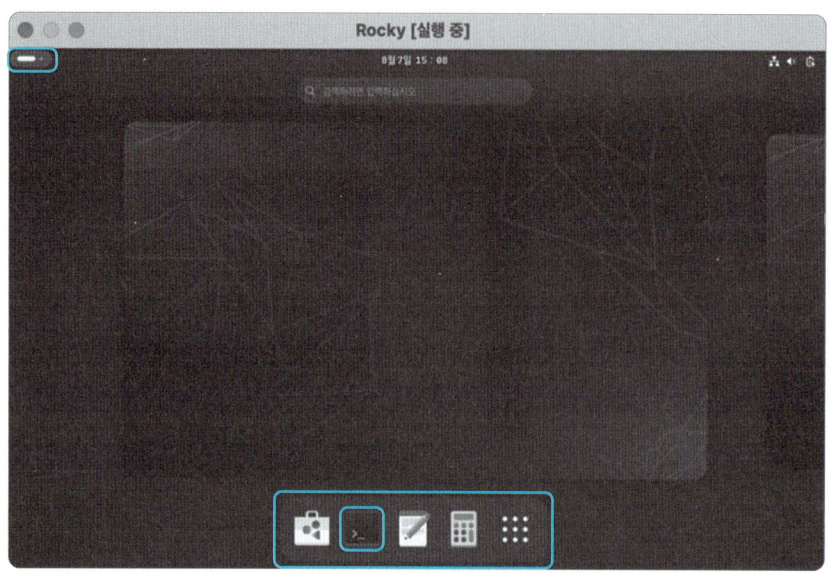

4 데스크톱 바탕화면을 선택하면 빠른 실행 아이콘이 사라지고 전체 화면으로 변경됩니다. 화면 왼쪽 위에서 ▭ 아이콘을 선택하면 빠른 실행 아이콘이 다시 나타나고, 분할된 데스크톱 화면을 선택할 수 있습니다.

Do it! 실습 디렉터리와 파일 목록 출력하기 — ls 명령어

이제 터미널에서 명령어를 직접 사용해 보겠습니다. ls는 리눅스에서 자주 사용하는 기본 명령어로 현재 디렉터리에 있는 파일 이름과 디렉터리 이름을 목록 형태로 출력합니다. [옵션]과 [경로]를 입력하지 않으면 현재 위치한 디렉터리를 기준으로 결과가 표시됩니다.

| 기본형 | ls [옵션] [경로] |

현재 디렉터리 내용 출력하기

명령 프롬프트에 기본 명령어만 입력하고 Enter 를 눌러 실행합니다.

```
ls
```

현재 디렉터리에 있는 디렉터리 목록이 출력됩니다. 화면에 출력된 Desktop, Downloads, Pictures, …, Templates 등은 디렉터리의 이름을 가리킵니다.

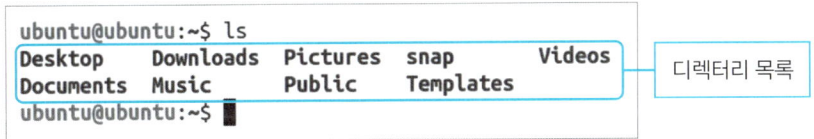

상세 정보를 함께 출력하기

ls 명령어는 옵션과 함께 사용할 수 있습니다. ls 뒤에 -l 옵션을 붙이면 파일이나 디렉터리의 상세 정보를 목록 형태로 보여 줍니다.

```
ls -l
```

Enter 를 눌러 실행하면 상세 정보가 함께 표시됩니다. 상세 정보에는 파일이나 디렉터리의 유형, 링크 파일 수, 파일의 소유자와 그룹, 크기, 최종 수정 날짜와 시간이 포함됩니다.

```
ubuntu@ubuntu:~$ ls -l
total 0
drwxr-xr-x 2 ubuntu ubuntu  60 Dec  1 11:13 Desktop
drwxr-xr-x 2 ubuntu ubuntu  40 Dec  1 11:14 Documents
drwxr-xr-x 2 ubuntu ubuntu  40 Dec  1 11:14 Downloads
drwxr-xr-x 2 ubuntu ubuntu  40 Dec  1 11:14 Music
drwxr-xr-x 2 ubuntu ubuntu  40 Dec  1 11:14 Pictures
drwxr-xr-x 2 ubuntu ubuntu  40 Dec  1 11:14 Public
drwx------ 7 ubuntu ubuntu 140 Dec  1 12:00 snap
drwxr-xr-x 2 ubuntu ubuntu  40 Dec  1 11:14 Templates
drwxr-xr-x 2 ubuntu ubuntu  40 Dec  1 11:14 Videos
ubuntu@ubuntu:~$
```

숨김 파일을 함께 출력하기

리눅스에서는 이름이 마침표(.)로 시작하는 파일이나 디렉터리를 숨김 파일이라고 합니다. 보통 사용자 설정이나 시스템 설정과 관련된 중요한 파일을 사용자가 실수로 지우지 않도록 숨겨 둔 경우가 많습니다. ls 명령어를 -a 옵션과 함께 사용하면 숨김 파일까지 확인할 수 있습니다. 다음처럼 -a 옵션과 -l 옵션을 함께 중첩하여 사용할 수도 있습니다.

```
ls -al
```

ls -al 명령어를 실행하면 숨김 파일을 포함한 디렉터리의 상세 정보가 출력됩니다.

```
ubuntu@ubuntu:~$ ls -al
total 16
drwxr-x--- 17 ubuntu ubuntu  440 Dec  4 06:51 .
drwxr-xr-x  1 root   root     80 Dec  1 11:13 ..
-rw-------  1 ubuntu ubuntu  108 Dec  5 05:45 .bash_history
-rw-r--r--  1 ubuntu ubuntu  220 Dec  1 11:13 .bash_logout
-rw-r--r--  1 ubuntu ubuntu 3771 Dec  1 11:13 .bashrc
drwx------ 11 ubuntu ubuntu  240 Dec  1 11:43 .cache
drwxr-xr-x 11 ubuntu ubuntu  380 Dec  1 11:48 .config
drwxr-xr-x  2 ubuntu ubuntu   60 Dec  1 11:13 Desktop
drwxr-xr-x  2 ubuntu ubuntu   40 Dec  1 11:14 Documents
drwxr-xr-x  2 ubuntu ubuntu   40 Dec  1 11:14 Downloads
drwx------  2 ubuntu ubuntu   80 Dec  1 11:52 .gnupg
drwx------  2 ubuntu ubuntu   40 Dec  1 11:13 .gvfs
drwx------  4 ubuntu ubuntu   80 Dec  1 11:14 .local
drwxr-xr-x  2 ubuntu ubuntu   40 Dec  1 11:14 Music
drwxr-xr-x  2 ubuntu ubuntu   40 Dec  1 11:14 Pictures
-rw-r--r--  1 ubuntu ubuntu  807 Dec  1 11:13 .profile
drwxr-xr-x  2 ubuntu ubuntu   40 Dec  1 11:14 Public
drwx------  7 ubuntu ubuntu  140 Dec  1 12:00 snap
drwx------  2 ubuntu ubuntu   40 Dec  1 11:52 .ssh
-rw-r--r--  1 ubuntu ubuntu    0 Dec  1 11:15 .sudo_as_admin_successful
drwxr-xr-x  2 ubuntu ubuntu   40 Dec  1 11:14 Templates
drwxr-xr-x  2 ubuntu ubuntu   40 Dec  1 11:14 Videos
ubuntu@ubuntu:~$
```

숨김 파일

ls 외에도 시스템의 현재 상태나 정보를 출력하는 명령어로 pwd, whoami, hostnamectl 등이 있습니다. pwd 명령어는 현재 디렉터리의 위치를, whoami 명령어는 현재 접속한 사용자 이름을, hostnamectl 명령어는 시스템 정보를 출력합니다.

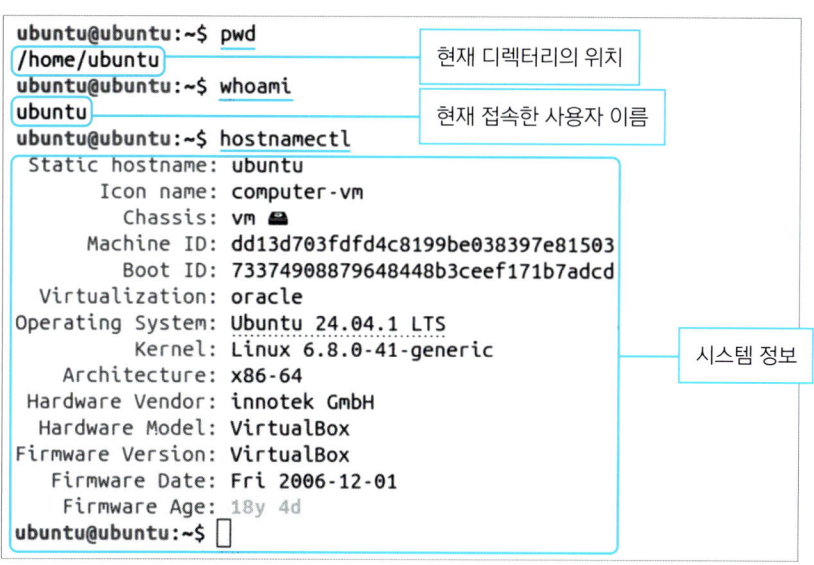

여기서 잠깐 │ 리눅스 명령어에서 여러 옵션 사용하기

리눅스 명령어에서 여러 옵션을 동시에 사용할 때 2가지 방법으로 표기할 수 있습니다.

❶ 공백으로 구분하여 사용하기

옵션을 공백으로 구분해 순서대로 입력합니다.

```
ls -a -l
```

❷ 옵션 붙여쓰기

일부 단일 문자 옵션은 공백 없이 이어서 사용할 수도 있습니다.

```
ls -al
```

Do it! 실습 파일 생성하기 – touch 명령어

파일을 생성할 때 사용하는 touch 명령어를 알아보겠습니다. touch 명령어는 파일에 접근하거나 수정하는 시간을 변경하는 기능을 하지만 지정한 파일이 없는 경우에는 빈 파일을 새로 만들어 줍니다. 그래서 touch 명령어는 파일을 생성할 때 많이 사용합니다.

기본형	touch [옵션] [파일명]

파일 생성하기

1 touch 명령어 뒤에 생성할 파일명을 입력합니다.

```
touch test
```

2 Enter 를 눌러 실행한 후 ls 명령어를 사용해 확인해 보면 test 파일이 새로 생성된 것을 확인할 수 있습니다.

```
ls
```

```
ubuntu@ubuntu:~$ ls
Desktop    Downloads  Pictures  snap       Videos
Documents  Music      Public    Templates
ubuntu@ubuntu:~$ touch test
ubuntu@ubuntu:~$ ls
Desktop    Downloads  Pictures  snap       test
Documents  Music      Public    Templates  Videos
ubuntu@ubuntu:~$
```

파일 접근 시간과 수정 시간 변경하기

touch 명령어에 옵션을 추가하면 파일의 접근 시간이나 수정 시간을 변경할 수 있습니다. 접근 시간은 파일을 열거나 읽은 시점을, 수정 시간은 파일 내용을 바꾼 시점을 의미합니다. 접근 시간을 현재 시간으로 변경하려면 -a 옵션을, 수정 시간을 현재 시간으로 변경하려면 -m 옵션을 사용합니다.

특정 시간으로 변경하려면 -t 옵션을 추가해서 사용합니다. 이때 시간은 다음 형식으로 입력하며 세기(CC)와 연도(YY), 초(ss)는 생략할 수 있습니다.

[[CC]YY]MMDDhhmm[.ss]

세기(CC)
연도(YY)
월(MM)일(DD)시간(hh)분(mm)
초(ss)

1 test 파일의 접근 시간을 2024년 6월 17일 오후 1시 30분 25초라는 특정 시간으로 변경해 보겠습니다. 다음처럼 -a와 -t 옵션을 사용해서 명령어를 입력합니다.

> ✪ 만약 접근 시간 대신 수정 시간으로 변경하려면 -a 대신 -m 옵션을 사용합니다.

```
touch -a -t 202406171330.25 test
```

2 변경된 결과를 확인하려면 stat 명령어를 사용합니다. stat 명령어를 사용하면 파일의 접근 시간(Access), 수정 시간(Modify), 마지막 상태 변경 시간(Change), 파일 생성 시간(Birth)을 확인할 수 있습니다.

```
stat test
```

명령어를 실행하면 다음과 같이 접근 시간이 변경된 것을 볼 수 있습니다. 만약 -t 옵션과 시간 형식 없이 파일의 접근 시간과 수정 시간을 변경하면 현재 시간으로 변경됩니다.

```
ubuntu@ubuntu:~$ touch -a -t 202406171330.25 test
ubuntu@ubuntu:~$ stat test
  File: test
  Size: 0         Blocks: 0          IO Block: 4096   regular empty file
Device: 0,27      Inode: 8013        Links: 1
Access: (0664/-rw-rw-r--)  Uid: ( 1000/ ubuntu)   Gid: ( 1000/ ubuntu)
Access: 2024-06-17 13:30:25.000000000 +0000
Modify: 2024-12-05 07:32:19.087276831 +0000
Change: 2024-12-05 07:46:49.981445771 +0000
 Birth: 2024-12-05 07:32:19.085271629 +0000
ubuntu@ubuntu:~$
```

Do it! 실습   파일 삭제하기 – rm 명령어

rm 명령어는 파일을 삭제할 때 사용합니다.

기본형	rm [옵션] [파일 또는 디렉터리명]

파일 삭제하기

1 기존에 생성한 test 파일을 삭제하려면 다음처럼 명령어를 입력하고 Enter 를 누릅니다.

```
rm test
```

2 명령어를 실행한 후 ls 명령어로 목록을 확인해 보면 파일이 삭제된 것을 확인할 수 있습니다.

```
ls
```

```
ubuntu@ubuntu:~$ ls
Desktop     Downloads  Pictures  snap       test
Documents   Music      Public    Templates  Videos
ubuntu@ubuntu:~$ rm test
ubuntu@ubuntu:~$ ls
Desktop     Downloads  Pictures  snap       Videos
Documents   Music      Public    Templates
ubuntu@ubuntu:~$
```

삭제 여부 확인하기

1 rm 명령어의 -i 옵션을 사용하면 파일을 삭제하기 전에 삭제 여부를 물어봅니다. 이렇게 하면 파일을 실수로 삭제하지 않도록 예방할 수 있습니다.

> 앞에서 rm 명령어로 test 파일을 삭제했다면 touch 명령어로 파일을 다시 생성한 후 실습을 진행하세요.

```
rm -i test
```

2 명령어를 실행한 후 'y'를 입력하고 Enter 를 누르면 파일을 삭제하고, 'n'를 입력하거나 아무것도 입력하지 않고 Enter 를 누르면 파일을 삭제하지 않습니다. 'n'과 'y'를 각각 입력한 후 ls 명령어로 결과를 확인합니다.

```
ls
```

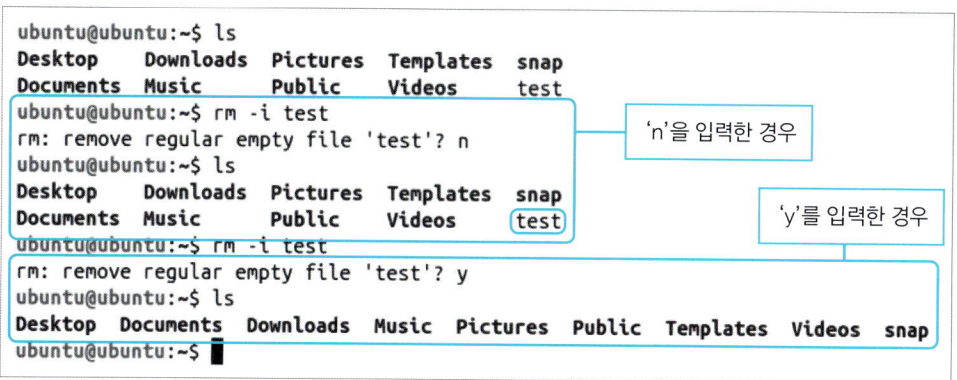

Do it! 실습 디렉터리 생성하기 – mkdir 명령어

mkdir 명령어는 디렉터리를 생성할 때 사용합니다.

| 기본형 | mkdir [옵션] [디렉터리명] |

디렉터리 생성하기

1 mkdir 명령어 뒤에 'sample'이라고 입력해서 sample 디렉터리를 생성해 보겠습니다.

```
mkdir sample
```

2 ls 명령어를 사용해서 결과를 확인하면 디렉터리가 정상으로 생성된 것을 확인할 수 있습니다.

```
ls
```

```
ubuntu@ubuntu:~$ ls
Desktop     Downloads   Pictures    snap        Videos
Documents   Music       Public      Templates
ubuntu@ubuntu:~$ mkdir sample
ubuntu@ubuntu:~$ ls
Desktop     Downloads   Pictures    sample      Templates
Documents   Music       Public      snap        Videos
```

Do it! 실습 디렉터리 삭제하기 – rmdir 명령어

비어 있는 디렉터리를 삭제할 때는 rmdir 명령어를 사용합니다. 단, 디렉터리 내에 파일이나 다른 디렉터리가 있다면 rm 명령어의 -r 옵션을 사용해서 삭제해야 합니다.

| 기본형 | rmdir [옵션] [디렉터리명] |

디렉터리 삭제하기

1 앞에서 생성한 sample 디렉터리를 rmdir 명령어를 사용해서 삭제하겠습니다.

```
rmdir sample
```

2 ls 명령어를 사용해서 결과를 확인하면 디렉터리가 삭제된 것을 확인할 수 있습니다.

```
ls
```

```
ubuntu@ubuntu:~$ ls
Desktop    Downloads  Pictures  snap       Videos
Documents  Music      Public    Templates
ubuntu@ubuntu:~$ mkdir sample
ubuntu@ubuntu:~$ ls
Desktop    Downloads  Pictures  sample     Templates
Documents  Music      Public    snap       Videos
ubuntu@ubuntu:~$ rmdir sample
ubuntu@ubuntu:~$ ls
Desktop    Downloads  Pictures  snap       Videos
Documents  Music      Public    Templates
ubuntu@ubuntu:~$
```

되새김 문제

1 다음 중 하이퍼바이저의 종류로 옳은 것은 무엇인가요?
① 타입 1과 타입 2
② GUI와 CLI
③ BIOS와 UEFI
④ NAT와 Bridged

2 다음 중 리눅스 셸의 역할로 가장 알맞은 것은 무엇인가요?
① 하드웨어 직접 제어
② 커널과 사용자를 연결하는 인터페이스
③ 시스템 전원 관리
④ 네트워크 하드웨어 제어

3 빈칸에 알맞은 말을 써넣어 문장을 완성하시오.

> 리눅스 명령어의 일반적인 형식은 '명령어 [_____] [_____]' 구조로 표현된다.

4 다음 중 리눅스 셸의 종류로 옳지 않은 것은 무엇인가요?
① 배시
② 지셸
③ 시셸
④ 윈시

5 다음 중 디렉터리 생성과 관련된 명령어로 옳은 것은 무엇인가요?
① ls
② mkdir
③ touch
④ rmdir

정답 1. ① 2. ② 3. 옵션, 인자 4. ④ 5. ②

03장

파일 시스템과 경로

03장에서는 리눅스 파일 시스템의 기본 개념을 배웁니다. 리눅스 파일 시스템의 특징과 다양한 파일 종류를 살펴보고, 최상위 경로인 루트 디렉터리에는 어떤 파일과 디렉터리가 있는지 알아봅니다. 그리고 파일에 접근할 때 사용하는 절대 경로와 상대 경로의 차이점을 살펴보고, 파일을 복사하고 경로를 이동하는 방법을 배웁니다.

03-1 ◆ 리눅스 파일 시스템

03-2 ◆ 절대 경로와 상대 경로

03-3 ◆ 파일 복사하고 변경하기

학습 목표
- 리눅스 파일 시스템의 특징과 파일 종류를 설명할 수 있다.
- 리눅스 파일 시스템의 기본 구조를 설명할 수 있다.
- 절대 경로와 상대 경로의 차이점을 이해하고 설명할 수 있다.
- 파일을 복사하고 변경하는 명령어를 사용할 수 있다.

03-1
리눅스 파일 시스템

리눅스에서 파일과 디렉터리를 구성하고 관리하는 방식인 파일 시스템을 알아봅니다. 리눅스의 파일 시스템은 다른 운영체제와 구분되는 고유한 특징이 있어서 이를 이해하면 디렉터리 이동이나 파일 탐색 같은 작업을 더 쉽게 수행할 수 있습니다.

리눅스 파일 시스템의 5가지 특징

운영체제의 파일 시스템은 파일과 디렉터리를 저장, 관리, 검색할 수 있도록 구조와 규칙을 제공합니다. 리눅스 파일 시스템은 트리 구조에 기반해서 파일과 디렉터리를 구성하여 데이터를 저장하고 관리합니다. 트리 구조란 최상위에 루트 디렉터리가 있고 그 아래에 디렉터리와 파일이 계층으로 확장되는 형태를 말합니다. 이제 리눅스 파일 시스템의 주요 특징 5가지를 살펴보겠습니다.

1. 대소 문자를 구분합니다
리눅스 파일 시스템에서는 대소 문자를 구분해야 합니다. 따라서 'TEST', 'test', 'Test'는 모두 다른 파일로 인식합니다.

2. 긴 파일명을 지원합니다
비교적 이름이 긴 파일과 경로를 사용할 수 있습니다. 앞으로 배울 getconf 명령어를 사용하면 시스템에서 허용하는 최대 문자 길이를 확인할 수 있습니다.

3. 링크 파일을 지원합니다
링크 파일은 윈도우의 바로 가기 아이콘처럼 원본 파일을 참조하는 별도의 파일입니다. 사용자가 원본 파일을 쉽게 찾을 수 있도록 도와줍니다.

4. 확장자가 파일 형식을 강제하지 않습니다

리눅스에서 파일 확장자는 사용자나 응용 프로그램을 구분하는 표시일 뿐 실제 파일 형식을 바꾸지 않습니다. 예를 들어 'test.c'라는 파일을 test.py로 바꿔도 C 언어로 작성한 소스 파일이 파이썬 코드로 변하지 않습니다.

5. 파일과 디렉터리에 권한이 있습니다

리눅스에서는 모든 파일과 디렉터리에 읽기read, 쓰기write, 실행execute 권한이 설정됩니다. 이를 통해 특정 사용자나 그룹만 이용할 수 있게 권한을 부여하거나 제한할 수 있습니다.

> **여기서 잠깐** 프로그래밍 언어와 확장자
>
> 프로그래밍 언어마다 고유한 확장자가 있으며, 이를 토대로 어떤 프로그래밍 언어로 작성한 소스 코드인지 식별할 수 있습니다. 예를 들어 C 언어로 코드를 작성하면 .c로, 파이썬으로 코드를 작성하면 .py로 확장자를 나타냅니다.

리눅스 파일의 종류

리눅스 파일은 크게 일반 파일, 디렉터리 파일, 통신 파일, 링크 파일, 장치 파일로 구분합니다. 모든 파일은 구분할 수 있는 식별자가 있으며, ls -l 명령어를 실행하면 파일의 종류를 확인할 수 있습니다. 파일은 맨 앞에 있는 문자로 구분하는데 일반 파일은 '-', 디렉터리 파일은 'd', 통신 파일은 's' 또는 'p', 링크 파일은 'l', 장치 파일은 'c' 또는 'b'를 사용합니다.

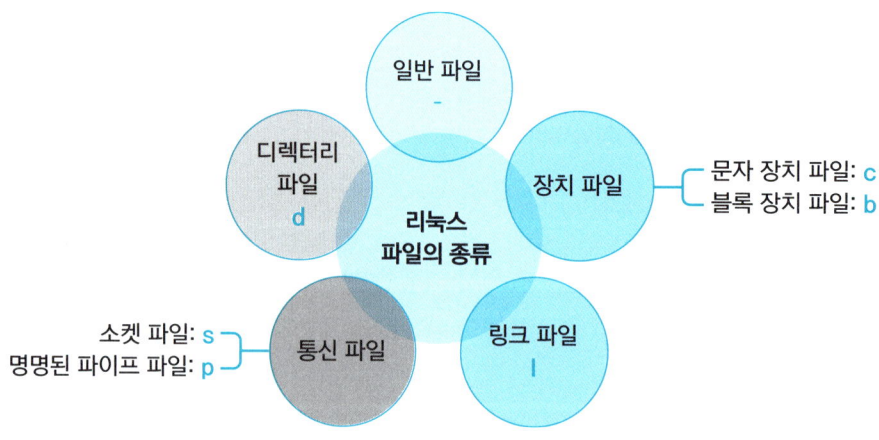

리눅스 파일의 종류

일반 파일

텍스트 파일이나, 실행 파일 같은 바이너리 파일처럼 실제 데이터가 들어 있는 가장 기본적인 형태입니다. 텍스트 파일은 사람이 읽을 수 있는 문자 기반 데이터이고 바이너리 파일은 실행하거나 특정 프로그램에서만 읽을 수 있는 기계어 기반 데이터입니다.

디렉터리 파일

다른 파일이나 디렉터리를 담을 수 있는 파일로, 윈도우에서 사용하는 폴더와 같은 개념입니다.

통신 파일

프로세스나 네트워크 통신에서 사용하는 파일로, 소켓 파일과 명명된 파이프 파일이 있습니다. 소켓 파일은 네트워크 통신하거나 동일한 시스템 내에서 프로세스 간에 통신할 때 사용하고, 명명된 파이프 파일은 한 프로세스의 출력 데이터를 다른 프로세스의 입력으로 전달할 때 사용합니다.

링크 파일

다른 파일이나 디렉터리에 쉽게 접근할 수 있게 만든 파일로, 심볼릭 링크(symbolic link) 파일과 하드 링크(hard link) 파일로 구분합니다. 심볼릭 링크 파일은 원본 파일의 경로를 참조하는 방식이며, 윈도우의 바로 가기 파일처럼 원본이 삭제되면 링크도 사용할 수 없습니다. 하드 링크 파일은 원본 파일과 동일한 데이터 블록을 공유하는 방식이며, 원본이 삭제되어도 데이터는 그대로 유지됩니다.

장치 파일

하드웨어 장치에 접근할 수 있는 인터페이스 역할을 하는 파일입니다. 문자 장치 파일과 블록 장치 파일로 구분할 수 있는데, 이는 장치를 제어할 때 필요한 데이터 양에 따라 달라집니다. 키보드, 마우스, 터미널처럼 문자 단위의 작은 데이터를 전송할 때는 문자 장치 파일을 사용하고, 하드 디스크와 USB 드라이버처럼 대규모 데이터 처리할 때는 블록 장치 파일을 사용합니다.

트리 구조

리눅스 파일 시스템은 트리tree 구조로 되어 있습니다. 나무를 거꾸로 세워 놓은 모습과 비슷하게 맨 위에 뿌리에 해당하는 루트(/)가 있고, 그 아래로 디렉터리와 하위 디렉터리가 나뭇가지처럼 뻗어 나갑니다. 트리 구조를 그림으로 나타내면 다음과 같습니다.

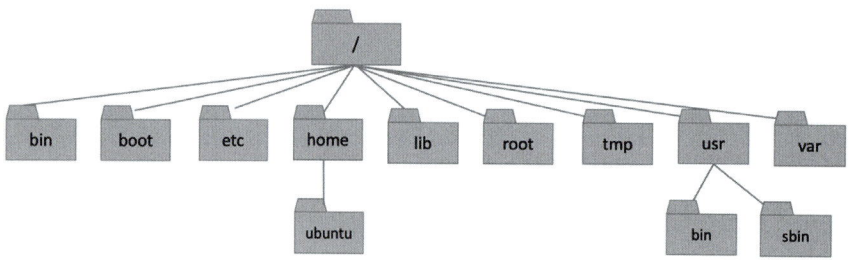

리눅스 파일 시스템의 트리 구조

가장 위에 있는 루트 디렉터리는 / 기호로 표시하며, 그 하위에 있는 디렉터리는 각각 고유한 이름과 역할이 있습니다. 디렉터리 이름은 해당 위치에 어떤 파일과 디렉터리가 포함되어 있는지를 나타내므로, 이를 이해하면 리눅스 운영체제를 더 쉽게 다룰 수 있습니다. 주요 디렉터리의 기능과 역할은 다음과 같습니다.

루트 디렉터리에 포함된 주요 디렉터리의 기능과 역할

디렉터리(경로)	기능과 역할
/	루트 디렉터리로, 모든 파일과 디렉터리의 최상위 경로
/bin	기본 명령어의 실행 파일이 저장된 디렉터리로, 일반 사용자가 사용하는 명령어가 포함됨
/boot	부팅에 필요한 커널 이미지로, 초기 램디스크 이미지(initrd) 등이 저장된 디렉터리
/dev	장치 파일이 저장된 디렉터리 예 하드 드라이브 /dev/sda1
/etc	시스템 설정 파일이 저장된 디렉터리 예 계정 정보, 네트워크 설정 등
/home	사용자 홈 디렉터리들이 위치한 디렉터리로, 사용자마다 고유한 하위 디렉터리가 있음 예 사용자 pi의 홈 디렉터리는 /home/pi
/lib	시스템 라이브러리가 저장된 디렉터리로, 기본 시스템 명령어와 함께 동작하는 공유 라이브러리가 포함됨
/media	USB 드라이버나 SD 카드와 같은 이동식 미디어가 자동으로 연결되는 디렉터리
/mnt	관리자가 파일 시스템을 임시로 연결할 때 사용하는 디렉터리
/opt	선택적 소프트웨어 패키지나 추가 애플리케이션이 설치되는 디렉터리로, 시스템에 설치된 애플리케이션의 추가 옵션이 저장됨

○ 계속

/proc	커널과 프로세스 정보를 포함한 가상 파일 시스템과 시스템 정보와 런타임 정보를 제공하는 디렉터리
/root	시스템 관리자인 root 사용자의 홈 디렉터리
/run	시스템을 부팅한 후 런타임 데이터를 저장하는 임시 파일 시스템으로, 프로세스 ID와 소켓 파일 등을 저장하는 디렉터리
/sbin	시스템 관리 명령어인 바이너리 파일이 저장된 디렉터리로, root 사용자나 관리자가 주로 사용하는 명령어가 저장됨
/srv	특정 서비스에서 제공하는 데이터를 저장하는 디렉터리로, 서버별로 서비스 관련 데이터가 포함됨
/sys	시스템 장치와 파일 시스템 정보를 제공하는 디렉터리로, 운영체제의 다양한 구성 요소와 하드웨어 관련 정보에 접근함
/tmp	임시 파일이 저장되는 디렉터리로, 시스템을 재부팅할 때 이 디렉터리의 파일은 삭제됨
/usr	사용자 관련 프로그램과 데이터가 저장되는 디렉터리로, 하위 디렉터리에는 사용자 바이너리 파일과 라이브러리, 문서 등이 포함됨
/var	가변 데이터 파일이 저장되는 디렉터리로, 로그 파일과 캐시 파일, 재부팅한 후에도 유지되는 임시 파일 등이 존재함

Do it! 실습 | 시스템 설정값과 환경 설정 정보 확인하기 – getconf 명령어

getconf 명령어는 시스템에 미리 정의된 제한이나 변수를 확인할 때 사용합니다. 이 명령어를 사용하면 파일 시스템, 운영체제, 라이브러리 등에 설정된 다양한 한곗값을 조회할 수 있습니다. 명령어의 기본형은 다음과 같습니다. [변수]는 조회하려는 시스템 변수를, [경로]는 특정 파일 시스템의 경로를 의미하며, [옵션]은 생략할 수 있습니다.

기본형	getconf [옵션] [변수] [경로]

파일명의 최대 길이 확인하기

사용자가 사용할 수 있는 파일명의 최대 길이를 확인해 보겠습니다. NAME_MAX는 최대 길이를 조회하는 시스템 변수이며 /home/ubuntu는 사용자의 홈 디렉터리 경로입니다.

명령어를 실행한 결과는 숫자(바이트 단위)로 출력됩니다. 파일명은 영문 기준으로 최대 256자까지 사용할 수 있습니다.

```
ubuntu@ubuntu:~$ getconf NAME_MAX /home/ubuntu
256
```

경로 최대 길이 확인하기

PATH_MAX라는 시스템 변수를 사용하면 파일명뿐만 아니라 전체 경로의 최대 길이도 확인할 수 있습니다.

```
getconf PATH_MAX /home/ubuntu
```

명령어를 실행한 결과는 마찬가지로 숫자로 출력됩니다. 경로의 길이는 영문으로 최대 4096자까지 사용할 수 있습니다.

```
ubuntu@ubuntu:~$ getconf PATH_MAX /home/ubuntu
4096
```

Do it! 실습 파일 유형과 식별자 확인하기 – ls -l 명령어

ls -l 명령어를 활용하면 파일의 유형과 식별자를 확인할 수 있습니다. 명령어를 직접 입력하며 앞에서 배운 리눅스의 파일 종류를 확인해 보겠습니다.

파일 유형 확인하기

1 테스트용으로 일반 파일을 하나 생성하겠습니다. touch 명령어로 test 파일을 만듭니다.

```
touch test
```

2 ls -l 명령어를 사용해 파일 유형을 확인합니다.

```
ls -l
```

출력 결과에서 맨 왼쪽에 표시되는 문자로 파일의 종류를 확인할 수 있습니다. 영문자 d는 디렉터리 파일이고 - 기호는 일반 파일입니다. 테스트로 생성한 test 파일은 일반 파일이므로 앞에 - 기호가 붙었습니다.

```
ubuntu@ubuntu:~$ touch test
ubuntu@ubuntu:~$ ls -l
total 0
drwxr-xr-x 2 ubuntu ubuntu  60 Dec  1 11:13 Desktop
drwxr-xr-x 2 ubuntu ubuntu  40 Dec  1 11:14 Documents
drwxr-xr-x 2 ubuntu ubuntu  40 Dec  1 11:14 Downloads
drwxr-xr-x 2 ubuntu ubuntu  40 Dec  1 11:14 Music
drwxr-xr-x 2 ubuntu ubuntu  40 Dec  1 11:14 Pictures
drwxr-xr-x 2 ubuntu ubuntu  40 Dec  1 11:14 Public
drwx------ 7 ubuntu ubuntu 140 Dec  1 12:00 snap
drwxr-xr-x 2 ubuntu ubuntu  40 Dec  1 11:14 Templates
-rw-rw-r-- 1 ubuntu ubuntu   0 Dec  5 08:49 test
drwxr-xr-x 2 ubuntu ubuntu  40 Dec  1 11:14 Videos
ubuntu@ubuntu:~$
```

특정 디렉터리 경로로 파일 유형 확인하기

특정 디렉터리 경로를 사용하면 해당 디렉터리 안의 파일 유형을 상세하게 볼 수 있습니다.

1 장치 파일과 링크 파일이 모여 있는 /dev 디렉터리를 경로로 지정해 파일 유형을 확인해 보겠습니다.

```
ls -l /dev
```

출력 결과에서 문자 장치 파일은 c로 표시됩니다. 그리고 링크 파일은 영문자 l로 표시됩니다.

💡 블록 장치 파일은 b로 표시됩니다.

```
ubuntu@ubuntu:~$ ls -l /dev
total 0
crw-r--r--  1 root root     10, 235 Dec  1 11:43 autofs          ← 문자 장치 파일
drwxr-xr-x  2 root root         460 Dec  4 06:48 block
drwxr-xr-x  2 root root          80 Dec  1 11:13 bsg
crw-rw----  1 root disk     10, 234 Dec  1 11:43 btrfs-control
drwxr-xr-x  3 root root          60 Dec  1 11:13 bus
lrwxrwxrwx  1 root root           3 Dec  1 11:13 cdrom -> sr0    ← 링크 파일
drwxr-xr-x  2 root root        3740 Dec  4 07:34 char
crw-------  1 root root      5,   1 Dec  1 11:43 console
lrwxrwxrwx  1 root root          11 Dec  1 11:13 core -> /proc/kcore
drwxr-xr-x  3 root root          60 Dec  1 11:13 cpu
crw-------  1 root root     10, 123 Dec  1 11:43 cpu_dma_latency
crw-------  1 root root     10, 203 Dec  1 11:13 cuse
drwxr-xr-x 10 root root         200 Dec  1 11:18 disk
drwxr-xr-x  2 root root          60 Dec  1 11:13 dma_heap
drwxr-xr-x  3 root root         100 Dec  1 11:13 dri
crw-------  1 root root     10, 125 Dec  1 11:43 ecryptfs
crw-rw----  1 root video    29,   0 Dec  1 11:43 fb0
lrwxrwxrwx  1 root root          13 Dec  1 11:13 fd -> /proc/self/fd
crw-rw-rw-  1 root root      1,   7 Dec  1 11:43 full
crw-rw-rw-  1 root root     10, 229 Dec  1 11:43 fuse
```

2 이번엔 소켓 파일과 명명된 파이프 파일이 포함된 /run 디렉터리를 경로로 지정해 파일 유형을 확인해 보겠습니다.

```
ls -l /run
```

통신 파일 중에서 소켓 파일은 영문자 s로, 명명된 파이프 파일은 영문자 p로 표시됩니다.

```
ubuntu@ubuntu:~$ ls -l /run
total 32
drwxr-xr-x  2 root              root      40 Dec  1 11:14 alsa
drwxr-xr-x  2 avahi             avahi     80 Dec  1 11:14 avahi-daemon
drwxr-xr-x  2 root              root      80 Dec  1 11:34 blkid
            ...
drwxr-xr-x  3 root              lp       100 Dec  1 11:14 cups
drwxr-xr-x  3 root              root      80 Dec  1 11:14 dbus
prw-------  1 root              root       0 Dec  1 11:13
prw-------  1 root              root       0 Dec  1 11:13
drwx--x--x  3 root              gdm       60 Dec  1 11:14 gdm3
-rw-r--r--  1 root              root       5 Dec  1 11:14 gdm3.pid
prw-------  1 root              root       0 Dec  1 11:13
drwx------  2 root              root      40 Dec  1 11:13 initramfs
drwxrwxrwt  6 root              root     160 Dec  1 11:43 lock
            ...
drwxr-xr-x  4 root              root      80 Dec  1 11:14 snapd
srw-rw-rw-  1 root              root       0 Dec  1 11:14 snapd-snap.socket
srw-rw-rw-  1 root              root       0 Dec  1 11:14 snapd.socket
drwxr-x---  3 speech-dispatcher audio    100 Dec  1 11:14 speech-dispatcher
drwxr-xr-x  2 root              root      40 Dec  1 11:14 spice-vdagentd
```

명명된 파이프 파일

소켓 파일

03-2
절대 경로와 상대 경로

파일 시스템에서 특정 파일이나 디렉터리를 찾을 때 사용하는 경로에 대해 알아보겠습니다. 경로는 크게 절대 경로와 상대 경로로 나뉘는데, 이 둘의 차이를 이해하면 파일의 복사, 이동, 이름 변경 작업이 훨씬 수월해집니다.

절대 경로와 상대 경로란?

경로는 파일 시스템에서 특정 파일이나 디렉터리의 위치를 나타내는 길입니다. 절대 경로는 루트 디렉터리부터 시작하는 전체 경로로, 현재 위치와 상관 없이 항상 고정되어 있습니다. 반면 상대 경로는 현재 위치를 기준으로 지정하는 경로로 위치에 따라 달라질 수 있습니다. 예를 들어 '우리 집으로 물건을 보내 줄래?'라고 할 때 '우리 집'은 누구의 집인지에 따라 달라질 수 있는 상대 경로이고, 'OO시 OO구 OO동 OO번지로 물건을 보내 줄래?'에서 말하는 주소는 변하지 않는 절대 경로라고 할 수 있습니다.

절대 경로와 상대 경로는 각각 장단점이 분명합니다. 절대 경로는 항상 동일한 위치를 가리켜 명확하다는 장점이 있으며 스크립트를 작성할 때 특히 유용합니다. 하지만 전체 경로를 모두 입력해야 하므로 길어질수록 입력하기가 번거롭고 오타가 발생할 수 있습니다. 이에 비해 상대 경로는 현재 위치를 기준으로 짧고 간단하게 입력할 수 있어서 편리하며, 특히 디렉터리 구조 안에서 이동할 때 효율적입니다. 하지만 현재 작업 중인 디렉터리를 정확히 확인하지 않으면 명령어 에러가 발생합니다.

절대 경로는 /home/ubuntu처럼 항상 루트(/) 경로에서 시작합니다. 반면 상대 경로는 현재 디렉터리를 기준으로 하며 '.', '..', '~' 등의 특수 문자로 시작합니다.

경로에 사용하는 특수 문자의 의미

특수 문자	의미	예시
/	루트 디렉터리 또는 경로 구분자	예 /home/ubuntu 루트 하위 home 디렉터리 안의 ubuntu 디렉터리 경로

○ 계속

.	현재 디렉터리	예 ./filename 현재 디렉터리에 있는 filename 파일의 경로
..	부모(상위) 디렉터리	예 ../filename 부모 디렉터리에 있는 filename 파일의 경로
~	현재 사용자의 홈 디렉터리	예 ~/filename 현재 사용자의 홈 디렉터리에 있는 filename 파일의 경로

Do it! 실습 경로 이동하기 – cd 명령어

절대 경로와 상대 경로는 파일 시스템에서 디렉터리를 이동할 때 자주 사용합니다. cd 명령어는 현재 작업 중인 디렉터리를 변경하는 명령어로, 이동할 경로를 인자로 입력합니다. [경로]는 절대 경로 또는 상대 경로를 모두 사용할 수 있습니다.

기본형	cd [경로]

부모 디렉터리로 이동하기

상대 경로를 사용해 현재 디렉터리의 상위 디렉터리인 부모 디렉터리로 이동해 보겠습니다.

1 먼저 현재 디렉터리 경로를 확인합니다. pwd 명령어를 사용하면 현재 작업 중인 디렉터리의 전체 경로를 확인할 수 있습니다.

```
pwd
```

명령어 실행하면 다음 결과가 출력됩니다. ubuntu는 리눅스를 설치할 때 만든 사용자 이름으로 실습 환경에 따라 달라질 수 있습니다.

```
ubuntu@ubuntu:~$ pwd
/home/ubuntu
```

2 cd 명령어에 .. 문자를 사용하면 현재 경로인 /home/ubuntu에서 부모 디렉터리인 /home으로 이동합니다.

```
cd ..
```

3 pwd 명령어로 현재 디렉터리의 경로를 다시 확인해 보면 /home으로 이동한 것을 확인할 수 있습니다.

```
pwd
```

```
ubuntu@ubuntu:~$ cd ..
ubuntu@ubuntu:/home$ pwd
/home
ubuntu@ubuntu:/home$
```

루트 디렉터리로 이동하기

이번엔 절대 경로를 사용해 최상위 경로인 루트 디렉터리로 이동해 보겠습니다.

1 다음과 같이 명령어를 입력해 루트 디렉터리로 이동합니다.

```
cd /
```

2 루트 디렉터리로 잘 이동했는지 ls 명령어를 사용해 현재 디렉터리 정보를 확인해 보겠습니다.

```
ls
```

명령어를 실행하면 현재 위치하고 있는 루트 디렉터리의 정보가 출력됩니다.

```
ubuntu@ubuntu:/home$ cd /
ubuntu@ubuntu:/$ ls
autoinstall.yaml   dev     lib.usr-is-merged   rofs                  snap    usr
bin                etc     media               root                  srv     var
bin.usr-is-merged  home    mnt                 run                   sys
boot               lib     opt                 sbin                  target
cdrom              lib64   proc                sbin.usr-is-merged    tmp
ubuntu@ubuntu:/$
```

홈 디렉터리로 이동하기

1 현재 위치와 상관없이 사용자의 홈 디렉터리로 이동하려면 cd 또는 cd ~ 명령어를 입력합니다.

```
cd
```

2 cd 명령어를 실행한 후 pwd 명령어를 사용해 현재 경로를 확인해 보면 사용자의 홈 디렉터리 경로로 이동한 것을 알 수 있습니다.

```
pwd
```

```
ubuntu@ubuntu:/$ cd
ubuntu@ubuntu:~$ pwd
/home/ubuntu
ubuntu@ubuntu:~$
```

특정 디렉터리로 이동하기

계층 구조의 디렉터리를 생성하여 특정 디렉터리로 이동해 보겠습니다. 홈 디렉터리에 A 디렉터리를 생성하고 그 안에 B 디렉터리를 만든 후, 다시 그 안에 C 디렉터리를 차례로 생성해 봅시다.

1 사용자의 홈 디렉터리인 /home/ubuntu로 이동하고 mkdir 명령어를 사용해 A 디렉터리를 생성합니다.

```
cd ~         ← 사용자의 홈 디렉터리로 이동
mkdir A      ← A 디렉터리 생성
```

2 B 디렉터리를 생성하기 위해 A 디렉터리로 이동합니다. 디렉터리 안에 있는 다른 디렉터리로 이동하려면 다음처럼 cd 명령어 뒤에 이동할 디렉터리명을 넣으면 됩니다.

> ✪ 만약 해당 디렉터리가 없다면 에러 메시지를 출력합니다.

```
cd A
```

```
ubuntu@ubuntu:~$ cd A
ubuntu@ubuntu:~/A$
```

3 다음 명령어를 입력해 A 디렉터리 안에 B 디렉터리를 만든 후 B 디렉터리로 이동합니다.

```
mkdir B      ← B 디렉터리 생성
cd B         ← B 디렉터리로 이동
```

```
ubuntu@ubuntu:~/A$ mkdir B
ubuntu@ubuntu:~/A$ cd B
```

4 B 디렉터리 안에 C 디렉터리를 생성하면 계층 구조의 디렉터리가 완성됩니다.

```
mkdir C
```

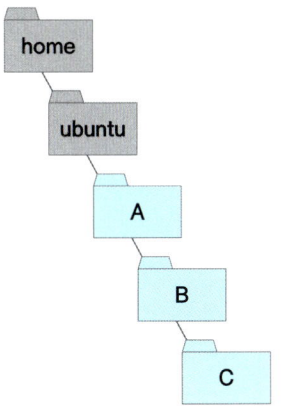

절대 경로로 디렉터리 이동하기

1 pwd 명령어로 현재 디렉터리를 확인하면 /home/ubuntu/A/B 경로에 위치한다는 것을 확인할 수 있습니다.

❂ 바로 앞에서 실습한 '특정 디렉터리로 이동하기'에서 계층 구조의 디렉터리를 따라 만든 후에 실습하세요.

```
pwd
```

```
ubuntu@ubuntu:~/A/B$ pwd
/home/ubuntu/A/B
```

2 절대 경로를 사용해 A 디렉터리로 이동해 봅시다. 다음과 같이 cd 명령어 뒤에 A 디렉터리의 전체 경로를 입력합니다.

```
cd /home/ubuntu/A
```

3 명령어를 실행하고 pwd 명령어로 현재 디렉터리를 확인해 보면 A 디렉터리로 이동한 것을 확인할 수 있습니다.

```
pwd
```

```
ubuntu@ubuntu:~/A/B$ cd /home/ubuntu/A
ubuntu@ubuntu:~/A$ pwd
/home/ubuntu/A
ubuntu@ubuntu:~/A$
```

4 이번엔 절대 경로를 사용해 C 디렉터리로 이동해 봅시다.

```
cd /home/ubuntu/A/B/C
```

5 pwd 명령어를 입력하면 제대로 이동한 것을 확인할 수 있습니다.

```
pwd
```

```
ubuntu@ubuntu:~/A$ cd /home/ubuntu/A/B/C
ubuntu@ubuntu:~/A/B/C$ pwd
/home/ubuntu/A/B/C
ubuntu@ubuntu:~/A/B/C$
```

상대 경로로 디렉터리 이동하기

1 이번엔 상대 경로를 사용해 /home/ubuntu/A 디렉터리로 이동해 보겠습니다. /home/ubuntu/A/B/C 디렉터리에서 다음과 같이 명령어를 입력해 부모 디렉터리로 2번 이동합니다.

> ✪ 상대 경로를 사용할 때는 현재 디렉터리의 위치를 반드시 확인하고 명령어를 입력해야 합니다. 상대 경로는 현재 위치를 기준으로 경로가 결정되므로 동일한 명령어를 사용하더라도 결과가 달라질 수 있습니다.

```
cd ../../
```

2 pwd 명령어를 사용해 결과를 확인해 보면 /home/ubuntu/A로 이동한 것을 확인할 수 있습니다.

```
pwd
```

```
ubuntu@ubuntu:~/A/B/C$ pwd
/home/ubuntu/A/B/C
ubuntu@ubuntu:~/A/B/C$ cd ../../
ubuntu@ubuntu:~/A$ pwd
/home/ubuntu/A
ubuntu@ubuntu:~/A$
```

3 이번엔 상대 경로를 사용해 C 디렉터리로 이동하겠습니다. 상대 경로를 사용할 때는 현재 위치를 기준으로 이동할 디렉터리 이름만 입력하면 됩니다. A 디렉터리에서 다음처럼 입력하면 현재 디렉터리를 기준으로 B 디렉터리로 들어가고, 그 안의 C 디렉터리까지 이동합니다.

```
cd B/C
pwd
```

```
ubuntu@ubuntu:~/A$ pwd
/home/ubuntu/A
ubuntu@ubuntu:~/A$ cd B/C
ubuntu@ubuntu:~/A/B/C$ pwd
/home/ubuntu/A/B/C
ubuntu@ubuntu:~/A/B/C$
```

03-3
파일 복사하고 변경하기

디렉터리의 계층 구조를 확인하는 tree 명령어, 파일과 디렉터리를 복사하는 cp 명령어, 이름을 변경하거나 다른 위치로 옮기는 mv 명령어를 알아보겠습니다. 명령어는 눈으로 보는 것보다 직접 키보드로 입력해 숙련하는 방법으로 해야 기억에 오래 남습니다. 꼭 직접 따라 하며 연습해 보세요.

Do it! 실습 파일 생성하고 디렉터리 구조 확인하기 – tree 명령어

mkdir -p 명령어를 활용하면 다음과 같이 계층 구조의 디렉터리를 간편하게 생성할 수 있습니다. 디렉터리를 생성하고 tree 명령어를 사용해 계층 구조를 확인해 보겠습니다.

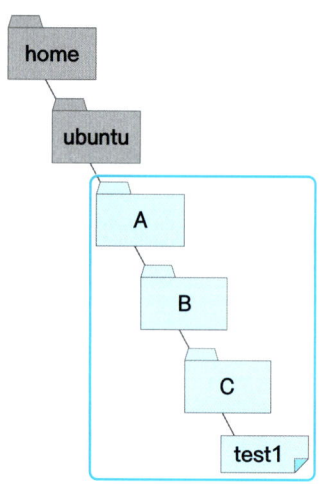

1 cd 명령어를 사용해 사용자의 홈 디렉터리로 이동합니다.

```
cd
```

2 mkdir -p 명령어로 A, B, C라는 디렉터리 3개를 한 번에 만듭니다. -p 옵션은 경로에 없는 디렉터리까지 자동으로 생성해 주므로 명령어를 한 번만 사용해도 디렉터리 3개를 만들 수 있습니다.

```
mkdir -p A/B/C
```

3 디렉터리가 잘 만들어졌는지 확인하기 위해 tree 명령어를 사용합니다. tree 명령어를 실행하려면 tree 패키지를 설치해야 합니다. 사용 중인 배포판에 따라 다음과 같이 패키지 설치 명령어를 입력해 tree 패키지를 설치합니다.

> 💡 패키지 설치와 제거 명령어는 05-1절에서 자세히 알아봅니다.

우분투 명령어

```
sudo apt install tree
```

로키 명령어

```
sudo dnf install tree
```

만약 tree 패키지가 설치되어 있지 않다면 다음과 같은 메시지가 출력됩니다.

```
ubuntu@ubuntu:~$ tree
Command 'tree' not found, but can be installed with:
sudo snap install tree   # version 2.1.3+pkg-5852, or
sudo apt  install tree   # version 2.1.1-2
See 'snap info tree' for additional versions.
ubuntu@ubuntu:~$
```

4 패키지 설치를 완료하고 tree 명령어를 입력하면 인자로 받은 디렉터리 하위에 있는 파일과 디렉터리를 계층 형식으로 보기 좋게 출력합니다.

```
tree
```

```
ubuntu@ubuntu:~$ mkdir -p A/B/C
ubuntu@ubuntu:~$ tree
.
├── A
│   └── B
│       └── C
├── Desktop
```

5 C 디렉터리에 test1 파일을 생성해 보겠습니다. 사용자의 홈 디렉터리로 이동한 뒤 C 디렉터리까지의 경로를 입력해서 파일을 생성합니다.

○ cd 명령어를 사용해 C 디렉터리 안으로 직접 이동해서 파일을 생성할 수도 있습니다.

```
cd
touch A/B/C/test1
```

6 tree 명령어를 사용해 파일이 C 디렉터리 안에 정상적으로 생성되었는지 확인합니다.

```
tree
```

```
ubuntu@ubuntu:~$ cd
ubuntu@ubuntu:~$ pwd
/home/ubuntu
ubuntu@ubuntu:~$ touch A/B/C/test1
ubuntu@ubuntu:~$ tree
.
└── A
    └── B
        └── C
            └── test1
```

Do it! 실습   파일과 디렉터리 복사하기 – cp 명령어

cp 명령어를 사용하면 파일 또는 디렉터리를 복사할 수 있습니다. cp 명령어의 기본형은 다음과 같습니다. 옵션을 선택하여 사용할 수 있으며 [원본 경로 또는 파일명]과 [복사본 경로 또는 파일명]은 상황에 따라 다르게 설정할 수 있습니다.

기본형	cp [옵션] [원본 경로 또는 파일명] [복사본 경로 또는 파일명]

파일 복사하기

tree 명령어 실습에서 생성한 디렉터리와 파일을 활용해서 파일을 복사해 보겠습니다. 절대 경로와 상대 경로를 활용해 test1 파일을 A 디렉터리에 각각 test2와 test3라는 이름으로 복사해 봅시다. cp 명령어를 사용하면 현재 경로를 이동하지 않고 C 디렉터리에 있는 원본 파일을 직접 지정하여 A 디렉터리에 복사할 수 있습니다.

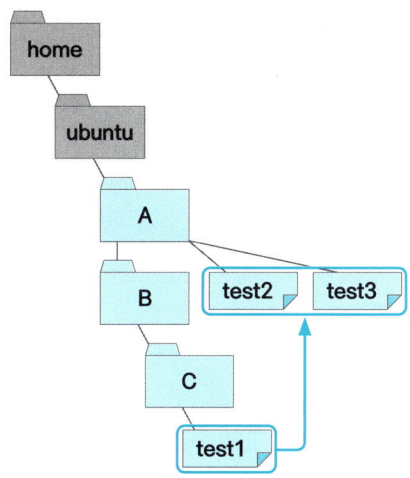

1 절대 경로를 사용해 C 디렉터리에 있는 test1 파일을 A 디렉터리에 test2라는 이름으로 복사합니다. 첫 번째 경로에는 복사할 원본 파일의 경로와 파일 이름을 두 번째 경로에는 복사본 파일이 저장될 경로와 파일 이름을 입력합니다. 인자를 구분하기 위해 명령어와 경로 사이에 공백을 추가합니다.

```
cp /home/ubuntu/A/B/C/test1 /home/ubuntu/A/test2
```

2 tree 명령어로 결과를 확인해 보면 A 디렉터리에 test2 파일이 생성된 것을 볼 수 있습니다.

```
tree
```

```
ubuntu@ubuntu:~$ cp /home/ubuntu/A/B/C/test1 /home/ubuntu/A/test2
ubuntu@ubuntu:~$ tree
.
├── A
│   ├── B
│   │   └── C
│   │       └── test1
│   └── test2
├── Desktop
```

3 이번엔 상대 경로를 사용해 test3 파일을 A 디렉터리 안에 복사해 봅시다. 현재 위치인 /home/사용자명을 기준으로 명령어와 복사할 원본 파일의 경로와 이름을 적고, 이어서 복사본 파일이 저장될 경로와 파일 이름을 입력합니다.

```
cp A/B/C/test1 A/test3
```

4 결과를 확인해 보면 A 디렉터리에 test3 파일이 생성되었습니다.

```
tree
```

```
ubuntu@ubuntu:~$ cp A/B/C/test1 A/test3
ubuntu@ubuntu:~$ tree
.
├── A
│   ├── B
│   │   └── C
│   │       └── test1
│   ├── test2
│   └── test3
└── Desktop
```

절대 경로를 사용할 때는 매번 /home/ubuntu처럼 전체 경로를 포함해서 입력해야 하지만, 상대 경로를 사용할 때는 현재 위치를 기준으로 변경된 경로만 입력하면 되므로 편리합니다. 하지만 현재 경로가 달라지면 상대 경로도 달라질 수 있다는 점에 유의합시다.

원본 파일 이름을 유지한 상태로 복사하기

1 test1 파일을 B 디렉터리 안에 복사해 봅시다. 원본 파일과 같은 이름으로 복사하려면 첫 번째 인자에는 원본 파일의 경로와 파일 이름을 입력하고 두 번째 인자에는 복사할 디렉터리의 경로까지만 입력합니다.

```
cp A/B/C/test1 A/B
```

2 tree 명령어로 결과를 확인해 보면 B 디렉터리에 test1 파일이 같은 이름으로 생성되었습니다.

```
tree
```

```
ubuntu@ubuntu:~$ cp A/B/C/test1 A/B
ubuntu@ubuntu:~$ tree
.
└── A
    └── B
        ├── C
        │   └── test1
        ├── test1
        ├── test2
        └── test3
```

동일한 디렉터리에 파일 복사하기

1 B 디렉터리에 있는 test1 파일을 같은 디렉터리에 복사해 봅시다. 이때 복사할 원본 파일명과 복사된 파일명이 달라야 한다는 점에 주의해야 합니다.

```
cp A/B/test1 A/B/test2
```

　　　　　원본 파일명　　복사된 파일명

같은 디렉터리에 있는 파일을 복사할 때 동일한 이름을 사용하면 에러가 발생합니다.

```
ubuntu@ubuntu:~$ cp A/B/test1 A/B/test1
cp: 'A/B/test1' and 'A/B/test1' are the same file
```

2 파일 이름을 다르게 사용하고 tree 명령어로 확인해 보면 파일이 정상으로 복사됐습니다.

```
tree
```

```
ubuntu@ubuntu:~$ cp A/B/test1 A/B/test2
ubuntu@ubuntu:~$ tree
.
└── A
    └── B
        ├── C
        │   └── test1
        ├── test1
        ├── test2
        ├── test2
        └── test3
```

디렉터리 복사하기

이제 디렉터리 자체를 복사해 봅시다. -r 옵션을 사용하면 하위에 있는 디렉터리와 파일을 모두 복사합니다. 이 경우 두 인자가 모두 디렉터리 경로여야 한다는 점에 유의합시다.

1 cp -r 명령어 뒤에 복사할 원본 디렉터리의 경로, 복사본 디렉터리의 경로를 차례로 입력합니다.

2 tree 명령어로 결과를 확인합니다. 다음처럼 상대 경로를 이용한 명령어로 C 디렉터리 전체가 D 디렉터리로 복제된 것을 확인할 수 있습니다.

```
tree
```

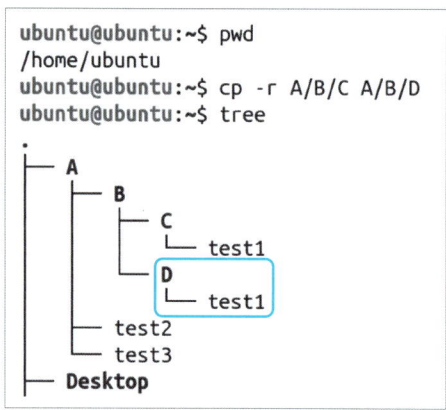

3 다음처럼 상대 경로 대신 절대 경로를 사용해 디렉터리를 복제할 수도 있습니다.

```
cp -r /home/ubuntu/A/B/C /home/ubuntu/A/B/E
```

4 tree 명령어로 확인해 보면 C 디렉터리를 복제한 E 디렉터리가 B 디렉터리 안에 새로 생성된 것을 알 수 있습니다.

```
tree
```

```
ubuntu@ubuntu:~$ cp -r /home/ubuntu/A/B/C /home/ubuntu/A/B/E
ubuntu@ubuntu:~$ tree
.
└── A
    └── B
        ├── C
        │   └── test1
        ├── D
        │   └── test1
        └── E
            └── test1
    ├── test2
    └── test3
```

Do it! 실습 파일과 디렉터리 변경하기 – mv 명령어

파일 또는 디렉터리의 이름을 변경하거나 위치를 옮길 때 mv 명령어를 사용합니다. 특정 파일이나 다른 디렉터리로 이동하고 싶을 때 cp 명령어로 복사한 후 원본을 삭제하는 방법도 있지만, 이렇게 하면 두 단계를 거쳐야 하므로 번거롭습니다. 반면 mv 명령어는 한 번에 파일이나 디렉터리를 이동하거나 이름을 수정할 수 있어서 훨씬 간편합니다. mv 명령어의 기본형은 다음과 같습니다.

기본형   mv [옵션] [변경 전 파일명 또는 디렉터리명] [변경 후 파일명 또는 디렉터리명]

파일명 변경하기

1 먼저 mkdir 명령어의 -p 옵션과 touch 명령어로 새로운 디렉터리와 test 파일을 생성하겠습니다.

```
mkdir -p A/B/C
touch A/B/C/test
```

2 tree 명령어를 사용하면 A, B, C 디렉터리와 test 파일이 계층 구조로 생성된 것을 확인할 수 있습니다.

```
tree
```

```
ubuntu@ubuntu:~$ mkdir -p A/B/C
ubuntu@ubuntu:~$ touch A/B/C/test
ubuntu@ubuntu:~$ tree
.
├── A
│   └── B
│       └── C
│           └── test
├── Desktop
```

3 생성한 test 파일명을 test1로 변경하기 위해 다음과 같이 mv 명령어를 사용합니다.

4 tree 명령어를 사용하면 파일명이 test에서 test1로 변경된 것을 확인할 수 있습니다.

```
tree
```

```
ubuntu@ubuntu:~$ mv A/B/C/test A/B/C/test1
ubuntu@ubuntu:~$ tree
.
├── A
│   └── B
│       └── C
│           └── test1
├── Desktop
```

디렉터리 이동하기

1 C 디렉터리와 하위에 있는 파일을 모두 A 디렉터리 안으로 이동해 봅시다. cp 명령어를 사용해 디렉터리를 복사할 수도 있지만 mv 명령어를 사용하면 더 편리합니다.

```
mv A/B/C A/
```
이동할 경로

2 tree 명령어를 사용하면 C 디렉터리와 test1 파일 전체가 A 디렉터리로 이동한 것을 볼 수 있습니다.

```
tree
```

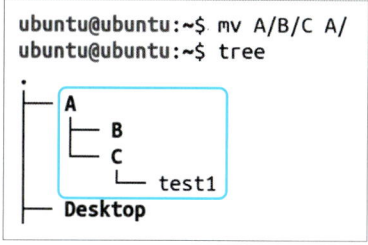

파일 이동하기

1 이번엔 test1 파일 하나만 C 디렉터리에서 B 디렉터리로 이동해 보겠습니다. 첫 번째 인자에는 이동시킬 파일의 경로와 파일 이름을, 두 번째 인자에는 이동할 디렉터리의 경로를 입력합니다.

```
mv A/C/test1 A/B
```

2 tree 명령어로 확인하면 C 디렉터리에 있던 test1 파일이 B 디렉터리 안으로 이동한 것을 볼 수 있습니다.

```
tree
```

```
ubuntu@ubuntu:~$ mv A/C/test1 A/B
ubuntu@ubuntu:~$ tree
.
├── A
│   ├── B
│   │   └── test1
│   └── C
├── Desktop
```

03장 | 파일 시스템과 경로　**97**

되새김 문제

1. 다음 중 리눅스 파일 시스템의 특징으로 옳지 <u>않은</u> 것은 무엇인가요?
   ① 모든 것은 파일로 표현된다.
   ② 대소 문자를 구분한다.
   ③ 확장자에 따라 실행 여부가 결정된다.
   ④ 트리 구조이다.

2. 다음 중 리눅스에서 지원하지 <u>않는</u> 파일 유형은 무엇인가요?
   ① 일반 파일
   ② 디렉터리 파일
   ③ 링크 파일
   ④ 윈도우 바로 가기

3. 빈칸에 알맞은 말을 써넣어 문장을 완성하시오.

   > 리눅스 파일 시스템의 구조는 최상위 디렉터리인 _____을(를) 기준으로 하는 트리 구조이다.

4. 다음 중 ls -l 명령어의 첫 번째 열에 표시되는 내용으로 옳은 것은 무엇인가요?
   ① 파일 크기
   ② 파일 소유자
   ③ 파일 권한 및 유형
   ④ 마지막 수정 시간

5. 다음 중 절대 경로에 해당하는 것은 무엇인가요?
   ① documents/report.txt
   ② ./report.txt
   ③ /home/user/report.txt
   ④ ../report.txt

정답 1. ③ 2. ④ 3. 루트 4. ③ 5. ③

둘째마당

리눅스 활용하기

둘째마당에서는 리눅스 환경에서 자주 이용하는 사용자 관리 명령어와 패키지 압축 명령어, 프로세스 제어 명령어를 학습합니다. 이어서 문서를 작성하고 편집할 수 있는 기본 편집기와 고급 문서 편집기를 다루고, 마지막으로 셸 스크립트 프로그래밍에서 새로운 명령어를 만들거나 여러 명령어를 조합하는 방법을 익힙니다.

04장	리눅스 응용 명령어
05장	패키지, 압축, 프로세스 관리
06장	문서 편집기
07장	셸 스크립트 프로그래밍

04장

리눅스 응용 명령어

04장에서는 매뉴얼과 도움말을 활용해 명령어의 옵션과 기능을 확인하는 방법을 알아봅니다. 그리고 명령어의 실행 기록을 관리하고 사용자와 그룹을 추가, 삭제하거나 비밀번호를 변경하는 방법까지 살펴봅니다. 리눅스를 잘 이해한다는 것은 곧 명령어를 자유롭게 사용할 수 있다는 의미입니다. 이번 장에서는 리눅스 활용을 위한 기초 체력을 다져 봅시다.

04-1 ◆ 명령어 매뉴얼 확인하기
04-2 ◆ 명령어 사용 기록 확인 및 파일 찾기
04-3 ◆ 사용자 생성하고 삭제하기
04-4 ◆ 파일 접근 권한 설정하기

> **학습 목표**
> - 리눅스 명령어의 도움말과 필터링, 이력 등을 살펴보고 파일을 찾을 수 있다.
> - 리눅스 시스템에 사용자를 추가, 삭제하고 비밀번호를 변경할 수 있다.
> - 리눅스 시스템에 그룹을 추가, 삭제할 수 있다.

04-1
명령어 매뉴얼 확인하기

지금까지 배운 명령어에 대한 설명과 옵션을 찾아볼 수 있는 매뉴얼 확인 방법과 필터링으로 원하는 매뉴얼을 빠르게 찾는 방법을 함께 살펴보겠습니다.

리눅스의 명령어 매뉴얼

리눅스의 명령어 매뉴얼은 각 명령어의 사용법과 옵션, 예시 등을 설명해 주는 도움말 문서입니다. 리눅스에는 명령어마다 다양한 옵션이 있지만 모든 명령어와 옵션을 다 기억하기는 어렵습니다. 자주 쓰는 명령어는 자연스럽게 익숙해지지만 그렇지 않은 명령어와 옵션은 매뉴얼을 참고하여 사용하면 됩니다. 리눅스 매뉴얼은 명령어의 목적에 따라 섹션이라는 목록으로 분류되며 이름이 같은 명령어라도 섹션에 따라 의미가 달라질 수 있습니다. 섹션 번호를 활용하면 이름이 같은 명령어 중에서 특정 명령어를 쉽게 찾을 수 있습니다. 섹션 번호별 의미와 주요 명령어를 정리하면 다음과 같습니다.

섹션별 의미와 주요 명령어 예

섹션 번호	의미	주요 명령어
1	일반 사용자 명령어	ls, cp, mv, rm, which, whereis 등
2	커널이 제공하는 시스템 호출	open, read, write, close 등
3	C 라이브러리 함수 호출	printf, scanf, time, getenv 등
4	/dev에 존재하는 특수 파일	tty, null, zero, random 등
5	파일 형식과 규약	passwd, fstab, hosts, services 등
6	게임(설치된 경우에 사용 가능)	fortune, hangman 등
7	매크로 패키지, 표준 등을 포함한 정보	man, locale, ascii, timezone 등
8	시스템 관리자의 명령어	shutdown, reboot, useradd 등

Do it! 실습   명령어 매뉴얼 확인하기 – man 명령어

리눅스 명령어 매뉴얼을 확인하려면 man 명령어를 사용합니다. 이 명령어는 특정 명령어의 기능이나 주요 옵션을 찾을 때 유용합니다. man 명령어의 기본형은 다음과 같습니다.

기본형	man [옵션] [명령어]

매뉴얼 확인하기

02-4절에서 배운 ls 명령어의 매뉴얼을 열어 보겠습니다. 다음과 같이 man 명령어 뒤에 매뉴얼을 확인하고 싶은 명령어를 입력하고 Enter 를 누르면 매뉴얼 페이지가 나타납니다.

```
man ls
```

매뉴얼 페이지에서 NAME은 명령어 이름과 간단한 설명을 표시합니다. SYNOPSIS는 명령어 사용법을, DESCRIPTION은 상세 설명과 사용할 수 있는 옵션을 알려 줍니다. 매뉴얼 화면에서는 키보드 방향키로 한 줄씩 이동할 수 있고 f 를 누르면 다음 페이지로, b 를 누르면 이전 페이지로 넘어갈 수 있습니다. 매뉴얼 페이지를 종료하려면 q 를 누릅니다.

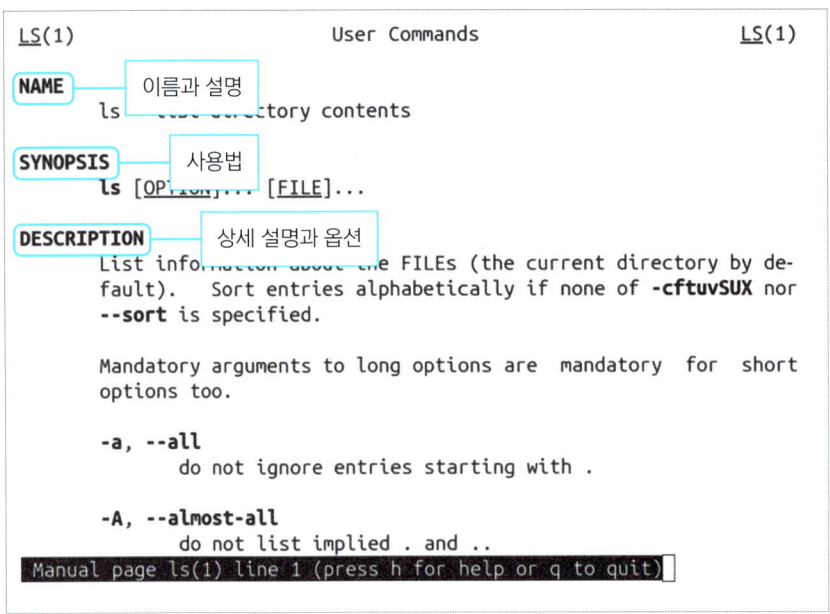

섹션 번호로 매뉴얼 확인하기

리눅스에서는 이름이 같은 명령어가 여러 섹션에 존재할 수 있습니다. 예를 들어 printf는 일반 사용자 명령어(섹션 1)에도 있고 C 라이브러리 함수(섹션 3)에도 있습니다. 섹션 번호와 명령어 이름을 함께 사용하면 정확한 명령어를 찾는 데 도움이 됩니다.

1 일반 사용자 명령어인 printf의 매뉴얼을 확인해 보겠습니다. man 명령어 뒤에 섹션 번호와 찾으려는 명령어를 입력합니다.

Enter를 눌러 명령어를 실행하면 다음처럼 섹션 1의 printf 매뉴얼이 표시됩니다.

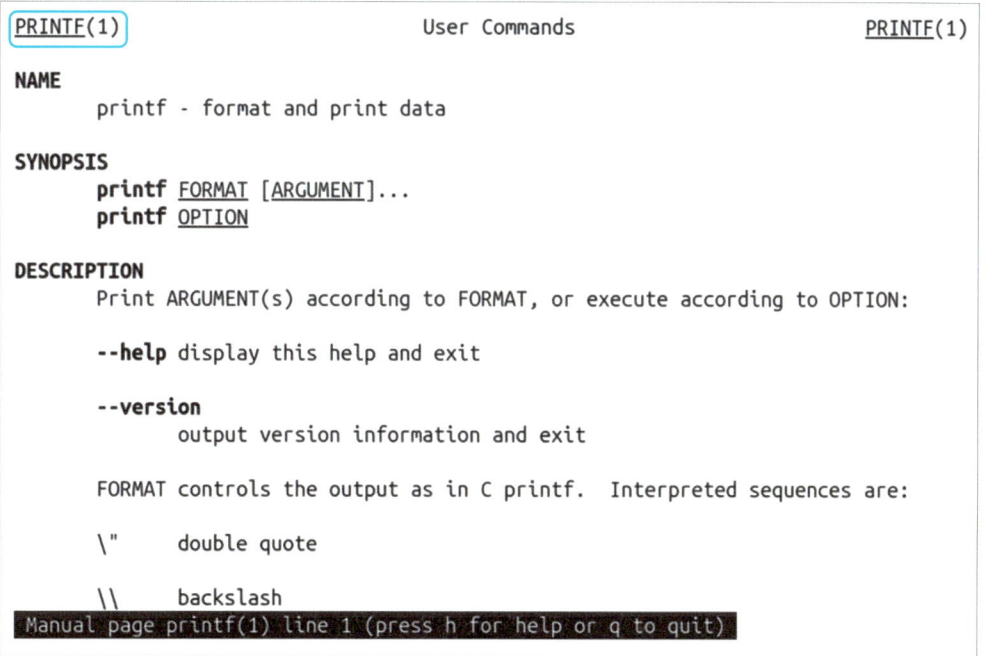

2 C 라이브러리 함수인 printf 명령어 매뉴얼을 확인하려면 섹션 번호를 3으로 설정하고 명령어를 실행합니다.

```
man 3 printf
```

```
printf(3)                Library Functions Manual                printf(3)

NAME
       printf, fprintf, dprintf, sprintf, snprintf, vprintf, vfprintf, vd-
       printf, vsprintf, vsnprintf - formatted output conversion

LIBRARY
       Standard C library (libc, -lc)

SYNOPSIS
       #include <stdio.h>

       int printf(const char *restrict format, ...);
       int fprintf(FILE *restrict stream,
                   const char *restrict format, ...);
       int dprintf(int fd,
                   const char *restrict format, ...);
       int sprintf(char *restrict str,
                   const char *restrict format, ...);
       int snprintf(char str[restrict .size], size_t size,
                   const char *restrict format, ...);

       int vprintf(const char *restrict format, va_list ap);
Manual page printf(3) line 1 (press h for help or q to quit)
```

특정 키워드가 포함된 명령어 찾기

명령어 이름이 정확히 기억나지 않을 때에는 -k 옵션을 사용해 키워드 검색을 할 수 있습니다.

1 사용자 삭제 명령어가 delete와 관련 있다고 생각되면 -k 옵션과 키워드를 함께 사용해 다음 같이 입력합니다.

```
man -k delete
```

-k 옵션으로 키워드를 검색할 때 매뉴얼 검색용 데이터베이스가 없으면 에러가 발생할 수 있습니다. 이 에러는 주로 운영체제를 처음 설치한 직후에 발생합니다.

```
ubuntu@ubuntu:~$ man -k delete
delete: nothing appropriate.
ubuntu@ubuntu:~$
```

2 에러를 해결하기 위해 다음 명령어를 입력해 데이터베이스를 초기화합니다. mandb는 리눅스 매뉴얼 검색용 데이터베이스를 생성하거나 갱신하는 명령어입니다. 초기화가 완료되면 키워드를 검색할 수 있습니다. sudo는 일반 사용자 계정에서 관리자 권한으로 명령어를 실행할 때 사용하는 명령어로, 배포판을 설치할 때 설정한 사용자 비밀번호를 입력해야 실행할 수 있습니다.

```
sudo mandb
```

3 데이터베이스를 초기화한 후 명령어를 다시 실행합니다.

```
man -k delete
```

'delete'라는 키워드가 이름이나 설명에 포함된 모든 명령어 목록이 출력됩니다. 각 명령어 이름 뒤 괄호 안의 숫자는 섹션 번호를 의미하며, 명령어 이름이 같더라도 이 섹션 번호로 구분할 수 있습니다.

```
ubuntu@ubuntu:~$ man -k delete
argz_delete (3)        - functions to handle an argz list
delete_module (2)      - unload a kernel module
filegone-bpfcc (8)     - Trace why file gone (deleted or renamed). Use...
fprintd-delete (1)     - Fingerprint management daemon, and test appli...
groupdel (8)           - delete a group
ldapdelete (1)         - LDAP delete entry tool
ntfsundelete (8)       - recover a deleted file from an NTFS volume.
rmdir (2)              - delete a directory
shred (1)              - overwrite a file to hide its contents, and op...
systemd-tmpfiles (8)   - Creates, deletes and cleans up volatile and t...
systemd-tmpfiles-clean.service (8) - Creates, deletes and cleans up ...
systemd-tmpfiles-clean.timer (8) - Creates, deletes and cleans up vo...
systemd-tmpfiles-setup-dev-early... (8) - Creates, deletes and clean...
systemd-tmpfiles-setup-dev.service (8) - Creates, deletes and cleans...
systemd-tmpfiles-setup.service (8) - Creates, deletes and cleans up ...
tdelete (3)            - manage a binary search tree
timer_delete (2)       - delete a POSIX per-process timer
tr (1)                 - translate or delete characters
unlink (2)             - delete a name and possibly the file it refers to
unlinkat (2)           - delete a name and possibly the file it refers to
userdel (8)            - delete a user account and related files
ubuntu@ubuntu:~$
```

--help 옵션으로 명령어의 간단한 사용법 확인하기

man 명령어를 사용해 출력한 매뉴얼 페이지가 너무 길어 한눈에 보기 어려울 수 있습니다. 이때는 사용법을 확인할 명령어 이름 뒤에 --help 옵션을 붙이면 간단한 사용법과 주요 옵션을 빠르게 확인할 수 있습니다.

다음처럼 ls 명령어에 --help 옵션을 사용해서 매뉴얼을 확인해 봅시다.

```
ls --help
```

명령어를 실행하면 ls 명령어의 간단한 사용법이 출력됩니다.

```
ubuntu@ubuntu:~$ ls --help
Usage: ls [OPTION]... [FILE]...
List information about the FILEs (the current directory by default).
Sort entries alphabetically if none of -cftuvSUX nor --sort is specified.

Mandatory arguments to long options are mandatory for short options too.
  -a, --all                  do not ignore entries starting with .
  -A, --almost-all           do not list implied . and ..
      --author               with -l, print the author of each file
  -b, --escape               print C-style escapes for nongraphic characters
      --block-size=SIZE      with -l, scale sizes by SIZE when printing them;
                               e.g., '--block-size=M'; see SIZE format below

  -B, --ignore-backups       do not list implied entries ending with ~
  -c                         with -lt: sort by, and show, ctime (time of last
                               change of file status information);
                             with -l: show ctime and sort by name;
                             otherwise: sort by ctime, newest first
```

Do it! 실습 명령어의 실행 파일 위치 확인하기 – which 명령어

리눅스에서 사용하는 명령어는 대부분 실제 디렉터리에 존재하는 실행 파일입니다. 명령어의 실행 파일이 어디에 있는지 확인하려면 which 명령어를 사용합니다. which 명령어는 설치 여부를 확인하거나 경로 설정 상태를 점검할 때도 유용합니다. which 명령어의 기본형은 다음과 같습니다.

기본형	which [옵션] [명령어]

실행 파일의 위치 확인하기

디렉터리를 생성하는 mkdir 명령어가 어느 위치에 있는지 which 명령어로 확인해 봅시다. 다음과 같이 명령어를 입력하고 (Enter)를 누르면 명령어의 경로를 출력합니다.

```
which mkdir
```

```
ubuntu@ubuntu:~$ which mkdir
/usr/bin/mkdir
ubuntu@ubuntu:~$
```

명령어의 모든 실행 파일 위치 확인하기

만약 프로그램이 여러 경로에 설치되어 있다면 -a 옵션을 사용해 모든 경로를 확인할 수 있습니다.

```
which -a mkdir
```

명령어를 실행하면 해당 명령어가 설치된 모든 경로를 출력하는 것을 볼 수 있습니다.

> 프로그램이 설치되지 않았거나 경로를 찾지 못하면 아무것도 출력하지 않습니다.

```
ubuntu@ubuntu:~$ which -a mkdir
/usr/bin/mkdir
/bin/mkdir
ubuntu@ubuntu:~$
```

Do it! 실습 명령어의 매뉴얼 위치 확인하기 — whereis 명령어

명령어 매뉴얼이나 소스 코드의 위치까지 알고 싶다면 whereis 명령어를 사용합니다. 사용하는 방식은 which 명령어와 비슷하지만 whereis 명령어가 더 많은 정보를 제공합니다. whereis 명령어의 기본형은 다음과 같습니다.

기본형	`whereis [옵션] [명령어]`

매뉴얼의 위치 확인하기

옵션 없이 명령어만 실행하면 실행 파일의 경로와 매뉴얼의 위치를 표시합니다.

★ 사용자가 직접 설치한 경우에는 소스 코드 위치도 표시됩니다.

```
whereis ls
```

```
ubuntu@ubuntu:~$ whereis ls
ls: /usr/bin/ls /usr/share/man/man1/ls.1.gz
ubuntu@ubuntu:~$
```

특정 정보만 출력하기

특정 정보만 출력하고 싶은 경우 옵션을 사용할 수 있습니다. 실행 파일의 위치만 출력하고 싶다면 -b 옵션을, 매뉴얼의 위치만 출력하고 싶다면 -m 옵션을, 소스 코드의 위치만 출력하고 싶다면 -s 옵션을 사용합니다.

★ 경로를 찾을 수 없는 경우에는 아무것도 출력하지 않습니다.

```
whereis -b ls      ─── 실행 파일 위치만 출력
whereis -m ls      ─── 매뉴얼 위치만 출력
whereis -s ls      ─── 소스 코드 위치만 출력
```

```
ubuntu@ubuntu:~$ whereis -b ls
ls: /usr/bin/ls
ubuntu@ubuntu:~$ whereis -m ls
ls: /usr/share/man/man1/ls.1.gz
ubuntu@ubuntu:~$ whereis -s ls
ls:
```

04-2
명령어 사용 기록 확인 및 파일 찾기

이번 절에서는 와일드카드 문자에 대해 알아봅니다. 그리고 history 명령어로 이전에 사용한 명령어를 조회하고 find 명령어를 사용해 특정 조건에 맞는 파일을 검색하는 방법도 살펴봅니다.

와일드카드 문자란?

와일드카드 문자는 파일 시스템에서 특정 패턴과 일치하는 파일을 찾을 때 사용하는 특수 문자입니다. 대표적으로 *, ?, [ ], { } 등이 있으며 보통 ls, cp, mv와 같은 명령어와 조합해서 사용합니다. 예를 들어 모든 파일과 디렉터리 목록을 출력하는 ls 명령어에 와일드카드를 사용하면 특정 조건에 맞는 파일만 필터링하여 출력할 수 있습니다.

Do it! 실습 와일드카드 문자 사용하기

와일드카드 문자를 직접 사용하여 명령어를 필터링해 보겠습니다.

먼저 실습에 사용할 디렉터리와 파일을 만듭니다. mkdir 명령어로 test 디렉터리를 만들고, 이 디렉터리 안에 touch 명령어로 tast1.txt, tast2.txt, tast3.txt, tast4.txt 파일과 test1.text, test2.text, test3.text, test4.text 파일을 생성합니다.

> 💡 명령 프롬프트에서 ↑를 누르면 마지막 입력한 명령어가 자동으로 나타나므로 비슷한 명령어를 반복해서 사용할 경우 유용합니다.

```
mkdir test
cd test/
touch tast1.txt
touch tast2.txt
touch tast3.txt
touch tast4.txt
touch test1.text
touch test2.text
touch test3.text
touch test4.text
```

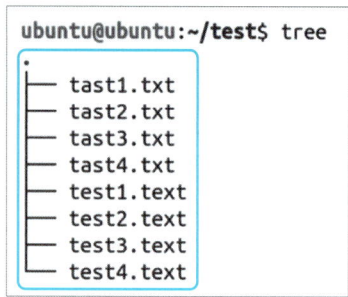

와일드카드 문자 ?

?는 임의의 한 문자에 대응하는 와일드카드 문자로 ?가 위치한 자리에 아무 문자나 하나를 넣을 수 있습니다. 파일 이름에서 특정 위치의 문자를 정확히 알지 못할 때 사용하면 유용합니다.

ls 명령어와 와일드카드 문자인 ?를 함께 사용하면 조건에 맞는 파일 목록만 출력할 수 있습니다. 다음 명령어를 실행하면 test로 시작하고 그 뒤에 어떤 한 문자가 오며 .text로 끝나는 파일만 출력됩니다.

```
ls test?.text
```

명령어를 실행하면 앞에서 만든 파일 8개 가운데 test1.text, test2.text, test3.text, test4.text 파일만 출력됩니다.

```
ubuntu@ubuntu:~/test$ ls test?.text
test1.text   test2.text   test3.text   test4.text
ubuntu@ubuntu:~/test$
```

와일드카드 문자 *

*는 0개 이상의 문자열에 대응하는 와일드카드 문자로 어떤 문자든, 몇 글자든 상관없이 모두 대응합니다. 파일 이름을 찾을 때 가장 많이 사용하는 *는 특정 확장자의 파일을 한 번에 선택하거나 접두어, 접미사가 같은 여러 파일을 다룰 때 유용합니다.

다음과 같이 명령어를 입력하면 마지막이 .txt로 끝나는 모든 파일을 출력합니다.

```
ls *.txt
```

Enter 를 눌러 명령어를 실행하면 확장자가 .txt인 파일만 출력됩니다.

```
ubuntu@ubuntu:~/test$ ls *.txt
tast1.txt  tast2.txt  tast3.txt  tast4.txt
ubuntu@ubuntu:~/test$
```

와일드카드 문자 [ ]

[ ]는 대괄호 안의 문자 중에서 하나와 일치하는 문자에 대응하는 와일드카드 문자입니다. 즉, 대괄호 안에 나열된 여러 문자 가운데 한 글자만 대응합니다. 문자 집합을 직접 지정할 수 있어서 특정 패턴의 파일을 찾을 때 유용합니다.

파일 이름이 t로 시작하고, 두 번째 문자가 a 또는 e이며, st1로 끝나는 파일을 찾아보겠습니다. [ae]를 사용하면 해당 위치에 a 또는 e 중 하나의 문자가 올 수 있습니다. 파일 이름 뒤에 와일드카드 문자 *를 사용하면 확장자에 상관없이 모든 파일을 출력할 수 있습니다.

```
ls t[ae]st1*
```

명령어를 실행하면 조건이 맞는 tast1.txt 파일과 test1.text 파일이 출력됩니다.

```
ubuntu@ubuntu:~/test$ ls t[ae]st1*
tast1.txt  test1.text
ubuntu@ubuntu:~/test$
```

-은 와일드카드 문자 [ ] 안에서 문자나 숫자의 범위를 지정할 때 사용합니다. -을 사용하면 연속하는 문자나 숫자를 한 번에 지정할 수 있습니다. 예를 들어 [1-3]은 1, 2, 3을 의미하고 [a-z]는 알파벳 소문자 전체를 의미합니다.

다음 명령어는 파일 이름이 test로 시작하고, 다섯 번째 문자가 1, 2, 3 가운데 하나이며, .text로 끝나는 파일을 출력합니다.

```
ls test[1-3].text
```

명령어를 실행해 보면 test1부터 test3에 해당하는 파일 중에서 .text로 끝나는 파일을 모두 출력합니다.

```
ubuntu@ubuntu:~/test$ ls test[1-3].text
test1.text   test2.text   test3.text
ubuntu@ubuntu:~/test$
```

!는 와일드카드 문자 [ ] 안에 지정된 문자로 시작하지 않는 모든 경우를 찾습니다. 즉, !는 특정 문자를 제외하고 나머지 문자를 찾을 때 유용합니다.

다음과 같이 명령어를 입력하면 tast로 시작하고 이어지는 문자가 1이 아니며 .text로 끝나는 모든 파일을 출력합니다.

```
ls tast[!1].txt
```

명령어를 실행하면 tast1.txt 파일을 제외하고 tast2.txt, tast3.txt, tast4.txt 파일을 출력합니다.

```
ubuntu@ubuntu:~/test$ ls tast[!1].txt
tast2.txt   tast3.txt   tast4.txt
ubuntu@ubuntu:~/test$
```

와일드카드 문자 { }

{ }는 중괄호 안에 쉼표로 구분한 여러 문자열 중에서 하나에 대응하는 와일드카드 문자입니다. { }는 한 글자만 매칭하는 [ ]와 달리 여러 글자나 문자열 단위까지 선택할 수 있습니다.

다음과 같이 명령어를 입력하면 t로 시작하고, 그다음 문자가 ast1 또는 est3이며, 확장자가 붙은 파일을 출력합니다.

```
ls t{ast1,est3}.*
```

명령어를 실행하면 tast1.txt 파일과 test3.text 파일을 출력합니다.

```
ubuntu@ubuntu:~/test$ ls t{ast1,est3}.*
tast1.txt   test3.text
ubuntu@ubuntu:~/test$
```

Do it! 실습 명령어의 이력 확인하기 – history 명령어

history 명령어는 터미널에서 사용자가 이전에 입력한 명령어들의 기록을 보여 줍니다. 이 명령어는 과거에 입력한 명령어를 다시 확인하거나 같은 명령어를 재실행할 때 유용합니다. history 명령어의 기본형은 다음과 같습니다.

기본형	`history [옵션] [인자]`

사용한 명령어 이력 확인하기

history 명령어로 앞서 사용한 명령어 이력을 확인해 보겠습니다. 다음과 같이 명령어를 입력하고 Enter 를 누릅니다.

```
history
```

기존에 입력한 명령어 목록을 1000개까지 확인할 수 있습니다. 각 명령어 앞에 있는 번호는 명령어가 입력된 순서를 의미합니다.

```
ubuntu@ubuntu:~/test$ history
    1  ls
    2  ls -al
    3  nano
    4  sudo apt install nano
    5  clear
    6  ls
    7  clear
    8  ls
    9  ls -al
   10  su - root
   11  sudo passwd root
   12  su - root
   13  clear
   14  ls
   15  ls -l
```

개수 지정하여 명령어 이력 확인하기

history 명령어 뒤에 숫자를 입력하면 최근 입력한 명령어 중에서 지정한 개수만큼 출력할 수 있습니다. 최근 사용한 명령어를 5개만 보고 싶다면 다음처럼 입력합니다.

```
history 5
```

명령어를 실행하면 최근에 입력한 명령어 5개를 출력합니다.

```
ubuntu@ubuntu:~/test$ history 5
  209  history
  210  clear
  211  history 5
  212  man history
  213  history 5
ubuntu@ubuntu:~/test$
```

이력 번호로 명령어 재실행하기

history 명령어의 출력 결과에서 각 명령어 앞에 붙은 번호를 활용하면 이전에 입력한 특정 명령어를 다시 실행할 수 있습니다.

이력 번호 가운데 212번 명령어를 재실행해 보겠습니다. ! 문자 뒤에 이력 번호를 입력하면 됩니다.

> 💡 환경마다 이력 번호가 다를 수 있습니다. history 명령어로 조회한 이력 번호를 사용해 실행하세요.

```
!212
```

명령어를 실행하면 212번째로 입력한 명령어가 다시 실행됩니다. 212번 명령어가 man history였으므로 history 명령어의 매뉴얼이 표시됩니다.

```
ubuntu@ubuntu:~/test$ history 5          HISTORY(3)              Library Fun
  209  history
  210  clear                             NAME
  211  history 5                               history - GNU History Library
  212  man history
  213  history 5                         COPYRIGHT
ubuntu@ubuntu:~/test$                          The  GNU  History  Library  is Co
                                               Foundation, Inc.
```

명령어 이력 삭제하기

1 history 명령어로 기록된 모든 명령어 이력을 초기화하려면 -c 옵션을 사용합니다.

```
history -c
```

명령어를 실행하면 터미널에 기록된 모든 명령어 이력이 삭제됩니다. 이후 history 명령어를 다시 입력하면 마지막으로 입력한 history 명령어만 표시됩니다.

```
history
```

```
ubuntu@ubuntu:~/test$ history 5
  212  man history
  213  history 5
  214  man history
  215  clear
  216  history 5
ubuntu@ubuntu:~/test$ history -c
ubuntu@ubuntu:~/test$ history
    1  history
ubuntu@ubuntu:~/test$
```

> **여기서 잠깐** 이전에 입력한 명령어 다시 불러오기
>
> history 명령어 외에 키보드의 위, 아래 방향키를 사용하면 이전에 입력한 명령어를 다시 입력할 수 있습니다. 동일한 명령어를 다시 입력하거나 오타로 잘못 입력한 경우 위, 아래 방향키를 사용하면 명령어 이력을 탐색할 수 있습니다.
>
> - **위 방향키:** 직전에 입력한 명령어부터 거꾸로 표시합니다.
> - **아래 방향키:** 다시 다음 명령어로 이동합니다.
>
> 예를 들어 test1.text, test2.text처럼 파일 이름이 숫자 1개만 다를 경우 위 방향키로 이전 명령어를 불러온 후, 숫자 부분만 수정하고 실행하면 편리합니다.
>
>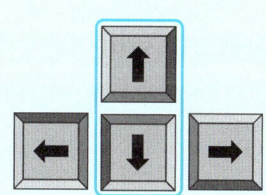

Do it! 실습 파일 또는 디렉터리 찾기 – find 명령어

파일 시스템에서 특정 파일이나 디렉터리를 찾을 때 find 명령어를 사용할 수 있습니다. 이 명령어는 지정한 경로 아래에 있는 파일과 디렉터리를 검색하며 이름, 크기, 수정 시간 등 다양한 조건으로 검색 조건을 설정할 수 있습니다. [시작 디렉터리]는 검색을 시작할 경로를 지정합니다. 예를 들어 /로 지정하면 루트 디렉터리부터 시작해 하위의 모든 경로를 검색합니다. [검색 조건]은 찾으려는 파일이나 디렉터리의 이름, 크기, 수정 시간 등 다양한 조건을 지정할 수 있습니다.

기본형	`find [시작 디렉터리] [검색 조건]`

이름으로 파일 찾기

실습을 통해 검색 조건별 옵션을 알아보며 직접 파일을 찾아보겠습니다. 파일 이름을 기준으로 파일을 찾을 때는 -name 옵션을 사용합니다.

/usr/bin 디렉터리에서 이름이 ls인 파일을 찾아보겠습니다. 첫 번째 인자로 검색을 시작할 디렉터리 경로를 넣고, 그 뒤에 -name 옵션과 함께 찾으려는 파일 이름을 입력합니다.

```
find /usr/bin -name ls
```

Enter 를 눌러 명령어를 실행하면 ls라는 이름을 조건으로 해서 파일을 찾습니다. 해당하는 이름의 파일이 있다면 다음처럼 경로가 출력되고, 만약 해당 파일이 존재하지 않으면 아무런 결과도 출력되지 않습니다.

```
ubuntu@ubuntu:~$ find /usr/bin -name ls
/usr/bin/ls
ubuntu@ubuntu:~$
```

크기로 파일 찾기

크기를 기준으로 파일을 찾으려면 -size 옵션을 사용합니다.

1 /usr/bin 디렉터리에서 5메비바이트보다 큰 파일을 찾아보겠습니다. -size 옵션 뒤에 [+/-][숫자][단위] 형식으로 파일 크기를 지정합니다. +는 기준 크기보다 큰 파일을, -는 기준 크기보다 작은 파일을 의미합니다. 숫자는 파일의 크기를 나타내고 단위는 c(바이트), k(키비바이트), M(메비바이트), G(기비바이트)를 사용합니다.

```
find /usr/bin -size +5M
```

명령어를 실행하면 크기가 5메비바이트보다 큰 파일만 출력됩니다.

```
ubuntu@ubuntu:~$ find /usr/bin -size +5M
/usr/bin/gdb
/usr/bin/gnome-control-center
/usr/bin/gtk4-encode-symbolic-svg
/usr/bin/python3.12
/usr/bin/snap
/usr/bin/ubuntu-report
ubuntu@ubuntu:~$
```

2 파일 크기는 범위로 표현할 수도 있습니다. 5메비바이트보다 크고 10메비바이트보다 작은 파일을 모두 찾을 경우 다음과 같이 -size 옵션을 2번 사용하면 됩니다.

```
find /usr/bin -size +5M -size -10M
```

명령어를 실행하면 지정한 크기의 범위에 해당하는 파일만 출력됩니다.

```
ubuntu@ubuntu:~$ find /usr/bin -size +5M -size -10M
/usr/bin/gnome-control-center
/usr/bin/python3.12
/usr/bin/ubuntu-report
ubuntu@ubuntu:~$
```

찾은 파일에 명령어 반복 적용하기

find 명령어로 찾은 여러 파일에 같은 명령어를 반복해서 적용하고 싶을 때 -exec 옵션을 사용하면 편리합니다. 예를 들어 앞에서 찾은 파일의 크기를 확인할 때 모든 파일에 명령어를 매번 입력하려면 번거롭습니다. 이럴 때 -exec 옵션을 사용하면 찾은 모든 파일에 특정 명령어를 한번에 적용할 수 있습니다. /usr/bin 디렉터리에서 5메비바이트보다 큰 파일을 찾고 각각의 파일에 ls -l 명령어를 적용하여 상세 정보를 출력해 보겠습니다.

1 -exec 옵션 뒤에 실행할 명령어인 ls -l을 작성합니다. { }는 find 명령어로 찾은 파일을 나타내며 이 위치에 파일명이 각각 하나씩 들어갑니다. \;는 명령어의 종료를 표시합니다. find -exec는 명령어 안에서 또 다른 명령어를 실행하므로 명령어가 어디서 끝나는지 명확히 지정해야 합니다.

```
find /usr/bin -size +5M -exec ls -l {} \;
```

명령어를 실행하면 /usr/bin 디렉터리에서 5메비바이트보다 큰 파일을 찾아서 각각의 파일에 ls -l 명령어를 적용합니다.

```
ubuntu@ubuntu:~$ find /usr/bin -size +5M -exec ls -l {} \;
-rwxr-xr-x 1 root root 11744504 Apr  3  2024 /usr/bin/gdb
-rwxr-xr-x 1 root root  7984624 Apr 18  2024 /usr/bin/gnome-control-center
-rwxr-xr-x 1 root root 11826104 Apr  4  2024 /usr/bin/gtk4-encode-symbolic-svg
-rwxr-xr-x 1 root root  8019136 Jul 31  2024 /usr/bin/python3.12
-rwxr-xr-x 1 root root 18160504 Aug 20 22:39 /usr/bin/snap
-rwxr-xr-x 1 root root  7261600 Jul 16  2024 /usr/bin/ubuntu-report
ubuntu@ubuntu:~$
```

2 ls -l 명령어는 파일 크기를 바이트 단위로 출력하므로 가독성이 떨어집니다. 이때 -h 옵션을 추가하면 사람이 읽기 쉬운 형태로 표시됩니다.

```
find /usr/bin -size +5M -exec ls -lh {} \;
```

명령어를 실행하면 다음처럼 파일 크기에 단위를 붙여 출력하므로 파일의 크기를 한눈에 확인하기 편리합니다.

```
ubuntu@ubuntu:~$ find /usr/bin -size +5M -exec ls -lh {} \;
-rwxr-xr-x 1 root root 12M Apr  3  2024 /usr/bin/gdb
-rwxr-xr-x 1 root root 7.7M Apr 18  2024 /usr/bin/gnome-control-center
-rwxr-xr-x 1 root root 12M Apr  4  2024 /usr/bin/gtk4-encode-symbolic-svg
-rwxr-xr-x 1 root root 7.7M Jul 31  2024 /usr/bin/python3.12
-rwxr-xr-x 1 root root 18M Aug 20 22:39 /usr/bin/snap
-rwxr-xr-x 1 root root 7.0M Jul 16  2024 /usr/bin/ubuntu-report
ubuntu@ubuntu:~$
```

 여기서 잠깐 메가바이트와 메비바이트

메가바이트^{MB}와 메비바이트^{MiB}는 서로 다른 단위입니다. 메가바이트는 장치 용량이나 네트워크 속도에서 사용하는 10진 단위이고 메비바이트는 운영체제나 메모리 용량을 표시할 때 사용하는 2진 단위입니다.

- **메가바이트**: 10진법 단위를 사용하며 1메가바이트는 1,000,000바이트(10^6)입니다.
- **메비바이트**: 2진법 단위를 사용하며 1메비바이트는 1,048,576바이트(2^{20})입니다.

용량을 나타내는 단위

구분	용도	단위
- 킬로바이트^{KB} - 메가바이트^{MB} - 기가바이트^{GB} - 테라바이트^{TB}	장치 용량이나 네트워크 속도에서 사용	10진법
- 키비바이트^{KiB} - 메비바이트^{MiB} - 기비바이트^{GiB} - 티비바이트^{TiB}	운영체제나 메모리 용량을 표시할 때 사용	2진법

예를 들어 제조사에서 판매하는 1기가바이트 크기의 USB 저장 장치는 운영체제에서 약 953.7메비바이트로 인식되어 상대적으로 약간 작게 표시됩니다. 즉, 단위 체계에 따라 표시되는 크기가 달라지므로 파일이나 저장 장치의 용량을 확인할 때 어떤 단위를 사용했는지 확인하는 것이 중요합니다.

04-3
사용자 생성하고 삭제하기

리눅스에서 사용자를 추가, 삭제하고 비밀번호를 변경하는 명령어를 알아보겠습니다. 실습을 통해 리눅스의 사용자 계정 관리의 기본 구조와 /etc/passwd 파일의 구성도 살펴보겠습니다.

Do it! 실습 사용자 추가하기 — adduser 명령어

리눅스에서 새로운 사용자를 추가하려면 adduser 명령어를 사용합니다. adduser 명령어는 시스템에 직접 영향을 주므로 명령어 앞에 sudo를 붙여 시스템 관리자 권한으로 실행해야 합니다. 사용자를 추가하면 시스템에 새로운 계정이 등록되고 해당 사용자를 위한 홈 디렉터리가 자동으로 생성되며 기본 환경 설정도 함께 완료됩니다.

기본형	sudo adduser [사용자명]

1 adduser 명령어로 user1이라는 새로운 사용자를 생성합니다.

```
sudo adduser user1
```

2 새로운 사용자의 비밀번호를 입력한 후 입력 실수를 예방하기 위해 한 번 더 입력합니다. 보안을 위해 입력한 비밀번호는 화면에 표시되지 않습니다. 입력한 비밀번호가 화면에 보이지 않더라도 완료했다면 Enter 를 눌러 다음 단계로 넘어갑니다.

```
ubuntu@ubuntu:~$ sudo adduser user1
info: Adding user `user1' ...
info: Selecting UID/GID from range 1000 to 59999 ...
info: Adding new group `user1' (1002) ...
info: Adding new user `user1' (1002) with group `user1 (1002)' ...
info: Creating home directory `/home/user1' ...
info: Copying files from `/etc/skel' ...
New password:
Retype new password:
```

3 비밀번호를 설정하면 사용자 이름, 방 번호, 전화번호 등의 부가 정보를 입력하라는 메시지가 나옵니다. 특별한 정보가 없다면 Enter 를 눌러 기본값으로 설정합니다.

```
New password:
Retype new password:
passwd: password updated successfully
Changing the user information for user1
Enter the new value, or press ENTER for the default
        Full Name []:
        Room Number []:
        Work Phone []:
        Home Phone []:
        Other []:
```

4 입력한 모든 정보가 올바른지 확인하는 메시지가 출력되면 'y'를 입력하고 Enter 를 누릅니다. 이렇게 하면 새 사용자가 리눅스 시스템에 추가되고 모든 사용자 계정 정보를 저장하는 /etc/passwd 파일이 갱신되어 마지막 줄에 새로운 사용자 정보가 나타납니다.

```
Is the information correct? [Y/n] y
info: Adding new user `user1' to supplemental / extra groups `users' ...
info: Adding user `user1' to group `users' ...
ubuntu@ubuntu:~$
```

5 파일 내용을 간단히 출력하는 cat 명령어로 /etc/passwd 파일을 열어 추가된 사용자 정보를 확인해 봅시다. ✿ cat 명령어는 06-2절에서 자세히 다룹니다.

```
cat /etc/passwd
```

명령어를 실행하면 새로 추가된 user1의 사용자 정보가 출력됩니다. 사용자 정보는 콜론(:)으로 구분하여 표시합니다.

```
ubuntu@ubuntu:~$ cat /etc/passwd
root:x:0:0:root:/root:/bin/bash
daemon:x:1:1:daemon:/usr/sbin:/usr/sbin/nologin
bin:x:2:2:bin:/bin:/usr/sbin/nologin
sys:x:3:3:sys:/dev:/usr/sbin/nologin
sync:x:4:65534:sync:/bin:/bin/sync
            ...
ubuntu:x:1000:1000:Live session user,,,:/home/ubuntu:/bin/bash
installer:x:1001:1001:Ubuntu:/home/installer:/usr/bin/subiquity-shell
user1:x:1002:1002:,,,:/home/user1:/bin/bash
ubuntu@ubuntu:~$
```

여기서 잠깐 — 사용자 정보의 세부 내용

사용자 정보의 세부 내용은 /etc/passwd 파일에서 확인할 수 있으며, 각 항목은 콜론(:)을 기준으로 구분됩니다. 각 항목의 의미를 살펴보겠습니다.

user1:x:1002:1002:,,,:/home/user1:/bin/bash

① **사용자명**: 로그인할 때 사용하는 계정 이름입니다.
② **비밀번호**: 일반적으로 x로 표시되며 실제 비밀번호는 /etc/shadow 파일에 암호화되어 저장됩니다.
③ **사용자 ID**: 사용자를 구분하는 고유 번호입니다. 0번은 루트 사용자, 1000번 이상은 일반 사용자를 의미합니다.
④ **그룹 ID**: 기본 그룹을 나타내는 번호입니다. 사용자 계정을 만들면 그룹도 같은 이름으로 자동 생성되며 그룹 정보는 /etc/group 파일에 저장됩니다.
⑤ **부가 정보**: 사용자 이름, 전화번호 등의 부가 정보입니다. 계정을 생성할 때 입력하지 않으면 구분자인 쉼표(,)만 표시됩니다.
⑥ **사용자의 홈 디렉터리**: 사용자의 홈 디렉터리 경로를 말하며, 일반적으로 /home/[사용자명] 형식으로 자동 생성됩니다.
⑦ **로그인 셸**: 사용자가 로그인할 때 실행되는 셸의 경로를 의미합니다. /bin/bash는 해당 사용자가 배시를 기본 셸로 사용한다는 의미입니다.

Do it! 실습 — 비밀번호 변경하기 – passwd 명령어

사용자의 비밀번호를 재설정할 때는 passwd 명령어를 사용합니다. 이 명령어도 시스템에 영향을 주므로 sudo 명령어를 사용해 관리자 권한으로 실행해야 합니다. 일반 사용자 권한으로 실행하거나 비밀번호를 변경할 사용자가 없는 경우 에러 메시지가 출력됩니다.

기본형	sudo passwd [사용자명]

1 앞에서 생성한 user1의 비밀번호를 변경해 보겠습니다. 명령어 뒤에 사용자명을 입력합니다.

```
sudo passwd user1
```

2 명령어를 실행하고 새로운 비밀번호를 입력한 뒤 확인을 위해 한번 더 입력합니다.

```
ubuntu@ubuntu:~$ passwd user1
passwd: You may not view or modify password information for user1.
ubuntu@ubuntu:~$ passwd user2
passwd: user 'user2' does not exist
ubuntu@ubuntu:~$ sudo passwd user1
New password:
Retype new password:
```

입력을 마치면 user1 계정의 비밀번호가 정상적으로 변경됩니다.

```
ubuntu@ubuntu:~$ sudo passwd user1
New password:
Retype new password:
passwd: password updated successfully
ubuntu@ubuntu:~$
```

Do it! 실습 사용자 삭제하기 — deluser 명령어

사용자를 삭제할 때는 deluser 명령어를 사용합니다. 명령어 형식은 사용자를 추가할 때 사용하는 adduser 명령어와 거의 같고 명령어 이름만 adduser에서 deluser로 달라집니다.

기본형	sudo deluser [사용자명]

1 deluser 명령어를 사용해 user1을 삭제해 보겠습니다. 다음처럼 deluser 명령어 뒤에 삭제할 사용자명을 입력합니다.

```
sudo deluser user1
```

명령어를 실행하고 ls 명령어로 확인해 보면 user1 계정은 삭제되었지만 사용자의 홈 디렉터리는 남아 있습니다. 홈 디렉터리까지 지우려면 rm -r 명령어로 직접 제거해야 합니다.

```
ubuntu@ubuntu:~$ sudo deluser user1
info: Removing crontab ...
info: Removing user `user1' ...
ubuntu@ubuntu:~$ ls /home
installer  ubuntu  user1
ubuntu@ubuntu:~$
```

2 홈 디렉터리까지 한 번에 삭제하려면 --remove-home 옵션을 사용합니다. 새로운 사용자인 user2를 추가하고 홈 디렉터리를 함께 삭제하는 옵션을 사용해 user2 계정을 제거합니다.

```
sudo adduser user2
sudo deluser --remove-home user2
```

3 명령어를 실행한 후 ls 명령어로 홈 디렉터리를 확인해 보면 삭제한 user2의 홈 디렉터리도 함께 사라진 것을 확인할 수 있습니다.

```
ls /home
```

```
ubuntu@ubuntu:~$ sudo deluser --remove-home user2
info: Looking for files to backup/remove ...
info: Removing files ...
info: Removing crontab ...
info: Removing user `user2' ...
ubuntu@ubuntu:~$ ls /home
installer  ubuntu  user1
ubuntu@ubuntu:~$
```

04-4
파일 접근 권한 설정하기

파일이나 디렉터리 목록을 상세하게 보려면 ls -l 명령어를 사용합니다. 이 명령어는 결과를 파일 유형 → 파일 허가권 → 링크 수 → 파일 소유자 → 파일 소유 그룹 → 파일 크기 → 마지막 파일 변경 날짜와 시간 → 파일 또는 디렉터리 이름 순으로 표시합니다. 이 절에서는 여러 항목 중에서 파일 허가권, 파일 소유자, 파일 소유 그룹만 살펴보겠습니다.

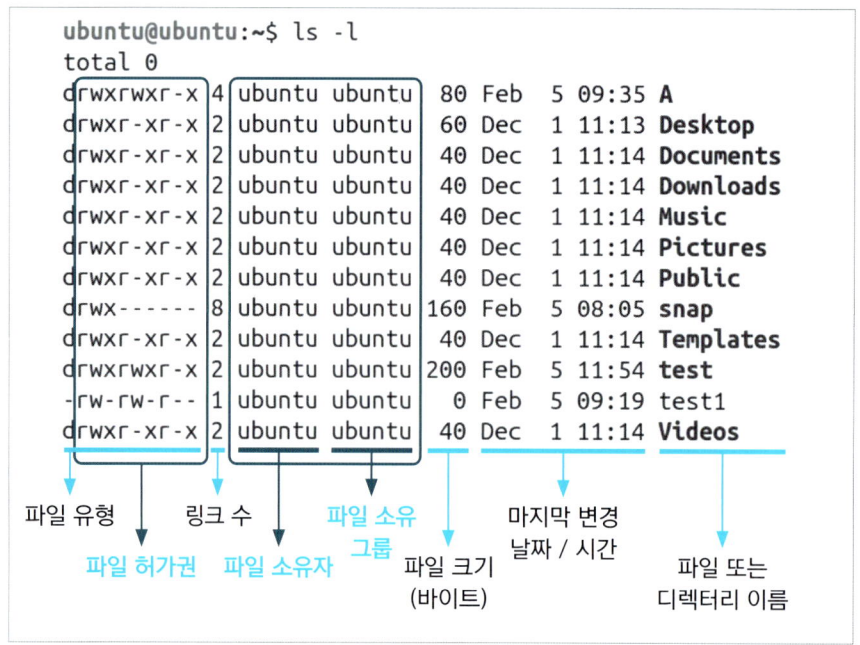

ls -l 명령어로 파일 또는 디렉터리 목록 상세하게 보기

파일 허가권과 소유권

리눅스는 여러 사용자가 시스템을 동시에 사용할 수 있는 다중 사용자 환경을 지원합니다. 이러한 환경에서는 내가 만든 파일을 다른 사람이 수정하거나 삭제할 수 없도록 특정 파일이나 디렉터리를 보호할 수 있어야 합니다. 이를 위해 리눅스에서는 파일 허가권과 소유권이라는 개념을 사용합니다.

파일 허가권은 해당 파일을 누가 읽고, 쓰고, 실행할 수 있는지를 설정하는 권한 체계입니다.

소유권은 파일의 소유자와 그룹을 지정하여 해당 파일을 관리할 수 있는 사용자가 누구이며 어떤 그룹에 속하는지를 구분합니다. 리눅스에서는 파일 허가권과 소유권을 함께 고려해야 파일과 디렉터리의 접근 권한을 올바르게 이해할 수 있습니다.

파일 허가권의 표현 방식

리눅스에서 파일 허가권은 심볼릭 모드와 숫자 모드라는 2가지 방식으로 표현할 수 있습니다. 심볼릭 모드는 문자와 기호를 사용해 권한을 표시하고, 숫자 모드는 각 권한을 2진수로 표현한 후 이를 8진수로 변환해 나타냅니다. 파일 허가권의 2가지 표현법을 자세히 살펴보겠습니다.

심볼릭 모드

파일 허가권은 크게 3개의 사용자 그룹으로 나누어 설정합니다.

- **소유자**User: 파일을 만든 사용자를 의미하며 u로 나타냅니다.
- **그룹**Group: 파일이 속한 그룹을 의미하며 g로 나타냅니다.
- **기타 사용자**Other: 그 외 모든 사용자를 의미하며 o로 나타냅니다.

사용자 그룹에는 각각 3가지 권한을 부여할 수 있는데 읽기read, 쓰기write, 실행execution입니다. 읽기는 영어 소문자 r로, 쓰기는 w로, 실행은 x로 표시하고 권한이 없는 부분은 -를 사용합니다. 예를 들어 다음과 같이 파일 허가권이 설정되어 있다면 소유자와 그룹은 파일에 대해 읽기와 쓰기 권한을 갖고, 기타 사용자는 읽기 권한만 갖습니다.

심볼릭 모드로 표현한 파일 허가권

소유자			그룹			기타 사용자		
r	w	-	r	w	-	r	-	-

숫자 모드

심볼릭 모드는 권한을 추가하거나 삭제할 때 직관적이고 편리하지만, 여러 사용자 그룹에 대해 권한을 동시에 추가하거나 제거할 때는 여러 단계를 거쳐야 해서 번거롭습니다. 이런 경우에는 숫자 모드를 사용하는 것이 더 효율적입니다. 숫자 모드를 이해하려면 8진수와 2진수 개념을 알아야 합니다.

- **8진수**: 0부터 7까지의 숫자를 사용하는 수 체계로 파일 권한에서 자주 쓰입니다. 권한 숫자는 0에서 7까지만 나오므로 8진수라고 부르지만 일반적으로 사용하는 10진수로 이해해도 문제 없습니다.
- **2진수**: 0과 1만으로 이루어진 수 체계로, 컴퓨터 같은 디지털 장치에서 사용하는 방식입니다.

💡 10진수는 0부터 9까지의 숫자를 사용하는 방식으로 사람이 가장 익숙하게 사용하는 수 체계입니다.

리눅스 권한은 2진수를 사용하며 읽기·쓰기·실행 권한이 있으면 1, 없으면 0으로 각각 표시합니다. 예를 들어 소유자에게 읽기와 쓰기 권한만 있다면 2진수로 110이 되며, 이를 8진수로 변환하면 6이 됩니다. 이는 권한별 2진수와 8진수 표현을 알아 두고 8진수의 값을 더하면 쉽게 구할 수 있습니다. 예를 들어 읽기 권한(4)과 쓰기 권한(2)이 함께 있으면 8진수로 두 값을 더한 6으로 표현할 수 있습니다. 모든 권한이 있으면 읽기 권한(4), 쓰기 권한(2), 실행 권한(1)의 8진수 값을 모두 더한 7이 됩니다.

리눅스의 권한별 2진수와 8진수 표현

권한	2진수 표현	8진수 표현
읽기	100	4
쓰기	010	2
실행	001	1

이 원리를 소유자, 그룹, 기타 사용자로 확장하면 세 자리 8진수로 모든 권한 설정을 표현할 수 있습니다. 예를 들어 다음과 같이 숫자 모드를 사용해 664라고 표현하면 소유자와 그룹에는 읽고 쓸 수 있는 권한을, 기타 사용자에는 읽는 권한만 줄 수 있습니다.

숫자 모드로 표현한 파일 허가권

구분	소유자			그룹			기타 사용자		
기호	r	w	-	r	w	-	r	-	-
2진수	1	1	0	1	1	0	1	0	0
8진수	4	2	0	4	2	0	4	0	0
숫자 모드	6			6			4		

Do it! 실습 파일 허가권 변경하기 – chmod 명령어

chmod는 파일과 디렉터리의 허가권을 변경할 때 사용하는 명령어입니다. chmod 명령어는 심볼릭 모드와 숫자 모드의 2가지 방식으로 권한을 설정할 수 있습니다.

기본형	chmod [모드] [파일/디렉터리명]

심볼릭 모드로 파일 허가권 변경하기

심볼릭 모드에서는 사용자 그룹과 권한의 종류를 기호로 표현하여 파일이나 디렉터리의 권한을 조정할 수 있습니다. 앞에서 살펴보았듯이 사용자 그룹은 소유자(u), 그룹(g), 기타 사용자(o)로 구분하고 권한은 읽기(r), 쓰기(w), 실행(x)으로 나타냅니다. 그리고 권한을 추가할 때는 + 기호를, 권한을 제거할 때는 – 기호를 사용합니다.

1 sample 파일을 생성하고 ls –l 명령어로 권한을 확인합니다.

```
touch sample
ls -l
```

명령어를 실행하면 소유자는 sample 파일의 읽기와 쓰기 권한만 표시하는 것을 확인할 수 있습니다.

```
ubuntu@ubuntu:~$ ls -l sample
-rw-rw-r-- 1 ubuntu ubuntu 0 Feb  6 06:32 sample
```

2 소유자에게 실행 권한을 추가해 보겠습니다. 다음 명령어는 sample 파일에서 소유자를 의미하는 u에 실행 권한을 의미하는 x를 추가한다는 의미입니다.

```
chmod u+x sample
```

3 명령어를 실행하고 ls –l 명령어로 권한을 확인해 보면 허가권이 rw– 에서 rwx로 변경된 것을 확인할 수 있습니다.

```
ls -l
```

```
ubuntu@ubuntu:~$ ls -l sample
-rw-rw-r-- 1 ubuntu ubuntu 0 Feb  6 06:32 sample
ubuntu@ubuntu:~$ chmod u+x sample
ubuntu@ubuntu:~$ ls -l sample
-rwxrw-r-- 1 ubuntu ubuntu 0 Feb  6 06:32 sample
ubuntu@ubuntu:~$
```

심볼릭 모드로 기호를 중첩하여 파일 허가권 변경하기

심볼릭 모드에서 기호를 중첩해서 사용하면 여러 사용자 그룹과 권한을 한 번에 설정할 수 있습니다.

1 sample 파일에서 그룹과 기타 사용자에게 쓰기와 실행 권한을 동시에 추가하려면 다음과 같이 g와 o, w와 x를 나란히 작성합니다.

```
chmod go+wx sample
```

2 명령어를 실행하고 ls -l 명령어로 확인해 보면 그룹과 기타 사용자에게 쓰기와 실행 권한이 추가된 것을 확인할 수 있습니다.

```
ls -l
```

```
ubuntu@ubuntu:~$ ls -l sample
-rwxrw-r-- 1 ubuntu ubuntu 0 Feb  6 06:32 sample
ubuntu@ubuntu:~$ chmod go+wx sample
ubuntu@ubuntu:~$ ls -l sample
-rwxrwxrwx 1 ubuntu ubuntu 0 Feb  6 06:32 sample
ubuntu@ubuntu:~$
```

숫자 모드로 파일 허가권 변경하기

이번엔 숫자 모드를 사용해서 파일 허가권을 변경해 보겠습니다.

1 sample 파일의 접근 권한을 소유자와 그룹은 읽기와 쓰기, 기타 사용자는 읽기만 갖도록 변경해 보겠습니다. 심볼릭 모드와 달리 명령어 뒤에 변경할 파일 허가권을 숫자로 입력합니다.

```
chmod 664 sample
```

2 명령어를 실행하고 확인해 보면 권한이 변경된 것을 알 수 있습니다. 숫자 모드를 사용하면 모든 그룹의 권한을 한번에 설정할 수 있어서 복잡한 설정을 할 때 편리합니다.

```
ls -l
```

```
ubuntu@ubuntu:~$ ls -l sample
-rwxrwxrwx 1 ubuntu ubuntu 0 Feb  6 06:32 sample
ubuntu@ubuntu:~$ chmod 664 sample
ubuntu@ubuntu:~$ ls -l sample
-rw-rw-r-- 1 ubuntu ubuntu 0 Feb  6 06:32 sample
ubuntu@ubuntu:~$
```

되새김 문제

1 다음 중 리눅스의 man 명령어를 설명한 내용으로 옳은 것은 무엇인가요?
① 실행 중인 프로세스를 종료한다.
② 매뉴얼 페이지를 출력한다.
③ 사용자 계정을 생성한다.
④ 시스템을 종료한다.

2 다음 중 which 명령어의 역할로 가장 알맞은 것은 무엇인가요?
① 파일의 소유자 확인
② 실행 파일의 경로 출력
③ 특정 단어 검색
④ 현재 디렉터리 변경

3 빈칸에 알맞은 말을 써넣어 문장을 완성하시오.

> 파일명 패턴에서 여러 글자를 대체할 때 사용하는 와일드카드 문자는 ___(이)다.

4 whereis 명령어와 which 명령어의 차이를 가장 잘 설명한 것은 무엇인가요?
① whereis는 파일 삭제, which는 파일 검색
② whereis는 문서 위치, which는 실행 파일 위치
③ whereis는 실행 파일·매뉴얼 위치 모두 표시, which는 실행 파일 위치만 표시
④ 두 명령은 완전히 동일하다.

5 리눅스에서 사용자가 이전에 실행한 명령어 목록을 확인할 수 있는 명령어는 무엇인가요?
① history
② last
③ cat
④ echo

정답 1.② 2.② 3.* 4.③ 5.①

05장

패키지, 압축, 프로세스 관리

05장에서는 패키지를 설치하고 제거할 때 사용하는 명령어를 살펴봅니다. 또한 파일과 디렉터리를 한 파일로 묶는 아카이브와 용량을 줄이는 압축 명령어를 알아보고 실행 중인 프로그램을 관리하는 명령어도 살펴보겠습니다.

05-1 ◆ 패키지 설치 및 제거하기

05-2 ◆ 아카이브 파일 압축하기

05-3 ◆ 프로세스 관리하기

> **학습 목표**
> - 리눅스 패키지를 설치하고 제거할 수 있다.
> - 리눅스 파일과 디렉터리를 묶고 압축할 수 있다.
> - 실행 중인 프로그램의 정보를 확인하고 관리할 수 있다.

05-1
패키지 설치 및 제거하기

리눅스에서 패키지와 패키지 관리자의 역할을 간단히 알아보고 배포판별로 사용할 수 있는 명령어를 살펴보겠습니다. 또한 우분투와 로키 배포판에서 사용할 수 있는 패키지 관리자별 명령어 사용법을 구체적으로 알아보고 설치, 업데이트, 삭제하는 과정을 실습해 보겠습니다.

패키지와 패키지 관리자

패키지package는 프로그램을 실행하는 데 필요한 소프트웨어, 설정 파일, 라이브러리 등을 하나로 묶은 파일입니다. 패키지를 사용하면 파일을 따로 관리할 필요 없이 한 번에 설치, 삭제, 업데이트할 수 있어서 편리합니다.

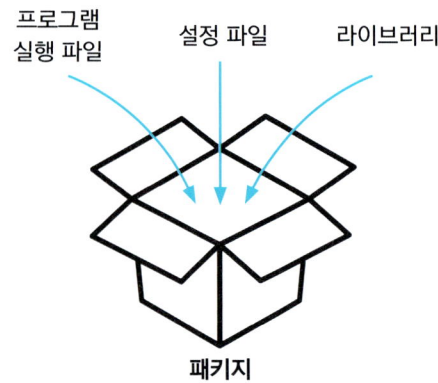

패키지 파일의 개념

과거에는 사용자가 패키지를 직접 관리해야 해서 매우 번거로웠습니다. 예를 들어 A라는 패키지를 설치하려면 A가 의존하고 있는 B와 C 패키지도 함께 설치해야 했습니다. 또한 A 패키지를 업데이트할 때는 B와 C 패키지의 버전도 함께 고려해야 해서 관리하기도 복잡했습니다. 하지만 최근에는 패키지 관리자를 사용해 패키지를 자동으로 설치하거나 제거하고 의존 관계까지 함께 처리할 수 있습니다. 패키지 관리자는 리눅스 배포판에 따라 나뉘며 각 패키지 관리자의 특징은 다음과 같습니다.

패키지 관리자별 주요 특징 비교

구분	데비안 계열	레드햇 계열
명령어	apt	yum / dnf
주요 배포판	우분투	로키, 센트OS
패키지 형식	.deb	.rpm

Do it! 실습 우분투의 패키지 관리자 – apt 명령어

데비안 계열인 우분투 배포판에서는 apt 명령어를 사용해 패키지를 관리합니다. apt 명령어는 패키지 정보를 확인하는 apt-cache 명령어와 설치, 삭제, 업그레이드를 수행하는 apt-get 명령어를 통합한 명령어입니다. apt 명령어 하나로 패키지 정보 확인, 설치, 삭제, 업그레이드 등을 모두 수행할 수 있습니다.

apt 명령어의 기본형은 다음과 같습니다. 시스템에 영향을 미칠 수 있는 명령어는 관리자 권한이 필요하므로 패키지 정보 확인을 제외하고 패키지를 설치, 업그레이드, 삭제할 때에는 모두 sudo 명령어를 사용해야 합니다.

기본형	sudo apt [옵션] [명령어] [패키지명]

패키지 설치하기

패키지를 설치할 때는 apt 명령어와 함께 install 명령어를 사용합니다. 설치된 패키지가 없거나 버전이 달라지면 패키지 저장소에서 파일을 내려받아 최신 버전의 패키지를 설치합니다.

리눅스에서 사용하는 간단한 텍스트 편집기인 나노^{nano} 편집기를 설치해 보겠습니다. 나노 편집기의 패키지명인 nano를 사용하여 다음처럼 명령어를 입력합니다.

> 나노 편집기는 06-1절에서 자세히 알아봅니다.

```
sudo apt install nano
```

명령어를 실행하면 패키지 파일을 내려받아 압축을 풀고 환경 설정을 거친 후, 필요한 파일을 지정된 위치로 복사하는 과정을 거쳐 패키지 설치가 완료됩니다.

> sudo 명령어를 사용하고 일정 시간이 지나면 다시 사용자 계정 비밀번호를 입력하라는 메시지가 표시됩니다.

```
ubuntu@ubuntu:~$ sudo apt install nano
Reading package lists... Done
Building dependency tree... Done
Reading state information... Done
Suggested packages:
  hunspell
The following NEW packages will be installed:
  nano
0 upgraded, 1 newly installed, 0 to remove and 0 not upgraded.
Need to get 281 kB of archives.
After this operation, 856 kB of additional disk space will be used.
Get:1 http://archive.ubuntu.com/ubuntu noble/main amd64 nano amd64 7.2-2build1 [281 kB]
Fetched 281 kB in 7s (40.4 kB/s)
Selecting previously unselected package nano.
(Reading database ... 210784 files and directories currently installed.)
Preparing to unpack .../nano_7.2-2build1_amd64.deb ...
Unpacking nano (7.2-2build1) ...
Setting up nano (7.2-2build1) ...
update-alternatives: using /bin/nano to provide /usr/bin/editor (editor) in auto mode
update-alternatives: using /bin/nano to provide /usr/bin/pico (pico) in auto mode
Processing triggers for man-db (2.12.0-4build2) ...
Processing triggers for install-info (7.1-3build2) ...
ubuntu@ubuntu:~$
```

이미 설치된 패키지를 설치할 경우 최신 버전의 패키지가 이미 설치되었다는 메시지를 출력하고 아무것도 수행하지 않습니다.

```
ubuntu@ubuntu:~$ sudo apt install nano
Reading package lists... Done
Building dependency tree... Done
Reading state information... Done
nano is already the newest version (7.2-2build1).
0 upgraded, 0 newly installed, 0 to remove and 0 not upgraded.
ubuntu@ubuntu:~$
```

패키지 정보 확인하기

패키지의 정보를 확인할 때는 apt 명령어에 show 명령어를 사용합니다. 패키지 정보를 확인하는 작업은 시스템을 직접 변경하지 않으므로 sudo 명령어를 사용하지 않고 일반 사용자 권한으로도 실행할 수 있습니다.

앞에서 설치한 나노 편집기의 패키지 정보를 확인해 보겠습니다. nano 패키지명으로 명령어를 실행합니다.

```
apt show nano
```

다음과 같이 nano 패키지의 버전과 제작자, 파일 크기, 의존 관계에 있는 패키지 이름과 버전 등을 확인할 수 있습니다.

```
ubuntu@ubuntu:~$ apt show nano
Package: nano
Version: 7.2-2build1
Priority: standard
Section: editors
Origin: Ubuntu
Maintainer: Ubuntu Developers <ubuntu-devel-discuss@lists.ubuntu.com>
Original-Maintainer: Jordi Mallach <jordi@debian.org>
Bugs: https://bugs.launchpad.net/ubuntu/+filebug
Installed-Size: 856 kB
Depends: libc6 (>= 2.38), libncursesw6 (>= 6), libtinfo6 (>= 6)
Suggests: hunspell
Conflicts: pico
Breaks: nano-tiny (<< 2.8.6-2)
Replaces: nano-tiny (<< 2.8.6-2), pico
Homepage: https://www.nano-editor.org/
Task: standard, ubuntu-wsl
Download-Size: 281 kB
APT-Manual-Installed: yes
APT-Sources: http://archive.ubuntu.com/ubuntu noble/main amd64 Packages
Description: small, friendly text editor inspired by Pico
```

패키지 목록 갱신하고 업데이트하기

리눅스에서 패키지를 관리할 때 패키지 관리자는 원격 저장소에서 패키지 목록과 실제 패키지 파일을 가져와 설치하거나 업데이트합니다. 이때 사용하는 명령어는 2가지로, 패키지의 최신 목록 정보를 가져오는 update 명령어와 설치된 패키지를 모두 최신 버전으로 업데이트하는 upgrade 명령어입니다. 설치할 패키지가 많으면 업데이트하는 데 시간이 걸릴 수 있으므로 주로 update 명령어로 최신 패키지의 정보를 갱신하고 필요한 패키지만 따로 설치하는 방법을 사용합니다.

1 패키지의 최신 목록 정보를 가져오는 update 명령어를 사용합니다. 다음 명령어는 실제 패키지를 설치하지 않고 현재 시스템에 설치된 패키지 버전과 최신 버전을 비교하는 용도로 사용합니다.

```
sudo apt update
```

명령어를 실행하면 시스템의 패키지 목록이 갱신되고 업데이트할 수 있는 패키지의 갯수가 표시됩니다. 만약 최신 버전과 패키지 목록의 버전이 일치한다면 설치된 패키지가 최신 버전이라는 의미입니다.

```
d64 Components [19.2 kB]
Get:29 http://kr.archive.ubuntu.com/ubuntu noble-backports/universe Ic
ons (48x48) [23.3 kB]
Get:30 http://kr.archive.ubuntu.com/ubuntu noble-backports/universe Ic
ons (64x64) [32.3 kB]
Get:31 http://kr.archive.ubuntu.com/ubuntu noble-backports/multiverse
amd64 Components [212 B]
Get:32 http://security.ubuntu.com/ubuntu noble-security/universe Trans
lation-en [195 kB]
Get:33 http://security.ubuntu.com/ubuntu noble-security/universe amd64
 Components [52.3 kB]
Get:34 http://security.ubuntu.com/ubuntu noble-security/multiverse amd
64 Components [212 B]
Fetched 10.7 MB in 6s (1,704 kB/s)
Reading package lists... Done
Building dependency tree... Done
Reading state information... Done
349 packages can be upgraded. Run 'apt list --upgradable' to see them.
yulian@Ubuntu24:~$
```

2 시스템에 설치된 패키지를 모두 최신 버전으로 업데이트하려면 upgrade 명령어를 사용합니다.

```
sudo apt upgrade
```

3 명령어를 실행하고 계속 진행할지 확인하는 메시지가 나타나면 'y'를 입력하고 Enter 를 누릅니다.

```
After this operation, 161 MB of add
N: Some packages may have been kept
Do you want to continue? [Y/n] y
```

최신 버전이 아닌 모든 패키지를 내려받아 설치를 수행합니다.

```
Preparing to unpack .../050-gnome-shell-common_46.0-0ubuntu6~24.04.9_a
ll.deb ...
Unpacking gnome-shell-common (46.0-0ubuntu6~24.04.9) over (46.0-0ubunt
u6~24.04.3) ...
Preparing to unpack .../051-libpulse-mainloop-glib0_1%3a16.1+dfsg1-2ub
untu10.1_amd64.deb ...
Unpacking libpulse-mainloop-glib0:amd64 (1:16.1+dfsg1-2ubuntu10.1) ove
r (1:16.1+dfsg1-2ubuntu10) ...
Preparing to unpack .../052-libpulse0_1%3a16.1+dfsg1-2ubuntu10.1_amd64
.deb ...
Unpacking libpulse0:amd64 (1:16.1+dfsg1-2ubuntu10.1) over (1:16.1+dfsg
1-2ubuntu10) ...
Preparing to unpack .../053-pipewire-pulse_1.0.5-1ubuntu3.1_amd64.deb
...
Unpacking pipewire-pulse (1.0.5-1ubuntu3.1) over (1.0.5-1) ...
Preparing to unpack .../054-pipewire-bin_1.0.5-1ubuntu3.1_amd64.deb ..
.
Progress: [ 23%] [##########......................................]
```

패키지 삭제하기

패키지를 더 이상 사용하지 않는다면 삭제할 수 있습니다. 패키지를 삭제할 때는 remove와 purge 명령어를 사용합니다. remove를 사용하면 패키지를 다음에 다시 설치할 때 환경을 유지하기 위해 환경 설정 파일은 남겨 둡니다. 하지만 purge 명령어를 사용하면 환경 설정 파일까지 함께 삭제합니다.

1 remove 명령어를 사용해 nano 패키지를 삭제해 보겠습니다. remove 명령어 뒤에 삭제할 패키지명을 입력합니다.

```
sudo apt remove nano
```

2 계속 진행할지 묻는 메시지가 표시되면 'y'를 입력하고 Enter 를 누릅니다.

```
ubuntu@ubuntu:~$ sudo apt remove nano
Reading package lists... Done
Building dependency tree... Done
Reading state information... Done
The following packages will be REMOVED:
  nano
0 upgraded, 0 newly installed, 1 to remove and 0 not upgraded.
After this operation, 856 kB disk space will be freed.
Do you want to continue? [Y/n] y
(Reading database ... 210856 files and directories currently installed.)
Removing nano (7.2-2build1) ...
update-alternatives: using /usr/bin/vim.tiny to provide /usr/bin/editor (editor) in auto mode
Processing triggers for install-info (7.1-3build2) ...
Processing triggers for man-db (2.12.0-4build2) ...
ubuntu@ubuntu:~$
```

3 nano 패키지가 삭제되면 nano 명령어를 실행해도 문서 편집기가 나타나지 않으며 다음과 같이 해당 파일이나 디렉터리를 찾을 수 없다는 문구가 출력됩니다.

```
ubuntu@ubuntu:~$ nano
bash: /usr/bin/nano: No such file or directory
ubuntu@ubuntu:~$
```

Do it! 실습 로키의 패키지 관리자 – dnf 명령어

레드햇 계열인 로키에서는 yum과 dnf라는 패키지 관리자를 사용할 수 있습니다. 두 명령어의 사용 방식은 거의 유사하지만 현재는 더 나은 의존성 관리, 메모리 효율화, 속도 향상 등의 장점이 있는 dnf 사용을 권장합니다. 또한 이전 버전 배포판에서 dnf 명령어를 사용해도 yum 명령어가 자동으로 실행돼서 편리합니다. dnf 명령어의 기본형은 다음과 같습니다.

| 기본형 | sudo dnf [옵션] [명령어] [패키지명] |

패키지 설치하기

패키지를 설치하려면 install 명령어와 패키지명을 함께 입력합니다. 패키지명인 nano와 함께 dnf 명령어를 입력합니다.

```
sudo dnf install nano
```

명령어를 실행하면 패키지가 정상으로 설치됩니다.

```
[yulian@vbox ~]$ sudo dnf install nano
로컬 시스템 관리자에게 일반적인 지침을 받았으리라 믿습니다.
보통 세가지로 요약합니다:

    #1) 타인의 사생활을 존중하십시오.
    #2) 입력하기 전에 한 번 더 생각하십시오.
    #3) 막강한 힘에는 상당한 책임이 뒤따릅니다.

[sudo] yulian의 암호:
Rocky Linux 9 - BaseOS                          519 kB/s | 2.5 MB     00:04
Rocky Linux 9 - AppStream                       1.7 MB/s | 9.6 MB     00:05
Rocky Linux 9 - Extras                          2.8 kB/s |  16 kB     00:05
꾸러미 nano-5.6.1-7.el9.x86_64가 이미 설치되어 있습니다.
종속성이 해결되었습니다.
처리가 필요하지 않습니다.
완료되었습니다!
[yulian@vbox ~]$
```

패키지 업데이트하기

dnf는 upgrade 명령어로 설치된 모든 패키지를 최신 상태로 업데이트합니다. update 명령어를 입력하더라도 내부적으로 upgrade 명령어를 실행해 모든 패키지를 최신 상태로 만듭니다.

1 특정 패키지명을 입력하지 않고 upgrade 명령어를 실행하면 시스템에 설치된 모든 패키지와 그와 관련된 의존 패키지 목록이 화면에 표시되며 계속 진행할지 묻습니다.

```
sudo dnf upgrade
```

```
tuned-ppd                       noarch      2.25.1-2.el10_0              appstream      18 k
xdg-desktop-portal              x86_64      1.20.0-1.el10_0              appstream     532 k
xdg-user-dirs                   x86_64      0.18-6.el10_0.1              appstream      87 k
xorg-x11-server-Xwayland        x86_64      24.1.5-4.el10_0              appstream     1.0 M
zlib-ng-compat                  x86_64      2.2.3-1.el10.rocky.0.1       baseos         78 k
종속 꾸러미 설치 중:
kernel-core                     x86_64      6.12.0-55.24.1.el10_0        baseos         17 M
kernel-modules                  x86_64      6.12.0-55.24.1.el10_0        baseos         38 M
kernel-modules-core             x86_64      6.12.0-55.24.1.el10_0        baseos         28 M
kernel-modules-extra            x86_64      6.12.0-55.24.1.el10_0        baseos        1.9 M
libatomic                       x86_64      14.2.1-7.el10                baseos         47 k
libdex                          x86_64      0.8.1-1.el10                 appstream      83 k

연결 요약
================================================================================
설치      7 꾸러미
향상    127 꾸러미

전체 내려받기 크기: 663 M
진행할까요? [y/N]:
```

2 'y'를 입력하고 계속 진행하면 설치된 과거 버전의 패키지를 최신 버전으로 내려받습니다. 그리고 계속 진행할지 여부를 묻는데 이때 'y'를 입력하고 Enter 를 누르면 내려받은 패키지를 설치합니다.

```
  xdg-desktop-portal-1.20.0-1.el10_0.x86_64
  xdg-user-dirs-0.18-6.el10_0.1.x86_64
  xorg-x11-server-Xwayland-24.1.5-4.el10_0.x86_64
  zlib-ng-compat-2.2.3-1.el10.rocky.0.1.x86_64
설치되었습니다 :
  kernel-6.12.0-55.32.1.el10_0.x86_64
  kernel-core-6.12.0-55.32.1.el10_0.x86_64
  kernel-modules-6.12.0-55.32.1.el10_0.x86_64
  kernel-modules-core-6.12.0-55.32.1.el10_0.x86_64
  kernel-modules-extra-6.12.0-55.32.1.el10_0.x86_64
  libatomic-14.2.1-7.el10.x86_64
  libdex-0.8.1-1.el10.x86_64

완료되었습니다!
yulian@vbox:~$
```

패키지 삭제하기

패키지 삭제는 remove 명령어와 패키지명을 함께 사용합니다.

1 설치한 나노 문서 편집기를 삭제해 보겠습니다. 명령어 뒤에 nano를 입력해 패키지를 삭제합니다.

```
sudo dnf remove nano
```

2 패키지를 삭제할 때 진행할지 확인하는 메시지가 표시됩니다. 'y'를 입력하고 Enter 를 누르면 선택한 패키지의 삭제가 진행됩니다.

```
사용 가능한 공간 : 2.7 M
진행할까요? [y/N]: y
연결 확인 실행 중
연결 확인에 성공했습니다.
연결 시험 실행 중
연결 시험에 성공했습니다.
연결 실행 중
  준비 중       :                                                    1/1
  삭제 중       : nano-5.6.1-7.el9.x86_64                             1/1
  구현 중       : nano-5.6.1-7.el9.x86_64                             1/1
  확인 중       : nano-5.6.1-7.el9.x86_64                             1/1

제거되었습니다 :
  nano-5.6.1-7.el9.x86_64

완료되었습니다!
[yulian@vbox ~]$
```

05-2
아카이브 파일 압축하기

리눅스에서 아카이브와 압축을 활용해 파일을 효율적으로 묶고 용량을 줄이는 방법을 알아 보겠습니다. 그리고 실습을 통해 아카이브와 압축 명령어의 특징과 차이를 각각 비교하면서 적합한 명령어를 선택하는 방법을 익혀 보겠습니다.

아카이브와 압축

아카이브archive는 여러 파일이나 디렉터리를 하나로 묶는 작업을 의미합니다. 리눅스에서는 주로 tar 명령어를 사용해 아카이브 작업을 수행합니다. 아카이브를 만들면 여러 파일을 하나로 관리하거나 백업할 때 편리합니다.

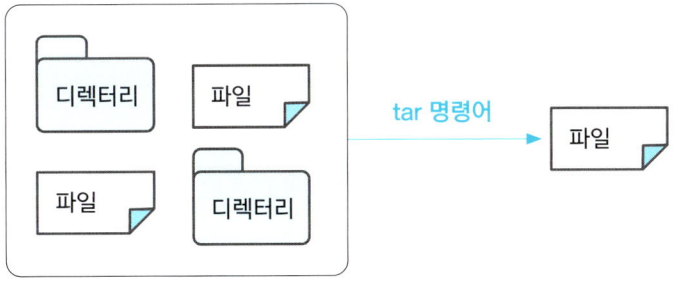

디렉터리나 파일을 아카이브하기

압축compression은 파일이나 디렉터리, 아카이브의 용량을 줄이는 것을 말하며 gzip, bzip2, xz, zip 등 다양한 방식이 있습니다. 파일을 압축하면 저장 공간을 절약하고 전송 속도를 높일 수 있습니다. 아카이브와 압축을 함께 사용하면 많은 파일을 효율적으로 묶고 용량을 줄여서 관리할 수 있습니다.

디렉터리나 파일 압축하기

리눅스에서 자주 사용하는 압축 명령어는 gzip, bzip2, xz, zip입니다. 명령어마다 각각 장단점이 있으므로 상황에 맞게 사용해야 합니다. 예를 들어 xz 명령어의 압축률은 높지만 압축 처리 시간이 상대적으로 긴 반면, gzip 명령어의 압축 속도는 빠르지만 압축률은 보통입니다. 각 명령어의 특징을 살펴본 뒤 실습에서 자세한 사용법을 알아보겠습니다.

압축 명령어의 주요 특징 비교

구분	gzip	bzip2	xz	zip
압축률	보통	높음	매우 높음	보통
압축 속도	빠름	느림	매우 느림	보통
압축 해제 속도	빠름	느림	느림	빠름
포맷	.gz	.bz2	.xz	.zip
여러 파일 압축	불가	불가	불가	가능
장점	속도 빠름	압축률 좋음	압축률 매우 좋음	윈도우 호환성
단점	압축률 낮음	속도 느림	속도 매우 느림	압축률 낮음

Do it! 실습 아카이브 파일 만들고 풀기 – tar 명령어

tar 명령어는 여러 파일이나 디렉터리를 하나로 묶거나 이미 묶은 아카이브 파일을 풀 때 사용합니다. tar 명령어를 사용할 때는 반드시 옵션을 함께 사용해야 합니다. 파일 또는 디렉터리를 하나로 묶을 때는 -c 옵션을, 묶은 파일을 풀 때는 -x 옵션을 사용합니다. 그리고 아카이브 파일 이름을 지정할 때는 -f 옵션을 사용합니다.

기본형	tar [옵션] [파일 또는 디렉터리]

파일 또는 디렉터리 묶기

현재 디렉터리에 passwd와 hosts 파일을 복사하고 두 파일을 하나로 묶어 test.tar라는 아카이브 파일로 저장해 보겠습니다.

1 먼저 사용할 파일을 준비하겠습니다. 다음 명령어를 입력해 리눅스 시스템에 있는 passwd와 hosts 파일을 현재 디렉터리에 복사합니다.

```
cp /etc/passwd .
cp /etc/hosts .
```

2 ls 명령어로 확인해보면 복사가 잘 되었습니다.

```
ls
```

```
yulian@Ubuntu24:~$ cp /etc/passwd .
yulian@Ubuntu24:~$ cp /etc/hosts .
yulian@Ubuntu24:~$ ls
Desktop    Downloads  Music    passwd    Public  Templates
Documents  hosts      mydata   Pictures  snap    Videos
```

3 -cf 옵션은 파일을 묶고 아카이브 이름을 지정하는 역할을 합니다. 새로 만들 아카이브 이름 다음에 묶을 파일 이름을 차례대로 입력합니다.

✪ 각각의 파일을 지정할 수도 있고 디렉터리명을 사용해 디렉터리 전체를 묶을 수도 있습니다. 만약 디렉터리 내에 있는 모든 파일을 묶어야 할 경우에는 파일명 대신 디렉터리명을 인자로 사용하면 됩니다.

아카이브 파일명

```
tar -cf test.tar passwd hosts
```

묶을 파일명

4 명령어를 실행하고 ls 명령어로 확인해 보면 passwd와 hosts 파일이 하나의 아카이브 파일인 test.tar로 저장된 것을 확인할 수 있습니다.

```
ls
```

```
yulian@Ubuntu24:~$ tar -cf test.tar passwd hosts
yulian@Ubuntu24:~$ ls
Desktop    Downloads  Music    passwd    Public  Templates
Documents  hosts      mydata   Pictures  snap    test.tar
yulian@Ubuntu24:~$ 
```

파일 또는 디렉터리 풀기

이번에는 묶은 파일을 해제해 보겠습니다. 아카이브를 해제할 때 같은 디렉터리에 이름이 동일한 파일이 있을 경우 덮어쓸 수 있으므로 안전하게 작업하려면 새 디렉터리를 만든 후 그 안에서 아카이브를 해제하는 것이 좋습니다.

1 덮어쓰는 것을 방지하기 위해 test 디렉터리를 생성하고 앞에서 생성한 test.tar 파일을 test 디렉터리에 복사합니다. 그리고 test 디렉터리로 이동합니다. 이 디렉터리에서 아카이브 파일을 해제할 것입니다.

○ test 디렉터리의 이름은 자유롭게 정해도 됩니다.

```
mkdir test
cp test.tar ./test
cd test
```

2 묶은 파일을 풀 때는 다음 명령어를 사용합니다. -x 옵션은 아카이브로 묶은 파일을 해제하는 역할을 하고, -f 옵션은 풀 파일의 이름을 지정합니다.

```
tar -xf test.tar
```

3 명령어를 실행한 후 ls 명령어로 test 디렉터리를 확인해 보면 test.tar에 담겨 있던 passwd와 hosts 파일이 생성된 것을 확인할 수 있습니다.

```
ls
```

```
yulian@Ubuntu24:~/test$ tar -xf test.tar
yulian@Ubuntu24:~/test$ ls
hosts   passwd   test.tar
yulian@Ubuntu24:~/test$
```

Do it! 실습 파일 압축하기 – gzip, bzip2, xz 명령어

리눅스에서는 파일을 압축할 때 주로 gzip, bzip2, xz, zip 명령어를 사용합니다. 그중에 gzip, bzip2, xz 명령어는 사용법이 거의 같으므로 함께 비교하며 학습하면 이해하기 좋습니다. 3가지 압축 명령어의 기본형은 다음과 같습니다.

| 기본형 | [명령어] [옵션] [압축할 파일명] |

zip 명령어는 여러 파일을 한 번에 묶고 압축할 수 있지만 gzip, bzip2, xz는 기본적으로 파일 하나만 처리할 수 있습니다. 따라서 여러 파일을 압축할 때는 tar 명령어로 파일을 묶은 후 압축하는 것이 일반적입니다.

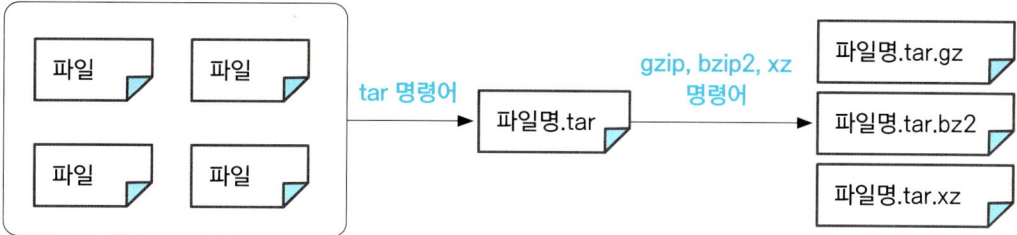

파일 압축하기

여러 파일을 한 번에 압축하기 위해 실습에 사용할 디렉터리와 파일을 만든 후, gizp, bzip2, xz 명령어를 사용해 압축해 보겠습니다.

1 실습에 사용할 test 디렉터리를 생성한 후 디렉터리 안으로 이동합니다.

```
mkdir test
cd test/
```

```
yulian@Ubuntu24:~$ mkdir test
yulian@Ubuntu24:~$ cd test/
yulian@Ubuntu24:~/test$
```

2 test 디렉터리 안에 파일을 생성하겠습니다. 와일드카드 문자 { }를 사용해 {시작..끝}처럼 지정하면 자동으로 확장되어 여러 파일이 생성됩니다.

```
touch test{00..10}
ls
```

3 ls 명령어로 확인하면 test00부터 test10까지 파일이 총 11개 생성된 것을 볼 수 있습니다.

```
ls
```

```
yulian@Ubuntu24:~/test$ touch test{00..10}
yulian@Ubuntu24:~/test$ ls
test00  test02  test04  test06  test08  test10
test01  test03  test05  test07  test09
```

4 현재 디렉터리에 있는 모든 파일을 하나로 묶어 아카이브 파일을 만듭니다. 그리고 gzip 명령어를 사용해 압축합니다.

> 현재 디렉터리에 없는 이름으로 아카이브 파일을 생성하세요. 같은 이름이 있으면 생성되지 않습니다.

```
tar -cf test.tar ./*       ── 아카이브 파일 생성
gzip test.tar              ── 파일 압축
```

5 명령어를 실행하고 ls 명령어로 확인해 보면 먼저 생성된 test.tar 파일과 그 뒤에 압축된 test.tar.gz 파일을 차례로 볼 수 있습니다.

```
ls
```

```
yulian@Ubuntu24:~/test$ tar -cf test.tar ./*
yulian@Ubuntu24:~/test$ ls
test00  test02  test04  test06  test08  test10
test01  test03  test05  test07  test09  test.tar
yulian@Ubuntu24:~/test$ gzip test.tar
yulian@Ubuntu24:~/test$ ls
test00  test02  test04  test06  test08  test10
test01  test03  test05  test07  test09  test.tar.gz
yulian@Ubuntu24:~/test$
```

이번엔 bzip2와 xz 명령어로 파일을 압축해 보겠습니다.

6 tar 명령어에 -v 옵션을 추가하면 파일을 묶는 과정을 화면에 출력해 주므로 확인할 수 있습니다. 이때 와일드카드 문자 ?를 사용하면 test00부터 test10까지 파일을 모두 지정할 수 있습니다.

```
tar -cvf test.tar test??
```

명령어를 실행하면 파일 11개가 차례로 묶이는 과정이 화면에 출력됩니다.

```
yulian@Ubuntu24:~/test$ tar -cvf test.tar test??
test00
test01
test02
test03
test04
test05
test06
test07
test08
test09
test10
```

6 기본적으로 gzip, bzip2, xz 명령어는 압축할 때 원본 파일을 삭제합니다. 그러므로 원본 파일을 보관하려면 -k 옵션을 사용하거나 압축하기 전에 원본 파일을 따로 복사해 두어야 합니다. bzip2와 xz 명령어에 -k 옵션을 추가해서 원본 파일을 유지한 상태로 파일을 압축해 보겠습니다.

```
bzip2 -k test.tar
xz -k test.tar
```

7 명령어를 실행하고 ls 명령어로 확인해 보면 원본 파일을 유지한 상태로 파일을 잘 압축합니다.

```
ls
```

```
yulian@Ubuntu24:~/test$ bzip2 -k test.tar
yulian@Ubuntu24:~/test$ xz -k test.tar
yulian@Ubuntu24:~/test$ ls
test00  test02  test04  test06  test08  test10    test.tar.bz2  test.tar.xz
test01  test03  test05  test07  test09  test.tar  test.tar.gz
yulian@Ubuntu24:~/test$
```

8 압축 명령어 3가지로 파일 11개를 묶어서 압축한 결과를 비교해 봅시다. test.tar로 시작하는 모든 파일의 상세 정보를 출력합니다.

```
ls -l test.tar*
```

명령어를 실행하면 파일 크기가 서로 다르게 나타납니다. 바이트 단위로 비교하면 test.tar.bz2 파일의 크기가 가장 작은 것을 보니 3가지 압축 방식 가운데 bz2의 압축률이 가장 높다는 것을 알 수 있습니다.

```
yulian@Ubuntu24:~/test$ ls -l test.tar*
-rw-rw-r-- 1 yulian yulian 10240 Apr 10 07:53 test.tar
-rw-rw-r-- 1 yulian yulian   201 Apr 10 07:53 test.tar.bz2
-rw-rw-r-- 1 yulian yulian   227 Apr 10 07:44 test.tar.gz
-rw-rw-r-- 1 yulian yulian   224 Apr 10 07:53 test.tar.xz
yulian@Ubuntu24:~/test$
```

파일 압축 해제하기

압축 해제 명령어는 압축 명령어에 따라 다릅니다. 예를 들어 gzip은 gunzip을, bzip2는 bunzip2를, xz는 unxz를 사용합니다. 하지만 압축 명령어에 -d 옵션을 사용하면 압축 방식에 상관없이 동일한 명령어로 파일을 해제할 수 있어서 편리합니다. 단, 압축을 해제할 때 원본 파일과 압축을 해제할 파일의 위치가 같으면 덮어쓰기가 발생할 수 있으므로 주의해야 합니다.

앞선 실습에서 압축했던 test.tar 파일들을 압축 해제하겠습니다. 각 명령어에 -d 옵션을 사용해 압축을 해제합니다.

```
gzip -d test.tar.gz
bzip2 -d test.tar.bz2
xz -d test.tar.xz
```

gzip 명령어는 덮어쓰기를 하기 전에 확인 메시지를 표시하며 'y'를 입력하면 압축이 해제됩니다. bzip2와 xz 명령어는 동일한 파일이 있을 경우 에러 메시지를 출력하며 자동으로 덮어쓰지 않습니다.

💡 압축을 안전하게 해제하려면 미리 디렉터리를 별도로 생성하여 그 안에서 압축을 해제하는 것이 좋습니다.

```
yulian@Ubuntu24:~/test$ ls
test00  test02  test04  test06  test08  test10  test.tar.bz2  test.tar.xz
test01  test03  test05  test07  test09  test.tar  test.tar.gz
yulian@Ubuntu24:~/test$ gzip -d test.tar.gz
gzip: test.tar already exists; do you wish to overwrite (y or n)? y
yulian@Ubuntu24:~/test$ bzip2 -d test.tar.bz2
bzip2: Output file test.tar already exists.
yulian@Ubuntu24:~/test$ xz -d test.tar.xz
xz: test.tar: File exists
yulian@Ubuntu24:~/test$
```

Do it! 실습 파일 압축하기 – zip 명령어

zip 명령어를 사용하면 여러 파일을 하나로 묶고 동시에 압축할 수 있습니다. 앞에서 배운 gzip, bzip2, xz와 달리 tar 명령어로 먼저 아카이브할 필요 없이 명령어를 한 번만 사용해도 파일 묶기와 압축을 수행할 수 있습니다. zip 명령어의 기본형은 다음과 같습니다.

기본형	`zip [옵션] [압축된 파일명].zip [압축할 파일명 또는 디렉터리명]`

파일 압축하기

1 앞서 실습한 것처럼 test00에서 test10까지 파일 11개를 압축해 봅시다. zip 명령어는 별도 옵션이 없어도 파일을 묶고 압축할 수 있습니다. 명령어 뒤에 압축 결과를 저장할 파일명과 압축할 파일명을 차례로 입력합니다.

> '[Do it! 실습] 파일 압축하기 - gzip, bzip2, xz 명령어' 실습에서 test00~test10 파일을 생성하지 않았다면 파일을 생성한 후 진행하세요.

```
zip test.zip test??
```

명령어를 실행하면 각 파일의 압축률을 확인할 수 있습니다.

> 결과 화면에서 압축률이 0%로 표시된 이유는 비어 있는 실습용 파일을 압축했기 때문입니다. 내용이 있는 파일은 압축률이 정상으로 표시됩니다.

```
yulian@Ubuntu24:~/test$ ls
test00  test02  test04  test06  test08  test10  test.tar.bz2
test01  test03  test05  test07  test09  test.tar  test.tar.xz
yulian@Ubuntu24:~/test$ zip test.zip test??
  adding: test00 (stored 0%)
  adding: test01 (stored 0%)
  adding: test02 (stored 0%)
  adding: test03 (stored 0%)
  adding: test04 (stored 0%)
  adding: test05 (stored 0%)
  adding: test06 (stored 0%)
  adding: test07 (stored 0%)
  adding: test08 (stored 0%)
  adding: test09 (stored 0%)
  adding: test10 (stored 0%)
yulian@Ubuntu24:~/test$ ls
test00  test02  test04  test06  test08  test10  test.tar.bz2  test.zip
test01  test03  test05  test07  test09  test.tar  test.tar.xz
yulian@Ubuntu24:~/test$
```

2 ls 명령어로 확인해 보면 test.zip 파일이 잘 생성되어 있습니다.

```
ls
```

```
yulian@Ubuntu24:~/test$ ls
test00  test02  test04  test06  test08  test10  test.tar.bz2  test.zip
test01  test03  test05  test07  test09  test.tar  test.tar.xz
yulian@Ubuntu24:~/test$
```

3 ls 명령어를 사용해서 압축 명령어로 각각 압축한 파일의 압축률을 비교해 보겠습니다.

```
ls -l test.*
```

파일 크기는 zip 〉 gz 〉 xz 〉 bz2 순서로 크다는 것을 알 수 있습니다. 따라서 파일 여러 개를 압축할 때의 압축률은 bzip2, xz, gzip, zip 명령어 순으로 효율이 좋습니다.

```
yulian@Ubuntu24:~/test$ ls -l test.*
-rw-rw-r-- 1 yulian yulian 10240 Apr 10 07:44 test.tar
-rw-rw-r-- 1 yulian yulian   201 Apr 10 07:53 test.tar.bz2
-rw-rw-r-- 1 yulian yulian   227 Apr 10 07:44 test.tar.gz
-rw-rw-r-- 1 yulian yulian   224 Apr 10 07:53 test.tar.xz
-rw-rw-r-- 1 yulian yulian  1562 Apr 10 08:12 test.zip
yulian@Ubuntu24:~/test$
```

디렉터리에 있는 모든 파일 압축하기

디렉터리 전체를 압축하려면 zip 명령어에 -r 옵션을 사용합니다.

zip -r 명령어에 개별 파일 대신 디렉터리 이름을 지정합니다. 다음 명령어는 현재 디렉터리에 있는 test 디렉터리와 그 안의 모든 파일을 test.zip 파일로 압축합니다.

```
zip -r test.zip ./test
```

명령어를 실행하면 파일마다 압축률이 출력되며, 모든 파일이 처리되면 압축이 완료됩니다.

```
ubuntu@ubuntu:~/test$ cd ..
ubuntu@ubuntu:~$ ls test
test00  test02  test04  test06  test08  test10
test01  test03  test05  test07  test09
ubuntu@ubuntu:~$ zip -r test.zip ./test
  adding: test/ (stored 0%)
  adding: test/test00 (stored 0%)
  adding: test/test01 (stored 0%)
  adding: test/test02 (stored 0%)
  adding: test/test03 (stored 0%)
  adding: test/test04 (stored 0%)
  adding: test/test05 (stored 0%)
  adding: test/test06 (stored 0%)
  adding: test/test07 (stored 0%)
  adding: test/test08 (stored 0%)
  adding: test/test09 (stored 0%)
  adding: test/test10 (stored 0%)
ubuntu@ubuntu:~$
```

Do it! 실습 파일 압축 해제하기 – unzip 명령어

zip 명령어로 압축된 파일을 해제할 때는 unzip 명령어를 사용합니다. unzip 명령어의 기본형은 다음과 같습니다.

기본형	unzip [압축 해제할 파일명]

1 test.zip 파일의 압축을 해제해 보겠습니다. unzip 명령어 뒤에 zip으로 압축한 파일명을 입력합니다.

```
unzip test.zip
```

2 unzip을 사용해 압축을 해제할 때 이름이 동일한 파일이 있으면 다음과 같이 어떤 작업을 수행할지 물어봅니다. 'y'는 해당 파일 덮어쓰기, 'n'은 해당 파일 건너뛰기, 'A'는 모든 파일 덮어쓰기, 'N'은 모든 파일 건너뛰기, 'r'은 다른 이름으로 저장을 뜻합니다.

```
yulian@Ubuntu24:~/test$ ls
test00  test02  test04  test06  test08  test10   test.tar.bz2  test.zip
test01  test03  test05  test07  test09  test.tar  test.tar.xz
yulian@Ubuntu24:~/test$ unzip test.zip
Archive:  test.zip
replace test00? [y]es, [n]o, [A]ll, [N]one, [r]ename:
```

다음처럼 제시한 조건에 맞게 입력하면 압축 해제가 정상으로 진행됩니다.

```
ubuntu@ubuntu:~/test$ unzip test.zip
Archive:  test.zip
replace test00? [y]es, [n]o, [A]ll, [N]one, [r]ename: y
 extracting: test00
replace test01? [y]es, [n]o, [A]ll, [N]one, [r]ename: y
 extracting: test01
replace test02? [y]es, [n]o, [A]ll, [N]one, [r]ename: n
replace test03? [y]es, [n]o, [A]ll, [N]one, [r]ename: n
replace test04? [y]es, [n]o, [A]ll, [N]one, [r]ename: r
new name: test04_replace
 extracting: test04_replace
replace test05? [y]es, [n]o, [A]ll, [N]one, [r]ename: A
 extracting: test05
 extracting: test06
 extracting: test07
 extracting: test08
 extracting: test09
 extracting: test10
ubuntu@ubuntu:~/test$
```

05-3
프로세스 관리하기

프로세스의 개념과 상태, 부모와 자식 관계를 이해하고, 리눅스 명령어를 활용하여 실행 중인 프로세스를 확인하고 제어하는 방법을 배웁니다. ps, top, pgrep, grep, kill 명령어를 활용하여 프로세스 정보를 직접 확인하고 종료하는 실습을 진행합니다. 또한 포그라운드와 백그라운드의 실행 방식을 이해하고 실제로 전환하는 방법을 알아봅니다.

프로세스란?

프로세스 process란 실행 중인 프로그램을 의미합니다. 프로그램은 어떤 작업을 수행하기 위해 작성한 명령어의 집합으로 앞에서 배운 ls, pwd, cd 같은 명령어도 모두 프로그램입니다. 예를 들어 ls라는 프로그램은 사용자가 셸에 입력하고 실행하는 순간 프로세스가 되며, 이 프로세스가 종료되면 다시 프로그램 상태로 돌아갑니다.

프로세스는 보통 부모와 자식 관계로 구성됩니다. 셸 프로세스와 명령어 프로세스가 대표적인 부모와 자식 관계입니다. 예를 들어 터미널에서 사용자가 명령어를 입력할 수 있도록 해주는 셸인 배시가 부모 프로세스입니다. 배시는 사용자가 입력한 명령어를 자식 프로세스로 생성해 실행합니다.

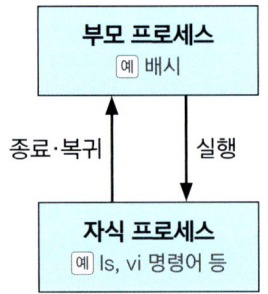

부모와 자식 관계로 구성된 프로세스

프로세스의 5가지 상태

프로세스 상태는 다음 5가지로 구분할 수 있습니다.

- **실행 중**running: CPU를 점유해 프로그램이 명령어를 실제로 실행하는 상태입니다.
- **대기**sleeping: CPU 사용을 멈추고 특정 이벤트나 자원을 기다리는 상태입니다. 외부 신호나 이벤트에 의해 상태를 강제로 변경할 수 있는지에 따라 다음 2가지로 나뉩니다.
  - **인터럽트 가능한 대기**interruptible: 외부 신호로 상태를 전환할 수 있습니다.
  - **인터럽트 불가능한 대기**uninterruptible: 입출력 처리를 완료할 때까지 외부 신호로 깨울 수 없습니다.
- **정지**stopped: 프로세스가 일시 정지된 상태입니다.
- **좀비**zombie: 실행은 끝났지만 부모 프로세스가 자원을 해제하지 못하는 상태입니다. 좀비 상태인 프로세스가 많아지면 시스템 자원이 부족해져서 제대로 동작하지 못할 수 있습니다.

프로세스 상태가 전환되는 원리는 다음과 같습니다.

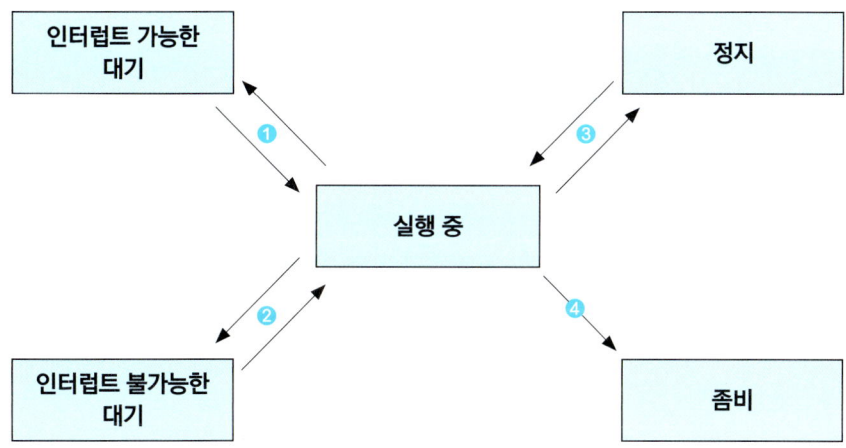

❶ 디스크나 네트워크 같은 입출력 장치의 처리 시간이 길어질 경우 프로세스는 실행 중 상태에서 대기 상태로 전환됩니다. 이렇게 하면 CPU가 해당 프로세스를 기다리지 않고 다른 프로세스를 처리할 수 있습니다.

❷ 인터럽트 불가능한 대기 중인 프로세스는 입출력 작업이 끝날 때까지 멈춰 있다가 처리가 완료되면 다시 실행 상태로 돌아옵니다.

❸ 프로세스는 사용자의 조작으로 정지 상태가 될 수도 있습니다. 예를 들어 실행 중에 Ctrl + Z 를 누르면 프로세스가 일시 정지되며 이때 SIGSTOP 신호가 전달됩니다. 정지된 프로세스는 SIGCONT 신호를 받으면 다시 실행 상태로 전환됩니다. 이처럼 프로세스는 신호를 서로 주고받아 상태를 변경할 수 있습니다.

❹ 정상으로 실행을 마친 프로세스는 exit() 함수를 호출해서 부모 프로세스에게 자원을 반납하고 종료합니다. 하지만 부모 프로세스를 강제로 종료하면 자식 프로세스를 회수할 주체가 사라집니다. 이때 자식 프로세스는 자원을 반납하지 못하고 좀비 상태가 됩니다.

> ✪ SIGSTOP과 SIGCONT 신호는 160쪽에서 자세히 살펴봅니다.

Do it! 실습 프로세스 정보 확인하기 – ps 명령어

이제 리눅스 명령어로 프로세스의 상태를 확인하고 변경하는 실습을 진행해 봅시다. 이번 실습에서는 실행 중인 프로세스를 세부적으로 확인하고 각 정보가 어떤 의미를 갖는지 살펴보겠습니다. 현재 실행 중인 프로세스의 목록을 확인하려면 ps 명령어를 사용합니다. ps 명령어의 기본형은 다음과 같습니다.

| 기본형 | ps [옵션] |

1 ps 명령어만 사용하면 현재 셸에서 동작하는 프로세스만 출력합니다.

```
ps
```

명령어를 실행하면 다음처럼 프로세스의 일부만 출력됩니다.

```
yulian@Ubuntu24:~$ ps
    PID TTY          TIME CMD
   2772 pts/0    00:00:00 bash
   4700 pts/0    00:00:00 ps
yulian@Ubuntu24:~$
```

2 모든 프로세스를 확인하려면 ps 명령어에 -e 옵션을 사용하고, 상세 정보까지 보고 싶다면 여기에 -f 옵션을 추가합니다.

```
ps -ef
```

명령어를 실행하면 다음과 같이 모든 프로세스의 UID, PID, PPID, CPU 사용량과 시작 시간, 터미널, 실행 시간, 명령어 등 상세 정보가 출력됩니다.

```
yulian@Ubuntu24:~$ ps -ef
UID          PID    PPID  C STIME TTY          TIME CMD
root           1       0  0 03:53 ?        00:00:02 /sbin/init splash
root           2       0  0 03:53 ?        00:00:00 [kthreadd]
root           3       2  0 03:53 ?        00:00:00 [pool_workqueue_release]
root           4       2  0 03:53 ?        00:00:00 [kworker/R-rcu_g]
root           5       2  0 03:53 ?        00:00:00 [kworker/R-rcu_p]
root           6       2  0 03:53 ?        00:00:00 [kworker/R-slub_]
```

```
yulia~     391~      2025    ~4:35  ?       00:0~:~0 /us~/~~exec/M~~~~~-x11-~~~~
root       4486         2  0 06:40  ?       00:00:00 [kworker/u2:1-events_unbound
root       4646         2  0 07:03  ?       00:00:00 [kworker/u2:3-events_unbound
root       4651         2  0 07:09  ?       00:00:00 [kworker/u2:0-events_unbound
root       4654         2  0 07:10  ?       00:00:00 [kworker/0:2-events]
root       4672         2  0 07:27  ?       00:00:00 [kworker/u2:2-events_unbound
root       4678         2  0 07:30  ?       00:00:00 [kworker/0:1-events]
yulian     4707      2772 99 07:48  pts/0   00:00:00 ps -ef
yulian@Ubuntu24:~$
```

여기서 잠깐 — 프로세스 상세 정보

ps -ef 명령어로 출력되는 프로세스의 상세 정보는 다음과 같습니다.
- **UID**: 해당 프로세스를 실행한 사용자의 계정명을 나타내며, 일반적으로 root나 로그인한 사용자명입니다.
- **PID**: 각 프로세스를 식별할 수 있는 고유 번호입니다.
- **PPID**: 해당 프로세스의 부모 프로세스 ID를 의미합니다.
- **C**: 프로세스에서 사용하는 CPU 사용량을 백분율로 표시합니다.
- **STIME**: 해당 프로세스가 시작된 시간을 나타냅니다.
- **TTY**: 프로세스가 실행된 터미널의 종류와 번호를 의미합니다.
- **TIME**: 해당 프로세스가 실제로 CPU를 사용해 실행한 시간을 의미합니다.
- **CMD**: 현재 실행 중인 프로세스의 이름이나 경로를 표시합니다.

Do it! 실습 — 문자열 검색과 필터링 — grep 명령어

grep 명령어는 특정 문자열이나 패턴을 검색하는 필터링 도구입니다. 다른 명령어와 파이프라인(|)으로 연결하면 그 명령어의 출력 결과 중에서 원하는 내용만 추출할 수 있어서 프로세스 정보를 확인할 때 활용할 수 있습니다. grep 명령어의 기본형은 다음과 같습니다. "검색 패턴"은 찾고자 하는 단어나 문자열로 이해하면 됩니다. [파일명] 대신 파이프라인으로 연결한 명령어의 출력 결과를 사용할 수 있습니다.

기본형	`grep [옵션] "검색패턴" [파일명]`

grep 명령어를 활용해 전체 프로세스 중에서 셸 프로그램인 배시 프로세스를 검색해 보겠습니다. 그리고 프로세스의 부모와 자식 관계를 실습을 통해 이해해 보겠습니다.

실행 중인 모든 프로세스를 상세 정보와 함께 출력하는 ps -ef 명령어를 grep 명령어에 파이프라인으로 연결합니다. 그리고 검색 패턴으로 bash를 입력해 전체 프로세스의 상세 정보 중에서 bash라는 문구가 포함된 행을 출력합니다. ❂ 파이프라인은 06-3절에서 자세히 배웁니다.

```
ps -ef | grep bash
              └─ 검색 패턴
```

출력 결과를 보면 배시 프로세스의 고유 번호인 PID는 2772이고, grep 프로세스의 부모 프로세스 ID인 PPID도 2772로 동일합니다. 즉, grep 프로세스는 배시가 실행한 자식 프로세스임을 알 수 있습니다. 이처럼 터미널에서 명령어를 실행하면 셸이 부모 프로세스가 되고 실행된 명령어는 자식 프로세스가 됩니다.

```
yulian@Ubuntu24:~$ ps -ef | grep bash
yulian      2772    2765  0 03:55 pts/0    00:00:00 bash
yulian      4732    2772  0 08:04 pts/0    00:00:00 grep --color=auto bash
yulian@Ubuntu24:~$
```

Do it! 실습 프로세스 모니터링하기 – top 명령어

top은 시스템에서 실행 중인 프로세스 정보를 실시간으로 확인할 수 있는 명령어입니다. CPU와 메모리 사용량이 높은 프로세스를 찾거나 시스템 부하를 모니터링할 때 유용합니다.

| 기본형 | top [옵션] |

1 다음처럼 입력해 명령어를 실행합니다.

```
top
```

출력 결과에서 CPU 사용률과 메모리 사용량 등을 실시간으로 확인할 수 있습니다. 종료하려면 Q나 Ctrl + C를 누릅니다.

```
top - 08:15:52 up  4:22,  1 user,  load average: 0.00, 0.00, 0.00
Tasks: 185 total,   1 running, 184 sleeping,   0 stopped,   0 zombie
%Cpu(s):  0.0 us,  0.0 sy,  0.0 ni,100.0 id,  0.0 wa,  0.0 hi,  0.0 si,  0.0 st
MiB Mem :   3820.4 total,   1997.7 free,   1139.4 used,    940.7 buff/cache
MiB Swap:      0.0 total,      0.0 free,      0.0 used.   2681.0 avail Mem

    PID USER      PR  NI    VIRT    RES    SHR S  %CPU  %MEM     TIME+ COMMAND
   2025 yulian    20   0 3483848 376524 138168 S   1.0   9.6   1:23.45 gnome-s+
    182 root     20   0       0      0      0 S   0.3   0.0   0:00.44 jbd2/sd+
   2765 yulian    20   0  558872  57780  43364 S   0.3   1.5   0:10.61 gnome-t+
      1 root     20   0   23200  14140   9404 S   0.0   0.4   0:02.34 systemd
      2 root     20   0       0      0      0 S   0.0   0.0   0:00.00 kthreadd
      3 root     20   0       0      0      0 S   0.0   0.0   0:00.00 pool_wo+
      4 root      0 -20       0      0      0 I   0.0   0.0   0:00.00 kworker+
      5 root      0 -20       0      0      0 I   0.0   0.0   0:00.00 kworker+
      6 root      0 -20       0      0      0 I   0.0   0.0   0:00.00 kworker+
      7 root      0 -20       0      0      0 I   0.0   0.0   0:00.00 kworker+
     10 root      0 -20       0      0      0 I   0.0   0.0   0:00.00 kworker+
     12 root      0 -20       0      0      0 I   0.0   0.0   0:00.00 kworker+
     13 root     20   0       0      0      0 I   0.0   0.0   0:00.00 rcu_tas+
     14 root     20   0       0      0      0 I   0.0   0.0   0:00.00 rcu_tas+
     15 root     20   0       0      0      0 I   0.0   0.0   0:00.00 rcu_tas+
     16 root     20   0       0      0      0 S   0.0   0.0   0:00.59 ksoftir+
     17 root     20   0       0      0      0 I   0.0   0.0   0:01.10 rcu pre+
```

top에 -d 옵션을 추가하면 새로 고침 주기를 변경할 수 있습니다. 새로 고침 주기의 기본값은 3초이며 -d 옵션 뒤에 초 단위로 숫자를 입력하면 됩니다.

```
top -d 1
```

```
top - 08:15:52 up  4:22,  1 user,  load average: 0.00, 0.00, 0.00
Tasks: 185 total,   1 running, 184 sleeping,   0 stopped,   0 zombie
%Cpu(s):  0.0 us,  0.0 sy,  0.0 ni,100.0 id,  0.0 wa,  0.0 hi,  0.0 si,  0.0 st
MiB Mem :   3820.4 total,   1997.7 free,   1139.4 used,    940.7 buff/cache
MiB Swap:      0.0 total,      0.0 free,      0.0 used.   2681.0 avail Mem

    PID USER      PR  NI    VIRT    RES    SHR S  %CPU  %MEM     TIME+ COMMAND
   2025 yulian    20   0 3483848 376524 138168 S   1.0   9.6   1:23.45 gnome-s+
    182 root     20   0       0      0      0 S   0.3   0.0   0:00.44 jbd2/sd+
   2765 yulian    20   0  558872  57780  43364 S   0.3   1.5   0:10.61 gnome-t+
      1 root     20   0   23200  14140   9404 S   0.0   0.4   0:02.34 systemd
      2 root     20   0       0      0      0 S   0.0   0.0   0:00.00 kthreadd
      3 root     20   0       0      0      0 S   0.0   0.0   0:00.00 pool_wo+
      4 root      0 -20       0      0      0 I   0.0   0.0   0:00.00 kworker+
      5 root      0 -20       0      0      0 I   0.0   0.0   0:00.00 kworker+
      6 root      0 -20       0      0      0 I   0.0   0.0   0:00.00 kworker+
      7 root      0 -20       0      0      0 I   0.0   0.0   0:00.00 kworker+
     10 root      0 -20       0      0      0 I   0.0   0.0   0:00.00 kworker+
```

Do it! 실습   특정 프로세스 정보 검색하기 — pgrep 명령어

특정 프로세스의 PID만 빠르게 확인하고 싶을 때는 pgrep 명령어를 사용합니다. ps 명령어는 실행 중인 프로세스를 모두 보여 주므로 원하는 프로세스를 찾으려면 grep 명령어와 함께 사용해야 합니다. pgrep 명령어는 지정한 이름과 일치하는 PID만 간단하게 출력하므로 특정 프로세스를 빠르게 찾거나 활용할 때 편리합니다.

기본형	pgrep [프로세스명]

배시 프로세스의 PID를 알고 싶은 경우 다음과 같이 입력합니다.

```
pgrep bash
```

명령어를 실행하면 bash 프로세스의 식별 번호인 2772가 출력됩니다.

```
yulian@Ubuntu24:~$ pgrep bash
2772
yulian@Ubuntu24:~$
```

Do it! 실습   프로세스의 2가지 실행 방법 — sleep 명령어

리눅스에서 프로세스는 2가지 실행 방식으로 동작합니다. 터미널을 점유하여 사용자의 입력을 직접 받는 포그라운드foreground 방식과 터미널을 점유하지 않고 실행되어 동시에 다른 명령어를 실행할 수 있는 백그라운드background 방식입니다. 지금까지 실행한 명령어는 모두 포그라운드로 실행한 것입니다. 백그라운드로 실행하려면 명령어 뒤에 & 기호를 붙이면 됩니다.

이번 실습에서는 지정한 시간 동안 프로세스 실행을 일시 정지하는 sleep 명령어를 사용해서 프로세스의 2가지 실행 방식은 어떤 차이점이 있는지 알아보겠습니다.

기본형	sleep [시간]

1 sleep 명령어는 지정한 시간(초)만큼 명령 실행을 멈춥니다. 숫자 뒤에 m을 붙이면 분, h를 붙이면 시간, d를 붙이면 일을 의미합니다. 먼저 포그라운드로 명령어를 실행합니다.

```
sleep 500
```

프로세스가 터미널을 점유하므로 커서가 다음 줄에서 멈춰 있는 것을 확인할 수 있습니다.

```
yulian@Ubuntu24:~$ sleep 500
```

2 다음처럼 명령어 뒤에 &를 붙이면 프로세스가 백그라운드로 실행됩니다.

```
sleep 500 &
```

명령어를 실행하면 작업 번호와 PID가 출력되고, 커서가 명령 프롬프트 오른쪽에 표시되어 다음 명령어를 입력할 수 있습니다. 작업 번호는 여러 프로세스가 백그라운드로 실행될 때 구분하기 위한 번호입니다.

```
yulian@Ubuntu24:~$ sleep 500 &
[1] 4829
yulian@Ubuntu24:~$
```
작업 번호 → [1]

3 백그라운드에서 실행 중인 프로세스를 포그라운드로 전환하려면 fg 명령어를 사용합니다.

```
fg
```

```
ubuntu@ubuntu:~$ fg
sleep 500
```

4 포그라운드에서 실행 중인 프로세스를 다시 백그라운드로 전환할 때는 Ctrl + Z를 누릅니다.

```
^Z
[2]+  Stopped                 sleep 500
ubuntu@ubuntu:~$
```

Do it! 실습 프로세스에 신호 보내기 — kill 명령어

리눅스에서는 실행 중인 프로세스에 신호를 보내 동작을 제어할 수 있습니다. 이때 사용하는 kill 명령어는 종료 신호를 보내 특정 프로세스를 종료합니다. kill 명령어로 전달하는 기본 신호는 SIGTERM으로 프로세스에 정상 종료를 요청합니다. 만약 정상 종료가 되지 않는 경우에는 강제 종료 신호인 SIGKILL을 사용할 수 있습니다. 이 외에도 프로세스 일시 정지 신호인 SIGSTOP, 정지된 프로세스 재개 신호인 SIGCONT 등 다양한 신호가 있습니다.

자주 사용하는 프로세스 전달 신호

신호 이름	번호	설명
SIGTERM	15	정상적인 종료 요청(기본값)
SIGKILL	9	강제 종료(정상 종료가 되지 않을 때 사용)
SIGSTOP	19	일시 정지
SIGCONT	18	정지된 프로세스 재개

kill 명령어의 기본형은 다음과 같습니다. PID는 종료할 프로세스의 식별 번호입니다. -s 옵션을 사용하면 보낼 신호 이름을 지정할 수 있는데, 이때 신호 이름 대신 번호를 직접 사용할 수도 있습니다.

기본형	`kill [옵션] PID`

프로세스를 식별하고 상태를 확인한 후, 안전하게 종료하는 방법을 살펴보겠습니다.

1 먼저 sleep 명령어를 실행하고 Ctrl + Z를 눌러 백그라운드에서 실행되도록 합니다. 이렇게 하면 동일한 터미널에서 다른 명령어를 입력할 수 있습니다.

```
sleep 1000
```

```
yulian@Ubuntu24:~$ sleep 1000
^Z
[1]+  Stopped                 sleep 1000
```

2 ps 명령어로 프로세스 식별자인 PID를 확인한 후, kill 명령어로 기본 종료 신호를 전달합니다.

💡 PID는 환경에 따라 다르게 나타날 수 있습니다.

```
ps -ef | grep sleep
kill 4930
```

```
yulian@Ubuntu24:~$ ps -ef | grep sleep
yulian      4930    2772  0 09:06 pts/0    00:00:00 sleep 1000
yulian      4932    2772  0 09:06 pts/0    00:00:00 grep --color=auto sleep
yulian@Ubuntu24:~$ kill 4930
```

3 프로세스가 종료되었는지 확인하기 위해 다시 한번 ps 명령어로 실행 중인 모든 프로세스 목록을 출력합니다.

```
ps -ef | grep sleep
```

SIGTERM 신호를 보냈지만 다음처럼 프로세스가 종료되지 않을 수 있습니다.

```
yulian@Ubuntu24:~$ ps -ef | grep sleep
yulian      4930    2772  0 09:06 pts/0    00:00:00 sleep 1000
yulian      4932    2772  0 09:06 pts/0    00:00:00 grep --color=auto sleep
yulian@Ubuntu24:~$ kill 4930
yulian@Ubuntu24:~$ ps -ef | grep sleep
yulian      4930    2772  0 09:06 pts/0    00:00:00 sleep 1000
yulian      4934    2772  0 09:06 pts/0    00:00:00 grep --color=auto sleep
```

4 정상으로 종료되지 않는 경우 강제 종료인 SIGKILL 신호를 사용합니다. 다음처럼 강제 종료 신호 번호인 9를 옵션으로 입력합니다.

```
kill -9 4930
```

명령어를 실행해 보면 프로세스가 종료된 것을 확인할 수 있습니다.

```
yulian@Ubuntu24:~$ kill -9 4930
[1]+  Killed                  sleep 1000
yulian@Ubuntu24:~$ ps -ef | grep sleep
yulian      4936    2772  0 09:07 pts/0    00:00:00 grep --color=auto sleep
yulian@Ubuntu24:~$
```

 **되새김 문제**

1 빈칸에 알맞은 말을 써넣어 문장을 완성하시오.

> 리눅스에서 프로그램을 설치하거나 삭제할 때 사용하는 파일 단위를 _____(이)라고 한다.

2 다음 중 데비안 계열(우분투 포함)에서 사용하는 패키지 관리 명령어는 무엇인가요?
① dnf
② yum
③ apt
④ rpm

3 다음 중 tar 명령어의 주된 기능으로 옳은 것은 무엇인가요?
① 파일 삭제
② 파일 묶기
③ 파일 압축
④ 파일 이름 변경

4 다음 중 gzip으로 압축한 파일의 확장자는 무엇인가요?
① .tar
② .gz
③ .zip
④ .bz2

5 다음 중 리눅스에서 프로세스의 상태가 아닌 것은 무엇인가요?
① 실행 중
② 대기
③ 정지
④ 복원

정답 1. 패키지 2. ③ 3. ② 4. ② 5. ④

06장

문서 편집기

06장에서는 리눅스 환경에서 문서를 편집하는 방법을 알아봅니다. 간단한 기본 문서 편집기인 나노 편집기와 고급 문서 편집기인 빔, 그리고 다양한 문자 처리 명령어와 문서 작성 명령어를 활용하면 문서를 자유롭게 편집할 수 있습니다. 또한 원본 문서를 변경하지 않고 편집할 수 있는 sed 명령어와 awk 명령어를 배웁니다. 이런 고급 편집 기능을 활용하면 작업 효율을 크게 향상할 수 있습니다.

06-1 ◆ 기본 문서 편집기 – 나노 편집기

06-2 ◆ 문자 처리 명령어

06-3 ◆ 리다이렉션과 파이프라인

06-4 ◆ 고급 문서 편집기 – 빔 편집기

06-5 ◆ 고급 편집 기능 사용하기

학습 목표

- 기본 문서 편집기인 나노 편집기를 사용할 수 있다.
- 문자를 출력하고 가공하는 다양한 명령어를 사용할 수 있다.
- 리다이렉션과 파이프라인의 개념을 이해하고 응용할 수 있다.
- 고급 문서 편집기인 빔을 사용할 수 있다.
- 줄 단위로 문자를 처리하는 sed 명령어를 사용할 수 있다.
- 행과 열 단위로 문자를 처리하는 awk 명령어를 사용할 수 있다.

06-1
기본 문서 편집기 – 나노 편집기

리눅스에서 기본 문서 편집기로 많이 사용하는 나노 편집기를 알아보고 직접 사용해 보겠습니다. 문서를 잘라 내거나 저장하는 방법, 리눅스 명령어의 실행 결과를 편집기에 불러오는 방법 등 자주 쓰이는 단축키 기능을 실습으로 익혀 보겠습니다.

리눅스의 문서 편집기

리눅스에서 문서를 편집할 때는 기본 문서 편집기와 고급 문서 편집기를 활용할 수 있습니다. 문서 편집기는 나노nano 편집기와 빔vim 편집기가 대표적이며 터미널에서 바로 실행할 수 있어서 서버가 없거나 GUI 환경이 아니어도 문서를 작성하고 수정할 수 있습니다.

나노 편집기는 문자 기반 문서 편집기로 윈도우의 메모장과 비슷한 역할을 합니다. 간단하고 직관적인 인터페이스로 파일을 쉽게 편집하고 관리할 수 있어서 초보자도 어렵지 않게 사용할 수 있습니다.

Do it! 실습 | 나노 편집기 실행하기

1 나노 편집기를 설치하지 않은 상태라면 패키지 관리자를 통해 패키지를 내려받아 설치합니다. 리눅스 배포판별 설치 명령어는 다음과 같습니다.

우분투 명령어
sudo apt install nano

로키 명령어
sudo dnf install nano

2 이제 다음 명령어를 입력해 나노 편집기를 실행해 보겠습니다. 명령어 다음에 파일명을 입력하지 않으면 제목이 없는 새 파일이 생성되고, 파일명을 입력하면 해당 이름의 파일을 열거나 파일이 없을 경우 새로 생성합니다. 파일명은 이후에도 수정할 수 있습니다.

```
nano
```

나노 편집기를 실행하면 화면 중앙 위쪽에 편집 중인 파일 이름이 표시되고, 왼쪽 위에는 입력 위치를 나타내는 커서가 보입니다. nano 명령어를 입력할 때 파일명을 입력하지 않으면 화면 중앙 위쪽에 'New Buffer'라고 표시됩니다. 화면 아래쪽에는 기본 단축키가 보이는데 여기서 ^ 기호는 Ctrl 을 의미합니다. 예를 들어 [^G] 단축키는 Ctrl + G 를 뜻합니다. 아무 것도 입력하지 않은 상태에서 Ctrl + X 를 누르면 나노 편집기가 종료됩니다.

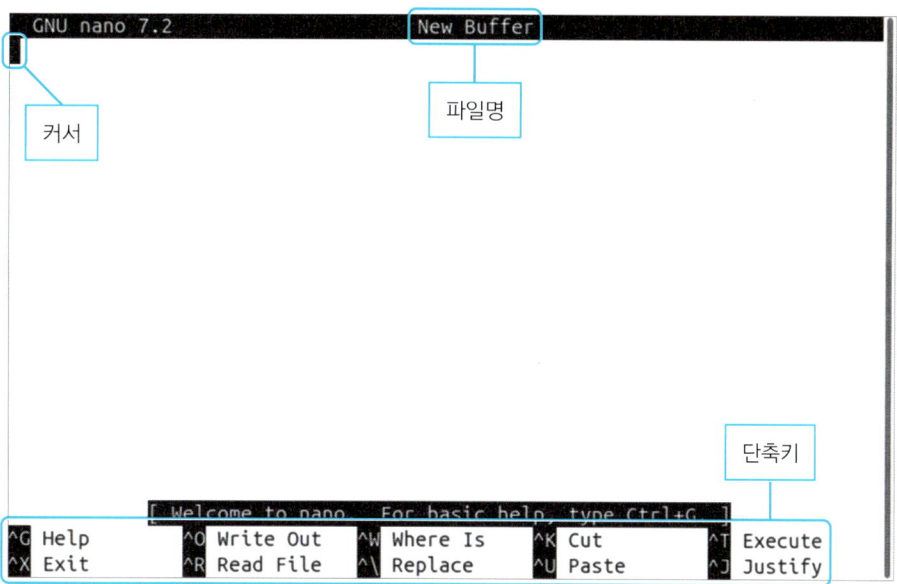

Do it! 실습 나노 편집기의 단축키 사용하기

나노 편집기에서는 문서를 잘라 낼 때와 저장할 때, 리눅스 명령어의 실행 결과를 가져올 때 등 다양한 기능을 단축키로 수행할 수 있습니다. 자주 사용하는 나노 편집기의 단축키 사용법을 알아보겠습니다.

명령어의 실행 결과를 문서 편집기에 출력하기 – [Ctrl + T]

명령어를 실행하고 그 결과를 출력할 때는 Ctrl + T 단축키를 사용합니다. 이 단축키는 명령어의 실행 결과를 터미널에 바로 출력하지 않고 파일에 저장하고 수정할 때 편리합니다.

1 nano 명령어를 사용해 파일명이 sample인 문서 파일을 생성합니다.

```
nano sample
```

파일명을 지정했더니 이번엔 화면 중앙 위쪽에 파일 이름이 지정한 대로 표시된 것을 확인할 수 있습니다.

2 명령어 실행 결과를 가져오기 위해 Ctrl + T 를 누릅니다. 다음과 같이 화면 아래에 명령어 입력 창이 나타나면 ls 명령어를 입력합니다.

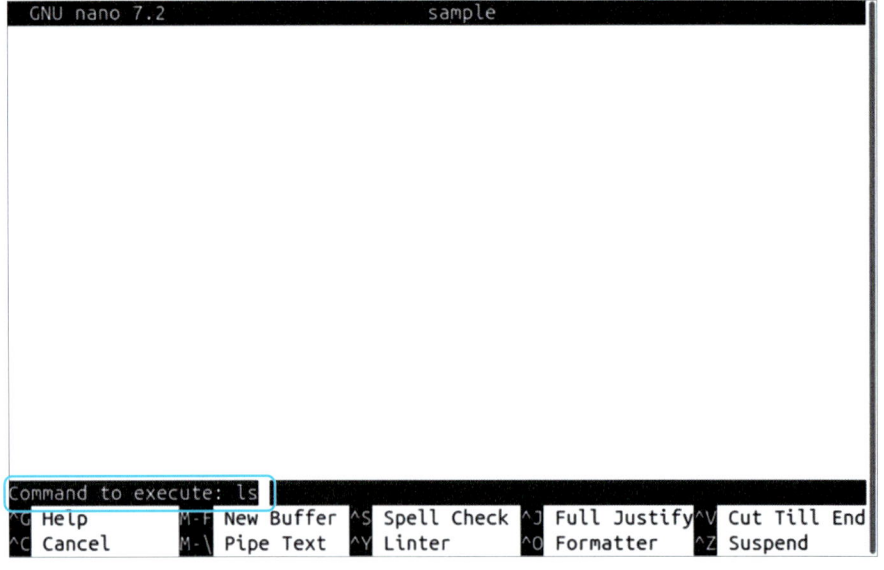

3 Enter 를 눌러 실행하면 ls 명령어의 출력 결과가 나노 편집기의 편집 창에 출력됩니다.

특정 문자 검색하기 - [Ctrl + W]

특정 문자를 검색할 때는 Ctrl + W 단축키를 사용합니다.

1 Ctrl + W 를 눌러 검색 창을 활성화하고, ls 명령어로 출력한 내용 중에서 'music'이란 문자열을 입력합니다.

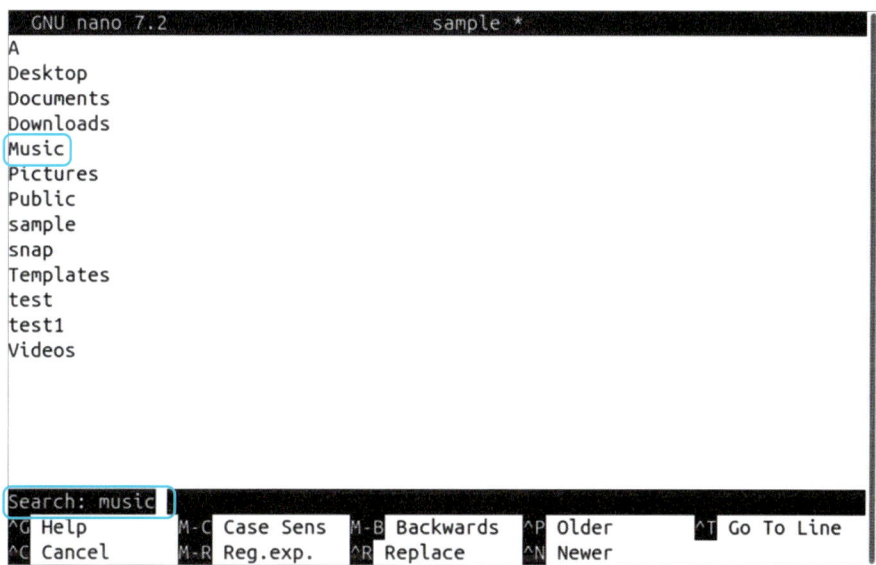

2 Enter 를 눌러 실행하면 문서 편집기 내에서 찾은 문자열로 커서를 이동합니다. 만약 찾을 문자열이 존재하지 않는다면 해당 문자열을 찾을 수 없다는 에러 메시지를 출력합니다.

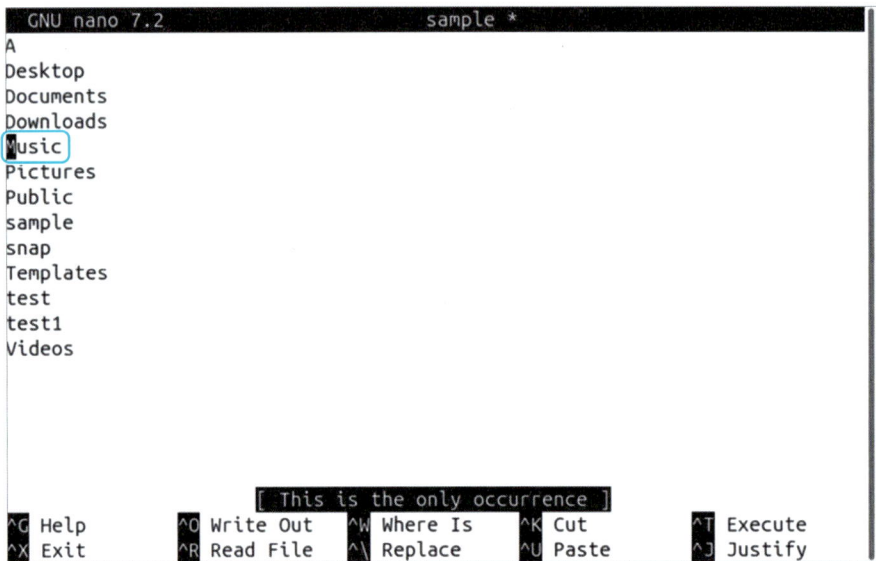

문자열 잘라 내고 붙여넣기 - [Ctrl + K], [Ctrl + U]

찾은 문자열에서 Ctrl + K 단축키를 사용해 문자열을 잘라 내고 Ctrl + U 단축키를 사용해 붙여 넣어 봅시다.

1 앞에서 선택한 'Music' 문자열을 잘라 내겠습니다. Ctrl + K 를 누르면 잘라 낸 문자열이 화면에서 지워집니다. 이때 선택한 단어가 아니라 해당하는 행이 모두 잘라져서 사라지므로 주의해야 합니다.

2 잘라 낸 문자열은 임시 저장 공간인 클립보드에 저장됩니다. 커서를 맨 아래로 이동한 뒤 Ctrl + U를 누르면 잘라 낸 문자열을 문서 편집기에 다시 붙여 넣을 수 있습니다.

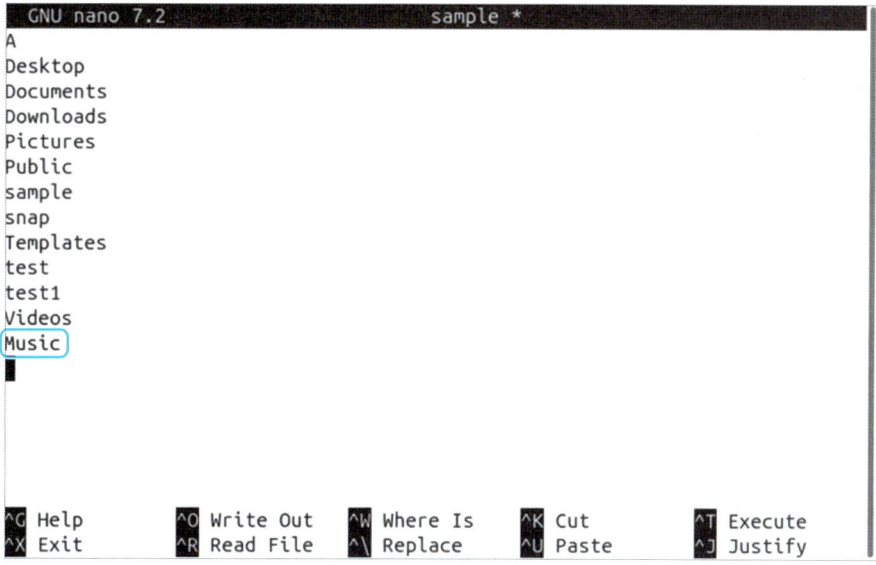

현재 커서 위치의 행 번호와 열 번호 표시하기 - [Ctrl + C]

나노 편집기를 사용하다 보면 어느 위치에서 작업하는지 궁금할 때가 있습니다. 이럴 때는 Ctrl + C 단축키를 눌러 커서의 위치를 확인할 수 있습니다.

Ctrl + C를 누르면 화면 아래쪽에 현재 문서의 정보를 보여 줍니다. 여기에 문서의 전체 행과 문자 수, 그리고 현재 커서가 위치한 행 번호와 열 번호가 표시됩니다. 전체 행은 line 수로 표시하고 열은 col, 문자는 char로 개수를 알려 줍니다.

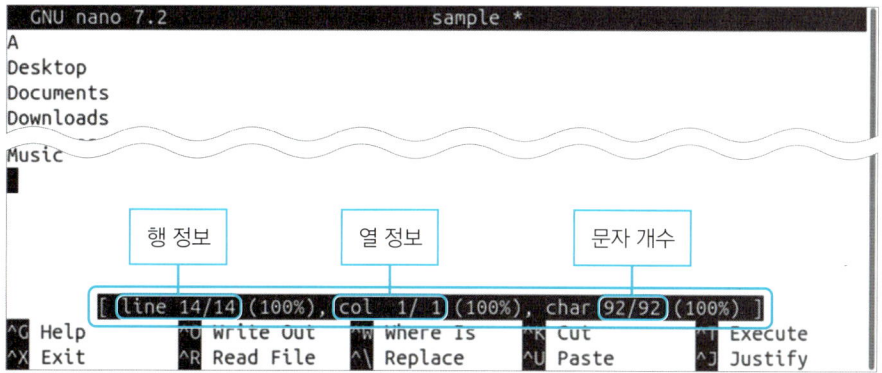

수정한 문서 저장하기 - [Ctrl + O]

Ctrl + O 단축키를 누르면 작성하거나 수정한 문서를 파일로 저장할 수 있습니다.

Ctrl + O 단축키를 눌러 화면 아래에서 저장할 파일명을 작성합니다. 파일명을 변경하지 않는다면 기존에 생성한 파일명이 기본값으로 표시됩니다. 파일명을 입력하고 Enter를 누르면 내용이 파일에 저장됩니다.

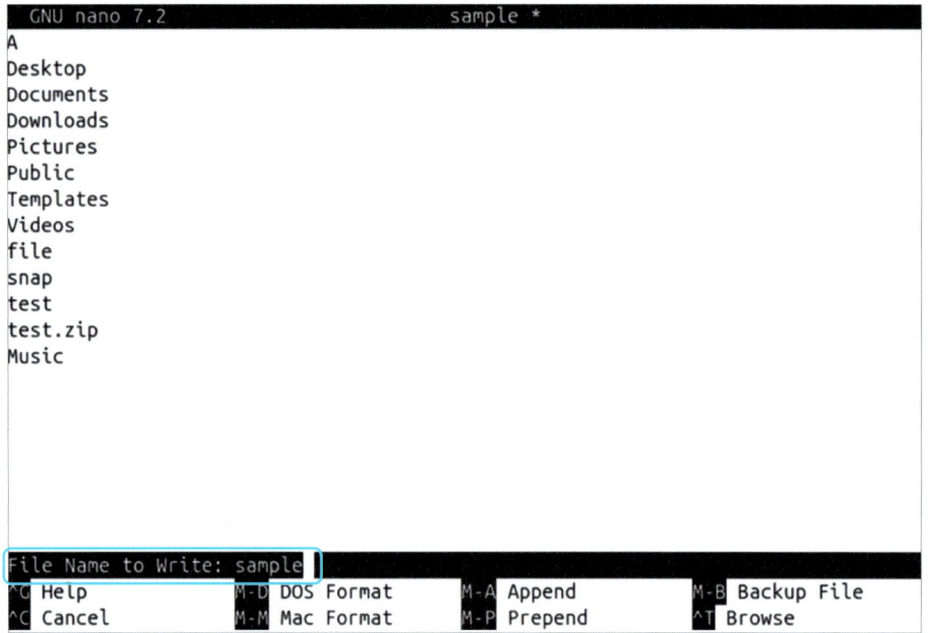

편집기를 종료하며 문서 저장하기 - [Ctrl + X]

Ctrl + X 단축키를 누르면 나노 편집기를 종료하면서 변경 사항을 저장할 수 있습니다.

1 Ctrl + X로 나노 편집기를 종료할 때 저장된 내용이 있을 경우 저장 여부를 물어보는 프롬프트가 표시됩니다. 'y'를 입력하면 저장하고 'n'을 입력하면 저장하지 않습니다.

○ 나노 편집기의 종료 명령을 취소하려면 Ctrl + C 를 누릅니다.

2 'y'를 입력해 저장할 경우 이 파일 이름을 입력하는 창이 표시됩니다. 파일을 생성할 때 사용한 이름이 자동으로 표시되는데, 이때 다른 이름으로 수정할 수도 있습니다. 만약 이름을 변경하지 않는다면 Enter 를 누릅니다.

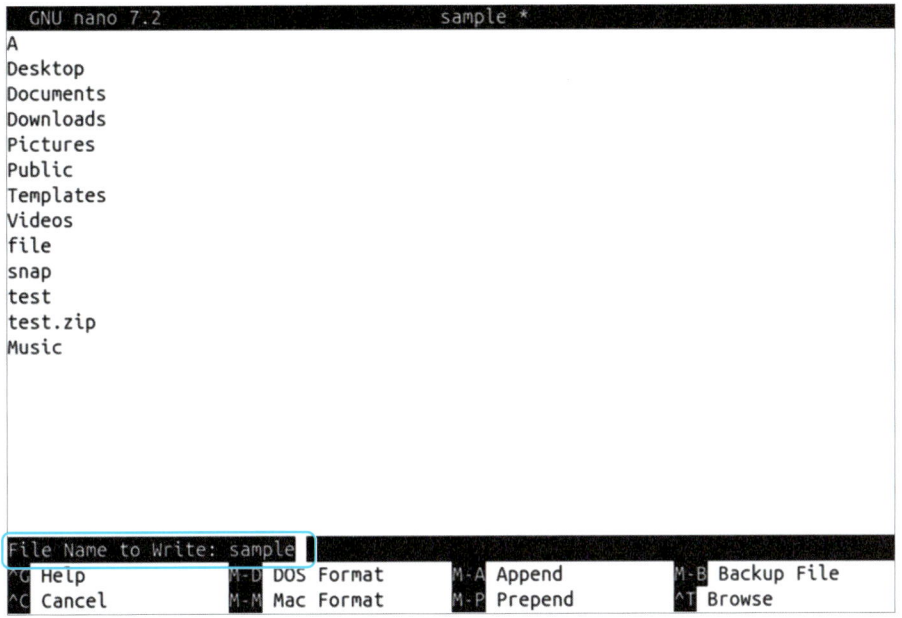

 나노 편집기의 주요 단축키

나노 편집기에서는 다양한 단축키를 사용할 수 있습니다. 주요 단축키를 사용하는 방법과 설명을 정리하면 다음과 같습니다.

나노 편집기에서 사용하는 주요 단축키

표시	단축키	설명
^G	Ctrl + G	도움말 메뉴 표시하기
^O	Ctrl + O	저장할 파일명을 입력해 현재 내용 저장하기
^W	Ctrl + W	문서 내에서 문자열 검색하기
^K	Ctrl + K	커서가 위치한 줄 또는 선택한 텍스트 잘라 내기
^T	Ctrl + T	문자 편집기 내에서 명령어를 실행한 결과 출력하기

○ 계속

^C	Ctrl + C	현재 커서의 위치와 줄과 열, 전체 문자 수 등을 표시하기
^X	Ctrl + X	나노 편집기를 종료하고 변경 사항이 있을 경우 저장 여부 선택하기
^R	Ctrl + R	파일에서 읽은 문자를 현재 문서 편집기에 덧붙이기
^W	Ctrl + W	특정 문자를 찾아서 다른 문자로 변경하기
^U	Ctrl + U	잘라 내거나 복사한 문자 붙여넣기
^J	Ctrl + J	문자를 정돈된 형태로 변경하기
^/	Ctrl + /	문서 내 특정한 줄과 열로 이동하기

06-2
문자 처리 명령어

리눅스 명령어를 활용하여 문서 파일을 확인하고 탐색하는 방법을 배웁니다. cat, more, less, head, tail 명령어의 특징과 옵션을 각각 비교하며 활용법을 익혀 봅시다.

Do it! 실습   문서 파일의 내용 출력하기 — cat 명령어

cat 명령어는 문자로 구성된 파일의 내용을 출력하는 명령어입니다. 명령어 뒤에 출력할 파일 이름을 입력합니다.

기본형	cat [파일명]

1 실습을 위해 나노 편집기를 이용해서 문서 파일을 생성해 봅시다. 나노 편집기에서 sample.txt라는 문서를 만들고 다음 두 문장을 입력한 뒤 저장합니다.

```
sample.txt

Hi~
Hello, Linux!!
```

2 cat 명령어와 함께 파일명을 입력합니다.

```
cat sample.txt
```

Enter 를 눌러 실행하면 다음과 같이 문서 파일의 내용이 출력됩니다. 상대적으로 짧은 문장이 포함된 문서를 출력할 때 cat 명령어를 사용하면 편리합니다.

```
ubuntu@ubuntu:~$ cat sample.txt
Hi~
Hello, Linux!!
```

줄 번호와 함께 출력하기

cat 명령어의 -n 옵션은 줄 번호를 함께 출력해서 문서의 가독성을 높여 줍니다. 명령어를 형식에 맞춰 입력해서 줄 번호가 함께 출력되는 것을 확인해 봅시다.

1 앞에서 만든 sample.txt 파일에 줄 번호를 넣어 보겠습니다. -n 옵션 뒤에 출력할 파일명을 입력합니다.

```
cat -n sample.txt
```

명령어를 실행하면 다음처럼 파일 내용에 줄 번호가 추가됩니다.

```
ubuntu@ubuntu:~$ cat -n sample.txt
     1  Hi~
     2  Hello, Linux!!
```

Do it! 실습 페이지 단위로 문서 보여 주기 — more, less 명령어

리눅스 환경에서 긴 문서 파일의 내용을 한 화면씩 나누어 출력하는 명령어로 more와 less가 있습니다. 문서 파일을 간단히 보고 싶은 경우에는 more 명령어를, 앞뒤 페이지로 이동하거나 문자열 검색, 줄 번호 표시 등 다양한 기능을 활용하고 싶다면 less 명령어를 사용합니다. 두 명령어의 기본형은 다음과 같습니다.

기본형	`more [옵션] [파일명]`

기본형	`less [옵션] [파일명]`

명령어의 시작과 종료, 페이지 이동 방식, 검색 결과 표시 방법으로 나누어서 more 명령어와 less 명령어를 자세히 비교해 보겠습니다.

명령어의 시작과 종료

두 명령어는 명령어의 시작과 종료가 다릅니다. 이번 실습에서는 1페이지 이상 출력할 수 있는 /etc/passwd 파일을 사용해 보겠습니다.

1 more 명령어를 실행해 /etc/passwd 파일을 열면 문서의 내용을 한 화면에 가득 채워서 보여 줍니다. 그리고 화면 아래에는 전체 문서 가운데 얼마만큼 나타냈는지 백분율(%)로 표시합니다.

```
more /etc/passwd
```

```
proxy:x:13:13:proxy:/bin:/usr/sbin/nologin
www-data:x:33:33:www-data:/var/www:/usr/sbin/nologin
backup:x:34:34:backup:/var/backups:/usr/sbin/nologin
list:x:38:38:Mailing List Manager:/var/list:/usr/sbin/nologin
irc:x:39:39:ircd:/run/ircd:/usr/sbin/nologin
_apt:x:42:65534::/nonexistent:/usr/sbin/nologin
nobody:x:65534:65534:nobody:/nonexistent:/usr/sbin/nologin
systemd-network:x:998:998:systemd Network Management:/:/usr/sbin/nologin
systemd-timesync:x:996:996:systemd Time Synchronization:/:/usr/sbin/nologin
dhcpcd:x:100:65534:DHCP Client Daemon,,,:/usr/lib/dhcpcd:/bin/false
messagebus:x:101:101::/nonexistent:/usr/sbin/nologin
syslog:x:102:102::/nonexistent:/usr/sbin/nologin
--More--(39%)
```

2 ⓠ를 누르면 문서를 빠져나가며 다음 명령어를 입력할 수 있는 명령 프롬프트가 나타납니다. 그런데 more 명령어를 종료하면 출력한 문서 마지막 줄 아래에 명령 프롬프트가 나타나므로 이전에 어떤 명령어를 입력했는지 확인하기 어렵습니다.

```
systemd-network:x:998:998:systemd Network Management:/:/usr/sbin/nologin
systemd-timesync:x:996:996:systemd Time Synchronization:/:/usr/sbin/nologin
dhcpcd:x:100:65534:DHCP Client Daemon,,,:/usr/lib/dhcpcd:/bin/false
ubuntu@ubuntu:~$
```

3 less 명령어를 사용하면 문서 끝에 출력한 문서명이 표시됩니다.

```
less /etc/passwd
```

```
root:x:0:0:root:/root:/bin/bash
daemon:x:1:1:daemon:/usr/sbin:/usr/sbin/nologin
bin:x:2:2:bin:/bin:/usr/sbin/nologin
sys:x:3:3:sys:/dev:/usr/sbin/nologin
sync:x:4:65534:sync:/bin:/bin/sync
games:x:5:60:games:/usr/games:/usr/sbin/nologin
man:x:6:12:man:/var/cache/man:/usr/sbin/nologin
lp:x:7:7:lp:/var/spool/lpd:/usr/sbin/nologin
mail:x:8:8:mail:/var/mail:/usr/sbin/nologin
news:x:9:9:news:/var/spool/news:/usr/sbin/nologin
uucp:x:10:10:uucp:/var/spool/uucp:/usr/sbin/nologin
proxy:x:13:13:proxy:/bin:/usr/sbin/nologin
www-data:x:33:33:www-data:/var/www:/usr/sbin/nologin
backup:x:34:34:backup:/var/backups:/usr/sbin/nologin
list:x:38:38:Mailing List Manager:/var/list:/usr/sbin/nologin
irc:x:39:39:ircd:/run/ircd:/usr/sbin/nologin
_apt:x:42:65534::/nonexistent:/usr/sbin/nologin
nobody:x:65534:65534:nobody:/nonexistent:/usr/sbin/nologin
systemd-network:x:998:998:systemd Network Management:/:/usr/sbin/nologin
systemd-timesync:x:996:996:systemd Time Synchronization:/:/usr/sbin/nologin
dhcpcd:x:100:65534:DHCP Client Daemon,,,:/usr/lib/dhcpcd:/bin/false
/etc/passwd
```

4 `q`를 눌러 종료하면 출력한 문서는 사라지고 마지막에 입력한 명령어 뒤에 명령 프롬프트가 표시됩니다. less 명령어는 마지막에 입력한 명령어를 확인할 수 있어서 작업을 이어가기가 편리합니다.

```
ubuntu@ubuntu:~$ ls
A          Documents  Music     Public      snap       test    Videos
Desktop    Downloads  Pictures  sample.txt  Templates  test1
ubuntu@ubuntu:~$ less /etc/passwd
ubuntu@ubuntu:~$
```

페이지 이동 방식

페이지를 넘겨서 확인할 때 more 명령어는 페이지 이동에 제한을 받지만 less 명령어는 페이지를 자유롭게 확인할 수 있습니다.

1 먼저 more 명령어를 사용해 페이지를 이동해 보겠습니다. 다음 명령어로 문서를 엽니다.

```
more /etc/services
```

2 문서가 표시되면 f를 눌러 다음 페이지로 이동하고 b를 눌러 이전 페이지로 이동할 수 있습니다.

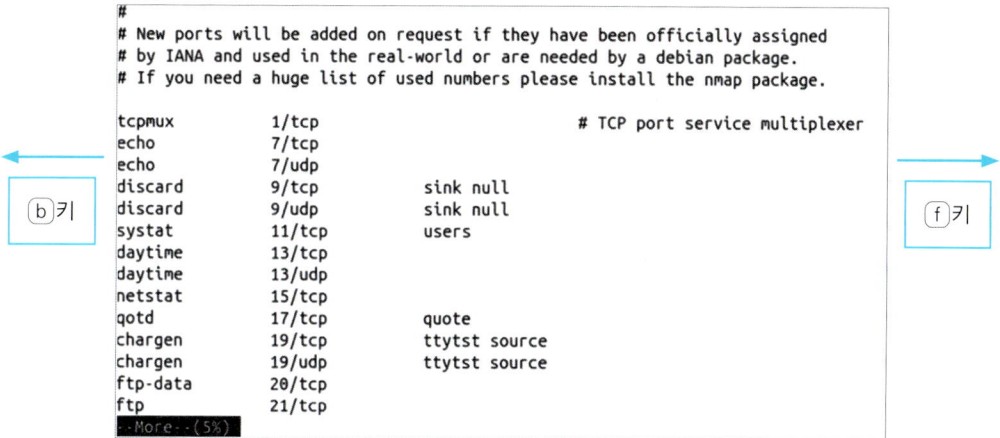

more 명령어로 확인한 파일은 마지막 페이지에 다다르면 자동으로 종료되어 이동이 제한됩니다.

3 이번에는 less 명령어를 사용해 파일을 확인해 보겠습니다.

```
less /etc/services
```

f를 눌러 다음 페이지로 이동하고 b를 눌러 이전 페이지로 이동합니다. less 명령어를 사용하면 마지막 페이지에서도 종료되지 않고 멈춰 있어서 다시 이전 페이지로 이동할 수 있습니다. 문서를 종료하려면 more 명령어와 동일하게 q를 누르면 됩니다.

줄 번호 표시 여부

more 명령어는 줄 번호가 표시되지 않지만, less 명령어는 -N 옵션을 추가하면 줄 번호를 표시할 수 있습니다. less 명령어에 -N 옵션을 사용하고 확인할 파일명을 입력합니다.

```
less -N /etc/passwd
```

명령어를 실행하면 다음처럼 문서에 줄 번호가 함께 표시됩니다.

```
 1 root:x:0:0:root:/root:/bin/bash
 2 daemon:x:1:1:daemon:/usr/sbin:/usr/sbin/nologin
 3 bin:x:2:2:bin:/bin:/usr/sbin/nologin
 4 sys:x:3:3:sys:/dev:/usr/sbin/nologin
 5 sync:x:4:65534:sync:/bin:/bin/sync
 6 games:x:5:60:games:/usr/games:/usr/sbin/nologin
 7 man:x:6:12:man:/var/cache/man:/usr/sbin/nologin
 8 lp:x:7:7:lp:/var/spool/lpd:/usr/sbin/nologin
 9 mail:x:8:8:mail:/var/mail:/usr/sbin/nologin
10 news:x:9:9:news:/var/spool/news:/usr/sbin/nologin
11 uucp:x:10:10:uucp:/var/spool/uucp:/usr/sbin/nologin
12 proxy:x:13:13:proxy:/bin:/usr/sbin/nologin
13 www-data:x:33:33:www-data:/var/www:/usr/sbin/nologin
14 backup:x:34:34:backup:/var/backups:/usr/sbin/nologin
15 list:x:38:38:Mailing List Manager:/var/list:/usr/sbin/nologin
16 irc:x:39:39:ircd:/run/ircd:/usr/sbin/nologin
17 _apt:x:42:65534::/nonexistent:/usr/sbin/nologin
18 nobody:x:65534:65534:nobody:/nonexistent:/usr/sbin/nologin
19 systemd-network:x:998:998:systemd Network Management:/:/usr/sbin/nologin
20 systemd-timesync:x:996:996:systemd Time Synchronization:/:/usr/sbin/nologin
21 dhcpcd:x:100:65534:DHCP Client Daemon,,,:/usr/lib/dhcpcd:/bin/false
/etc/passwd
```

검색 결과 표시 방법

more 명령어는 검색할 문자열과 일치하는 문자가 있는 경우 해당 페이지로 이동하지만 어느 부분이 일치하는 문자인지 알려 주지 않습니다. 반면에 less 명령어는 일치하는 문자열을 강조해서 표시해 줍니다.

1 passwd 파일에서 mail 키워드를 찾아보겠습니다. +/ 뒤에 키워드를 입력하면 지정한 키워드가 포함된 페이지를 출력합니다.

```
more +/mail /etc/passwd
```

명령어를 실행하면 mail 문구가 있는 페이지가 표시되지만 mail의 정확한 위치는 사용자가 직접 찾아야 합니다.

```
man:x:6:12:man:/var/cache/man:/usr/sbin/nologin
lp:x:7:7:lp:/var/spool/lpd:/usr/sbin/nologin
mail:x:8:8:mail:/var/mail:/usr/sbin/nologin
news:x:9:9:news:/var/spool/news:/usr/sbin/nologin
uucp:x:10:10:uucp:/var/spool/uucp:/usr/sbin/nologin
proxy:x:13:13:proxy:/bin:/usr/sbin/nologin
www-data:x:33:33:www-data:/var/www:/usr/sbin/nologin

messagebus:x:101:101::/nonexistent:/usr/sbin/nologin
syslog:x:102:102::/nonexistent:/usr/sbin/nologin
systemd-resolve:x:991:991:systemd Resolver:/:/usr/sbin/nologin
uuidd:x:103:103::/run/uuidd:/usr/sbin/nologin
usbmux:x:104:46:usbmux daemon,,,:/var/lib/usbmux:/usr/sbin/nologin
tss:x:105:105:TPM software stack,,,:/var/lib/tpm:/bin/false
systemd-oom:x:990:990:systemd Userspace OOM Killer:/:/usr/sbin/nologin
kernoops:x:106:65534:Kernel Oops Tracking Daemon,,,:/:/usr/sbin/nologin
--More--(52%)
```

2 이번엔 less 명령어로 키워드를 찾아보겠습니다. less 명령어로 파일을 열고 / 기호와 함께 찾을 키워드를 입력합니다.

```
less /etc/passwd
/mail
```

```
uuidd:x:103:103::/run/uuidd:/usr/sbin/nologin
usbmux:x:104:46:usbmux daemon,,,:/var/lib/usbmux:/usr/sbin/nologin
tss:x:105:105:TPM software stack,,,:/var/lib/tpm:/bin/false
systemd-oom:x:990:990:systemd Userspace OOM Killer:/:/usr/sbin/nologin
kernoops:x:106:65534:Kernel Oops Tracking Daemon,,,:/:/usr/sbin/nologin
/mail
```

명령어를 실행하면 less 명령어는 일치하는 문자열을 검은색으로 강조해서 보여 줍니다.

```
mail:x:8:8:mail:/var/mail:/usr/sbin/nologin
news:x:9:9:news:/var/spool/news:/usr/sbin/nologin
uucp:x:10:10:uucp:/var/spool/uucp:/usr/sbin/nologin
proxy:x:13:13:proxy:/bin:/usr/sbin/nologin
www-data:x:33:33:www-data:/var/www:/usr/sbin/nologin
```

Do it! 실습 파일의 일부 내용 확인하기 — head, tail 명령어

전체 문서에서 일부 내용만 보고 싶은 경우 head와 tail 명령어를 사용합니다. 기본형은 다음과 같습니다.

| 기본형 | head [옵션] [파일명] |

| 기본형 | tail [옵션] [파일명] |

문서 내용 출력하기

/etc/passwd 문서를 활용해 head와 tail 명령어의 기능을 살펴봅시다.

1 head 명령어 뒤에 파일명을 입력하면 문서의 시작 지점부터 10줄을 출력합니다.

```
head /etc/passwd
```

```
ubuntu@ubuntu:~$ head /etc/passwd
root:x:0:0:root:/root:/bin/bash
daemon:x:1:1:daemon:/usr/sbin:/usr/sbin/nologin
bin:x:2:2:bin:/bin:/usr/sbin/nologin
sys:x:3:3:sys:/dev:/usr/sbin/nologin
sync:x:4:65534:sync:/bin:/bin/sync
games:x:5:60:games:/usr/games:/usr/sbin/nologin
man:x:6:12:man:/var/cache/man:/usr/sbin/nologin
lp:x:7:7:lp:/var/spool/lpd:/usr/sbin/nologin
mail:x:8:8:mail:/var/mail:/usr/sbin/nologin
news:x:9:9:news:/var/spool/news:/usr/sbin/nologin
```

2 tail 명령어 뒤에 파일명을 입력하면 문서의 마지막 지점부터 10줄까지 출력합니다.

```
tail /etc/passwd
```

```
ubuntu@ubuntu:~$ tail /etc/passwd
hplip:x:116:7:HPLIP system user,,,:/run/hplip:/bin/false
gnome-remote-desktop:x:988:988:GNOME Remote Desktop:/var/lib/gnome-remote-desktop:/usr/sbin/nologin
polkitd:x:987:987:User for polkitd:/:/usr/sbin/nologin
rtkit:x:117:119:RealtimeKit,,,:/proc:/usr/sbin/nologin
colord:x:118:120:colord colour management daemon,,,:/var/lib/colord:/usr/sbin/nologin
gnome-initial-setup:x:119:65534::/run/gnome-initial-setup/:/bin/false
gdm:x:120:121:Gnome Display Manager:/var/lib/gdm3:/bin/false
nm-openvpn:x:121:122:NetworkManager OpenVPN,,,:/var/lib/openvpn/chroot:/usr/sbin/nologin
ubuntu:x:1000:1000:Live session user,,,:/home/ubuntu:/bin/bash
installer:x:1001:1001:Ubuntu:/home/installer:/usr/bin/subiquity-shell
ubuntu@ubuntu:~$
```

출력할 문서의 영역 지정하기

문서의 일부 내용을 지정하고 싶은 경우 -c 옵션과 -n 옵션을 사용할 수 있습니다. -c 옵션은 바이트 단위로 문자를 자를 수 있고, -n 옵션은 몇 줄까지 출력할지를 결정합니다. -c 옵션과 -n 옵션 모두 head와 tail 명령어에 사용할 수 있으므로 하나씩 출력해서 결과를 살펴보겠습니다.

1 앞에서부터 특정 바이트만 출력하고 싶을 때 다음과 같이 head 명령어에 -c 옵션을 사용하고 이어서 바이트 수와 파일명을 입력합니다.

> 바이트(byte)란 데이터를 세는 단위로, 1바이트는 알파벳이나 숫자 1개를 저장할 수 있습니다.

```
head -c 4 /etc/passwd
```

명령어를 실행하면 다음처럼 알파벳 4개가 출력됩니다. head 명령어는 코드 파일의 시작 부분에 있는 라이선스와 저작권 정보 등을 확인하거나 엑셀 형식의 CSV 파일 헤더를 확인할 때 유용합니다.

```
ubuntu@ubuntu:~$ head -c 4 /etc/passwd
root ubuntu@ubuntu:~$
```

2 이번엔 tail 명령어와 -n 옵션을 사용해 마지막 지점부터 3줄을 출력해 보겠습니다. tail -n 옵션 뒤에 출력하고 싶은 줄의 개수와 파일명을 입력합니다.

```
tail -n 3 /etc/passwd
```

명령어를 실행하면 문서의 마지막 지점부터 3줄이 출력됩니다. tail 명령어는 로그 파일이나 사용자 계정에 추가된 사용자명을 확인할 때 편리합니다.

```
ubuntu@ubuntu:~$ tail -n 3 /etc/passwd
ubuntu:x:1000:1000:Live session user,,,:/home/ubuntu:/bin/bash
installer:x:1001:1001:Ubuntu:/home/installer:/usr/bin/subiquity-shell
user1:x:1002:1002:,,,:/home/user1:/bin/bash
ubuntu@ubuntu:~$
```

06-3
리다이렉션과 파이프라인

리다이렉션으로 명령어의 입력과 출력을 자유롭게 제어하는 방법을 배우고, 이어서 파이프라인을 살펴봅니다. 파이프라인을 활용하면 여러 명령어를 연결하여 한 명령어의 출력 결과를 다음 명령어의 입력으로 전달할 수 있습니다. 이를 통해 리눅스 입출력과 처리 흐름을 이해해 보겠습니다.

리다이렉션이란?

리눅스 명령어는 셸을 통해 리눅스 커널로 전달되고, 커널은 다시 셸을 통해 사용자가 볼 수 있는 화면에 결과를 출력합니다. 이 과정에서 사용자가 키보드로 입력하는 내용을 표준 입력이라고 합니다. 명령어가 정상적으로 실행되어 화면에 출력되는 결과를 표준 출력, 실행 중에 발생한 에러 메시지는 표준 에러라고 합니다.

리다이렉션 redirection 은 리눅스 명령어의 입력과 출력 방향을 바꾸는 기능입니다. 기본적으로 입력은 키보드, 출력과 에러는 모니터를 통해 이루어지지만 리다이렉션을 사용하면 입력을 파일에서 받고 출력이나 에러 메시지도 파일로 보낼 수 있습니다. 이를 활용하면 명령어 결과를 파일로 만들어 수정하거나 미리 만들어 둔 파일을 입력으로 사용할 수도 있고, 정상 출력과 에러를 분리하여 정상으로 출력된 결과만 화면에 보여 줄 수 있습니다.

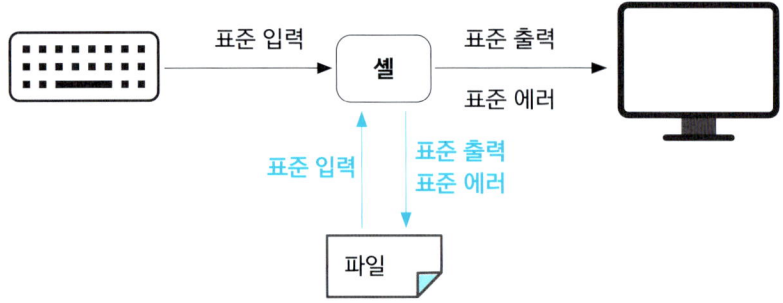

리다이렉션으로 표준 입출력과 에러의 방향 변경

리다이렉션은 기호를 사용하여 입력과 출력의 방향을 바꿉니다. 리다이렉션에서 사용하는 주요 기호의 기능과 예시는 다음과 같습니다.

리다이렉션의 주요 기호와 예시

기호	설명	예시
<	표준 입력을 파일에서 읽기	sort < fruits.txt
>	표준 출력을 파일에 덮어쓰기	ls -l > ls.txt
>>	표준 출력을 파일에 추가하기	ls -l >> ls.txt
2>	표준 에러를 파일에 덮어쓰기	mkdir 2> error.txt
2>>	표준 에러를 파일에 추가하기	mkdir 2>> error.txt
&>	표준 출력과 표준 에러를 파일에 덮어쓰기	[명령어] &> outout.txt
&>>	표준 출력과 표준 에러를 파일에 추가하기	[명령어] &>> outout.txt

Do it! 실습 리다이렉션으로 입출력 제어하기

이제 리다이렉션으로 명령어의 입력과 출력을 파일로 바꾸는 기능을 직접 익혀 보겠습니다. 먼저 파일을 저장하고 입력하는 방법을 익히고 나서 에러와 출력 결과를 저장하는 방법도 알아보겠습니다.

표준 출력을 파일에 > 기호로 저장하기

> 기호를 사용하면 표준 출력을 파일에 저장할 수 있습니다. 이때 > 기호는 리다이렉션의 방향을 나타냅니다.

1 다음은 ls 명령어의 출력 결과를 표준 출력이 아닌 ls.txt 파일에 저장합니다.

```
ls > ls.txt
```

2 명령어를 실행한 뒤 파일에 저장된 내용을 출력하는 cat 명령어로 ls.txt 파일을 열어 보면 출력 결과가 파일에 저장된 것을 확인할 수 있습니다.

```
cat ls.txt
```

```
ubuntu@ubuntu:~$ ls > ls.txt
ubuntu@ubuntu:~$ cat ls.txt
A
Desktop
Documents
Downloads
ls.txt
Music
Pictures
Public
sample.txt
snap
Templates
test
test1
Videos
ubuntu@ubuntu:~$
```

표준 출력을 기존 파일에 >> 기호로 추가하기

> 기호는 매번 새로운 파일을 생성하지만 >> 기호는 파일을 저장할 때 기존 파일이 있다면 뒤에 이어서 저장합니다. 문자열을 출력하는 echo 명령어를 사용해서 수정 사항을 기존 파일에 이어서 저장하는 실습을 진행해 봅시다.

1 다음과 같이 echo 명령어 뒤에 문자열을 큰따옴표로 묶어 입력하면 결과가 표준 출력을 통해 화면에 나타납니다.

```
echo "1"
```

```
ubuntu@ubuntu:~$ echo "1"
1
```

2 리다이렉션의 >> 기호를 사용해서 echo 명령어의 실행 결과를 echo.txt 파일에 저장합니다.

```
echo "1" >> echo.txt
echo "2" >> echo.txt
echo "3" >> echo.txt
```

3 cat 명령어를 사용해서 echo.txt 파일을 확인해 보면 입력한 내용이 누적되어 저장된 것을 확인할 수 있습니다.

```
cat echo.txt
```

```
ubuntu@ubuntu:~$ echo "1" >> echo.txt
ubuntu@ubuntu:~$ echo "2" >> echo.txt
ubuntu@ubuntu:~$ echo "3" >> echo.txt
ubuntu@ubuntu:~$ cat echo.txt
1
2
3
ubuntu@ubuntu:~$
```

표준 입력을 파일에서 < 기호로 읽기

< 기호를 사용하면 표준 입력을 파일에서 읽을 수 있습니다. 즉, < 기호를 사용하면 파일 내용을 명령어로 전달할 수 있습니다. 예를 들어 과일 이름이 저장된 파일을 알파벳 순서로 정렬하고 싶다면 파일을 직접 편집하지 않고도 sort 명령어와 < 기호를 사용하여 간단하게 정렬된 결과를 확인하거나 새로운 파일로 저장할 수 있습니다.

1 나노 편집기에서 fruits.txt 파일을 만든 후 다음 내용을 작성하고 저장합니다.

```
nano fruits.txt
```

fruits.txt
banana
apple
orange

2 sort 명령어를 키보드 입력이 아닌 파일로부터 가져오려면 다음과 같이 입력합니다. sort 명령어는 fruits.txt의 내용을 읽어와 알파벳순으로 정렬하고 그 결과를 화면에 출력합니다.

```
sort < fruits.txt
```

명령어를 실행하면 파일에 저장된 과일 이름이 알파벳순으로 정렬되어 화면에 출력됩니다.

```
ubuntu@ubuntu:~$ cat fruits.txt
banana
apple
orange
ubuntu@ubuntu:~$ sort < fruits.txt
apple
banana
orange
ubuntu@ubuntu:~$
```

3 정렬된 과일 이름을 새로운 파일에 저장해 보겠습니다. 리다이렉션은 한 줄에 여러 번 사용할 수도 있습니다. 다음과 같이 입력하면 fruits.txt 파일에서 읽어 온 내용을 sort 명령어로 정렬한 뒤, 그 결과를 sorted_fruits.txt 파일에 저장합니다.

```
sort < fruits.txt > sorted_fruits.txt
```

4 표준 출력을 파일로 변경했으므로 화면에는 결과가 출력되지 않습니다. cat 명령어로 sorted_fruits.txt 파일을 확인해 보면 알파벳순으로 정렬된 내용이 출력됩니다.

```
cat sorted_fruits.txt
```

```
ubuntu@ubuntu:~$ sort < fruits.txt > sorted_fruits.txt
ubuntu@ubuntu:~$ cat sorted_fruits.txt
apple
banana
orange
ubuntu@ubuntu:~$
```

표준 에러를 2> 기호로 파일에 저장하기

표준 에러의 구조는 표준 출력과 비슷하지만 출력되는 내용이 에러 메시지라는 점에서 다릅니다. 임의로 표준 에러를 발생시킨 후 2> 기호를 사용해서 그 결과를 파일에 저장해 보겠습니다.

1 표준 에러를 실습하기 위해 에러가 발생하도록 명령어를 입력합니다. mkdir 명령어 뒤에 디렉터리명을 입력하지 않으면 에러가 발생합니다.

```
mkdir
```

```
ubuntu@ubuntu:~$ mkdir
mkdir: missing operand
Try 'mkdir --help' for more information.
```

2 2> 기호와 함께 저장할 파일명을 작성하면 에러 메시지가 화면이 아닌 파일에 저장됩니다. 여기서 숫자 2는 표준 에러를 의미합니다.

○ 숫자 1은 표준 출력을 의미하며 1>로 표기할 수도 있습니다. 다만 1이 기본값이므로 숫자를 생략하고 >만 사용해도 동일하게 동작합니다.

```
mkdir 2> error.txt
```

3 cat 명령어를 사용해 표준 에러를 저장한 error.txt 파일을 실행하면 저장된 내용이 출력됩니다.

```
cat error.txt
```

```
ubuntu@ubuntu:~$ mkdir 2> error.txt
ubuntu@ubuntu:~$ cat error.txt
mkdir: missing operand
Try 'mkdir --help' for more information.
ubuntu@ubuntu:~$
```

파이프라인이란?

파이프라인pipeline의 사전적 의미는 석유나 천연가스를 수송하는 관로입니다. 이와 비슷한 의미로 리눅스에서도 명령어의 출력 결과를 다음 명령어의 입력으로 전달하는 과정을 파이프라인이라고 합니다. 예를 들어 ls 명령어로 디렉터리 목록을 출력하고 그 결과를 sort 명령어의 입력으로 전달하면 정렬된 목록을 보여 줄 수 있습니다.

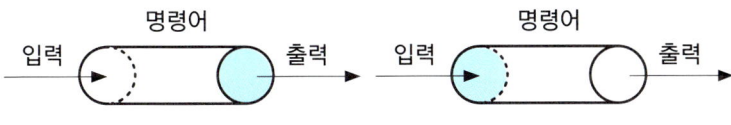

파이프라인의 개념도

Do it! 실습 파이프라인 사용하기

파이프라인을 사용하는 명령어의 기본형은 다음과 같습니다. 명령어와 명령어 사이의 파이프(|) 기호는 필수 요소이며 [옵션]과 [인자]는 선택해서 사용할 수 있습니다.

| 기본형 | [명령어] [옵션] [인자] | [명령어] [옵션] [인자] | ... |

파이프라인으로 명령어 이력 확인하기

파이프라인을 사용해 입력한 명령어의 이력을 페이지 단위로 살펴보겠습니다. 다음처럼 history 명령어와 less 명령어를 파이프로 이어서 입력합니다. history 명령어로 과거에 입력한 명령어 목록을 표준 출력으로 보내면 파이프가 이 출력을 받아 less 명령어에 표준 입력으로 전달합니다.

⭐ less 명령어는 more 명령어로 대신할 수 있습니다.

```
history | less
```

less 명령어가 전달받은 출력 내용을 1페이지씩 보기 좋게 출력합니다. 이 화면을 종료하려면 q를 누릅니다.

```
1  ls
2  ls -al
3  nano
4  sudo apt install nano
5  clear
6  ls
7  clear
8  ls
9  ls -al
10  su - root
11  sudo passwd root
12  su - root
13  clear
14  ls
15  history
16  cd
17  clear
18  find /usr/bin -name ls
19  man find
20  find /usr/bin -size +5M
21  find /usr/bin -size +5M -size -10M
22  find /usr/bin -size +5M -exec ls -l {} \;
23  find /usr/bin -size +5M -exec ls -lh {} \;
24  clear
:
```

파이프라인으로 특정 문자열 검색하기

특정 문자열을 검색하는 grep 명령어를 파이프라인과 함께 사용하면 내용이 긴 파일이나 출력 결과에서 원하는 문자열을 한 번에 추출할 수 있어서 편리합니다. 예를 들어 /etc/passwd 파일에서 특정 사용자 계정을 찾고 싶을 때 파이프라인과 grep 명령어를 함께 사용하면 내용을 한 줄씩 검색하는 대신 특정 사용자명을 한 번에 검색할 수 있습니다.

cat 명령어는 시스템 사용자 정보가 저장된 /etc/passwd 파일의 전체 내용을 출력합니다. 여기에 파이프 문자와 grep 명령어를 추가하면 /etc/passwd 파일에서 사용자명이 포함된 줄만 출력할 수 있습니다.

✪ 사용자명을 환경에 맞게 변경해서 입력하세요.

```
cat /etc/passwd | grep ubuntu
```

명령어를 실행해 보면 시스템 사용자 정보가 필터링되어 출력됩니다. 이 방법을 활용하면 계정을 추가하거나 삭제한 후 계정 정보가 정상으로 반영되었는지 쉽게 확인할 수 있습니다.

```
ubuntu@ubuntu:~$ cat /etc/passwd | grep ubuntu
ubuntu:x:1000:1000:Live session user,,,:/home/ubuntu:/bin/bash
ubuntu@ubuntu:~$
```

파이프라인을 연속해서 사용하기

파이프라인은 명령어를 2개 이상 연속해서 연결할 수 있습니다. 현재 디렉터리에서 특정 확장자인 파일의 개수를 출력하는 명령어를 파이프라인을 활용해 작성해 보겠습니다.

현재 디렉터리에서 확장자가 .txt인 파일의 개수를 세려면 다음과 같이 입력합니다. ls 명령어로 디렉터리의 파일과 디렉터리 목록을 출력하고, 그 출력을 grep 명령어로 전달하여 .txt가 포함된 항목만 필터링합니다. 이어서 파일의 줄 수를 세는 wc -l 명령어를 사용합니다.

```
ls | grep .txt | wc -l
```

명령어를 실행하면 다음처럼 현재 디렉터리에서 확장자가 .txt인 파일의 개수가 출력됩니다.

```
ubuntu@ubuntu:~$ ls | grep .txt
echo.txt
error.txt
fruits.txt
ls.txt
sample.txt
sorted_fruits.txt
ubuntu@ubuntu:~$ ls | grep .txt | wc -l
6
ubuntu@ubuntu:~$
```

 여기서 잠깐 wc 명령어의 주요 옵션

wc 명령어는 줄^{line}, 단어^{word}, 바이트^{byte}의 수를 출력합니다. 다음은 줄이나 단어, 바이트(문자)의 개수를 출력하는 wc 명령어의 주요 옵션과 예시를 정리한 것입니다.

wc 명령어의 옵션과 예시

옵션	설명	예시
-l	줄의 개수 출력	wc -l [파일명]
-w	단어의 개수 출력	wc -w [파일명]
-c	바이트의 개수 출력	wc -c [파일명]

옵션을 별도로 추가하지 않으면 다음과 같이 줄, 단어, 바이트 순으로 모두 표시합니다.

```
ubuntu@ubuntu:~$ wc /etc/passwd
    51    93  2992 /etc/passwd
ubuntu@ubuntu:~$
```

06-4
고급 문서 편집기 – 빔 편집기

이번 절에서는 고급 편집 기능을 제공하는 빔 편집기에 대해 알아보겠습니다. 빔 편집기를 효율적으로 사용할 수 있게 해주는 3가지 모드를 이해하고, 모드별 기능과 조작법을 살펴봅니다. 이어서 빔을 직접 실행하여 기본 조작법과 모드 전환을 실습해 보겠습니다.

vi 편집기와 빔 편집기

vi 편집기는 유닉스와 리눅스에서 오래전부터 기본으로 제공해 왔는데, 1991년 이후 기능을 확장한 빔^{vim} 편집기가 등장했습니다. 현재 대부분의 리눅스 배포판에서 vi 명령어를 입력하면 빔 편집기가 자동으로 실행되도록 설정되어 있습니다. 빔 편집기는 06-1절에서 배운 나노 편집기보다 사용하기 까다롭지만 구문 강조, 다단계 실행 취소, 플러그인 지원 등 더욱 강력한 기능을 다양하게 제공합니다.

빔 편집기의 3가지 모드

일반적인 문서 편집기는 실행하면 바로 문자를 입력할 수 있습니다. 하지만 빔 편집기는 사용자가 어떤 동작을 하려는지에 따라 일반 모드, 입력 모드, 명령 모드로 나뉩니다. 이처럼 빔 편집기는 모드를 전환해서 사용해야 하므로 입문자에게는 직관적이지 않아 어려울 수 있습니다. 하지만 익숙해지면 키보드만 사용해서 문서나 코드를 빠르고 효율적으로 작성하고 편집할 수 있습니다.

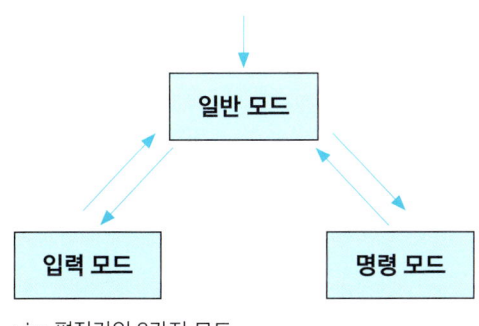

vim 편집기의 3가지 모드

- **일반 모드**: 편집기의 기본 상태로, 커서를 이동하거나 문자를 삭제·복사·붙여넣기 할 때 사용합니다. 다른 모드에서 ESC 를 누르면 일반 모드로 돌아옵니다.
- **입력 모드**: 문자를 실제로 입력할 수 있는 상태로, 일반 모드에서 i , a , o 등을 입력해서 전환합니다.
- **명령 모드**: 저장·종료·검색 등 편집기의 동작을 제어하는 상태로, 일반 모드에서 : 를 입력해서 전환합니다.

빔 편집기의 기본 조작법

빔 편집기는 키보드만으로 문서를 빠르게 편집할 수 있습니다. 본격적으로 실습하기에 앞서 빔 편집기의 3가지 모드별 기능과 조작법을 먼저 살펴보겠습니다.

일반 모드

일반 모드에서는 커서를 이동하거나 입력 모드, 명령 모드로 전환하는 등 기본 조작을 수행합니다. [ESC]를 눌러 일반 모드로 전환하면 커서를 이동할 수 있습니다. 커서를 이동할 때는 알파벳 소문자 [h], [j], [k], [l]을 사용합니다. 이 소문자 4개는 키보드에서 오른손으로 쉽게 입력할 수 있는 영역에 순서대로 배치되어 있습니다. [h]를 누르면 커서는 왼쪽으로 한 칸 이동합니다. [j]는 아래쪽으로 한 칸, [k]는 위쪽으로 한 칸, [l]은 오른쪽으로 한 칸씩 이동합니다.

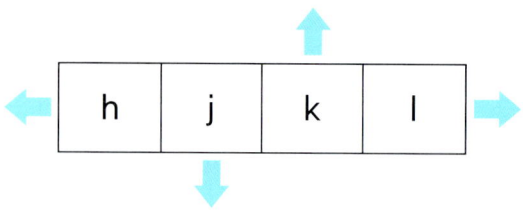

커서를 이동할 때 사용하는 문자 4개

입력 모드

입력 모드에서는 텍스트를 실제로 작성하거나 수정할 수 있습니다. 입력 모드로 이동할 때는 대문자 [A], [I], [O]와 소문자 [a], [i], [o]를 입력할 수 있으며 커서 위치에 따라 동작이 달라집니다. 따라서 입력 모드로 전환하기 전에 일반 모드에서 커서를 적절한 위치로 이동해야 합니다. 입력 모드에서 사용하는 문자별 의미는 다음과 같습니다.

입력 모드로 전환하는 문자의 의미

문자	의미
i	커서 앞에 문자 입력
I	커서가 있는 첫 줄에 문자 입력
a	커서 뒤에 문자 입력
A	커서가 있는 끝 줄에 문자 입력
o	커서가 있는 줄 아래에 문자 입력
O	커서가 있는 줄 위에 문자 입력

명령 모드

명령 모드에서는 빔 편집기 전체를 제어할 수 있습니다. 일반 모드에서 :을 입력하면 명령 모드로 전환할 수 있으며, 주로 문서를 저장하거나 종료할 때 사용합니다. 명령 모드에서 사용하는 문자별 의미는 다음과 같습니다.

명령 모드에서 사용하는 문자의 의미

문자	의미
w	편집 중인 문서 저장하기
q	읽고 있는 빔 편집기 종료하기(수정 중이면 에러 발생)
q!	수정 중인 문서를 저장하지 않고 빔 편집기 종료하기
wq	수정 중인 문서를 저장하고 빔 편집기 종료하기

Do it! 실습 빔 편집기 사용하기

이제 빔 편집기를 설치하고 모드별 사용법을 직접 익혀 보겠습니다.

1 빔 편집기는 대부분의 리눅스 환경에 기본으로 설치되어 있습니다. 다음처럼 vi 명령어 뒤에 생성할 파일명을 입력해서 빔 편집기를 실행합니다.

```
vi test
```

빔 편집기를 실행하면 빈 화면이 나타나고 화면 왼쪽 아래에는 편집 중인 파일명이 표시됩니다. 화면 왼쪽 위에는 입력할 위치를 나타내는 커서가 깜빡이며, 아직 입력되지 않은 빈 영역에는 ~ 기호가 표시됩니다. 일반 모드가 기본이므로 이 상태에서는 키보드로 문자를 입력해도 화면에는 아무것도 표시되지 않습니다.

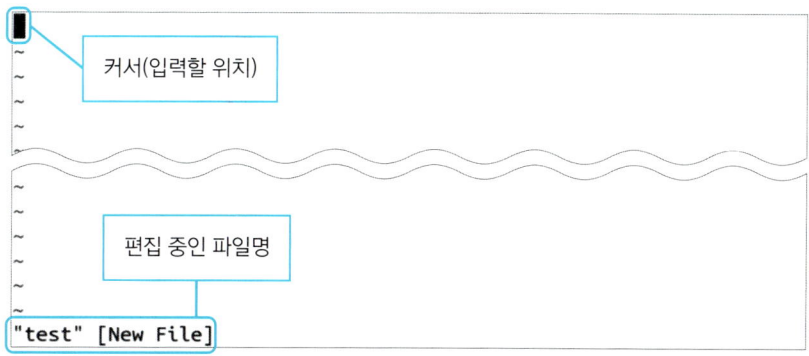

2 문자를 입력하기 위해 키보드에서 ⓘ를 눌러 입력 모드로 전환합니다. 그리고 다음과 같이 문자를 입력합니다.

test
Hello, World!!

문자를 입력하면 ~ 표시가 사라지고 키보드에서 입력한 문자가 화면에 출력됩니다.

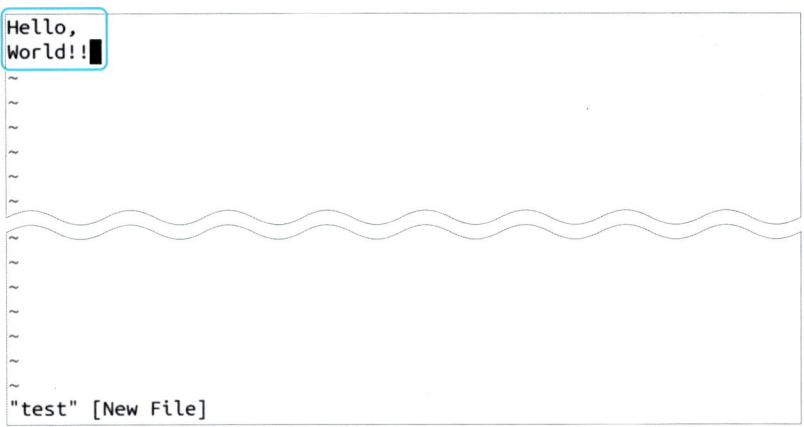

3 다시 일반 모드로 전환하기 위해 ESC를 누릅니다. 그리고 :을 눌러 명령 모드로 변경해 봅시다. 명령 모드로 전환되면 화면 왼쪽 아래에 : 표시와 함께 커서가 깜빡입니다. 이제 'q'를 입력하고 Enter를 눌러 빔 편집기를 종료해 보겠습니다.

4 문서를 수정 중인 상태에서 'q'만 입력하면 실수로 편집기를 종료하는 것을 방지하기 위해 에러가 발생합니다. 문서를 저장하지 않고 빠져나오려면 'q!' 명령을 입력하고 Enter 를 누릅니다. 만약 수정 중인 문서를 저장하고 편집기를 종료하려면 'wq' 명령을 입력하면 됩니다.

```
Hello,
Wo rld!!
~
~
~
~
~
~
~
~
~
~
~
~
~
E37: No write since last change (add ! to override)
```

Do it! 실습 빔 길잡이 실행하기

고급 문서 편집기인 빔은 기능이 다양하고 복잡해서 처음 배울 때 익숙해지려면 시간이 걸립니다. 특히 자주 사용하지 않는 기능까지 함께 배우려면 흥미를 잃기 쉽습니다. 다행히 빔 편집기는 자주 사용하는 기능 위주로 빠르게 익힐 수 있는 빔 길잡이 기능을 제공합니다.

1 빔 길잡이를 사용하려면 패키지를 설치해야 합니다. 배포판에 따라 명령어를 입력합니다.

우분투 명령어
sudo apt install vim

로키 명령어
sudo dnf install vim

2 다음 명령어를 입력해 빔 길잡이를 실행합니다.

❂ 빔 길잡이를 종료할 때는 빔 편집기와 같이 명령 모드에서 종료 명령을 입력하면 됩니다.

```
vimtutor
```

```
===============================================================================
=    W e l c o m e   t o   t h e   V I M   T u t o r    -    Version 1.7     =
===============================================================================

     Vim is a very powerful editor that has many commands, too many to
     explain in a tutor such as this.  This tutor is designed to describe
     enough of the commands that you will be able to easily use Vim as
     an all-purpose editor.

     The approximate time required to complete the tutor is 30 minutes,
     depending upon how much time is spent with experimentation.

     ATTENTION:
     The commands in the lessons will modify the text.  Make a copy of this
     file to practice on (if you started "vimtutor" this is already a copy).

     It is important to remember that this tutor is set up to teach by
     use.  That means that you need to execute the commands to learn them
     properly.  If you only read the text, you will forget the commands!

     Now, make sure that your Caps-Lock key is NOT depressed and press
     the   j   key enough times to move the cursor so that lesson 1.1
"/tmp/tutorMDO1os" 972 lines, 33583 bytes
```

영어가 익숙하지 않은 경우 다음 명령어로 빔 길잡이를 실행하면 한글 버전으로 실행할 수 있습니다 -g는 언어를 변환하는 옵션이며, ko는 언어 코드로 한글을 의미합니다.

```
vimtutor -g ko
```

```
===============================================================================
=     빔 길잡이 (VIM Tutor) 에 오신 것을 환영합니다    -    Version 1.7       =
===============================================================================

     빔(Vim)은 이 길잡이에서 다 설명할 수 없을 만큼 많은 명령을 가진
     매우 강력한 편집기입니다. 이 길잡이는 빔을 쉽게 전천후 편집기로 사용할
     수 있도록 충분한 명령에 대해 설명하고 있습니다.

     이 길잡이를 떼는 데에는 실습하는 데에 얼마나 시간을 쓰는 가에 따라서
     25-30 분 정도가 걸립니다.

     이 연습에 포함된 명령은 내용을 고칩니다. 이 파일의 복사본을 만들어서
     연습하세요. (vimtutor 를 통해 시작했다면, 이미 복사본을 사용하는
     중입니다.)

     중요한 것은, 이 길잡이가 직접 써보면서 배우도록 고려되어 있다는 것입니다.
     명령을 제대로 익히려면, 직접 실행해보는 것이 필요합니다. 내용을 읽는
     것만으로는, 명령을 잊어버리게 될 것입니다.

     자 이제, Caps Lock(Shift-Lock) 키가 눌려있지 않은지 확인해보시고, j 키를
     충분히 눌러서 Lesson 1.1이 화면에 가득 차도록 움직여봅시다.
"/tmp/tutorG3WX7c" 968 lines, 42310 bytes
```

3 화면에서 안내하는 대로 커서를 움직이고 `j`를 충분히 눌러서 레슨(Lesson)을 진행합니다.

```
              Lesson 1.1:  커서 움직이기

** 커서를 움직이려면, 표시된 대로 h,j,k,l 키를 누르십시오. **
              ^
              k              힌트: h 키는 왼쪽에 있으며, 왼쪽으로 움직입니다.
         < h     l >               l 키는 오른쪽에 있으며, 오른쪽으로
              j                    움직입니다.
              v                    j 키는 아래방향 화살표처럼 생겼습니다.

 1. 익숙해질 때까지 커서를 스크린 상에서 움직여 보십시오.

 2. 아래 방향키 (j)를 반복입력이 될 때까지 누르고 계십시오.
    이제 다음 lesson으로 가는 방법을 알게 되었습니다.

 3. 아래 방향키를 이용하여, Lesson 1.2 로 가십시오.

참고: 원하지 않는 무언가가 입력이 되었다면, <ESC>를 눌러서, 명령 모드로
      돌아가십시오. 그 후에 원하는 명령을 다시 입력하십시오.

참고: 커서키 또한 작동할 것입니다. 하지만 hjkl에 익숙해지면, 커서키보다
      훨씬 빠르게 이동할 수 있을 것입니다. 정말요!
```

빔 길잡이는 레슨 1부터 7까지 있으며, 개인의 숙련도에 따라 다르지만 일반적으로 20~30분 정도 소요됩니다. 입문자에게는 더 많은 시간이 필요할 수 있습니다. 빔 길잡이에서도 강조하듯 화면을 보기만 하는 것보다 반드시 직접 입력하고 실행하면서 손에 익히는 것이 중요합니다. 타자 연습할 때처럼 자주 연습하다 보면 어느새 빔 편집기를 자연스럽게 사용할 수 있을 것입니다.

06-5
고급 편집 기능 사용하기

이번 절에서는 원본을 변경하지 않은 상태에서 문서를 편집할 수 있는 sed와 awk 명령어를 알아봅니다. 이 두 명령어는 환경 설정 파일처럼 원본을 직접 수정하기 어려운 경우나, 문서 내 특정 단어를 일괄적으로 변환하거나, 문서를 행과 열로 처리할 때 특히 유용합니다. sed와 awk 명령어와 같은 고급 편집 기능을 활용하면 작업 효율을 크게 높일 수 있습니다.

sed 명령어의 동작 원리

sed 명령어는 문서를 줄 단위로 처리하며 주로 문자열 치환, 삽입, 삭제 등의 작업을 수행합니다. 이 명령어는 원본 문서를 그대로 유지하면서 복사본을 가공해 원하는 결과를 출력해 줍니다.

sed 명령어가 동작하는 원리를 살펴보겠습니다. 먼저 원본 파일이나 입력한 데이터를 연속으로 읽어 패턴 버퍼pattern buffer라는 임시 저장 공간에 저장합니다. 그리고 데이터를 한 줄씩 홀드 버퍼hold buffer로 가져가 사용자가 원하는 형태로 가공합니다. 최종 가공한 결과는 표준 출력으로 전달합니다.

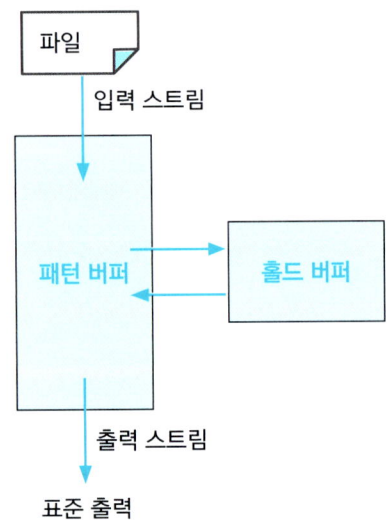

sed 명령어의 동작 원리

Do it! 실습 | 문서의 부분 출력, 삭제, 치환하기 — sed 명령어

sed 명령어의 기본형은 다음과 같으며, 대표적인 옵션은 -n과 -e가 있습니다. -n 옵션을 사용하면 패턴 버퍼의 내용을 출력하지 않고, -e 옵션은 수행할 명령어를 홑따옴표('')로 묶어 전달할 때 사용합니다. 옵션 없이 실행하면 패턴 버퍼의 원본 문자와 홀드 버퍼의 편집 문자가 모두 출력되므로, 특별한 경우가 아니라면 -n 옵션을 사용해서 편집한 내용만 출력합니다.

기본형	sed [옵션] '명령어' [파일명]

문서 전체 출력하기

1 sed 명령어를 실습하기 위해 간단한 샘플 문서를 만들겠습니다. 빔 편집기를 사용해 sample 파일을 생성합니다. 그리고 다음과 같이 이름과 전화번호를 입력합니다.

```
vi sample
```

sample
```
name phone
Pak 010-1111-1111
Kim 010-2222-2222
Lee 010-3333-3333
Yoo 010-4444-4444
```

2 파일을 저장한 후 cat 명령어로 파일 내용을 출력해 보면 이름과 전화번호로 구성된 간단한 샘플 파일이 완성됩니다.

```
cat sample
```

```
yulian@Ubuntu24:~$ cat sample
name     phone
Pak      010-1111-1111
Kim      010-2222-2222
Lee      010-3333-3333
Yoo      010-4444-4444
yulian@Ubuntu24:~$
```

3 원본 문서를 모두 출력하는 기본 sed 명령어를 사용해 봅시다. 명령어 '1,$p'에서 1은 첫 번째 줄을 의미하고 $는 마지막 줄을, p는 특정 줄을 출력하라는 의미입니다. 즉, 다음 명령어는 첫 번째 줄부터 마지막 줄까지 출력하라는 뜻입니다.

```
sed -n -e '1,$p' sample
```

명령어를 실행하면 cat 명령어로 텍스트 파일을 출력했을 때와 동일한 결과가 출력됩니다.

```
yulian@Ubuntu24:~$ sed -n -e '1,$p' sample
name      phone
Pak       010-1111-1111
Kim       010-2222-2222
Lee       010-3333-3333
Yoo       010-4444-4444
yulian@Ubuntu24:~$
```

문서의 특정 범위만 출력하기

텍스트 문서의 범위를 기준으로 출력하고 싶다면 1과 $p 사이에 쉼표(,)를 사용합니다. 첫 번째 줄부터 세 번째 줄까지 출력하려면 '1,3p'와 같은 형식으로 명령어를 입력합니다.

```
sed -n -e '1,3p' sample
```

명령어를 실행하면 첫 번째에서 세 번째 줄까지의 내용이 출력됩니다.

```
yulian@Ubuntu24:~$ sed -n -e '1,3p' sample
name      phone
Pak       010-1111-1111
Kim       010-2222-2222
yulian@Ubuntu24:~$
```

문서의 특정 줄만 출력하기

1 텍스트 문서에서 특정 줄만 출력하고 싶을 경우 특정 줄을 의미하는 p 앞에 원하는 줄 번호를 입력합니다. '3p'라고 입력해서 세 번째 줄만 출력해 보겠습니다.

```
sed -n -e '3p' sample
```

명령어를 실행하면 다음처럼 세 번째 줄에 해당하는 내용만 출력됩니다.

```
yulian@Ubuntu24:~$ sed -n -e '3p' sample
Kim     010-2222-2222
```

2 만약 떨어져 있는 줄의 문자열을 각각 출력하고 싶을 경우에는 다음처럼 -e 옵션을 여러 개 사용하면 됩니다.

```
sed -n -e '1p' -e '4p' sample
```

명령어에 입력한 대로 첫 번째 줄과 네 번째 줄의 내용이 각각 출력되었습니다.

```
yulian@Ubuntu24:~$ sed -n -e '1p' -e '4p' sample
name    phone
Lee     010-3333-3333
yulian@Ubuntu24:~$
```

특정 패턴이 있는 문자열만 출력하기

특정 패턴의 문자열이 포함된 줄을 출력하려면 명령어로 '/패턴문자/p'를 사용할 수 있습니다. 패턴 문자를 특수 문자인 슬래시(/)으로 묶고, 마지막에 특정 줄을 출력하는 의미인 p를 추가합니다.

다음처럼 입력해 sample 파일에서 '1111'이라는 문자열이 들어 있는 줄만 출력해 보겠습니다.

```
sed -n -e '/1111/p' sample
```

명령어를 실행하면 다음처럼 지정한 패턴이 있는 줄만 화면에 출력합니다.

```
yulian@Ubuntu24:~$ sed -n -e '/1111/p' sample
Pak     010-1111-1111
yulian@Ubuntu24:~$
```

특정 줄을 제외하고 출력하기

원본 문서에서 특정 줄을 제외하고 나머지를 모두 출력할 때는 명령어에 d 문자를 사용합니다.

첫 번째 줄부터 두 번째 줄까지 생략하고 나머지 줄을 출력하려면 '1,2d' 명령어와 '1,$p' 명령어를 같이 사용합니다. 특정 줄을 지우는 명령어와 나머지 줄을 출력하는 명령어는 별개이므로 각각 -e 옵션을 사용합니다.

```
sed -n -e '1,2d' -e '1,$p' sample
```

명령어를 실행하면 다음처럼 세 번째 줄에서 다섯 번째 줄까지의 내용만 출력됩니다.

```
yulian@Ubuntu24:~$ sed -n -e '1,2d' -e '1,$p' sample
Kim     010-2222-2222
Lee     010-3333-3333
Yoo     010-4444-4444
yulian@Ubuntu24:~$
```

특정 문자를 다른 문자로 변경하기

특정 문자를 다른 문자로 변경하려면 명령어를 's/변경 전 문자/변경할 문자/g' 형식으로 사용합니다.

1 'Pak'이라는 이름을 모두 대문자로 변경하려면 다음처럼 명령어를 사용할 수 있습니다. 명령어에 포함된 g는 모든 줄에서 명령어를 처리하라는 의미입니다.

```
sed -n -e 's/Pak/PAK/g' -e '1,$p' sample
```

명령어를 실행하면 일치하는 문자를 모두 대문자로 변경합니다.

```
yulian@Ubuntu24:~$ sed -n -e 's/Pak/PAK/g' -e '1,$p' sample
name    phone
PAK     010-1111-1111
Kim     010-2222-2222
Lee     010-3333-3333
Yoo     010-4444-4444
yulian@Ubuntu24:~$
```

2 만약 특정 문자를 다른 문자로 변경할 때 대소 문자가 다르면 올바르게 변경되지 않습니다. 이럴 경우 대소 문자를 구분하지 않고 문자를 치환하라는 의미로 i를 추가합니다.

```
sed -n -e 's/kim/KIM/gi' -e '1,$p' sample
```

```
ubuntu@ubuntu:~$ sed -n -e 's/kim/KIM/gi' -e '1,$p' sample
name     phone
PAK      010-1111-1111
KIM      010-2222-2222
Lee      010-3333-3333
Yoo      010-4444-4444
ubuntu@ubuntu:~$
```

문서에 새로운 파일 내용 가져와 추가하기

이번엔 특정 문자 뒤에 새로운 파일의 문자를 추가하는 명령어를 다뤄 봅시다.

1 빔 편집기에서 add 파일을 만들고 새로운 이름과 전화번호를 추가합니다.

```
vi add
```

add

```
sim 010-5555-5555
```

2 특정 문자 뒤에 새로운 파일의 내용을 추가하기 위해 '/특정문자$/r [파일명]' 형식으로 명령어를 추가합니다. $는 문자의 끝을 의미하고, r은 파일의 내용을 추가하라는 의미입니다.

```
sed -n -e '/4444$/r add' -e '1,$p' sample
```

명령어를 실행하면 sample 파일에서 '4444'로 끝나는 문장 뒤에 add 파일의 내용을 추가한 결과를 출력합니다.

```
yulian@Ubuntu24:~$ sed -n -e '/4444$/r add' -e '1,$p' sample
name     phone
Pak      010-1111-1111
Kim      010-2222-2222
Lee      010-3333-3333
Yoo      010-4444-4444
sim      010-5555-5555
yulian@Ubuntu24:~$
```

awk 명령어의 개념

awk는 유닉스에서 처음 개발한 스크립트 언어로, 텍스트 문서를 행과 열 기준으로 처리하는 데 최적화되어 있습니다. awk는 이 명령어를 만든 앨프리드 에이호Alfred Aho, 피터 와인버거Peter Weinberger, 브라이언 커니핸Brian Kernighan의 성에서 앞글자를 따와서 조합한 줄임말입니다. awk 명령어는 텍스트 파일에서 데이터를 조건에 따라 추출·변환·요약하는 데 사용하며, 원하는 결과를 얻기 위해 여러 줄에 걸쳐 반복 수행할 수 있습니다.

사용하는 데이터 파일은 다음과 같이 주로 행과 열로 이루어집니다. awk에서는 각 행을 레코드라고 하고 열을 필드라고 합니다. 레코드에서 $0은 현재 처리 중인 전체 레코드를 의미하는 내장 변수이고 $1, $2, …, $N은 각 필드를 의미하는 내장 변수입니다. 필드는 늘어날 때마다 1씩 증가합니다.

sample 파일

A	10	11	12	→ 레코드($0)
B	20	21	22	
C	30	31	32	
D	40	41	42	
…				

필드($1 ~ $N)

텍스트 문서에서 행과 열의 구조

Do it! 실습 표 형식의 데이터 처리하기 – awk 명령어

awk 명령어의 기본형은 다음과 같습니다. 패턴은 처리 대상인 레코드를 선택하기 위한 조건입니다. 동작은 선택한 레코드에서 수행할 작업으로, 출력이나 연산 등이 있습니다.

기본형	awk '패턴 {동작}' 파일명

행과 열 전체 출력하기

1 빔 편집기를 사용해 다음과 같이 sample 파일을 작성합니다.

```
vi sample
```

sample
A 10 11 12
B 20 21 22
C 30 31 32
D 40 41 42

2 awk 명령어의 기본 사용법을 알아보기 위해 print를 활용해 레코드와 필드를 출력해 보겠습니다. 다음처럼 패턴 없이 동작과 파일명만 지정하면 파일의 모든 레코드에서 동작을 수행합니다. $0은 현재 작업 중인 레코드로 조건이 별도로 없을 경우에는 생략할 수 있습니다.

```
awk '{ print $0 }' sample
```

명령어를 실행하면 sample 파일의 모든 레코드가 출력됩니다. awk 명령어가 파일을 한 줄씩 읽으면서 $0에 그 줄 전체를 담아 출력하고 그다음 줄로 넘어가 반복하므로 결과적으로 전체 파일의 내용이 출력됩니다.

```
yulian@Ubuntu24:~$ awk '{ print $0 }' sample
A 10 11 12
B 20 21 22
C 30 31 32
D 40 41 42
yulian@Ubuntu24:~$
```

특정 필드 출력하기

awk 명령어는 $1, $3 내장 변수를 사용해서 각 필드에 접근할 수 있습니다. $0은 현재 작업 중인 전체 레코드를 의미하고, 숫자 1보다 큰 수를 입력하면 특정 필드의 데이터를 의미합니다. 필드 데이터는 단독으로 출력할 수 있으며 쉼표(,)를 사용해 필드를 2개 이상 함께 출력할 수도 있습니다.

```
awk '{ print $1 }' sample
awk '{ print $1, $3 }' sample
```

명령어를 실행하면 awk '{ print $1 }' sample은 첫 번째 필드($1)만 출력하고, awk '{print $1, $3}' sample은 첫 번째 필드($1)와 세 번째 필드($3)를 함께 출력합니다.

```
yulian@Ubuntu24:~$ awk '{ print $1 }' sample
A
B
C
D
yulian@Ubuntu24:~$ awk '{ print $1, $3 }' sample
A 11
B 21
C 31
D 41
yulian@Ubuntu24:~$
```

사용자가 지정한 문자열을 포함한 레코드만 출력하기

정해진 레코드와 필드 외에 사용자가 지정한 문자열을 포함해 출력할 수 있습니다. 큰따옴표로 사용자가 지정 문자열을 포함해 필드를 지정하면 그 필드에 대한 부가 설명을 표현합니다.

다음 명령어에서 큰따옴표로 감싼 "Name:"과 "Num:"은 $1, $2와 결합하여 sample 파일의 모든 레코드를 출력합니다. print 키워드는 기본적으로 한 레코드 단위로 데이터를 처리하는데, 레코드 하나를 처리한 후 다음 레코드로 이동합니다. 모든 레코드가 처리될 때까지 이 과정을 반복합니다.

```
awk '{ print "Name:"$1, "Num:"$2 }' sample
```

명령어를 실행하면 $1과 $2의 문자열에 지정한 텍스트를 포함해서 출력합니다.

```
yulian@Ubuntu24:~$ awk '{ print "Name:"$1, "Num:"$2 }' sample
Name:A Num:10
Name:B Num:20
Name:C Num:30
Name:D Num:40
yulian@Ubuntu24:~$
```

특정 조건을 만족하는 레코드만 출력하기

awk 명령어 패턴을 추가하면 특정 조건을 만족하는 레코드만 출력할 수 있습니다. 패턴에 사용할 수 있는 조건은 일반적인 프로그래밍 언어의 조건문에서 사용하는 특수 문자와 같습니다. 비교 조건에 따라 같다(==), 다르다(!=), 크다(>), 작다(<), 크거나 같다(>=), 작거나 같다(<=)를 사용합니다.

1 두 번째 필드의 값이 10인 레코드만 출력하고 싶을 때 == 패턴을 활용합니다. 이렇게 하면 print $0가 모든 레코드를 출력하는 대신 조건에 맞는 특정 레코드만 출력합니다.

```
awk '$2 == 10 { print $0 }' sample
```

명령어를 실행하면 두 번째 필드가 10인 레코드만 선택하여 출력합니다.

```
yulian@Ubuntu24:~$ awk '$2 == 10 { print $0 }' sample
A 10 11 12
```

2 모든 레코드를 처리한 후 결과를 한 번만 출력하고 싶을 때는 END 키워드를 사용합니다. 세 번째 필드의 합을 구할 때 먼저 각 레코드에서 $3의 값을 sum 변수에 누적하고 결과를 한 번에 출력할 수 있습니다. 합을 누적해서 구하는 동작과 구한 합을 출력하는 동작을 각각 중괄호로 분리하고 END 키워드로 연결합니다.

```
awk '{sum += $3} END { print "SUM:" sum}' sample
```

명령어를 실행하면 세 번째 필드를 모두 더한 값을 한번에 출력합니다.

```
yulian@Ubuntu24:~$ cat sample
A 10 11 12
B 20 21 22
C 30 31 32
D 40 41 42
yulian@Ubuntu24:~$ awk '{sum += $3} END { print "SUM:"sum }' sample
SUM:104
```

만약 END 키워드를 사용하지 않으면 매번 처리되는 레코드마다 sum 변수에 저장된 값을 출력합니다.

```
yulian@Ubuntu24:~$ awk '{sum += $3} { print "SUM:"sum }' sample
SUM:11
SUM:32
SUM:63
SUM:104
```

사칙연산으로 데이터를 가공해서 출력하기

awk 명령어는 레코드와 필드의 데이터를 사칙연산으로 가공해서 출력할 수 있습니다. 각 필드의 합과 평균을 구해 출력해 보겠습니다.

awk 명령어는 동작을 세 단계로 나누어 처리합니다. 1단계인 {sum=0}에서는 합계를 저장할 sum 변수를 0으로 초기화합니다. 각 레코드에서 모든 필드의 합과 평균을 구해 출력하므로 기존 합계를 초기화해야 정상적인 결괏값을 구할 수 있습니다. 2단계는 {sum+=($2+$3+$4)}로 2~4번째 필드의 값을 더해 sum에 누적합니다. 마지막 3단계인 {print $0,sum,sum/3}에서는 현재 레코드를 출력하고 sum에 저장된 값과 평균값을 출력합니다.

> ✪ awk 명령어의 패턴에는 공백은 선택적으로 추가할 수 있습니다. 가독성을 위해 공백을 적절히 사용하면 좋습니다.

```
awk '{sum=0} {sum+=($2+$3+$4)} {print $0,sum,sum/3}' sample
      1단계      2단계              3단계
```

각 행에서 sum이 0으로 초기화되므로 누적 합계가 아니라 레코드마다 2~4번째 필드의 합계와 평균이 각각 출력됩니다.

```
yulian@Ubuntu24:~$ cat sample
A 10 11 12
B 20 21 22
C 30 31 32
D 40 41 42
yulian@Ubuntu24:~$ awk '{sum=0} {sum+=($2+$3+$4)} {print $0,sum,sum/3}' sample
A 10 11 12 33 11
B 20 21 22 63 21
C 30 31 32 93 31
D 40 41 42 123 41
yulian@Ubuntu24:~$
```

파일에 저장하기

awk 명령어로 처리할 동작이 많아 한 줄로 작성하기 어렵다면 awk 명령어를 별도의 파일에 저장하고 -f 옵션으로 불러와 실행할 수 있습니다.

1 awkp.script 파일을 생성하고 awk 명령어의 동작을 작성합니다. 파일명은 임의로 만들어도 됩니다.

```
vi awkp.script
```

awkp.script
```
{
        for (i=2; i<=NF; i++)
                total += $i
}
END {
        print "TOTAL:"total
}
```

awkp.script 파일은 sample 파일의 숫자를 모두 더해 total 변수에 누적하고 END 키워드를 사용해 누적된 합계를 한 번만 출력합니다. 반복 작업을 수행할 때는 for 문을 사용하는데, for (i=2; i<=NF; i++)는 반복할 숫자가 2부터 NF$^{Number\ of\ Field}$의 값보다 작거나 같을 때까지 1씩 증가하면서 반복하라는 의미입니다. NF는 필드의 개수를 말합니다. sample 파일에 저장된 데이터를 기준으로 NF는 4이므로 합계를 구할 필드는 $2, $3, $4입니다. 따라서 반복문에서 2부터 NF까지 반복하며 total += $i를 통해 각 필드의 값을 total 변수에 누적합니다. 이 과정을 거쳐 $2, $3, $4 필드의 값이 total에 합산됩니다.

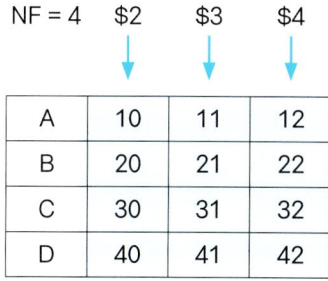

2 -f 옵션으로 awk 명령어가 저장된 파일과 처리할 데이터 파일을 지정합니다.

```
awk -f awkp.script sample
```

명령어를 실행하면 파일에 입력한 명령어대로 sample 파일은 모든 숫자가 더해져 한 번에 출력됩니다. awk 명령어로 처리할 내용이 많더라도 쉽게 처리할 수 있고 명령어를 잘못 입력하더라도 파일을 수정하면 되므로 편리합니다.

```
yulian@Ubuntu24:~$ cat awkp.script
{
  for (i=2; i<=NF; i++)
    total += $i
}
END {
  print "TOTAL:"total
}

yulian@Ubuntu24:~$ awk -f awkp.script sample
TOTAL:312
yulian@Ubuntu24:~$
```

되새김 문제

1. 다음 중 nano 편집기에서 파일을 저장한 후 종료하는 단축키 조합으로 옳은 것은 무엇인가요?
   ① Ctrl + C
   ② Ctrl + X
   ③ Ctrl + O, Enter, Ctrl + X
   ④ Ctrl + S

2. 다음 중 파일 내용을 화면에 한 번에 모두 출력하는 명령어는 무엇인가요?
   ① cat
   ② more
   ③ less
   ④ head

3. 리눅스에서 명령의 실행 결과를 다른 명령어로 전달할 때 사용하는 기호는 무엇인가요?
   ① >
   ② <
   ③ |
   ④ &

4. 빈칸에 알맞은 말을 써넣어 문장을 완성하시오.

   > 명령의 출력을 파일로 저장할 때 사용하는 리다이렉션 기호는 ____(이)다.

5. 다음 중 텍스트 파일에서 특정 열(column)이나 행(row)을 처리할 때 가장 적합한 명령어는 무엇인가요?
   ① grep
   ② awk
   ③ sed
   ④ cat

정답 1. ③ 2. ① 3. ③ 4. > 5. ②

07장

셸 스크립트 프로그래밍

07장에서는 로그인 셸과 셸 변수를 알아보고 셸 변수와 환경 변수의 차이를 이해해 보겠습니다. 또한 셸 스크립트의 기본 동작 원리를 이해하고 여러 명령어를 조합해 자신만의 명령어를 만들고 응용하는 방법을 살펴봅니다.

07-1 ◆ 로그인 셸과 셸 변수
07-2 ◆ 환경 변수와 셸 프롬프트
07-3 ◆ 셸 스크립트의 기본 동작 원리
07-4 ◆ 셸 스크립트와 위치 매개변수
07-5 ◆ 조건문과 수식 연산
07-6 ◆ 셸 스크립트와 반복문

학습 목표
- 로그인 셸을 확인하고 변경할 수 있다.
- 셸 변수와 환경 변수의 차이점을 이해하고 설명할 수 있다.
- 셸 변수로 셸 프롬프트를 변경할 수 있다.
- 조건문과 반복문을 활용해 나만의 명령어를 만들 수 있다.

07-1
로그인 셸과 셸 변수

로그인 셸을 확인하고 변경하는 방법을 익히고 셸 변수에 대해 알아보겠습니다. 로그인 셸과 셸 변수의 개념과 사용법은 이후 배울 셸 스크립트의 동작 원리를 이해하는 데 도움이 됩니다.

Do it! 실습 로그인 셸 변경하기 — chsh 명령어

로그인 셸은 사용자가 로그인했을 때 기본적으로 실행되는 셸을 말합니다. 로그인 셸을 바꾸려면 chsh 명령어를 사용합니다. chsh 명령어의 기본형은 다음과 같습니다. 먼저 셸을 변경할 [사용자명]을 입력하고 이어서 변경할 셸 이름을 입력합니다. 로그인 셸을 변경하려면 시스템 파일을 수정해야 하므로 sudo 명령어를 사용해 관리자 권한으로 실행합니다.

기본형	sudo chsh [사용자명]

현재 사용 중인 셸을 확인하고 이어서 로그인 셸을 변경해 보겠습니다.

1 echo 명령어로 환경 변수 $SHELL을 출력해 현재 사용 중인 셸을 확인해 봅시다.

```
echo $SHELL
```

명령어를 실행하면 현재 사용 중인 셸의 경로가 출력됩니다. 다음처럼 /bin/bash가 출력되면 배시를 사용하고 있다는 뜻입니다.

```
yulian@Ubuntu24:~$ echo $SHELL
/bin/bash
yulian@Ubuntu24:~$
```

2 이 외에도 사용할 수 있는 셸의 목록은 /etc/shells 파일에서 확인할 수 있습니다. cat 명령어를 사용해 파일 내용을 그대로 출력해 봅시다.

```
cat /etc/shells
```

```
yulian@Ubuntu24:~$ cat /etc/shells
# /etc/shells: valid login shells
/bin/sh
/usr/bin/sh
/bin/bash
/usr/bin/bash
/bin/rbash
/usr/bin/rbash
/usr/bin/dash
yulian@Ubuntu24:~$
```

3 이제 로그인 셸을 배시에서 티시셸로 변경해 보겠습니다. 목록에 없는 셸은 우분투에서는 apt 명령어로, 로키에서는 dnf 명령어로 설치해서 사용합니다. 배포판에 맞게 명령어를 입력해 티시셸을 설치합니다.

✿ apt 명령어와 dnf 명령어의 사용법이 잘 기억나지 않는다면 05-1절을 참고하세요.

우분투 명령어

```
sudo apt install tcsh
```

로키 명령어

```
sudo dnf install tcsh
```

4 chsh 명령어 뒤에 셸을 변경할 사용자명을 입력합니다.

```
sudo chsh yulian     ← 사용자명
```

5 명령어를 실행하면 변경할 셸을 입력할 수 있습니다. 셸이 설치된 전체 경로를 입력하면 됩니다.

✿ 설치된 셸의 전체 경로는 which 명령어로 확인할 수 있습니다.

```
yulian@Ubuntu24:~$ sudo chsh yulian
Changing the login shell for yulian
Enter the new value, or press ENTER for the default
        Login Shell [/bin/bash]: /bin/tcsh
```

6 echo 명령어를 사용해 환경 변수 $SHELL을 확인해 보면 아직 배시를 사용한다는 것을 알 수 있습니다. 이는 변경 내용이 다음 로그인 이후에 적용되기 때문입니다. ❂ 환경 변수는 07-2절에서 자세히 다룹니다.

```
echo $SHELL
```

```
yulian@Ubuntu24:~$ echo $SHELL
/bin/bash
yulian@Ubuntu24:~$
```

7 su 명령어를 사용하면 다시 로그인할 수 있습니다. su - 명령어 뒤에 사용자명을 입력하고 실행한 뒤 키보드로 비밀번호를 입력합니다.

❂ 이때 키보드로 입력한 비밀번호는 보안을 위해 화면에 출력되지 않습니다.

```
su - yulian        ← 사용자명
```

```
yulian@Ubuntu24:~$ su - yulian
Password:
```

8 다시 로그인한 후 echo 명령어로 환경 변수를 출력하면 티시셸로 변경된 것을 확인할 수 있습니다.

```
echo $SHELL
```

```
Ubuntu24:~> echo $SHELL
/bin/tcsh
```

9 셸마다 고유한 특징이 있어서 셸을 변경하면 명령 프롬프트의 형태, 명령어를 실행할 때 출력되는 색상 등 결과가 달라집니다. 동일한 ls 명령어를 실행하더라도 티시셸과 배시의 출력 결과가 다른 것을 볼 수 있습니다. 티시셸에서 로그아웃하려면 exit 명령어를 입력합니다.

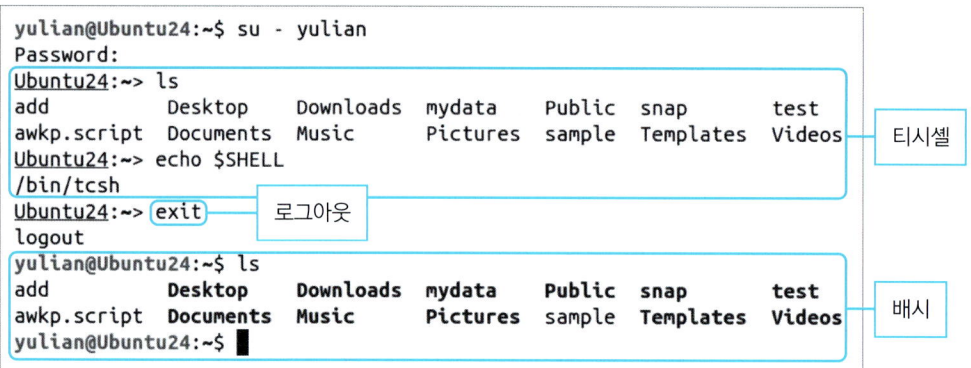

Do it! 실습 · 셸 변수 선언하고 출력하기

셸 변수는 리눅스에서 값을 저장하고 관리하는 임시 저장소로, 문자열이나 숫자 같은 간단한 데이터를 저장할 수 있습니다. 셸이 종료되면 변수에 저장된 값은 함께 사라집니다. 셸 변수는 다음 3가지 규칙에 따라 선언합니다.

기본형	변수명=값

- 변수명은 영문자, 밑줄(_), 숫자만 사용할 수 있으며 첫 글자는 반드시 영문자 또는 밑줄이어야 합니다.
- 변수명과 값 사이의 = 기호 앞뒤에는 공백이 없어야 합니다.
- 대소 문자를 구분합니다. 예를 들어 user와 USER는 서로 다른 변수명입니다.

이제 셸 변수를 직접 선언하고 echo 명령어로 값을 출력해서 셸 변수가 어떻게 동작하는지 확인해 봅시다.

1 NAME이란 이름의 변수를 선언하고 셸 변수에 임의의 값인 문자열 'yulian'을 저장합니다.

```
NAME=yulian
```

2 셸 변수에 저장된 값을 확인하려면 $ 기호를 변수 이름 앞에 붙여서 참조해야 합니다. 따라서 셸 변수에 저장된 값을 출력할 때는 다음과 같이 echo 명령어와 '$변수명' 형식을 사용합니다.

```
echo $NAME
```

명령어를 실행하면 다음처럼 NAME 변수에 저장한 값인 yulian이 출력됩니다.

```
yulian@Ubuntu24:~$ NAME=yulian
yulian@Ubuntu24:~$ echo $NAME
yulian
yulian@Ubuntu24:~$
```

등록한 셸 변수는 set 명령어로도 확인할 수 있습니다. 이 명령어를 실행하면 현재 셸이 등록된 모든 변수가 화면에 출력됩니다. 리눅스에는 사용자가 직접 만든 셸 변수 외에도 이미 등록된 셸 변수가 여럿 있으므로 set 명령어를 실행하면 화면에 많은 내용이 한꺼번에 출력됩니다. 따라서 파이프라인과 grep 명령어를 함께 사용해 원하는 변수만 골라 확인하는 것이 일반적입니다.

3 set 명령어와 grep 명령어를 파이프라인으로 연결해서 NAME이라는 키워드가 포함된 결과만 출력합니다.

```
set | grep NAME
```

명령어를 실행하면 NAME이 포함된 모든 변수와 값이 출력되는 것을 볼 수 있습니다. grep 명령어는 출력 결과에서 특정 문자열에 포함된 모든 내용을 출력하므로 NAME이 포함된 HOSTNAME, LOGNAME 등도 함께 출력됩니다.

```
ubuntu@ubuntu:~$ NAME=yulian
ubuntu@ubuntu:~$ set | grep NAME
HOSTNAME=ubuntu
LOGNAME=ubuntu
NAME=yulian
USERNAME=ubuntu
```

Do it! 실습   변수로 선언한 값 제거하기 — unset 명령어

변수에 저장된 값을 지우고 싶을 때는 unset 명령어를 사용합니다. unset 명령어의 기본형은 다음과 같습니다.

기본형	unset [변수명]

변수에는 문자뿐만 아니라 숫자도 저장할 수 있습니다. 숫자를 저장하는 새로운 변수 SCORE를 생성하고 선언한 값을 삭제해 보겠습니다.

1 다음처럼 입력해 SCORE 변수를 생성합니다.

```
SCORE=95
```

2 echo 명령어로 확인해 보면 SCORE에 저장된 값이 출력됩니다. 변수명 앞에 $ 기호를 붙이는 것을 잊지 마세요.

```
echo $SCORE
```

3 unset 명령어로 변수에 저장된 값을 삭제해 보겠습니다. 다음과 같이 입력합니다.

```
unset SCORE
```

등록된 변수를 제거하면 해당 변수를 출력하더라도 아무 값도 출력되지 않습니다.

```
yulian@Ubuntu24:~$ SCORE=95
yulian@Ubuntu24:~$ echo $SCORE
95
yulian@Ubuntu24:~$ unset SCORE
yulian@Ubuntu24:~$ echo $SCORE
yulian@Ubuntu24:~$ set | grep SCORE
yulian@Ubuntu24:~$
```

07-2
환경 변수와 셸 프롬프트

리눅스에서 환경 변수는 사용자와 시스템 동작을 제어하는 핵심 설정값입니다. 그중에서 PS1은 로그인할 때 표시되는 프롬프트의 모양을 결정하며, 프롬프트를 단순히 명령어 입력 창이 아닌 개인에게 최적화된 작업 도구로 바꿀 수 있게 해줍니다. 이번 절에서는 환경 변수와 프롬프트의 관계를 이해하고, PS1 환경 변수를 활용해 실무에서 자주 사용하는 기본적인 커스터마이징 방법을 살펴보겠습니다.

환경 변수란?

환경 변수environment variable는 운영체제와 프로세스에 영향을 줍니다. 셸 변수가 현재 셸에서만 사용하는 임시 변수라면, 환경 변수는 현재 셸뿐만 아니라 실행되는 모든 프로그램에서 사용할 수 있습니다. 셸 변수가 내 방에 붙여 둔 메모지처럼 나만 볼 수 있는 정보라면, 환경 변수는 현관문에 붙여 둔 안내문처럼 집에 들어오는 사람이면 누구나 확인할 수 있는 정보입니다. 환경 변수는 대표적으로 PATH, HOME, USER, LANG, SHELL 등이 있습니다.

주요 환경 변수의 의미

환경 변수	의미	출력 예시
PATH	실행 파일을 찾는 경로 목록	/usr/local/sbin/:/usr/local/bin:/usr/sbin:/usr/bin:
HOME	현재 사용자의 홈 디렉터리	/home/ubuntu
USER	현재 로그인한 사용자의 이름	ubuntu
LANG	시스템 언어 설정	en_US.UTF-8
SHELL	사용 중인 기본 로그인 셸의 경로	/bin/bash

PS1 환경 변수란?

PS1은 사용자에게 직접 보이는 셸 프롬프트의 모양을 결정하는 특별한 환경 변수입니다. 대부분의 환경 변수는 눈에 보이지 않는 환경을 설정하지만, PS1은 사용자가 셸에서 즉시 확인할 수 있는 프롬프트 표시 형식을 제어합니다. 셸 프롬프트에서 사용자 이름, 호스트 이름, 현재 디렉터리 위치 등은 고정된 값이 아닌 PS1 환경 변수의 설정값에 따라 달라집니다. echo 명령어를 활용하면 현재 PS1의 값을 확인할 수 있습니다. PS1 환경 변수는 역슬래시(\)와 알파벳 문자, 숫자 등의 조합으로 구성됩니다. 역슬래시 뒤의 알파벳 문자는 특정 기능이나 정보를 표시하도록 예약된 코드입니다.

> 한글 키보드 환경에서는 물리적 배열과 문자 인코딩 방식의 차이로 역슬래시(\)가 한화 원(₩) 기호로 출력될 수 있습니다.

```
yulian@Ubuntu24:~$ echo $PS1
\[\e]0;\u@\h: \w\a\]${debian_chroot:+($debian_chroot)}\[\033[01;32m\]\u@\h\[\033[00m\]:\[\033[01;34m\]\w\[\033[00m\]\$
yulian@Ubuntu24:~$
```

PS1 환경 변수의 값

PS1 환경 변수에 포함된 문자의 의미를 살펴보면 다음과 같습니다. 예를 들어 PS1 환경 변수를 '\u@\h'라고 입력할 경우 셸 프롬프트를 '사용자명@호스트명' 형태로 구성합니다.

PS1 환경 변수의 코드

코드	설명
\u	로그인한 사용자명
\h	호스트명(도메인 제외)
\H	호스트명(도메인 포함 전체)
\w	전체 작업 디렉터리 경로
\W	마지막 디렉터리 경로
\t	현재 시간(시간:분:초)
\d	날짜(요일 월 일)
\n	줄 바꿈
\$	프롬프트 기호 (일반 사용자는 $, 루트 사용자는 #)

Do it! 실습 환경 변수 등록하기 – export 명령어

이번 실습에서는 환경 변수를 어떻게 등록하는지 배워 보겠습니다. 환경 변수를 등록할 때에는 export 명령어를 사용합니다. 이미 셸 변수로 등록되어 있더라도 환경 변수로 설정하려면 반드시 export 명령어를 사용해야 합니다.

| 기본형 | export 변수명=값 |

1 export 명령어를 사용해 NAME 변수를 환경 변수로 등록합니다.

```
export NAME=yulian
```

2 등록된 환경 변수를 출력할 때는 printenv 또는 env 명령어를 사용합니다. set 명령어로 셸 변수를 확인했던 것처럼 특정 키워드가 포함된 변수만 보고 싶을 때는 grep 명령어와 파이프라인을 연결하면 됩니다.

```
env | grep NAME
```

환경 변수를 등록하기 전에는 env 명령어로 NAME 환경 변수를 찾을 수 없지만, export 명령어로 NAME 환경 변수를 추가하면 등록된 NAME 환경 변수와 값을 확인할 수 있습니다.

```
ubuntu@ubuntu:~$ env | grep NAME
LOGNAME=ubuntu
USERNAME=ubuntu
ubuntu@ubuntu:~$ export NAME=yulian
ubuntu@ubuntu:~$ env | grep NAME
NAME=yulian
LOGNAME=ubuntu
USERNAME=ubuntu
ubuntu@ubuntu:~$
```

Do it! 실습 PS1 환경 변수로 셸 프롬프트 변경하기

PS1 환경 변수를 활용하면 셸 프롬프트의 모양을 자유롭게 변경할 수 있습니다. 셸 프롬프트를 변경하면 작업 정보와 위치를 한눈에 파악할 수 있어서 작업 효율이 높아집니다. 또한 로컬과 원격 환경을 시각적으로 구분할 수 있어서 실수를 줄이는 데 도움이 됩니다. 이모지나 색상 등을 활용해 개인화하거나 교육용으로 단순화하는 등 다양한 목적에 맞게 활용할 수 있습니다.

일시적으로 셸 프롬프트 변경하기

셸 프롬프트에 사용자의 이름만 표시되도록 일시적으로 PS1 변수의 값을 수정해 보겠습니다.

1 먼저 현재 사용 중인 PS1 환경 변수를 확인합니다.

```
echo $PS1
```

사용자명, 호스트명, 현재 작업 중인 디렉터리가 모두 표시됩니다.

```
ubuntu@ubuntu:~$ echo $PS1
\[\e]0;\u@\h: \w\a\]${debian_chroot:+($debian_chroot)}\[\033[01;32m\]\u@\h\[\033[00m\]:\[\033[01;34m\]\w\[\033[00m\]\$
ubuntu@ubuntu:~$
```

2 프롬프트에 사용자 이름만 표시되도록 큰따옴표 안에 프롬프트에 표시될 문자열과 코드를 정의합니다. 로그인한 사용자 이름을 의미하는 \u 코드를 입력하고 프롬프트를 보기 좋게 구분하기 위해 사용자 이름 뒤에]와 공백을 추가합니다.

```
PS1="\u] "
```

명령어를 실행하면 변경하기 전에는 사용자 이름, 호스트 이름, 현재 작업 중인 디렉터리가 모두 표시되었지만 변경 후 사용자 이름만 표시됩니다.

```
yulian@Ubuntu24:~$ PS1="\u] "
yulian] pwd
/home/yulian
yulian]
```

3 일시적으로 변경한 셸 프롬프트는 현재 셸에서만 적용되므로 로그아웃하거나 셸을 재시작하면 원래대로 돌아갑니다. su 명령어로 다시 로그인 하면 원래 셸 프롬프트로 되돌아온 것을 확인할 수 있습니다.

> 배시가 아닌 다른 셸로 되돌아온다면 echo $SHELL 명령어로 셸 프롬프트를 확인 후 chsh 명령어로 셸 프롬프트를 변경할 수 있습니다.

```
su - yulian     ← 사용자명
```

```
yulian@ubuntu:~$ PS1="\u] "
yulian] su - yulian
Password:
yulian@ubuntu:~$
```

영구적으로 셸 프롬프트 변경하기

셸 프롬프트를 영구적으로 변경하려면 .bashrc 파일을 수정해야 합니다.

1 .bashrc 파일은 마침표(.)로 시작하는 숨김 파일로 사용자의 홈 디렉터리에 숨겨져 있습니다. 사용자의 홈 디렉터리로 이동한 후, ls 명령어에 -a 옵션을 추가해 목록에 .bashrc 파일이 있는지 확인합니다. 만약 .bashrc 파일이 없다면 새로 만들면 됩니다.

```
ls -a .b*
```

```
yulian@Ubuntu24:~$ ls -a .b*
.bash_history  .bash_logout  .bashrc
yulian@Ubuntu24:~$
```

2 빔 편집기로 .bashrc 파일을 열고 .bashrc 파일의 맨 아래에 PS1 환경 변수의 값을 추가하고 저장합니다.

> 나노 편집기를 사용해 파일을 열어도 됩니다.

```
vi .bashrc
```

.bashrc
```
(... 생략 ...)
PS1="\u@\h] "
```

3 파일을 저장한 후 source 명령어로 변경 사항을 적용합니다. source 명령어는 셸 스크립트 파일을 현재 셸 환경에서 실행하는 명령어로, 주로 환경 설정 파일을 다시 적용할 때 사용합니다.

```
source .bashrc
```

.bashrc 파일은 터미널을 열거나 bash 명령어로 셸을 다시 실행할 때 호출되므로 셸 프롬프트를 영구히 수정할 수 있습니다.

> 셸 프롬프트를 다시 되돌리려면 .bashrc 파일에서 추가한 내용을 삭제하고 source .bashrc 명령어를 입력하세요.

```
yulian@Ubuntu24:~$ source .bashrc
yulian@Ubuntu24]
```

셸 프롬프트의 색상 변경하기

셸 프롬프트의 특정 문자를 원하는 색상으로 표시할 수 있습니다. 색상을 적용하려면 색상 시작 코드와 색상 종료 코드 사이에 색상을 적용할 문구를 넣습니다. 색상 코드는 ANSI 코드를 사용하며 색상 시작과 종료 코드에 사용하는 \e는 이스케이프 문자를 의미합니다. 이스케이프 문자를 사용하면 일반 텍스트와 달리 \e 뒤에 오는 숫자나 문자를 특수한 제어 코드로 인식합니다. \e는 8진수로 표현하면 \033과 같으며 둘 다 같은 의미로 사용할 수 있습니다.

> 💡 색상 코드의 유형을 자세히 알고 싶다면 다음 링크를 참고하세요(help.ubuntu.com/community/CustomizingBashPrompt).

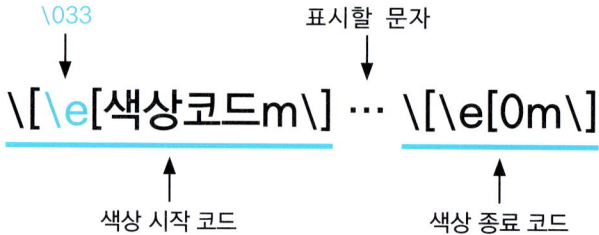

다음 명령어를 적용하면 사용자 이름만 초록색으로 강조되고 나머지 프롬프트는 기본 색상으로 표기됩니다. \[\e[32m\]는 색상 코드의 시작이며 \[\e[0m\]는 색상 코드의 종료를 뜻합니다. 그 사이에 색상을 변경할 문구인 \u를 추가합니다. 마지막으로 사용자 이름 뒤에 나타날 호스트 이름, 현재 디렉터리, 프롬프트 기호를 표시합니다.

```
PS1="\[\e[32m\]\u\[\e[0m\]@\h:\w\$"
```

명령어를 실행하면 다음처럼 로그인한 사용자 이름만 초록색으로 표시됩니다. 이렇게 프롬프트를 변경하면 가독성을 높이고 필요한 정보를 시각적으로 쉽게 구분할 수 있게 도와줍니다.

> 💡 변경한 색상을 계속 유지하고 싶다면 .bashrc 파일을 업데이트하세요.

```
ubuntu@ubuntu:~$ PS1="\[\e[32m\]\u\[\e[0m\]@\h:\w\$"
ubuntu@ubuntu:~$
```

07-3 셸 스크립트의 기본 동작 원리

반복 작업을 자동화하여 관리와 운영을 효율적으로 만들어 주는 셸 스크립트를 배우고, 실습을 통해 기본 동작 원리를 익혀 보겠습니다.

셸 스크립트란?

셸 스크립트는 실행할 명령어를 모아 만든 문서 파일입니다. 지금까지 배운 명령어를 목적에 맞게 묶어 놓은 실행 파일로 이해하면 됩니다. 셸 스크립트를 사용하면 반복 작업을 자동화할 수 있고 명령어의 실행 순서를 보장하며 백업, 로그 수집, 시스템 관리 등 다양한 작업을 효율적으로 수행할 수 있습니다. 셸 스크립트를 작성할 때는 형식과 문법을 지키는 것이 중요합니다. 다음은 셸 스크립트 예시입니다.

```
#!/bin/bash ─①
# Script Name: hello.sh
# Author: Yulian         ─②
# Version: 1.0
echo "Hello, Linux World!!" ─③
```

① **셸 헤더**: 셸 스크립트의 첫 줄로 어떤 셸로 스크립트를 실행할지를 지정합니다. 만약 지정하지 않으면 기본 셸로 실행되거나 에러가 발생할 수 있습니다. 예를 들어 '#!/bin/bash'라고 입력하면 배시로 스크립트를 실행합니다. 작성할 때 공백과 오타에 주의합시다.

② **주석**: #으로 시작하며 해당 줄은 실행되지 않습니다. 스크립트의 목적이나 사용 방법, 작성자, 버전 등을 기록할 때 사용합니다.

③ **명령어**: 실제로 실행할 명령어를 입력합니다. 터미널에서 입력하던 명령어를 그대로 사용할 수 있으며 여러 명령어를 순차로 실행합니다.

Do it! 실습   셸 스크립트 생성하고 실행하기

이제 직접 셸 스크립트를 생성하고 사용 방법을 익혀 보겠습니다.

1 빔 편집기에서 hello.sh 파일을 생성하고 간단한 문구를 출력하는 셸 스크립트를 작성합니다.

> ✪ 확장자 sh를 붙이는 이유는 이 파일이 셸 스크립트라는 것을 구분하기 위해서입니다. 반드시 확장자를 붙여야 하는 것은 아닙니다.

```
vi hello.sh
```

첫 번째 줄은 셸 스크립트에서 배시를 사용해 스크립트를 실행하라는 의미이고, 두 번째 줄은 echo 명령어를 사용해 문자열을 출력하라는 의미입니다. 주석은 생략해도 됩니다.

hello.sh
```
#!/bin/bash
echo "Hello, Linux World!!"
```

2 셸 스크립트가 완성되었다면 문서를 저장하고 실행해 봅시다. 다음처럼 셸 스크립트 파일명을 입력해 실행합니다.

```
hello.sh
```

명령어를 실행하면 실행할 셸 스크립트의 경로를 찾지 못해서 명령어를 찾을 수 없다는 에러 메시지가 출력됩니다.

```
yulian@Ubuntu24:~$ ls
Desktop     Downloads   Music      Public   Templates
Documents   hello.sh    Pictures   snap     Videos
yulian@Ubuntu24:~$ hello.sh
hello.sh: command not found
```

3 이럴 때는 셸 스크립트의 전체 경로를 입력하거나 환경 변수 PATH에 셸 스크립트가 있는 경로를 추가하면 됩니다. 여기서는 간단히 ./hello.sh라고 상대 경로를 입력해 보겠습니다.

💡 환경 변수에 셸 스크립트의 경로를 추가하는 방법은 이어지는 실습에서 알아봅니다.

```
./hello.sh
```

명령어를 실행하면 이번엔 권한이 없다는 에러가 발생합니다. 여기서 권한은 실행 권한을 의미합니다. 셸 스크립트를 실행하려면 기본적으로 실행 권한이 있어야 하는데, 문서를 생성할 때는 읽기와 쓰기 권한만 있습니다. 따라서 실행 권한을 추가해야 합니다.

```
yulian@Ubuntu24:~$ ./hello.sh
bash: ./hello.sh: Permission denied
yulian@Ubuntu24:~$
```

4 chmod 명령어를 사용해 실행 권한을 추가합니다.

```
chmod +x hello.sh
```

5 다시 한번 파일을 실행하면 셸 스크립트가 정상으로 동작하여 'Hello, Linux World!!'가 출력되는 것을 확인할 수 있습니다.

```
./hello.sh
```

```
yulian@Ubuntu24:~$ ls -l hello.sh
-rw-rw-r-- 1 yulian yulian 42 May  5 12:05 hello.sh
yulian@Ubuntu24:~$ chmod +x hello.sh
yulian@Ubuntu24:~$ ls -l hello.sh
-rwxrwxr-x 1 yulian yulian 42 May  5 12:05 hello.sh
yulian@Ubuntu24:~$ ./hello.sh
Hello, Linux World!!
yulian@Ubuntu24:~$
```

Do it! 실습 환경 변수에 셸 스크립트 경로 추가하기

셸 스크립트를 실행할 때 매번 전체 경로를 입력하려면 번거롭습니다. 이럴 때는 환경 변수 PATH에 셸 스크립트의 경로를 추가하면 셸 스크립트의 이름만 사용해 실행할 수 있습니다. 환경 변수 PATH에는 여러 디렉터리가 콜론(:)으로 구분되어 있으며, 사용자가 명령어를 입력하면 셸은 PATH에 등록된 디렉터리를 순서대로 탐색해서 해당 명령어를 찾습니다. 즉, 내가 만든 셸 스크립트가 저장된 디렉터리를 PATH에 추가하면 현재 디렉터리와 상관없이 스크립트의 이름만 입력해서 실행할 수 있습니다.

사용자의 홈 디렉터리에 셸 스크립트 파일을 보관할 bin 디렉터리를 생성하고 PATH 환경 변수에 디렉터리 경로를 추가해 봅시다.

1 먼저 사용자의 홈 디렉터리에 bin 디렉터리를 생성합니다.

```
mkdir bin
```

```
yulian@ubuntu:~$ mkdir bin
yulian@ubuntu:~$ ls
bin
yulian@ubuntu:~$
```

2 파일을 이동할 때 사용하는 mv 명령어를 사용해 hello.sh 파일을 bin 디렉터리로 이동합니다.

```
mv hello.sh ./bin
```

3 PATH 환경 변수에 bin 디렉터리 경로를 추가해 봅시다. 사용자의 홈 디렉터리 내에 bin 디렉터리를 생성했으므로 다음처럼 입력해 환경 변수를 등록합니다. 'yulian' 부분을 여러분 환경에 맞는 사용자의 홈 디렉터리로 변경하면 됩니다.

```
export PATH=$PATH:/home/yulian/bin
                        └─ 사용자의 홈 디렉터리
```

4 이제 echo 명령어로 환경 변수 PATH를 확인해 보겠습니다. 다음처럼 추가한 경로가 환경 변수 PATH에 포함된 것을 볼 수 있습니다. 이제 어느 디렉터리에서든 셸 스크립트 이름만 입력해 실행할 수 있습니다. 다만 지금 설정한 PATH 환경 변수는 현재 셸에서만 적용되므로 다른 셸을 실행하거나 재부팅하면 다시 설정해 주어야 합니다.

```
echo $PATH
```

```
yulian@Ubuntu24:~$ echo $PATH
/usr/local/sbin:/usr/local/bin:/usr/sbin:/usr/bin:/sbin:/bin:/usr/games:/usr/loc
al/games:/snap/bin:/snap/bin:/home/yulian/bin
yulian@Ubuntu24:~$
```

5 PATH를 영구히 등록하기 위해 PS1 환경 변수를 등록했던 것처럼, 사용자의 홈 디렉터리에 있는 .bashrc 파일에 PATH 환경 변수를 등록하는 코드를 추가합니다.

```
export PATH=$PATH:/home/yulian/bin
                        └─ 사용자의 홈 디렉터리
```

```
112   if [ -f /usr/share/bash-completion/bash_completion ]; then
113     . /usr/share/bash-completion/bash_completion
114   elif [ -f /etc/bash_completion ]; then
115     . /etc/bash_completion
116   fi
117 fi
118
119 export PATH=$PATH:/home/yulian/bin
120
```

6 환경 설정 파일을 다시 적용하기 위해 source 명령어를 사용합니다.

```
source .bashrc
```

7 echo 명령어로 확인해 보면 환경 변수가 정상으로 등록되었습니다.

```
echo $PATH
```

```
yulian@Ubuntu24:~$ echo $PATH
/usr/local/sbin:/usr/local/bin:/usr/sbin:/usr/bin:/sbin:/bin:/usr/games:/usr/loc
al/games:/snap/bin:/snap/bin:/home/yulian/bin
yulian@Ubuntu24:~$
```

.bashrc 파일에 PATH 설정을 추가했으므로 이제는 재부팅하거나 새로운 셸에서 실행해도 셸 스크립트가 잘 작동합니다.

```
yulian@Ubuntu24:~$ hello.sh
Hello, Linux World!!
yulian@Ubuntu24:~$
```

Do it! 실습 명령어 실행 결과를 변수에 저장하기

셸 스크립트에서는 터미널에서 입력하는 모든 명령어를 그대로 쓸 수 있고, 필요하다면 실행 결과를 변수에 담아 사용할 수도 있습니다. 명령어 실행 결과를 스크립트 안에서 활용하는 기본형은 다음과 같습니다. 이렇게하면 명령어 실행 결과가 변수에 저장되거나 다른 출력과 함께 표기됩니다.

기본형	$(명령어)

오늘 날짜를 출력하는 date 명령어를 DATE 변수에 저장하는 셸 스크립트를 생성해 봅시다.

1 빔 편집기를 열고 date.sh라는 이름의 셸 스크립트를 생성합니다.

```
vi date.sh
```

2 셸 스크립트 안에 다음 내용을 작성합니다. 다음은 DATE 변수에는 오늘 날짜를 저장하고 echo 명령어로 DATE 변수에 저장된 값을 꺼내 출력하는 내용입니다. $(date)는 date 명령어의 실행 결과를 그대로 가져옵니다. $(date)라고만 쓰면 요일, 월, 일, 시간 등 여러 정보가 한꺼번에 들어오므로 %Y, %m, %d 옵션을 함께 사용해서 연월일만 가져옵니다.

date.sh
```
#!/bin/bash

DATE=$(date +%Y-%m-%d)
echo "Today is $DATE"
```

3 셸 스크립트를 저장하고 편집기를 종료한 후, chmod 명령어를 사용해 실행 권한을 추가합니다.

```
chmod +x date.sh
```

4 셸 스크립트의 이름을 입력하고 Enter 를 누르면 출력 결과를 확인할 수 있습니다.

> 셸 스크립트 파일인 date.sh는 환경 변수 PATH에 등록한 bin 디렉터리에 저장해야 작업 중인 디렉터리에 상관없이 실행할 수 있습니다.

```
date.sh
```

```
yulian@Ubuntu24:~/bin$ date.sh
Today is 2025-05-05
yulian@Ubuntu24:~/bin$
```

07-4 셸 스크립트와 위치 매개변수

셸 스크립트에서 명령어에 옵션이나 값을 전달하려면 위치 매개변수라는 개념을 이해해야 합니다. 주요 위치 매개변수를 알아보고 이를 활용해 실제로 인자를 받아 처리하는 셸 스크립트를 작성해 보겠습니다. 이어서 사용자의 입력을 받을 수 있는 read 명령어와 형식을 지정해 출력하는 printf 명령어도 함께 알아보겠습니다.

위치 매개변수란?

리눅스에서 실행하는 명령어는 단독으로 사용할 수도 있지만 옵션과 인자를 함께 붙여 실행하는 경우가 많습니다. 이처럼 셸 스크립트에서 인자를 다루기 위해 사용하는 것이 위치 매개변수입니다. 위치 매개변수는 스크립트를 실행할 때 입력한 인자를 띄어쓰기 기준으로 구분하여 저장합니다. 즉, 사용자가 어떤 값을 넘겨주면 그 값이 자동으로 위치 매개변수에 들어가며 스크립트 안에서 이를 불러와 활용할 수 있습니다. 대표적인 위치 매개변수는 다음과 같습니다.

셸 스크립트에서 사용하는 주요 위치 매개변수

위치 매개변수	설명
$0	실행된 스크립트의 이름
$1	첫 번째 인자
$2 ~ $9	두 번째 인자부터 아홉 번째 인자까지
${10} ~	열 번째 인자(두 자리 이상인 인자는 중괄호가 필요)
$#	전달된 인자의 개수
$@	전달된 모든 인자(개별적으로 처리)
$*	전달된 모든 인자(하나의 문자열로 처리)

Do it! 실습   위치 매개변수 이해하기

위치 매개변수를 사용해 인자를 받아 출력하는 스크립트를 작성해 보겠습니다. 셸 스크립트를 실행할 때 스크립트 이름 뒤에 인자를 공백으로 구분하여 여러 개 입력하면 어떤 값이 출력되는지 알아봅시다. 스크립트의 이름($0), 첫 번째 인자($1)와 두 번째 인자($2), 모든 인자($@)와 인자의 개수($#)를 출력하는 위치 매개변수를 사용해 보겠습니다.

1 빔 편집기로 args.sh 파일을 만들고 다음 내용을 입력합니다.

```
args.sh
#!/bin/bash

echo "Script name: $0"
echo "First argument: $1"
echo "Second argument: $2"
echo "Arguments number: $#"
echo "All arguments: $@"
echo "All arguments: $*"
```

2 셸 스크립트를 저장하고 편집기를 종료한 후, chmod 명령어를 사용해 실행 권한을 추가합니다.

```
chmod +x args.sh
```

3 파일 이름과 함께 인자 3개(apple, banana, cherry)를 입력합니다.

```
args.sh apple banana cherry
```

명령어를 실행하면 다음처럼 결과가 출력됩니다. 위치 매개변수 $0은 스크립트의 이름을 전체 경로와 함께 출력합니다. 그리고 $1, $2와 같이 $ 뒤에 숫자를 붙이면 인자를 차례로 가져와 출력하며, $#은 전체 인자의 수를 출력합니다. 여기에서는 인자를 총 3개 입력했으므로 3이 출력됩니다. $@와 $*은 전체 인자를 모두 출력하지만 하나의 문자열로 출력할지 아니면 개별적으로 처리할지에 따라 달라집니다.

> $@와 $*의 차이는 07-6절 셸 스크립트와 반복문에서 자세히 살펴보겠습니다.

```
yulian@Ubuntu24:~/bin$ args.sh apple banana cherry
Script name: /home/yulian/bin/args.sh
First argument: apple
Second argument: banana
Arguments number: 3
All arguments: apple banana cherry
All arguments: apple banana cherry
yulian@Ubuntu24:~/bin$
```

Do it! 실습 ─ 디렉터리의 사용량 출력하기 ─ du 명령어

위치 매개변수를 본격적으로 활용해서 셸 스크립트를 작성해 봅시다. 이번 실습에서는 du 명령어로 사용자가 입력한 디렉터리의 사용량을 출력합니다. du는 디렉터리나 파일이 차지하고 있는 디스크 용량을 확인할 때 사용하는 리눅스 명령어입니다. -s 옵션은 디렉터리 전체 용량을 요약해서 보여 주고 -h 옵션은 용량을 K(키비바이트), M(메비바이트), G(기비바이트) 단위로 읽기 쉽게 표시합니다.

기본형	du [옵션] [파일 또는 디렉터리]

1 usage.sh 파일을 생성하고 사용자가 지정한 디렉터리 경로를 위치 매개변수 $1으로 받아 용량을 확인할 수 있는 셸 스크립트를 작성합니다. du 명령어의 -s 옵션과 -h 옵션을 사용하여 전체 사용량을 사람이 읽기 쉬운 단위로 표시합니다. 2> /dev/null은 표준 에러 리다이렉션으로 에러 메시지를 화면에 출력하지 않고 /dev/null 파일로 전달하라는 의미입니다. 이는 디렉터리 경로가 없거나 접근 권한이 없을 때 발생하는 에러 메시지를 숨길 때 사용합니다. 이런 방식은 스크립트를 실행할 때 불필요한 에러 메시지를 예방하는 데 유용합니다.

usage.sh
```
#!/bin/bash

echo "[$1 directory]"
echo "===================="
du -sh $1 2> /dev/null
echo "===================="
echo
```

2 파일을 저장하고 실행 권한을 추가한 뒤, 셸 스크립트명 뒤에 용량을 확인할 디렉터리 경로를 입력하면 해당 디렉터리의 사용량을 출력합니다. 여기서는 /var 디렉터리와 /etc 디렉터리의 사용량을 확인해 보겠습니다.

```
usage.sh /var
usage.sh /etc
```

명령어를 실행하면 /var 디렉터리는 1.7G(기비바이트), /etc 디렉터리는 13M(메비바이트)만큼 사용한 것을 확인할 수 있습니다.

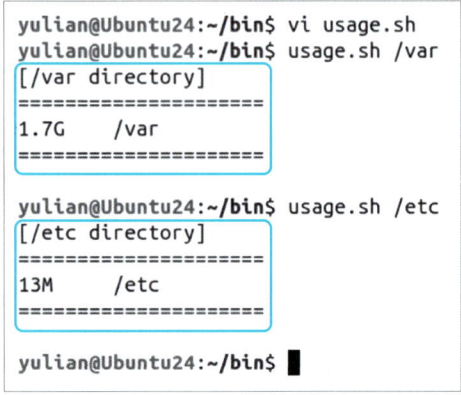

Do it! 실습 사용자 입력과 출력하기 – read 명령어

명령어를 실행하면서 사용자가 입력해야 할 경우가 있습니다. 예를 들어 패키지를 설치할 때 계속 설치할지 여부를 물어보고, 사용자가 'y'를 입력해야만 설치를 계속 진행하는 경우입니다. 이처럼 사용자 입력이 필요할 때 read 명령어를 사용할 수 있습니다.

기본형	read [옵션] [변수명]

read 명령어를 사용할 때는 주로 echo 명령어의 -n 옵션을 함께 사용하여 안내 문구를 출력한 후 사용자의 입력을 받습니다. 사용자의 입력을 받아야 할 때 read와 echo 명령어가 어떻게 활용되는지 실습을 통해 알아보겠습니다.

1 일반적으로 echo 명령어는 화면에 문자열을 출력하고 줄 바꿈을 자동으로 수행합니다. 따라서 echo 명령어로 안내 문구를 출력하면 그다음 명령어는 새로운 줄에서 입력됩니다.

```
echo "Enter yout name: "
```

```
yulian@Ubuntu24:~$ echo "Enter your name: "
Enter your name:
yulian@Ubuntu24:~$
```
← 줄 바꿈

줄 바꿈을 하지 않고 바로 오른쪽에 사용자 입력을 받으려면 -n 옵션을 사용합니다.

```
echo -n "Enter your name: "
```

```
yulian@Ubuntu24:~$ echo -n "Enter your name: "
Enter your name: yulian@Ubuntu24:~$
```
줄 바꿈 없음

2 사용자 입력을 받기 위해 read 명령어를 함께 사용해 보겠습니다. echo 명령어와 read 명령어를 한 줄에서 실행하기 위해 두 명령어 사이에 세미콜론(;)을 사용합니다. 세미콜론은 여러 명령어를 한 줄에 입력할 때 사용합니다. 그리고 read 명령어 뒤에 name 변수를 입력해 사용자가 입력한 값을 해당 변수에 저장합니다.

```
echo -n "Enter your name: "; read name
```

3 명령어를 실행하면 'Enter your name: ' 문구가 출력되고 사용자가 이름을 입력할 때까지 대기합니다. 이름을 입력하고 Enter를 누릅니다.

> ✪ 여기서는 yulian이란 이름을 입력했지만 다른 이름을 입력해도 상관없습니다.

```
yulian@Ubuntu24:~$ echo -n "Enter your name: "; read name
Enter your name: yulian
```

4 name 변수에 저장된 값을 확인하기 위해 echo 명령어로 값을 출력합니다.

```
echo $name
```

name 변수에 사용자가 입력한 값을 저장했으므로 명령어를 실행하면 앞에서 입력한 값이 출력됩니다.

```
yulian@Ubuntu24:~$ echo $name
yulian
yulian@Ubuntu24:~$
```

5 만약 read 명령어 뒤에 변수명을 사용하지 않으면 사용자 입력값이 $REPLY 변수에 자동으로 저장됩니다. $REPLY 변수는 read 명령어를 사용할 때 변수 이름을 따로 지정하지 않으면 사용자가 입력한 값이 자동으로 저장되는 기본 변수입니다.

```
echo -n "Enter your name: "; read
```

6 화면에 'Enter your name: '이 표시되면 'pak'라고 입력하고 Enter 를 누릅니다.

```
yulian@Ubuntu24:~$ echo -n "Enter your name: "; read
Enter your name: pak
```

7 echo 명령어로 $REPLY 변수를 출력하면 사용자 입력값이 출력됩니다.

```
echo $REPLY
```

```
yulian@Ubuntu24:~$ echo -n "Enter your name: "; read
Enter your name: pak
yulian@Ubuntu24:~$ echo $REPLY
pak
yulian@Ubuntu24:~$
```

Do it! 실습 문자열을 형식에 맞춰 출력하기 – printf 명령어

printf 명령어를 사용하면 출력할 문자열의 형식을 지정할 수 있습니다. 문자열은 큰따옴표 ("")로 묶어서 작성하며, 그 안에 %s와 %d 같은 형식 지정자를 사용하면 이후에 전달한 값이 해당 위치에 맞게 출력됩니다. 예를 들어 %s는 문자열, %d는 정수, %f는 실수를 의미하며, 형식 지정자에 실제 값을 전달하면 그 값으로 대체되어 출력됩니다.

기본형	printf "문자열 형식" [값1] [값2] …

자주 사용하는 % 문자의 유형은 다음과 같습니다.

자주 사용하는 % 문자의 유형

% 문자	설명	예시 (입력 → 출력)
%s	문자열	"가나다" → 가나다
%d	10진수 정수	75 → 75
%f	소수점을 포함한 실수	3.1415 → 3.1415000
%.2f	소수점 둘째 자리까지의 실수	3.1415 → 3.14
%x	16진수(소문자, %X는 대문자)	255 → ff
%o	8진수	8 → 10

printf 명령어를 사용해서 문자열과 숫자를 출력해 보겠습니다.

1 다음처럼 printf 명령어 뒤에 문자열 형식을 입력하고, 이어서 형식 지정자에 전달할 실제 값을 입력합니다.

```
printf "name: %s, score: %d\n" yulian 85
```

%s에는 yulian이, %d에는 85가 할당되어 실행 결과가 다음처럼 출력됩니다.

```
yulian@ubuntu:~$ printf "name: %s, score: %d\n" yulian 85
name: yulian, score: 85
yulian@ubuntu:~$
```

2 문자열 형식에 역슬래시와 문자를 추가하면 특별한 의미를 갖습니다. 예를 들어 \n은 줄 바꿈을 의미합니다.

```
printf "Hello\nWorld\n"
```

명령어를 실행하면 다음처럼 문자열이 줄 바꿈되어 출력됩니다.

```
ubuntu@ubuntu:~$ printf "Hello\nWorld\n"
Hello
World
ubuntu@ubuntu:~$
```

그 외에 활용할 수 있는 \ 문자의 유형은 다음과 같습니다.

자주 사용하는 \ 문자의 유형

\ 문자	설명	예시(입력 → 출력)
\n	줄 바꿈	printf "Hello\nWorld" → Hello 　　　　　　　　　　　World
\t	탭	printf "A\tB" → A　B
\\	역슬래시 자체 출력	printf "\\n" → \n
\"	큰 따옴표 출력	printf "\"Hello\"" → "Hello"

07-5 조건문과 수식 연산

셸 스크립트에서는 조건문을 사용해 상황에 따라 실행 경로를 다르게 설정할 수 있습니다. 이번 절에서는 if, case 조건문으로 프로그램의 흐름을 제어하는 방법을 살펴보고, test 명령어로 조건을 판단하는 법을 알아봅니다. 또한 여러 조건 중에서 하나를 선택하는 셸 스크립트를 작성해 보고, expr 명령어와 let 명령어를 활용해 셸 스크립트로 수식을 계산하는 방법도 익혀 보겠습니다.

Do it! 실습 | 셸 스크립트의 조건문 – test 명령어

셸 스크립트에서 조건문을 활용하면 명령어의 실행 흐름을 제어할 수 있습니다. 특정 조건이 참^{True}일 때만 명령을 실행하거나 조건에 따라 서로 다른 동작을 수행할 수도 있습니다. 조건문은 if 키워드와 test 명령어로 구현할 수 있습니다. test 명령어는 조건식을 평가해서 참 또는 거짓을 반환합니다. 조건식에는 파일, 문자열, 숫자에 대한 검사와 비교를 지정할 수 있습니다.

기본형	test [옵션] [조건식]

조건이 참일 때 작업 수행하기

if 키워드와 test 명령어를 사용해서 파일 존재 여부를 확인하고, 그 결과를 메시지로 출력하는 셸 스크립트를 작성해 봅시다.

1 빔 편집기를 사용해 if.sh 셸 스크립트 파일을 생성합니다.

```
vi if.sh
```

2 생성한 파일에 다음과 같이 셸 스크립트를 작성합니다. test 명령어의 -e 옵션은 file. txt라는 파일이 존재하면 참을, 존재하지 않으면 거짓을 반환합니다. 조건식이 참이면 then 과 fi 키워드 사이에 작성한 명령어가 실행됩니다. 다음 파일에서는 echo 명령어로 파일이 존재한다는 문구를 출력합니다. if 다음 줄에 then을 작성해도 되지만 가독성을 위해 if 뒤에 세미콜론(;)을 붙이고 같은 줄에 then을 사용합니다.   ✪ fi는 조건식의 끝을 표시하는 키워드입니다.

if.sh
```
#!/bin/bash

if test -e file.txt; then
    echo "The file exists"
fi
```

3 셸 스크립트를 저장하고 실행 권한을 부여한 후 실행해 봅시다. 지정한 file.txt라는 파일이 없으면 아무런 문구도 출력되지 않지만, touch 명령어로 file.txt 파일을 생성하고 if.sh 파일을 실행하면 파일이 존재한다는 문구가 출력됩니다.

```
touch file.txt
if.sh
```

```
yulian@Ubuntu24:~/bin$ if.sh
yulian@Ubuntu24:~/bin$ touch file.txt
yulian@Ubuntu24:~/bin$ if.sh
The file exists
yulian@Ubuntu24:~/bin$
```

조건이 거짓일 때 작업 수행하기

만약 조건이 거짓인 경우에도 특정 작업을 수행하고 싶은 경우 then 키워드 이후에 else 키워드를 사용하면 됩니다. else 키워드는 조건식이 거짓일 때 실행할 명령어 블록을 지정합니다.

1 파일이 존재하지 않을 경우에도 문구를 출력하도록 if.sh 셸 스크립트 파일을 수정해 봅시다. else 키워드로 file.txt 파일이 없을 때 실행할 스크립트를 작성합니다.

```
if.sh
```

```bash
#!/bin/bash

if test -e file.txt; then
    echo "The file exists"
else
    echo "The file does not exists"
fi
```

2 앞에서 생성한 file.txt 파일을 삭제한 후 셸 스크립트를 실행하면 파일이 존재할 때와 존재하지 않을 때 각각 지정한 문구를 출력하는 것을 볼 수 있습니다.

```
rm file.txt
if.sh
```

```
yulian@Ubuntu24:~/bin$ if.sh
The file exists                    ← 파일이 존재할 때
yulian@Ubuntu24:~/bin$ rm file.txt
yulian@Ubuntu24:~/bin$ if.sh
The file does not exists           ← 파일이 존재하지 않을 때
yulian@Ubuntu24:~/bin$
```

문자열 비교하기

test 명령어를 사용하면 문자열이나 숫자를 비교할 수도 있으며 이때 =, != 같은 기호를 사용합니다. 이러한 기호는 명령어처럼 앞뒤 공백으로 구분되므로 조건식을 올바르게 작성하려면 반드시 공백이 포함되어 있는지 확인해야 합니다.

1 빔 편집기를 사용해 str.sh 파일을 생성하고 문자열을 비교해서 같으면 'same'이라는 문자열을 화면에 출력하는 셸 스크립트를 작성합니다. str 셸 변수에 "Hello" 문자열을 저장하고 if 문으로 비교합니다. 문자열을 비교할 때는 변수 양쪽을 큰따옴표로 감싸 주어야 공백 등으로 인한 에러를 예방할 수 있습니다.

```
str.sh
```

```bash
#!/bin/bash

str="Hello"
```

```
if test "$str" = "Hello"; then
        echo "same"
fi
```

2 작성한 셸 스크립트에 실행 권한을 추가해서 실행하면 'same'이라는 문자열이 출력됩니다.

str.sh

```
yulian@Ubuntu24:~/bin$ str.sh
same
yulian@Ubuntu24:~/bin$
```

3 test 명령어를 사용하지 않고 대괄호 안에 옵션과 조건식을 직접 작성하여 조건문을 만들 수도 있습니다. str.sh 파일을 다음과 같이 수정합니다. 이때 대괄호 앞뒤에는 반드시 공백이 있어야 합니다. 공백이 없으면 대괄호가 단순 문자로 인식되어 조건식이 올바르게 동작하지 않습니다.

str.sh

```
#!/bin/bash

str="Hello"
if [ "$str" = "Hello" ]; then
        echo "same"
fi
```

4 셸 스크립트 파일을 실행하면 똑같이 'same'이라는 문자가 출력됩니다.

str.sh

```
yulian@Ubuntu24:~/bin$ str.sh
same
yulian@Ubuntu24:~/bin$
```

만약 대괄호 앞뒤에 공백이 없으면 키워드나 명령어가 올바르게 인식되지 않아 명령어를 찾을 수 없다는 에러 메시지가 출력됩니다.

```
yulian@Ubuntu24:~/bin$ cat str.sh
#!/bin/bash

str="Hello"
if ["$str" = "Hello" ]; then
    echo "same"
fi

yulian@Ubuntu24:~/bin$ str.sh
/home/yulian/bin/str.sh: line 4: [Hello: command not found
yulian@Ubuntu24:~/bin$
```

 여기서 잠깐 test 명령어의 옵션

test 명령어의 옵션을 사용하면 다양한 조건식을 만들 수 있습니다. 옵션과 형식을 표로 정리하면 다음과 같습니다.

test 명령어의 파일 검사 및 문자열과 숫자를 비교한 형식

유형	구분		설명
파일	옵션	-e [파일명]	파일이나 디렉터리가 존재하면 참, 그렇지 않으면 거짓
		-f [파일명]	파일이 존재하고, 그 파일이 일반 파일이면 참, 그렇지 않으면 거짓
		-d [파일명]	파일이 존재하고, 그 파일이 디렉터리이면 참, 그렇지 않으면 거짓
		-r [파일명]	파일이 존재하고, 그 파일이 읽기 가능하면 참, 그렇지 않으면 거짓
		-w [파일명]	파일이 존재하고, 그 파일이 쓰기 가능하면 참, 그렇지 않으면 거짓
		-x [파일명]	파일이 존재하고, 그 파일이 실행 가능하면 참, 그렇지 않으면 거짓
문자열	조건식	str1 = str2	두 문자열이 같으면 참, 그렇지 않으면 거짓
		str1 != str2	두 문자열이 다르면 참, 그렇지 않으면 거짓
		-z str	문자열의 길이가 0이면 참, 그렇지 않으면 거짓
		-n str	문자열의 길이가 0이 아니면 참, 그렇지 않으면 거짓
숫자		n1 -eq n2	두 숫자가 같으면 참, 다르면 거짓
		n1 -ne n2	두 숫자가 다르면 참, 같으면 거짓

◑ 계속

숫자	조건식	n1 -gt n2	앞의 숫자가 뒤의 숫자보다 크면 참, 작거나 같으면 거짓 (n1 > n2)
		n1 -lt n2	앞의 숫자가 뒤의 숫자보다 작으면 참, 크거나 같으면 거짓 (n1 < n2)
		n1 -ge n2	앞의 숫자가 뒤의 숫자보다 크거나 같으면 참, 작으면 거짓 (n1 >= n2)
		n1 -le n2	앞의 숫자가 뒤의 숫자보다 작거나 같으면 참, 크면 거짓 (n1 <= n2)

Do it! 실습   여러 조건 중에서 하나를 선택하는 조건문

셸 스크립트에서 case ~ in 문을 사용하면 여러 조건 중에서 하나를 선택해 작업을 실행할 수 있습니다. case ~ in 문의 기본형은 다음과 같습니다.

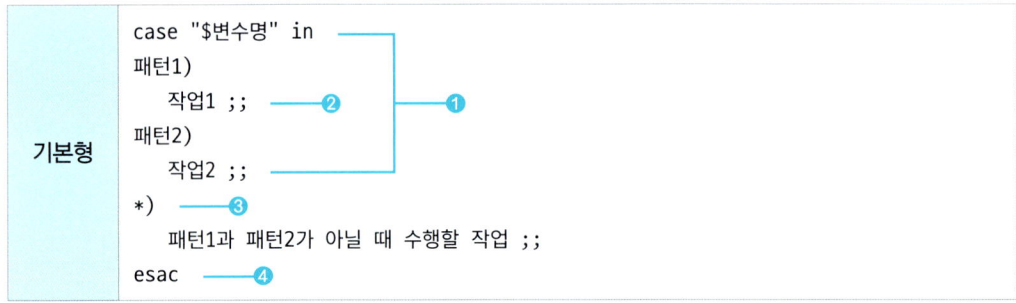

❶ 변수에 저장된 값에 따라 일치하는 패턴을 찾아 해당 작업을 수행합니다.
❷ 각 패턴의 끝은 세미콜론 2개(;;)로 표시합니다.
❸ 지정된 패턴 외에 나머지는 * 기호를 사용해 처리할 수 있습니다.
❹ 마지막 줄은 case를 뒤집은 esac 키워드로 명령문을 마무리합니다.

셸 스크립트를 작성하며 case ~ in 문을 실습해 보겠습니다.

1 빔 편집기를 사용해 case.sh 파일을 생성하고 셸 스크립트를 작성합니다. read 명령어로 사용자 입력을 받아 answer 변수에 저장하고 그 값에 따라 문장을 출력합니다. 명령어 여러 개를 동시에 수행하려면 먼저 명령어를 모두 입력한 후 ;; 기호로 끝을 표시하면 됩니다. 만약 사용자가 지정되지 않은 내용을 입력하면 *)에 지정한 스크립트 블록으로 묶어 처리합니다. case 문의 마지막은 항상 case를 반대로 출력한 esac로 종료된다는 것을 기억합시다.

```
case.sh
```

```
#!/bin/bash

echo "1) Shutdown the system"
echo "2) Restart the system"
echo -n "What do you want? (1/2): "
read answer
case $answer in
   1) echo "Shutdown the system" ;;
   2) echo "Restart the system" ;;
   *) echo "Wrong command" ;;
esac
```

2 셸 스크립트에 권한을 추가하고 실행하면 'What do you want?'라는 질문이 표시되고 '1'과 '2' 중에 하나를 입력할 수 있습니다.

```
case.sh
```

'1'을 입력하면 'Shutdown the system'이라는 문장이 출력되고, '2'를 입력하면 'Restart the system'이라는 문장이 출력됩니다. 숫자 1과 2가 아닌 문자를 입력하면 그 외로 처리되어 'Wrong command' 문장이 출력됩니다.

```
yulian@Ubuntu24:~/bin$ case.sh
1) Shutdown the system
2) Restart the system
What do you want? (1/2): 1
Shutdown the system
yulian@Ubuntu24:~/bin$ case.sh
1) Shutdown the system
2) Restart the system
What do you want? (1/2): 2
Restart the system
yulian@Ubuntu24:~/bin$ case.sh
1) Shutdown the system
2) Restart the system
What do you want? (1/2): 3
Wrong command
```

3 echo 명령어를 여러 번 사용하는 대신 리다이렉션을 활용할 수도 있습니다. 셸 스크립트를 다음처럼 수정하면 END라는 단어가 나오기 전까지 입력한 내용이 모두 cat 명령어에 전달되어 한 번에 출력됩니다.

💡 리다이렉션이 잘 기억나지 않는다면 06-3절을 참고하세요.

case.sh

```bash
#!/bin/bash

cat << END
==============
Select a number ->
==============
1. Check disk usages
2. Check login users
----------------------
END
echo -n "Number : "
read number
case $number in
   1) df -h ;;
   2) who ;;
   *) echo "Wrong number" ;;
esac
```

4 셸 스크립트를 실행하면 END 이전에 작성한 내용이 한꺼번에 출력됩니다. 즉, echo 명령어를 줄마다 반복하지 않고도 여러 줄을 간단히 출력할 수 있습니다. 이어서 사용자가 '1' 또는 '2' 중에 하나를 입력하면 선택한 값에 해당하는 명령어가 실행됩니다.

case.sh

```
====================
Select a number ->
====================
1. Check disk usages
2. Check login users
--------------------
Number : 1
Filesystem      Size  Used Avail Use% Mounted on
tmpfs           383M  1.7M  381M   1% /run
/dev/sda2        25G  7.8G   16G  34% /
tmpfs           1.9G     0  1.9G   0% /dev/shm
tmpfs           5.0M  8.0K  5.0M   1% /run/lock
/dev/sdb1       9.8G   24K  9.3G   1% /home/yulian/mydata
tmpfs           383M  128K  382M   1% /run/user/1000
/dev/sr0         12G   12G     0 100% /media/yulian/Ubuntu 24.04.1 LTS amd64
yulian@Ubuntu24:~/bin$
```

Do it! 실습 　수식 연산하기 – expr, let 명령어와 (( )) 구문

리눅스에는 수식을 계산하는 여러 가지 방법이 있습니다. 대표적으로 expr 명령어와 let 명령어 그리고 (( )) 구문을 활용하는 방법이 있습니다. 차례대로 실습하며 각각의 연산 방법을 비교해 보겠습니다.

expr 명령어로 수식 연산하기

수식을 계산하는 첫 번째 방법인 expr 명령어는 덧셈, 뺄셈, 곱셈, 나눗셈 등의 연산을 수행할 수 있습니다. 수식에서는 계산할 숫자와 연산자를 공백으로 구분하여 입력합니다. 조건식을 사용하면 연산 결과에 따라 참과 거짓을 판단하여 활용할 수 있습니다. expr 명령어의 기본형은 다음과 같습니다.

기본형	expr [수식] expr [조건식]

expr 명령어를 사용하여 덧셈, 뺄셈, 곱셈, 나눗셈과 같은 산술 연산을 수행하고 연산 과정을 변수에 저장해 보겠습니다.

다음 명령어를 차례로 입력해 덧셈, 뺄셈, 곱셈, 나눗셈 연산을 수행해 봅시다. expr 명령어 뒤에 연산할 숫자와 연산자를 공백으로 구분해서 입력합니다. 또한 *와 / 기호는 와일드카드나 경로를 표현할 때도 사용하므로 연산에 사용할 경우 홑따옴표('')로 묶어야 연산 결과를 정상적으로 확인할 수 있습니다.

```
expr 4 + 2
expr 10 - 3
expr 10 '*' 2
expr 10 '/' 5
```

명령어를 실행하면 덧셈, 뺄셈, 곱셈, 나눗셈의 연산 결과가 출력됩니다.

```
yulian@Ubuntu24:~$ expr 4 + 2
6
yulian@Ubuntu24:~$ expr 10 - 3
7
yulian@Ubuntu24:~$ expr 10 '*' 2
20
yulian@Ubuntu24:~$ expr 10 '/' 5
2
yulian@Ubuntu24:~$
```

expr 명령어로 비교 연산하기

expr 명령어는 조건식으로도 사용할 수 있습니다. 조건식은 =(같다), !=(다르다), >(크다), <(작다), >=(크거나 같다), <=(작거나 같다) 기호를 사용하여 비교 연산을 수행하는데, 연산 결과가 참이면 1을, 거짓이면 0을 출력합니다.

다음처럼 입력해서 숫자 크기를 비교해 봅시다. = 연산을 제외하고 나머지 다른 비교 연산은 앞에 역슬래시(\)를 붙여서 입력합니다. 숫자와 연산자는 공백으로 구분합니다.

```
expr 1 = 2
expr 9 \> 5
expr 10 \<= 20
expr 3 \!= 3
```

명령어를 실행하면 결과에 따라 참이면 1, 거짓이면 0이 출력됩니다.

```
yulian@ubuntu:~$ expr 1 = 2
0
yulian@ubuntu:~$ expr 9 \> 5
1
yulian@ubuntu:~$ expr 10 \<= 20
1
yulian@ubuntu:~$ expr 3 \!= 3
0
yulian@ubuntu:~$
```

expr 명령어로 변수를 사용해 연산하기

$ 기호를 사용하면 expr 명령어로 계산한 결과를 다시 변수에 저장할 수 있습니다. x 변수에 저장된 값을 expr 명령어로 연산한 후, 다시 sum 변수에 저장해 보겠습니다.

```
x=5
sum=$(expr $x + 10)
echo $sum
```

명령어를 차례대로 실행하면 x에 할당된 5와 10을 더한 값인 15가 sum 변수에 저장되어 출력됩니다.

```
yulian@Ubuntu24:~$ x=5
yulian@Ubuntu24:~$ sum=$(expr $x + 10)
yulian@Ubuntu24:~$ echo $sum
15
yulian@Ubuntu24:~$
```

let 명령어로 변수를 사용해 연산하기

수식을 계산하는 두 번째 방법은 let 명령어를 사용하는 것입니다. let 명령어는 expr 명령어와 달리 공백 없이 수식을 작성할 수 있고 연산 결과를 변수에 저장할 때 $를 사용하지 않아도 됩니다. let 명령어의 기본형은 다음과 같습니다.

| 기본형 | let [수식] |

let 명령어를 사용해 변수끼리 덧셈을 실습해 봅시다.

1 x와 y에 각각 3과 5를 저장하고 x와 y 변수의 값을 더한 후 sum 변수에 대입합니다.

```
x=3
y=5
let sum=x+y
```

2 echo 명령어를 사용해 sum의 값을 화면에 출력합니다.

```
echo $sum
```

sum 변수에 저장된 x와 y의 합인 8이 출력됩니다.

```
yulian@Ubuntu24:~$ x=3
yulian@Ubuntu24:~$ y=5
yulian@Ubuntu24:~$ let sum=x+y
yulian@Ubuntu24:~$ echo $sum
8
yulian@Ubuntu24:~$
```

let 명령어로 연산자 사용하기

let 명령어는 x++, x+=1과 같은 연산자를 지원해 증감 연산을 간단하게 표현할 수 있습니다. x++과 x+=1은 x=x+1과 동일한 표현 방법으로, x에 1을 더한 값을 다시 자기 자신인 x 변수에 저장하라는 의미입니다.

1 변수 x에 1을 저장하고 let 명령어를 사용해 x의 값을 1만큼 증가시킵니다.

```
x=1
let x++
```

2 연산 결과를 출력하기 위해 $x의 값을 echo 명령어로 확인하면 2가 출력됩니다.

```
echo $x
```

```
yulian@Ubuntu24:~$ echo $x
2
```

3 이어서 x에 1을 더한 값을 다시 x에 저장합니다.

```
let x+=1
```

4 기존 연산 결과로 x에 2가 저장되었으므로 1을 더한 3이 출력됩니다.

```
echo $x
```

```
yulian@Ubuntu24:~$ echo $x
3
```

(( ))으로 수식 연산하기

수식을 계산하는 세 번째 방법은 (( )) 구문을 사용하는 것입니다. 이 방법은 가장 많이 사용하는 수식 표현 방법입니다. expr 명령어와 달리 곱셈과 나눗셈 연산에서 연산자를 홑따옴표('')로 묶을 필요가 없으며, $를 붙이지 않아도 연산할 수 있습니다. 다만 다른 변수에 값을 할당할 때는 $((수식)) 형태를 사용합니다. 또한 let 명령어에서 다뤘던 단항 연산자도 사용할 수 있습니다.

기본형	((수식))

1 변수 x에는 2를, 변수 y에는 10을 저장합니다. 변수 x와 y의 값을 곱한 결과를 (( )) 구문을 활용해서 변수 r에 저장합니다.

```
x=2
y=10
r=$((x*y))
```

2 변수 r에 저장된 값을 echo 명령어로 출력하면 x 변수에 저장된 값 2와 y 변수에 저장된 값 10의 곱셈 연산 결과인 20이 출력됩니다.

```
echo $r
```

```
yulian@Ubuntu24:~$ echo $r
20
```

3 변수 x에 저장된 값 2에 x++ 연산을 수행하면 x=x+1과 같으므로 1을 더한 3이 출력됨을 확인할 수 있습니다.

```
((x++))
echo $x
```

```
yulian@Ubuntu24:~$ ((x++))
yulian@Ubuntu24:~$ echo $x
3
yulian@Ubuntu24:~$
```

07-6
셸 스크립트와 반복문

반복문은 동일한 작업을 자동으로 여러 번 수행하도록 도와줍니다. 이를 활용하면 단순 명령어 실행을 넘어 복잡한 작업도 효율적으로 자동화할 수 있습니다. 이번 절에서는 for, while, until 반복문의 기본 구조와 활용 방법을 알아보겠습니다.

Do it! 실습 셸 스크립트의 for 반복문

셸 스크립트에서 반복문에 사용하는 키워드는 3가지로 for, while, until입니다. for 반복문은 반복 횟수가 정해져 있을 때 사용하며, while과 until은 반복 횟수를 미리 알 수 없지만 특정 조건을 만족하면 반복을 종료할 때 사용합니다.

먼저 for 반복문의 기본형을 살펴보겠습니다. 리스트는 반복할 횟수를 결정하는 값들의 묶음입니다. 리스트의 항목은 공백으로 구분합니다. for 반복문은 리스트에서 항목을 하나씩 가져와 변수에 저장하고 반복을 수행합니다. 반복할 명령어는 do와 done 사이에 작성합니다.

| 기본형 | ```
for 변수 in 리스트
do
    명령어
done
``` |
|---|---|

for 반복문의 기본 사용법

for 반복문을 사용해 패턴이 일정한 문장을 반복해서 출력해 보겠습니다.

1 빔 편집기로 for.sh 파일을 생성해 다음과 같이 셸 스크립트를 작성합니다. 리스트 공백으로 구분하여 'Kim Lee Pak'처럼 작성합니다. 반복할 때마다 변수 name에 리스트의 항목이 하나씩 저장됩니다. 그리고 do와 done 키워드 사이에 반복할 문장인 echo 명령어를 작성하면 name 변수를 참조하여 리스트의 각 항목을 모두 출력할 때까지 반복됩니다.
```

```
for.sh
```
```
#!/bin/bash

for name in Kim Lee Pak
do
    echo "Hello, $name!!"
done
```

2 셸 스크립트에 실행 권한을 추가하고 실행하면 echo 명령어를 3회 반복하며 서로 다른 이름을 출력합니다.

```
for.sh
```

```
yulian@Ubuntu24:~/bin$ for.sh
Hello, Kim!!
Hello, Lee!!
Hello, Pak!!
yulian@Ubuntu24:~/bin$
```

와일드카드로 for 반복문 사용하기

반복 횟수가 몇 번 되지 않을 때는 문자열로 리스트를 구성해도 되지만 반복 횟수가 100회, 1000회가 넘는다면 문자열로 나열하는 데 한계가 있습니다. 이럴 때 와일드카드 문자 중에서 중괄호를 사용하면 반복 범위를 간단히 표현할 수 있습니다.

1 빔 편집기로 for1.sh 파일을 생성합니다. {시작숫자..종료숫자} 형식으로 리스트를 만들면 시작 숫자에서 종료 숫자까지 반복할 수 있습니다. 이 방법은 반복 횟수가 많을 때 사용하면 유용합니다.

```
for1.sh
```
```
#!/bin/bash

for i in {1..10}
do
    echo "Count: $i"
done
```

2 for1.sh 셸 스크립트 파일에 실행 권한을 추가한 후 실행하면 1부터 10까지 차례로 출력되는 것을 볼 수 있습니다.

for1.sh

```
yulian@Ubuntu24:~/bin$ for1.sh
Count: 1
Count: 2
Count: 3
Count: 4
Count: 5
Count: 6
Count: 7
Count: 8
Count: 9
Count: 10
yulian@Ubuntu24:~/bin$
```

(( )) 수식 표현으로 for 반복문 사용하기

반복하는 변수의 값이 1씩 증가하지 않고 더 큰 수만큼 증가하거나 감소할 때 (( )) 수식 표현을 사용할 수 있습니다.

1 빔 편집기를 사용해 for2.sh 파일을 생성하고 다음과 같이 스크립트를 작성합니다. for ((i=1; i<=10; i+=2))에서 i=1은 i 변수의 초깃값을, i<=10은 조건식을, i+=2는 2씩 증가하는 증감 연산을 의미합니다. 즉, 이 셸 스크립트는 1부터 시작해 2씩 증가하며 10을 초과하지 않는 숫자만 출력합니다. 초깃값과 증감 연산을 조정하면 1씩 감소하는 반복문도 만들 수 있어 앞에서 배운 for 반복문보다 유연하게 사용할 수 있습니다.

for2.sh

```
#!/bin/bash

for ((i=1; i<=10; i+=2))
do
    echo "Step: $i"
done
```

2 셸 스크립트에 실행 권한을 추가한 후 실행한 결과를 보면 1부터 10까지 반복하는 과정에서 2씩 증가한 결과, 즉 홀수만 출력한 것을 볼 수 있습니다.

```
yulian@Ubuntu24:~/bin$ for2.sh
Step: 1
Step: 3
Step: 5
Step: 7
Step: 9
yulian@Ubuntu24:~/bin$
```

Do it! 실습) 셸 스크립트의 while 반복문과 until 반복문

while 반복문과 until 반복문은 조건에 따라 반복문을 수행한다는 점에서 for 반복문과 다릅니다. while은 조건식이 참인 동안 반복문을 수행하고 until은 조건식이 거짓인 동안 반복문을 수행합니다. 두 반복문의 기본형은 다음과 같습니다.

기본형	while 조건식 do 명령어 done

기본형	until 조건식 do 명령어 done

1부터 5까지 출력하는 셸 스크립트를 while과 until 키워드를 사용해서 while 반복문과 until 반복문을 비교하여 살펴보겠습니다.

1 while.sh 파일을 생성하고 다음과 같이 작성합니다. 1부터 5까지 출력하는 반복문을 while 키워드를 사용해 표현하면 다음과 같습니다. num 변수의 초깃값은 1로 설정하고, while 문에서는 조건식의 num에 저장된 값이 5보다 작거나 같을 때 반복문을 수행할 수 있도록 했습니다. 그리고 반복문 내에서 num++ 수식을 통해 num에 저장된 값을 1씩 증가시킵니다.

while.sh
```
#!/bin/bash

num=1
```

```
while ((num <= 5))
do
        echo "Number: $num"
        ((num++))
done
```

while.sh 파일에 실행 권한을 추가한 후 실행하면 num에 저장된 값은 1부터 시작해 1씩 증가하다 조건식이 거짓이 되는 6이 될 때 종료됩니다. 따라서 셸 스크립트를 실행하면 1부터 5까지 차례로 출력됩니다.

```
ubuntu@ubuntu:~$ while.sh
Number: 1
Number: 2
Number: 3
Number: 4
Number: 5
ubuntu@ubuntu:~$
```

2 until 반복문은 대부분 while 반복문과 같고 조건식만 다릅니다. until.sh 파일을 생성하고 다음과 같이 작성합니다. 1부터 5까지 출력하는 반복문을 until 키워드를 사용해 반복문을 표현하면 다음과 같습니다. until 반복문의 경우 num > 5 조건식을 통해 거짓이면 반복문을 수행하므로 1부터 값이 증가하다 5보다 커지는 6이 되는 시점에 종료합니다.

until.sh

```
#!/bin/bash

num=1
until ((num > 5))
do
        echo "Number: $num"
        ((num++))
done
```

until.sh 파일에 실행 권한을 추가하고 셸 스크립트를 실행해 보면 같은 결과가 출력됩니다. 두 반복문 모두 동작하는 원리는 동일하므로 사용자에게 좀 더 직관적인 것을 사용하면 됩니다.

```
ubuntu@ubuntu:~$ until.sh
Number: 1
Number: 2
Number: 3
Number: 4
Number: 5
ubuntu@ubuntu:~$
```

Do it! 실습 조건문과 반복문 함께 사용하기

셸 스크립트에서 조건문과 반복문은 함께 사용하기도 합니다. 1부터 10까지 숫자를 출력하면서 홀수와 짝수를 구분하는 간단한 셸 스크립트를 작성하며 조건문과 반복문을 함께 사용하는 방법을 익혀 보겠습니다.

1 빔 편집기로 셸 스크립트를 작성할 even.sh 파일을 생성합니다. 그리고 다음과 같이 셸 스크립트를 작성합니다. 반복문을 사용해서 1부터 10까지 수를 하나씩 출력하면서 조건문으로 그 숫자가 홀수인지 짝수인지 구분합니다. % 기호는 나눌 때 나머지를 구하는 연산자로 num % 2 == 0은 num에 저장된 숫자를 2로 나눌 때 나머지가 0인 수, 즉 짝수를 의미합니다. 반대로 2로 나눌 때 나머지가 1이면 홀수가 되므로 else 구문에서는 홀수를 출력하도록 셸 스크립트를 작성합니다.

even.sh
```
#!/bin/bash

num=1
while ((num <= 10))
do
   if ((num % 2 == 0)); then
      echo $num "is an even"
   else
      echo $num "is an odd"
   fi
   ((num++))
done
```

2 even.sh 스크립트 파일에 실행 권한을 추가하고 실행하면 1부터 10까지 숫자를 출력하는 동시에 홀수(odd)와 짝수(even) 여부를 함께 알려 줍니다.

```
yulian@Ubuntu24:~/bin$ even.sh
1 is an odd
2 is an even
3 is an odd
4 is an even
5 is an odd
6 is an even
7 is an odd
8 is an even
9 is an odd
10 is an even
yulian@Ubuntu24:~/bin$
```

Do it! 실습 사용자 계정 생성을 자동화하는 셸 스크립트 만들기

셸 스크립트에 어느 정도 익숙해졌다면 이번엔 실무에서 실제로 사용할 수 있는 셸 스크립트를 작성해 보겠습니다. 기존에는 새로운 사용자 계정을 추가하려면 adduser 명령어로 계정명과 사용자 정보를 입력했습니다. 하지만 adduser 명령어로 사용자를 추가하려면 계정명, 비밀번호, 사용자 정보 등을 한명 한명 수동으로 추가해야 해서 번거로웠습니다. 만약 신규 사용자 100명을 추가하는 업무가 주어진다면 1명씩 수작업으로 계정을 생성해야 했죠. 앞에서 배운 셸 스크립트를 활용해서 계정 생성을 자동화하는 방법을 실습해 보겠습니다.

1 셸 스크립트를 생성하기 위해 빔 편집기로 newuser.sh 파일을 생성하고 다음과 같이 작성합니다.

newuser.sh

```
#!/bin/bash

echo -n "New username: "
read username
while getent passwd $username &> /dev/null        ──①
do
  echo "ERROR: $username is already taken."
  echo -n "New username: "                        ──②
  read username
done
sudo useradd -m -s /bin/bash $username            ──③
```

❶ getent 명령어로 passwd라는 데이터베이스에서 $username의 값을 조회합니다. getent 명령어는 사용자나 그룹 등 시스템 데이터베이스를 접근할 때 사용합니다. 사용자가 존재하면 사용자 정보를 출력하고 존재하지 않으면 에러 메시지를 출력합니다. &> 기호는 리다이렉션 표현 방법으로 표준 출력과 표준 에러를 모두 지정한 파일로 전달합니다. 즉, 셸 스크립트에서 사용자 정보에 접근한 결과를 /dev/null 파일에 모두 전달하고 화면에는 출력하지 않습니다.

❷ while 반복문은 getent 명령어로 조회했을 때 사용자가 존재하면 참을 반환하여 do ~ done 블록을 실행합니다. 이때 사용자 계정이 이미 존재하면 에러 메시지를 출력하고 새로운 사용자명을 입력받습니다. 사용자명이 데이터베이스에 존재하지 않을 때까지 반복합니다.

❸ 사용자명이 데이터베이스에 없으면 useradd 명령어로 새 사용자를 추가합니다. useradd 명령어는 adduser 명령어와 달리 사용자로부터 계정명, 정보 등을 입력받지 않고 바로 신규 사용자를 생성합니다. 다만 기본적으로 사용자의 홈디렉터리를 생성하지 않으므로 -m 옵션으로 사용자의 홈디렉터리를 생성하고 -s 옵션으로 로그인 셸을 지정해야 합니다.

2 셸 스크립트에 실행 권한을 추가한 뒤 실행합니다. 사용자 계정명을 입력하면 이미 존재하는 사용자의 경우 에러 메시지를 출력합니다.

```
yulian@Ubuntu24:~$ newuser.sh
New username: yulian            기존 사용자 이름
ERROR: yulian is already taken.
```

3 새로운 사용자 이름을 입력하면 신규 사용자 계정을 추가합니다. cat 명령어로 /etc/passwd 파일을 확인해 보면 신규 사용자가 정상적으로 추가된 것을 확인할 수 있습니다. 여러 사용자를 동시에 추가하더라도 사용자 계정명만 입력하면 중복되지 않은 사용자를 쉽게 추가할 수 있습니다.

```
cat /etc/passwd | grep user1
```

```
yulian@Ubuntu24:~$ newuser.sh
New username: yulian
ERROR: yulian is already taken.
New username: user1             신규 사용자 이름
yulian@Ubuntu24:~$ cat /etc/passwd | grep user1
user1:x:1001:1001::/home/user1:/bin/bash
yulian@Ubuntu24:~$
```

되새김 문제

1 사용자의 기본 셸을 변경할 때 사용하는 명령어는 무엇인가요?
① chsh
② set
③ passwd
④ echo

2 현재 셸에 설정된 변수 목록을 확인하는 명령어는 무엇인가요?
① env
② echo
③ set
④ unset

3 리눅스 환경 변수 중에서 프롬프트 문자열을 정의하는 변수는 무엇인가요?
① PATH
② PS1
③ USER
④ HOME

4 셸 스크립트에서 명령어의 실행 결과를 변수에 저장하는 올바른 방법은 무엇인가요?
① VAR = ls
② VAR=$(ls)
③ VAR==ls
④ VAR:ls

5 다음 중 셸 스크립트에서 수식 계산을 수행할 수 있는 명령 또는 구문이 아닌 것은 무엇인가요?
① expr
② let
③ (( ))
④ echo

정답 1. ① 2. ③ 3. ② 4. ② 5. ④

셋째마당

리눅스 실전 프로젝트

셋째마당에서는 리눅스를 활용해 웹 서버를 구축하고 워드프레스를 설치해 나만의 블로그를 만들어 봅니다. 이어서 파일 서버를 통해 네트워크에서 공유하고 협업하는 방법을 알아봅니다. 그리고 라즈베리파이로 간단한 사물 인터넷 기기를 만들면서 작은 보드 위에서도 강력하게 동작하는 리눅스를 살펴봅니다. 마지막으로 클라우드 환경에서 확장할 수 있는 인프라를 구축하며 오늘날 IT가 나아가는 핵심 흐름을 직접 체험합니다.

08장	리눅스로 웹 서버 만들기
09장	리눅스로 파일 서버 만들기
10장	사물 인터넷 장치 만들기
11장	클라우드에서 리눅스 사용하기

08장

리눅스로 웹 서버 만들기

웹^{web}이란 인터넷에 연결된 사람들이 정보를 서로 주고받을 수 있는 공간입니다. 오늘날 웹은 단순히 정보를 제공하는 것을 넘어 사용자들이 소통하는 장으로 발전했습니다. 이제는 TV, 컴퓨터, 스마트폰, 태블릿 등 다양한 기기에서 웹을 사용할 수 있습니다. 이런 웹이 동작하는 배경에는 서버와 클라이언트 통신 방식이 있습니다. 이번 장에서는 서버와 클라이언트의 개념을 알아보고 리눅스로 웹 서버를 직접 구축해 보겠습니다.

08-1 ◆ 웹의 동작 방식 이해하기

08-2 ◆ 웹 서버의 유형과 특징

08-3 ◆ 아파치 웹 서버 설치하기

08-4 ◆ 워드프레스로 동적 웹 페이지 구현하기

> **학습 목표**
> - 서버와 클라이언트의 개념을 이해하고 설명할 수 있다.
> - 웹 서버의 유형과 특징을 이해하고 설명할 수 있다.
> - 웹 서버를 설치하고 서비스의 동작 유무를 확인할 수 있다.

08-1
웹의 동작 방식 이해하기

서버와 클라이언트의 개념을 이해하고 이를 바탕으로 웹 서버의 동작 방식을 살펴보겠습니다. 웹 서버가 HTML 문서를 전달하고 웹 브라우저가 이를 해석해 화면에 표시하는 과정을 단계별로 알아봅니다. 이를 통해 인터넷에서 흔히 사용하는 웹 서비스가 어떤 구조와 흐름으로 작동하는지 이해할 수 있습니다.

서버와 클라이언트 환경

서버server와 클라이언트client 환경에서 서버가 서비스를 제공하는 주체라면 클라이언트는 서비스를 이용하는 주체입니다. 일반적으로 클라이언트가 요청을 보내면 서버는 해당 요청에 맞는 서비스를 제공합니다. 이는 마치 식당에서 손님(클라이언트)이 메뉴를 주문하면 요리사(서버)가 음식을 만들어 제공하는 것과 비슷합니다.

네트워크로 연결된 컴퓨터 환경에서 서버와 클라이언트는 역할에 따라 구분되는 통신 장치입니다. 장치의 유형에 따라 나뉘는 것은 아니므로 컴퓨터, 노트북, 스마트폰, 태블릿, 스마트 워치 등 모든 기기가 상황에 따라 서버나 클라이언트가 될 수 있습니다. 다만 서버는 항상 안정된 서비스를 제공해야 하므로 보통 고성능 장비를 사용합니다. 이 때문에 서버를 별도의 독립된 장치로 오해하는 경우도 있지만 사실 서버는 역할에 따라 붙는 개념일 뿐입니다.

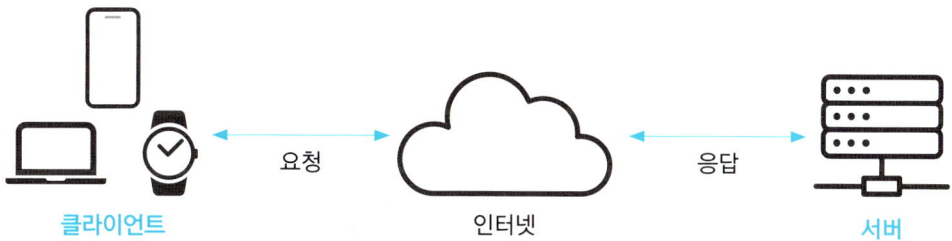

서버와 클라이언트 환경의 개념도

웹 서버와 웹 브라우저

서버는 제공하는 서비스의 종류에 따라 웹 서버web server, 데이터베이스 서버database server, 애플리케이션 서버application server, 메일 서버mail server, 파일 서버file server 등으로 다양하게 구분할 수 있습니다. 그중 웹 서버는 인터넷을 통해 웹 페이지를 사용자에게 제공하는 역할을 합니다.

크롬, 사파리, 파이어폭스, 엣지 등의 웹 브라우저가 클라이언트로서 웹 서버에 요청을 보내면, 웹 서버는 그에 맞는 정보를 클라이언트인 웹 브라우저에게 전달합니다. 이때 웹 브라우저는 받은 정보를 해석해서 문자, 그림, 영상, 표 등 다양한 형태로 사용자에게 보여 줍니다.

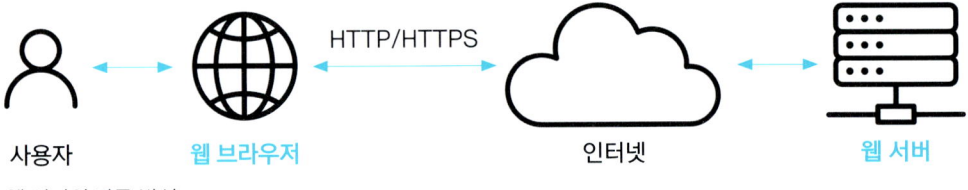

웹 서버의 작동 방식

HTTP와 HTTPS

웹 서버와 웹 브라우저는 서로 이해할 수 있는 형식을 정해 데이터를 주고받습니다. 이 약속을 프로토콜protocol이라고 하며, 웹에서는 HTTPHypertext Transfer Protocol 또는 HTTPSHypertext Transfer Protocol Secure 프로토콜을 사용합니다. 웹 브라우저가 웹 서버에 요청을 보낼 때도, 반대로 웹 서버가 웹 브라우저에 응답을 보낼 때도 모두 이 프로토콜 형식을 따릅니다.

- HTTP: 링크가 포함된 문서를 전달하는 규칙입니다.
- HTTPS: HTTP에 보안 기능을 강화한 규칙으로, 데이터를 암호화해서 더 안전하게 주고받을 수 있습니다.

웹 브라우저가 웹 서버에 정보를 요청할 때는 다음과 같은 형식으로 메시지를 보냅니다. 이 정보에는 요청 방법, 호스트 주소, 사용자 에이전트, 수용할 수 있는 데이터 형식 등이 포함됩니다. 다음 코드에서 Host는 웹 브라우저의 주소 창에 입력하는 서버의 주소로 입구와 같은 역할을 합니다. User-Agent는 요청을 보낸 웹 브라우저의 종류를 의미합니다. 웹 서버는 이를 참고하여 웹 브라우저에 맞게 정보를 가공해서 전할 수 있습니다.

● 이 코드는 en.wikipedia.org/wiki/Hypertext_Transfer_Protocol 웹 페이지를 참고했습니다.

HTTP 요청(웹 브라우저 → 웹 서버)

```
GET / HTTP/1.1
Host: www.example.com
User-Agent: Mozilla/5.0
Accept: text/html,application/xhtml+xml,application/xml
Accept-Language: en-GB,en;q=0.5
Accept-Encoding: gzip, deflate, br
Connection: keep-alive
```

웹 브라우저의 요청을 받은 웹 서버는 이를 해석한 뒤 HTML 문서와 함께 다음처럼 응답 메시지를 보냅니다. 응답에는 요청의 성공 여부, 데이터 크기, 전송할 문서 형식 등이 담겨 있습니다.

● 이 코드는 en.wikipedia.org/wiki/Hypertext_Transfer_Protocol 웹 페이지를 참고했습니다.

HTTP 응답(웹 서버 → 웹 브라우저)

```
HTTP/1.1 200 OK
Date: Mon, 23 May 2005 22:38:34 GMT
Content-Type: text/html; charset=UTF-8
Content-Length: 155
Last-Modified: Wed, 08 Jan 2003 23:11:55 GMT
Server: Apache/1.3.3.7 (Unix) (Red-Hat/Linux)
ETag: "3f80f-1b6-3e1cb03b"
Accept-Ranges: bytes
Connection: close

<html>
  <head>
    <title>An Example Page</title>
  </head>
  <body>
    <p>Hello World, this is a very simple HTML document.</p>
  </body>
</html>
```

웹 페이지의 표현 방식 – HTML

웹 서버와 웹 브라우저가 HTTP와 HTTPS로 주고받은 정보는 HTML 구조로 변환되어 사용자 화면에 표현됩니다. HTML은 웹 페이지를 구성하는 마크업 언어로 〈html〉, 〈head〉, 〈body〉와 같은 태그로 구성됩니다. 웹 서버는 HTML 형식의 문서를 전달하고, 웹 브라우저는 이를 해석해서 사용자에게 문자·그림·영상·표 등 다양한 콘텐츠로 보여 줍니다. 따라서 웹 서버를 만들려면 HTML의 기초 지식을 알아야 합니다.

> ✪ 마크업(markup) 언어는 문서의 구조나 형식, 표현을 정의할 때 사용하는 언어입니다.

HTML 문서의 기본 구조는 다음과 같습니다. 〈html〉 태그로 시작해서 〈/html〉 태그로 끝나며, 그 안에 〈head〉와 〈body〉 영역이 들어 있는 구조입니다.

> ✪ HTML의 구조를 자세히 알고 싶다면 developer.mozilla.org/ko/docs/Learn_web_development/Getting_started를 참고하세요.

HTML의 기본 구조

```
<html>
   <head>
      <title>제목</title>      ❶
   </head>
   <body>
      본문                     ❷
   </body>
</html>
```

❶ **〈head〉 영역**: HTML 문서의 제목, 스타일, 메타데이터 등 화면에 보이지 않는 정보를 담습니다.
❷ **〈body〉 영역**: 실제 화면에 표시되는 본문 내용이 들어갑니다.

08-2
웹 서버의 유형과 특징

웹 서버와 웹 브라우저의 동작 방식을 배웠으니, 이번 절에서는 웹 서버의 유형과 특징을 자세히 살펴보겠습니다.

정적 웹 서버와 동적 웹 애플리케이션 서버

초기의 웹은 단순한 구조였습니다. 정적 웹 서버는 서버에 저장된 HTML, CSS, 이미지와 같은 정적 콘텐츠를 그대로 전달하는 역할을 했습니다. 즉, 정적 웹 서버는 모든 사용자에게 동일한 결과만 보여 줄 수 있었습니다. 하지만 웹이 발전하면서 단순히 정보를 보여 주는 것을 넘어 검색, 댓글 작성, 쇼핑, 경매처럼 사용자와 상호 작용하는 동적 기능이 필요해졌습니다. 이러한 요구를 해결하기 위해 정적인 웹 페이지를 제공하는 웹 서버만으로는 한계가 있으므로 새로운 방식과 기술을 도입하기 시작했습니다.

모든 사용자에게 동일한 결과만 보여 주는 정적 웹 서버

CGI

다양한 기능을 구현하기 위해 초기에 사용한 방식이 CGI^{Common Gateway Interface}입니다. CGI는 웹 서버가 웹 브라우저의 요청을 받으면 외부 프로그램을 실행하고 그 결과를 HTML로 변환해 다시 웹 브라우저로 전달하는 방식입니다. 예를 들어 사용자가 검색어를 입력하면 외부 프로그램이 그 검색어를 처리해 결과 페이지를 만들어 줍니다. 하지만 이 방식은 요청할 때마다 새로운 프로세스를 생성해야 하므로 사용자가 늘어나면 서버 자원이 금방 고갈되고 성능이 저하되는 문제가 있었습니다.

웹 애플리케이션 서버

이러한 한계를 극복하기 위해 웹 애플리케이션 서버Web Application Server, WAS가 등장했습니다. 웹 애플리케이션 서버는 웹 서버가 처리할 수 없는 비즈니스 로직, 데이터베이스 연동 등 동적인 처리를 전문으로 수행하는 서버입니다. CGI와 달리 웹 애플리케이션 서버는 매번 새로운 프로세스를 생성하지 않고 멀티스레드 기반으로 동작하므로 고성능 대규모 웹 서비스를 구현할 수 있게 해줍니다.

> 💡 멀티스레드(multi-thread)는 한 프로세스 안에서 여러 실행 흐름(스레드)을 동시에 처리하는 방식입니다.

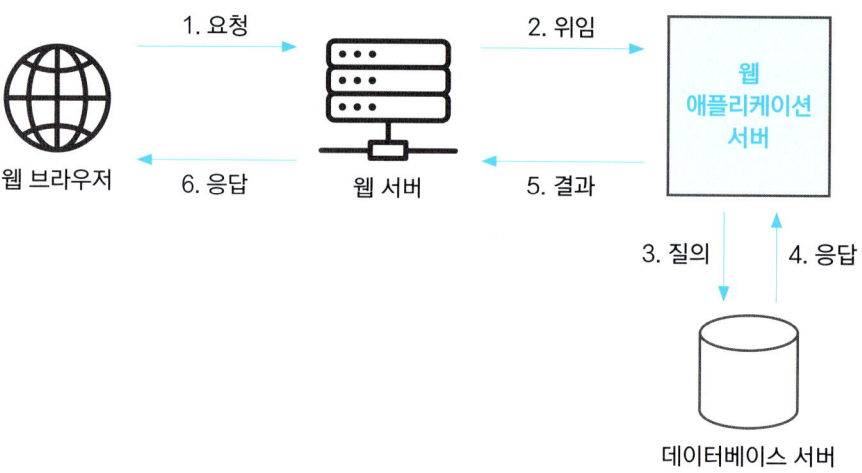

웹 애플리케이션 서버

동적 웹 스크립트 언어

웹 애플리케이션 서버 외에도 동적 웹 스크립트 언어를 활용하면 동적 웹 서비스를 제공할 수 있습니다. 동적 웹 스크립트 언어는 웹 서버에서 실행되면서 사용자 요청에 따라 HTML이나 데이터를 가공할 수 있는 언어를 의미합니다. 대표적으로 PHP, 파이썬Python, 자바스크립트JavaScript, 루비Ruby, JSP 등이 있습니다. 로그인, 방명록, 게시판, 채팅처럼 데이터베이스와 연동하거나 사용자와 상호 작용하는 기능을 구현할 때 동적 웹 스크립트 언어가 필요합니다.

웹 애플리케이션 서버가 주방이라면 동적 웹 스크립트 언어는 조리 도구라고 할 수 있습니다. 요리할 때 주방이 없더라도 조리 도구와 재료만 있다면 간단한 요리를 할 수 있습니다. 실제로 대부분의 동적 웹 애플리케이션 서버는 웹 애플리케이션 서버 내에서 동적 웹 스크립트가 동작하는 방식으로 활용됩니다. 다만 단순한 경우에는 웹 서버가 설치된 컴퓨터에 동적 웹 스크립트만 추가해도 동적 웹 서비스를 제공할 수 있습니다.

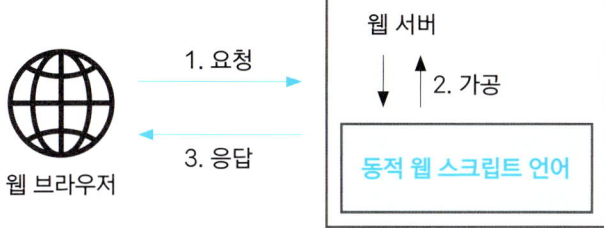

동적 웹 스크립트의 역할

웹 서버의 유형

웹 서버는 콘텐츠를 웹 브라우저에 전달하는 역할을 수행합니다. 웹 서버를 만들 때 사용할 수 있는 대표적인 프로그램은 다음과 같습니다. 아파치Apache는 가장 널리 사용하는 오픈소스 웹 서버로, 리눅스 외에 윈도우와 macOS 등 다양한 운영체제를 지원합니다. 그 외에도 높은 성능을 낮은 리소스로 사용할 수 있는 경량 웹 서버인 엔진엑스Nginx, HTTPS를 자동으로 설정하고 발급·갱신할 수 있는 캐디Caddy, 임베디드 시스템과 같이 자원 제약을 받는 환경에 적합한 라이트피디Lighttpd 등이 있으며 필요에 따라 설치해서 사용할 수 있습니다.

웹 서버의 유형과 특징

유형	특징
아파치	• 가장 널리 사용하는 오픈소스로, 다양한 운영체제 환경에서 사용함 • 모듈 기반 아키텍처 • 높은 안정성과 활성화된 커뮤니티
엔진엑스	• 높은 성능을 낮은 리소스로 사용함 • 정적 파일을 처리하는 성능이 우수함 • 설정이 직관적이고 간결함
캐디	• HTTPS를 자동으로 설정할 수 있는 정적 웹 서버 • HTTPS를 자동 발급하고 갱신함 • Go 언어 기반으로 경량화됨
라이트피디	• 저사양 시스템에 적합함 • 메모리나 CPU 사용량이 적음 • 임베디드 시스템에 적합함

웹 애플리케이션 서버의 유형

웹 애플리케이션 서버는 웹 서버가 처리할 수 없는 데이터베이스 연동, 비즈니스 로직 실행 같은 동적 기능을 담당합니다. 언어와 프레임워크에 따라 다양한 웹 애플리케이션 서버를 선택할 수 있습니다. 아파치 톰캣Tomcat은 와일드플라이Wildfly와 함께 자바 언어를 사용해 기업용 서버 환경을 구축하는 데 적합합니다. 구니콘Gunicorn과 uWSGI는 파이썬 언어를 지원하며 둘 다 WSGIWeb Server Gateway Interface라는 웹 서버와 웹 애플리케이션 간에 일관된 통신 방식을 제공합니다. 노드제이에스Node.js는 서버 측 애플리케이션을 개발하기 위한 자바스크립트 런타임 환경으로 경량 웹 서비스에 적합합니다.

웹 애플리케이션 서버의 유형과 특징

유형	특징
아파치 톰캣	• 자바 웹 프로그램(JSP/서블릿)을 실행하는 서버 중 가장 널리 쓰이는 서버 • 경량화해서 간편하게 설치하고 사용할 수 있음 • 자바 EE(서블릿, JSP)를 일부 지원함
와일드플라이	• 레드햇에서 제공하는 완전한 자바 EE(현 자카르타 EE) 서버 • 대규모 시스템에 적합함 • 복잡하지만 강력한 기능을 제공함
구니콘, uWSGI	• 파이썬 웹 프레임워크(장고, 플라스크 등)와 함께 사용하는 서버 • 파이썬 언어와 라이브러리에 호환됨 • WSGI 인터페이스를 지원함
노드제이에스	• 자바스크립트에 기반한 런타임 환경 • 비동기 처리에 특화된 기능 • 경량화해서 유연한 환경에 적합함

앞에서 언급한 웹 서버와 웹 애플리케이션 서버 외에도 다양한 프로그램이 있으므로 구현할 환경과 목적에 맞게 프로그램을 선택해서 설치하면 됩니다.

08-3
아파치 웹 서버 설치하기

가장 널리 사용하는 오픈소스 웹 서버인 아파치를 설치하고 기본 동작을 실습해 보겠습니다. 이를 통해 리눅스 환경에서 웹 서버를 구축하고 동작하는 과정을 익혀 보겠습니다.

Do it! 실습 | 아파치로 웹 서버 설치하고 시스템 서비스 제어하기

웹 서버를 구축하기 위해 아파치를 설치하고 기본적인 웹 페이지를 출력해 보겠습니다.

1 사용 중인 리눅스 배포판에 따라 아파치 설치 명령어를 입력합니다. 설치 과정에서 질문이 나타날 때 자동으로 예(yes)로 응답하려면 -y 옵션을 함께 사용합니다.

> ✪ -y 옵션은 명령어나 설치할 패키지 명의 앞이나 뒤에 적어 사용할 수 있습니다.

우분투 명령어
```
sudo apt -y install apache2
```

로키 명령어
```
sudo dnf install httpd -y
```

2 아파치를 설치한 후 systemctl 명령어에 status 옵션과 확인할 서비스명을 입력해 웹 서버가 올바르게 실행되고 있는지 확인합니다. systemctl은 리눅스에서 데몬^{daemon}이라는 시스템 서비스를 관리하는 명령어로, 서비스의 시작과 종료, 상태 확인 등을 수행할 수 있습니다.

> ✪ 시스템 서비스는 백그라운드에서 동작하는 프로그램을 의미하며 화면에는 직접 표시되지 않습니다.

우분투 명령어
```
sudo systemctl status apache2    ← 서비스명
```

로키 명령어
```
sudo systemctl status httpd
```

상태 정보인 'active (running)'이 초록색 글자로 표시되면 아파치 웹 서버가 정상으로 동작하는 것입니다. 상태 화면에서 다시 명령 프롬프트로 이동하려면 ⓠ를 누릅니다.

```
yulian@Ubuntu24:~$ sudo systemctl status apache2
● apache2.service - The Apache HTTP Server
     Loaded: loaded (/usr/lib/systemd/system/apache2.service; enabled; preset: enabled)
     Active: active (running) since Thu 2025-05-08 07:04:46 UTC; 1 week 2 days ago
       Docs: https://httpd.apache.org/docs/2.4/
   Main PID: 13944 (apache2)
      Tasks: 55 (limit: 4501)
     Memory: 5.3M (peak: 5.5M)
        CPU: 3.687s
     CGroup: /system.slice/apache2.service
             ├─13944 /usr/sbin/apache2 -k start
             ├─13946 /usr/sbin/apache2 -k start
             └─13948 /usr/sbin/apache2 -k start
```

3 다른 사람에게 연락할 때 전화번호를 알아야 하는 것처럼, 클라이언트인 웹 브라우저가 웹 서버에 접속하려면 서버의 IP 주소가 필요합니다. 서버의 IP 주소를 확인하려면 ip addr 명령어를 사용합니다. 이 명령어는 리눅스에서 네트워크 인터페이스의 IP 주소와 상태 정보를 확인할 수 있도록 해줍니다.

💡 IP 주소는 네트워크에 연결된 장치를 구분하는 고유한 주소입니다.

```
ip addr
```

맨 앞에 표시된 숫자는 네트워크 인터페이스 번호를 의미하며, inet 항목은 IPv4 기준의 IP 주소를 나타냅니다. 다음 결과에서 네트워크 인터페이스 번호 1번은 주로 자기 자신인 localhost를 가리킬 때 사용하며, IP 주소는 127.0.0.1 입니다. 네트워크 인터페이스 2번은 가상 네트워크를 통해 외부와 연결되는 인터페이스이며, IP 주소는 10.0.2.15입니다.

💡 실행 결과는 사용자 환경에 따라 달라질 수 있습니다.

💡 IP 주소의 체계는 09-1절에서 자세히 알아보겠습니다.

```
yulian@Ubuntu24:~$ ip addr
1: lo: <LOOPBACK,UP,LOWER_UP> mtu 65536 qdisc noqueue state UNKNOWN group default qlen 1000
    link/loopback 00:00:00:00:00:00 brd 00:00:00:00:00:00
    inet 127.0.0.1/8 scope host lo
       valid_lft forever preferred_lft forever
    inet6 ::1/128 scope host noprefixroute
       valid_lft forever preferred_lft forever
2: enp0s3: <BROADCAST,MULTICAST,UP,LOWER_UP> mtu 1500 qdisc pfifo_fast state UP group default qlen 1000
    link/ether 08:00:27:56:65:2b brd ff:ff:ff:ff:ff:ff
    inet 10.0.2.15/24 brd 10.0.2.255 scope global noprefixroute enp0s3
       valid_lft forever preferred_lft forever
    inet6 fd00::bbb4:5e42:5fe4:db03/64 scope global temporary dynamic
       valid_lft 86372sec preferred_lft 14372sec
```

4 IP 주소를 확인했다면 가상 머신의 웹 브라우저를 실행해서 주소 창에 네트워크 인터페이스 2번의 IP 주소를 입력하고 Enter 를 누릅니다. 웹 서버가 정상으로 동작한다면 다음과 같은 웹 페이지가 보일 것입니다.

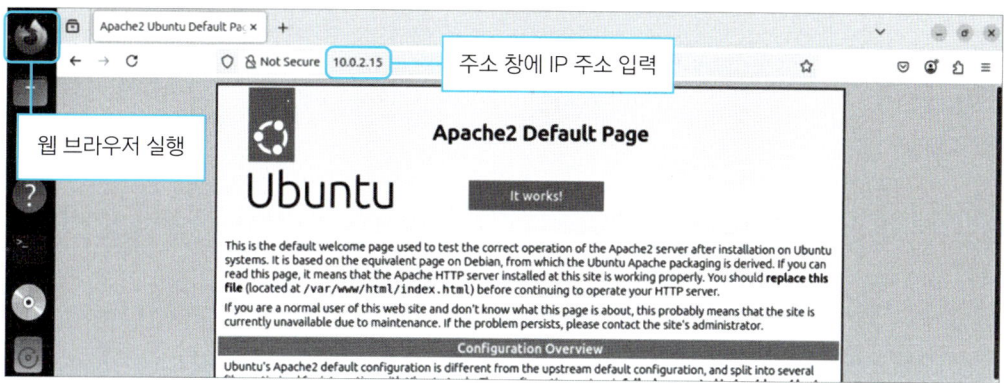

5 터미널로 다시 돌아와서 서비스를 중지해 봅시다. systemctl 명령어에 stop 명령과 서비스명을 함께 입력하면 서비스를 종료할 수 있습니다.

우분투 명령어

```
sudo systemctl stop apache2
```
서비스명

로키 명령어

```
sudo systemctl stop httpd
```

6 서비스를 중지한 후 다시 한번 상태를 확인해보면 active (running)에서 inactive (dead)로 변경되었습니다. 이 상태는 서비스가 더 이상 동작하지 않는다는 것을 의미합니다.

```
sudo systemctl status apache2
```

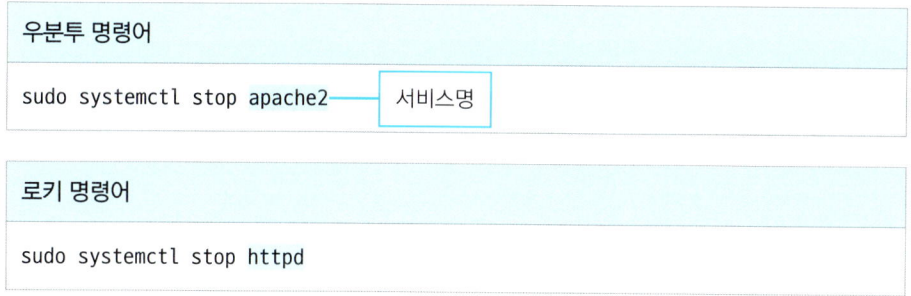

7 웹 브라우저의 새로 고침 아이콘을 클릭해 다시 웹 페이지를 요청하면 다음 그림과 같이 웹 서버에 연결할 수 없다는 문구가 표시됩니다. 이렇게 웹 서버의 동작 여부에 따라 클라이언트의 요청 결과가 달라집니다.

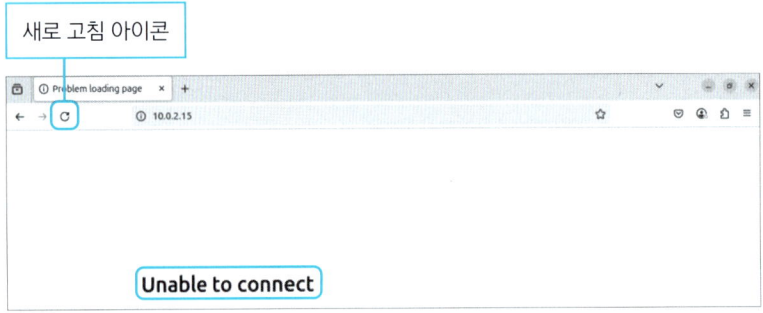

여기서 잠깐 시스템 서비스를 제어하는 systemctl 명령어

systemctl 명령어를 사용하면 시스템 서비스를 시작하거나 종료하는 것뿐만 아니라 활성화, 비활성화, 재시작 등 다양한 방식으로 제어할 수 있습니다. 주요 제어 명령어를 정리하면 다음과 같습니다.

시스템 서비스를 제어하는 세부 명령어

명령어	설명	사용 예시
systemctl start [서비스명]	서비스 시작	sudo systemctl start apache2
systemctl stop [서비스명]	서비스 중지	sudo systemctl stop apache2
systemctl restart [서비스명]	서비스 재시작	sudo systemctl restart apache2
systemctl status [서비스명]	서비스의 현재 상태 확인	systemctl status apache2
systemctl enable [서비스명]	부팅할 때 서비스를 시작하도록 설정	sudo systemctl enable apache2
systemctl disable [서비스명]	부팅할 때 서비스를 종료하도록 설정	sudo systemctl disable apache2

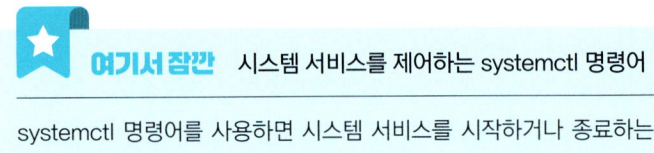 PHP 설치하고 동적 웹 페이지 구축하기

동적 웹 스크립트 언어인 PHP를 활용해서 간단한 동적 웹 페이지를 구현해 보겠습니다. 동적 웹 스크립트 언어를 사용하면 웹 애플리케이션 서버를 만들지 않고도 간단히 동적 웹 페이지를 구성할 수 있습니다.

1 먼저 PHP를 설치해 보겠습니다. 리눅스 배포판에 따라 다음과 같이 명령어를 입력합니다.

우분투 명령어

```
sudo apt -y install php
```

로키 명령어

```
sudo dnf install php -y
```

2 다음 명령어를 입력해 PHP가 정상으로 설치되었는지 확인합니다.

```
php -v
```

명령어를 실행했을 때 PHP의 버전이 출력되면 PHP가 정상으로 설치된 것입니다.

```
yulian@Ubuntu24:~$ php -v
PHP 8.3.6 (cli) (built: Mar 19 2025 10:08:38) (NTS)
Copyright (c) The PHP Group
Zend Engine v4.3.6, Copyright (c) Zend Technologies
    with Zend OPcache v8.3.6, Copyright (c), by Zend Technologies
yulian@Ubuntu24:~$
```

3 웹 서버에서 PHP 스크립트를 실행하려면 아파치와 PHP를 연동해야 합니다. 다음과 같이 추가 패키지를 설치합니다.

우분투 명령어

```
sudo apt -y install libapache2-mod-php
```

로키 명령어

```
sudo dnf install php-apache -y
```

4 추가 패키지를 설치한 후 시스템 서비스를 재시작해야 정상으로 동작합니다. 다음과 같이 systemctl 명령어에 restart 옵션과 서비스명을 입력해 웹 서버를 재시작합니다.

우분투 명령어
sudo systemctl restart apache2 ← 서비스명

로키 명령어
sudo systemctl restart httpd

5 동적 웹 페이지를 테스트하기 위해 빔 편집기를 사용해 PHP 파일을 생성하겠습니다. 아파치 웹 서버는 기본적으로 /var/www/html 디렉터리를 사용자에게 보여 줄 웹 루트 디렉터리로 사용합니다. 따라서 테스트용 PHP 파일도 해당 디렉터리 안에 저장해야 웹 브라우저에서 접근할 수 있습니다. html 디렉터리는 루트 사용자 소유이므로 sudo 명령어를 사용하고 파일 이름은 info.php로 저장합니다.

```
sudo vi /var/www/html/info.php
```

```
yulian@Ubuntu24:~$ ls -l /var/www
total 4
drwxr-xr-x 2 root root 4096 Feb 18 00:13 html
yulian@Ubuntu24:~$ sudo vi /var/www/html/info.php
```

6 생성한 PHP 파일에 다음과 같이 작성합니다. PHP 스크립트는 <?php ~ ?> 사이에 실행할 코드를 입력합니다. phpinfo()는 설치한 PHP의 버전과 구성, 설치 모듈 등 기본 정보를 출력하는 함수입니다.

✿ PHP 스크립트 문법을 자세히 알고 싶다면 w3schools.com/php/를 참고하세요.

```
<?php
    phpinfo();
?>
```

7 가상 환경에서 웹 브라우저를 열어 주소 창에 'IP주소/info.php' 또는 'localhost/info.php'를 입력합니다. PHP 정보가 정상으로 출력되면 동적 웹 서비스가 동작할 준비를 한 것입니다. 이어지는 실습에서 워드프레스를 설치하여 동적으로 작동하는 웹 서버를 완성해 보겠습니다.

💡 주소 창에 아파치 서버가 설치된 가상 환경의 IP 주소를 입력하세요.

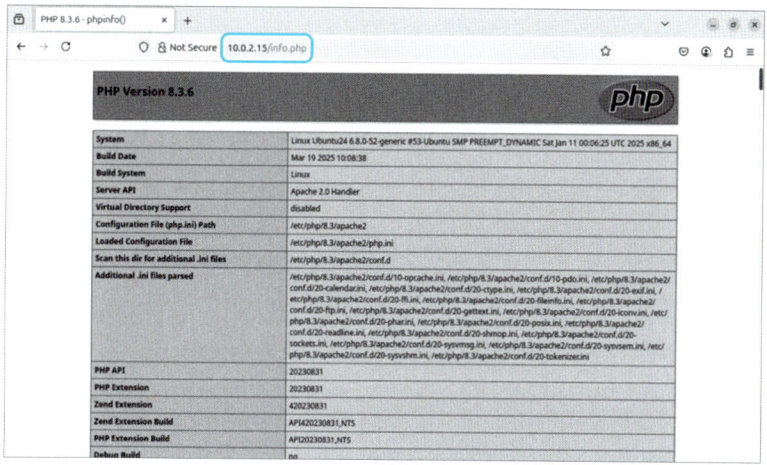

08-4
워드프레스로 동적 웹 페이지 구현하기

워드프레스WordPress는 세계적으로 가장 널리 사용하는 오픈소스 콘텐츠 관리 시스템Content Management System, CMS으로, 블로그부터 기업 홈페이지, 온라인 쇼핑몰까지 다양한 웹 사이트를 손쉽게 구축하고 관리할 수 있는 플랫폼입니다. 이 절에서는 워드프레스의 기본 개념을 살펴보고 리눅스 환경에서 직접 설치해서 사용해 봅니다. 웹 서버, 데이터베이스, PHP 환경을 설정하고 워드프레스를 연동하는 과정을 통해 리눅스 서버 관리 능력과 웹 서비스 구축 경험을 동시에 쌓아 보겠습니다.

Do it! 실습 | LAMP 환경 준비하고 워드프레스 설치하기

워드프레스가 동작하려면 LAMP 환경을 갖춰야 합니다. LAMP는 웹 서버 환경을 구성할 때 널리 사용하는 오픈소스 소프트웨어 스택을 가리키며, 이때 L은 리눅스Linux, A는 아파치Apache, M은 MySQL, P는 PHP를 의미합니다. 앞선 실습에서 리눅스와 아파치, PHP를 설치했으므로 여기에 데이터베이스 소프트웨어인 MySQL을 추가로 설치하면 워드프레스가 동작하는 데 필요한 LAMP 환경을 완전히 준비할 수 있습니다.

1 MySQL을 설치하고 PHP와 연동할 수 있는 모듈을 설치한 후 MySQL 서비스를 시작합니다. 리눅스 배포판에 따라 다음과 같이 명령어를 차례로 입력합니다.

우분투 명령어
```
sudo apt -y install mysql-server
sudo apt -y install php-mysql
sudo systemctl start mysql
```

로키 명령어
```
sudo dnf install -y mysql-server
sudo dnf install -y php php-mysqlnd
sudo systemctl start mysqld
```

2 이제 워드프레스를 설치해 보겠습니다. 웹에서 파일을 내려받을 때 사용하는 wget 명령어와 워드프레스의 최신 버전을 내려받는 링크를 입력해 워드프레스를 내려받습니다.

```
wget https://wordpress.org/latest.tar.gz
```

Enter 를 누르면 파일을 자동으로 내려받습니다.

```
yulian@Ubuntu24:~$ wget https://wordpress.org/latest.tar.gz
--2025-05-17 12:33:54--  https://wordpress.org/latest.tar.gz
Resolving wordpress.org (wordpress.org)... 198.143.164.252
Connecting to wordpress.org (wordpress.org)|198.143.164.252|:443... connected.
HTTP request sent, awaiting response... 200 OK
Length: 26926501 (26M) [application/octet-stream]
Saving to: 'latest.tar.gz'

latest.tar.gz       100%[===================================>]  25.68M  3.39MB/s    in 8.3s

2025-05-17 12:34:03 (3.08 MB/s) - 'latest.tar.gz' saved [26926501/26926501]

yulian@Ubuntu24:~$
```

3 내려받은 파일은 tar -xzf 명령어를 사용해 아카이빙과 압축을 해제합니다.

> -z 옵션을 추가하면 gzip 명령어의 압축 해제와 tar 명령어의 아카이브 풀기를 한 번에 수행합니다.

```
tar -xzf latest.tar.gz
```

아카이빙과 압축을 해제하고 ls 명령어로 확인해 보면 wordpress 디렉터리가 나타납니다.

```
yulian@Ubuntu24:~$ ls
bin        Documents   latest.tar.gz   mydata     Public     Templates   Videos
Desktop    Downloads   Music                      Pictures   snap        test
yulian@Ubuntu24:~$ tar -xzf latest.tar.gz
yulian@Ubuntu24:~$ ls
bin        Documents   latest.tar.gz   mydata     Public     Templates   Videos
Desktop    Downloads   Music                      Pictures   snap        test        wordpress
yulian@Ubuntu24:~$
```

4 wordpress 디렉터리를 복사해 웹 서버 경로인 /var/www/html/에 붙여넣습니다. 디렉터리를 복사하기 위해 -r 옵션을 사용합니다.

```
sudo cp -r wordpress /var/www/html/
```

5 파일을 복사한 후 디렉터리 권한을 다음과 같이 변경합니다. chown 명령어를 사용하면 소유자와 그룹을 변경할 수 있습니다. 이 명령어로 wordpress 디렉터리의 소유자와 그룹을 www-data로 변경합니다. -R 옵션은 지정한 디렉터리 아래에 있는 모든 디렉터리와 파일에 적용하는 것을 의미합니다.

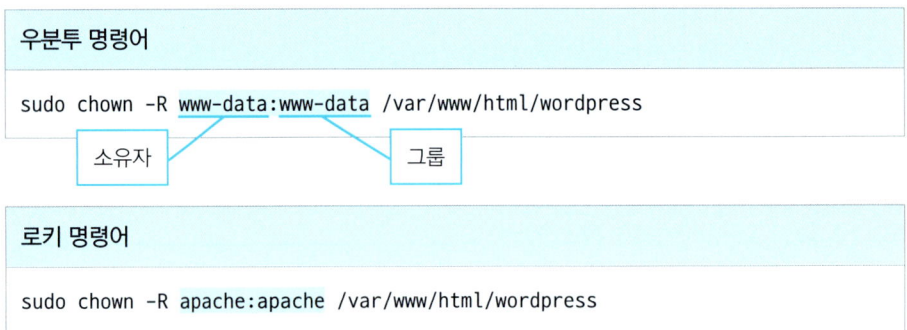

우분투 명령어

```
sudo chown -R www-data:www-data /var/www/html/wordpress
```

로키 명령어

```
sudo chown -R apache:apache /var/www/html/wordpress
```

6 www-data와 apache는 웹 서버가 사용하는 기본 사용자명이므로 웹 서버가 파일을 업로드하거나 쓰기 작업을 하려면 권한이 필요합니다. 다음과 같이 입력해 권한을 업데이트합니다.

```
sudo chmod -R 755 /var/www/html/wordpress
```

7 명령어를 실행하고 ls -l 명령어로 확인해 보면 다음처럼 소유자와 그룹이 변경된 것을 확인할 수 있습니다.

```
ls -l /var/www/html/
```

```
yulian@Ubuntu24:~$ sudo chown -R www-data:www-data /var/www/html/wordpress/
yulian@Ubuntu24:~$ sudo chmod -R 755 /var/www/html/wordpress/
yulian@Ubuntu24:~$ ls -l /var/www/html/
total 20
-rw-r--r-- 1 root     root     10671 Feb 18 00:13 index.html
-rw-r--r-- 1 root     root        23 May 17 10:55 info.php
drwxr-xr-x 5 www-data www-data  4096 May 17 12:42 wordpress
```

Do it! 실습   워드프레스용 데이터베이스 생성하기

워드프레스는 동적 콘텐츠 관리 시스템이므로 글, 댓글, 사용자 계정, 설정 정보 등을 데이터베이스에 저장합니다. 따라서 워드프레스가 정상으로 동작하려면 데이터베이스를 생성

해야 합니다

1 MySQL에서 워드프레스용 데이터베이스를 생성하려면 다음 명령어를 입력해서 MySQL 서버에 접속합니다. -u 옵션은 MySQL 사용자명을 지정하는 역할을 하는데, 여기서는 root 사용자로 로그인하겠다는 의미입니다.

```
sudo mysql -u root
```

2 명령어를 실행하면 MySQL 프롬프트가 나타납니다. 이곳에서 데이터베이스 생성, 사용자 계정 추가, 권한 설정 등 필요한 SQL 명령을 입력할 수 있습니다.

```
ubuntu@ubuntu:~$ sudo mysql -u root
Welcome to the MySQL monitor.  Commands end with ; or \g.
Your MySQL connection id is 12
Server version: 8.0.43-0ubuntu0.24.04.2 (Ubuntu)

Copyright (c) 2000, 2025, Oracle and/or its affiliates.

Oracle is a registered trademark of Oracle Corporation and/or its
affiliates. Other names may be trademarks of their respective
owners.

Type 'help;' or '\h' for help. Type '\c' to clear the current input statement.

mysql>
```

3 MySQL 프롬프트에 워드프레스용 데이터베이스인 wordpress를 생성하는 SQL 명령어를 입력합니다. 이런 SQL 명령어를 질의문이라고 합니다. MySQL 프롬프트에 질의문을 1행씩 입력하면 실행 결과를 바로 확인할 수 있습니다. 질의문 끝은 세미콜론(;)으로 표시합니다.

💡 SQL 명령어를 자세히 알고 싶다면 《Do it! MySQL로 배우는 SQL 입문》을 참고하세요.

MySQL 프롬프트

```
CREATE DATABASE wordpress;
```

질의문을 실행하면 명령어가 정상으로 실행되었다는 메시지가 표시됩니다.

```
mysql> CREATE DATABASE wordpress;
Query OK, 1 row affected (0.02 sec)
```

4 MySQL의 사용자명과 비밀번호를 설정해 보겠습니다. 먼저 다음처럼 단순한 비밀번호를 입력합니다.

MySQL 프롬프트

```
CREATE USER 'admin' IDENTIFIED BY '1234';
```

질의문을 실행하면 다음처럼 보안 정책에 맞지 않아 계정을 추가할 수 없다는 에러가 발생할 수 있습니다.

💡 정상으로 동작한다면 7번 단계로 이동하세요.

```
mysql> CREATE USER 'admin' IDENTIFIED BY '1234';
ERROR 1819 (HY000): Your password does not satisfy the current policy requirements
```

5 SHOW VARIABLES 명령어로 보안 정책을 확인해 보면 비밀번호는 최소 8자 이상으로 문자, 숫자와 특수 문자, 대소문자를 포함해서 설정해야 한다는 것을 알 수 있습니다.

MySQL 프롬프트

```
SHOW VARIABLES LIKE 'validate_password%';
```

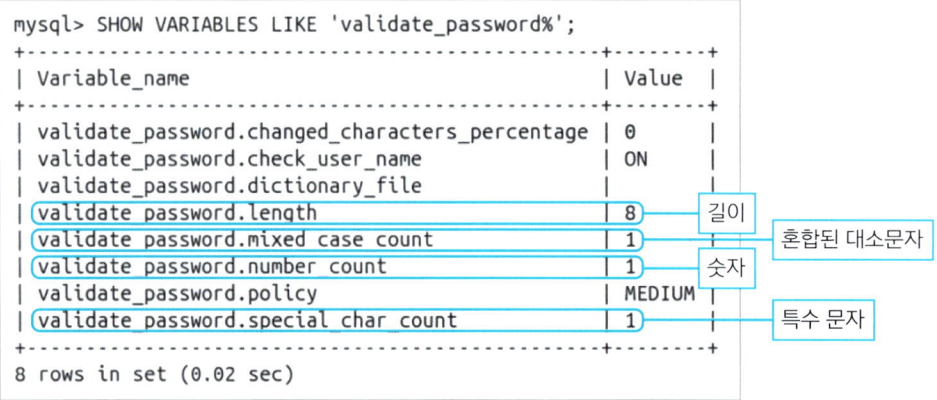

6 보안 정책에 맞는 비밀번호로 계정을 생성합니다.

MySQL 프롬프트

```
CREATE USER 'admin' IDENTIFIED BY 'Password!2';
```

```
mysql> CREATE USER 'admin' IDENTIFIED BY 'Password!2';
Query OK, 0 rows affected (0.02 sec)
```

7 이제 특정 사용자가 wordpress 데이터베이스의 모든 권한을 가질 수 있게 수정합니다. 데이터베이스의 권한은 SELECT, UPDATE, DELETE, CREATE, DROP 등의 작업 권한을 의미합니다.

MySQL 프롬프트

```
GRANT ALL PRIVILEGES ON wordpress.* TO 'admin';
```

```
mysql> GRANT ALL PRIVILEGES ON wordpress.* TO 'admin';
Query OK, 0 rows affected (0.01 sec)
```

8 새로 추가한 사용자와 권한 정보를 MySQL 권한 테이블에 즉시 반영하고 MySQL 콘솔을 종료합니다.

MySQL 프롬프트

```
FLUSH PRIVILEGES;
EXIT;
```

```
mysql> FLUSH PRIVILEGES;
Query OK, 0 rows affected (0.01 sec)

mysql> EXIT;
Bye
yulian@Ubuntu24:~$
```

Do it! 실습 워드프레스에서 웹 페이지 꾸미기

워드프레스 설치를 완료했으니, 이제 워드프레스를 꾸미는 설치 마법사를 열어 여러분만의 콘텐츠를 제작할 차례입니다.

1 가상 머신에서 웹 브라우저를 열고 주소 창에 다음 주소를 입력합니다.

> 가상 머신의 IP 주소는 ip addr 명령어로 확인합니다. IP 주소 대신 'localhost'라고 입력해도 접속할 수 있습니다.

```
http://IP주소/wordpress
```

2 워드프레스 설치 마법사 화면이 나타납니다. 가장 먼저 언어를 설정합니다. 사용할 언어를 선택하고 [Continue]를 클릭합니다.

3 이전 실습에서 생성한 워드프레스용 데이터베이스 정보를 입력합니다. 생성한 데이터베이스명과 계정, 비밀번호를 모두 입력한 후 [Submit]를 클릭합니다.

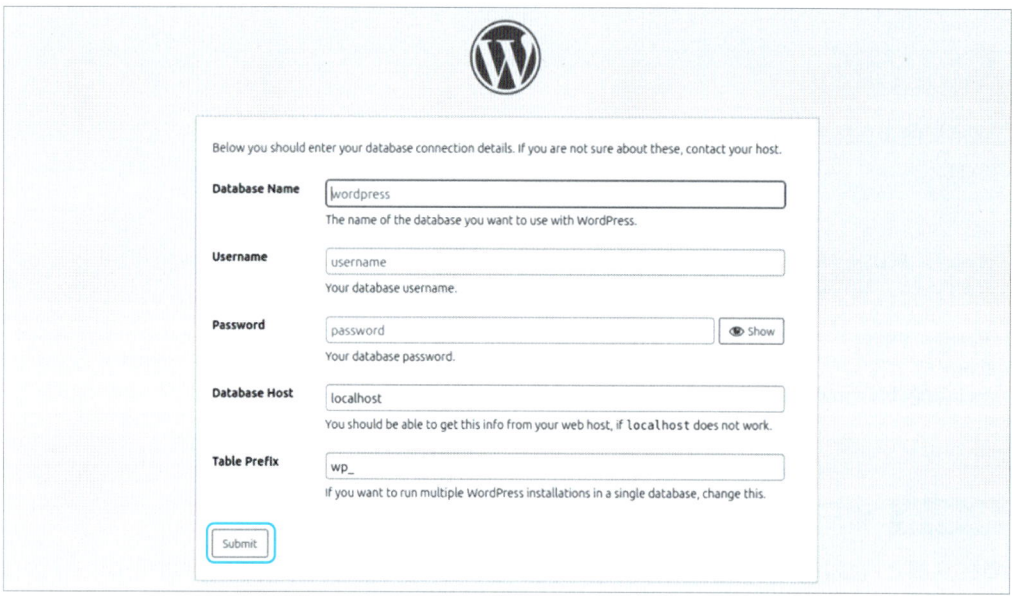

4 워드프레스 사용자 계정을 생성합니다. 이 계정으로 워드프레스를 어떤 목적으로 사용할지 테마를 적용하고 디자인을 변경할 수 있습니다. 워드프레스의 타이틀과 사용자 계정, 비밀번호, 이메일 주소를 입력하고 [Install WordPress]를 클릭해 사용자 계정을 생성합니다.

5 사용자 계정을 생성하고 로그인하면 다음과 같이 워드프레스 첫 화면이 나타납니다.

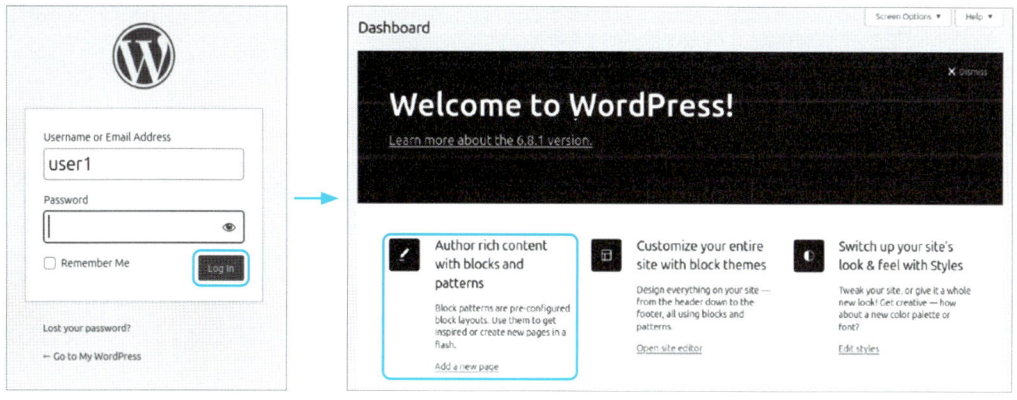

6 워드프레스 첫 화면에서 [Add a new page]를 클릭하고 작업 페이지를 엽니다. 이제 워드프레스를 사용해 목적에 맞는 동적 웹 페이지를 구현할 수 있습니다.

○ 워드프레스를 꾸미는 다양한 방법은 codex.wordpress.org/ko:Getting_Started_with_WordPress를 참고하세요.

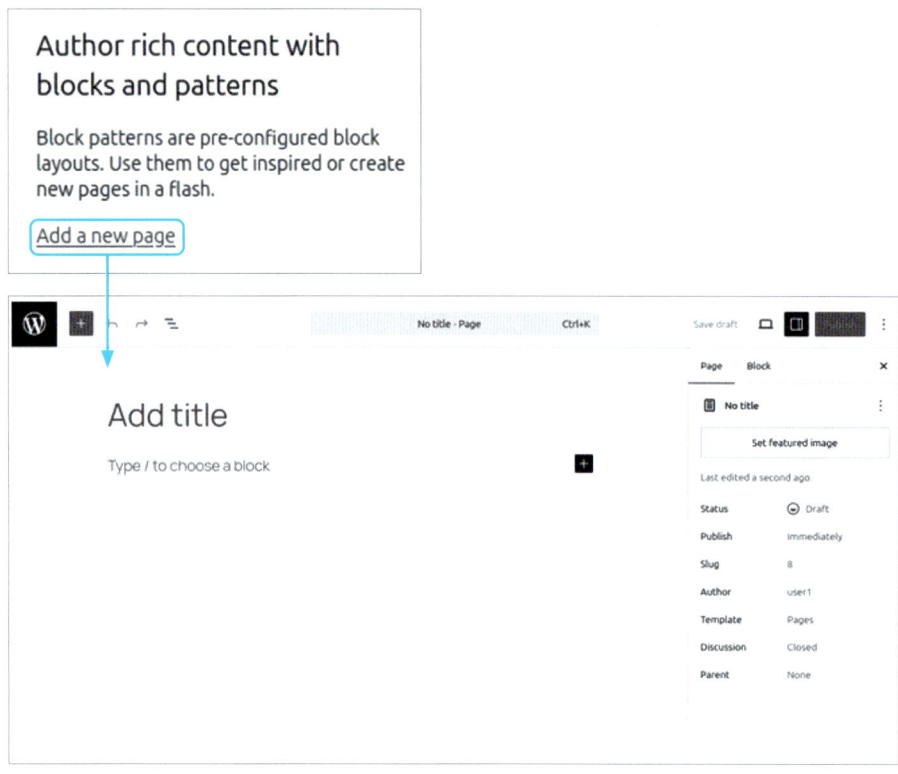

되새김 문제

1 다음 중 웹 서버와 웹 브라우저의 관계를 가장 정확히 설명한 것은 무엇인가요?
① 웹 서버가 요청을 보내고 웹 브라우저가 응답한다.
② 웹 브라우저는 요청을 보내고 웹 서버가 응답한다.
③ 둘 다 요청만 수행한다.
④ 둘 다 응답만 수행한다.

2 웹에서 문서를 전송할 때 사용하는 기본 프로토콜은 무엇인가요?
① FTP
② SMTP
③ HTTP
④ SSH

3 서버에서 외부 프로그램을 실행해 동적인 웹 페이지를 생성하는 기술은 무엇인가요?
① CGI
② FTP
③ DNS
④ HTML

4 다음 중 LAMP 환경의 구성 요소로 옳지 <u>않은</u> 것은 무엇인가요?
① 리눅스
② 아파치
③ MySQL
④ 포토샵

5 다음 중 대표적인 웹 애플리케이션 서버^{WAS}가 <u>아닌</u> 것은 무엇인가요?
① 아파치 톰캣
② 엔진엑스
③ 와일드플라이
④ 노드제이에스

정답 1. ② 2. ③ 3. ① 4. ④ 5. ②

09장

리눅스로 파일 서버 만들기

09장에서는 네트워크의 기본 개념을 이해하고 네트워크 장치를 식별하는 IP 주소 체계를 살펴봅니다. 또한 네트워크로 연결된 장치 간에 파일을 주고받을 수 있도록 파일 서버를 구축하는 방법을 알아보고, 리눅스 환경에서 널리 사용하는 삼바와 NFS를 이용해 파일 서버를 설정해 보겠습니다.

09-1 ◆ 네트워크 환경 이해하기

09-2 ◆ 삼바로 파일 서버 구축하기

09-3 ◆ NFS로 파일 서버 구축하기

> **학습 목표**
> - 네트워크의 개념을 이해하고 설명할 수 있다.
> - 삼바를 활용해 파일 서버를 구축할 수 있다.
> - NFS를 활용해 파일 서버를 구축할 수 있다.

09-1
네트워크 환경 이해하기

현대의 컴퓨터 시스템은 여러 장치가 네트워크로 연결되어 서로 정보를 주고받는 환경에서 활용됩니다. 이 절에서는 네트워크의 기본 개념을 시작으로 노드의 의미와 컴퓨터 간 연결 구조를 살펴봅니다. 이어서 근거리 통신망 랜과 광역 통신망 왠의 차이를 알아보고 가정에서 흔히 사용하는 홈 네트워크의 구조를 소개합니다. 그리고 인터넷 통신의 핵심인 IP 주소 체계와 서브넷 마스크 개념을 알아보며 리눅스 시스템이 네트워크에 어떻게 참여하는지 이해해 보겠습니다.

네트워크 환경이란?

네트워크는 여러 대의 컴퓨터나 장치가 서로 연결되어 데이터를 주고받는 구조를 의미합니다. 네트워크에 연결된 각각의 장치를 노드node라고 하며, 노드는 1:1 또는 1:N, N:M 등 다양한 방식으로 연결될 수 있습니다. 노드는 네트워크에 연결된 모든 장치를 포괄하는 용어이고 호스트host는 네트워크에 연결되는 정보나 서비스를 제공하는 장치입니다. 호스트에 접근하기 위해 IP 주소가 필요합니다.

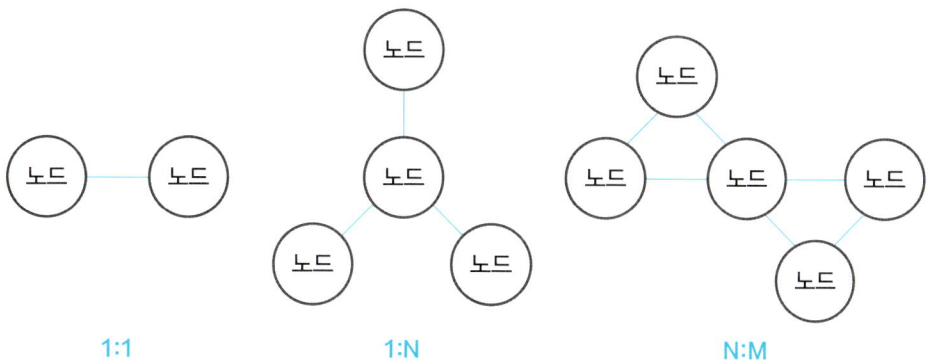

네트워크를 구성하는 노드의 구성 유형

인터넷도 전 세계가 연결된 거대한 네트워크입니다. 인터넷에서 사용하는 주소 체계를 IP^{Internet Protocol} 주소라고 합니다. IP 주소를 표시하는 방법은 IPv4와 IPv6가 있습니다.

> IP 주소 체계는 292쪽에서 자세히 다룹니다. 현재는 IPv4와 IPv6 주소 체계를 모두 사용하지만 이 책에서는 이해를 돕기 위해 IPv4를 중심으로 설명합니다.

- IPv4: 32비트 길이의 주소를 사용하며 192.169.0.1처럼 10진수 네 자리를 점(.)으로 구분하는 형식을 사용합니다. IPv4는 약 42억(2^{32})개의 주소를 제공하지만 폭발적으로 늘어난 전 세계의 네트워크 장치를 연결하기에 부족합니다.
- IPv6: IPv4의 한계를 보완하기 위해 도입된 것이 IPv6입니다. 128비트 주소 체계로, 사실상 무한에 가까운 주소(2^{128})를 제공하여 전 세계의 모든 네트워크 장치를 충분히 수용할 수 있습니다.

랜과 왠

네트워크는 연결되는 범위에 따라 랜^{LAN, Local Area Network}과 왠^{WAN, Wide Area Network}으로 나눕니다.

- 랜: 집이나 사무실, PC방처럼 한정된 공간에서 여러 장치들이 서로 데이터를 주고받을 수 있는 근거리 통신망입니다.
- 왠: 국가나 도시, 대륙처럼 매우 넓은 지역을 연결하는 광대역 통신망을 의미합니다.

왠에 접속하려면 인터넷 서비스 제공자^{Internet Service Provider, ISP}를 통해 서비스를 신청해야 합니다. 우리나라의 대표적인 인터넷 서비스 제공자는 KT, LG유플러스, SK텔레콤 등이 있습니다. 즉, 홈 네트워크와 같은 랜을 인터넷과 같은 왠으로 확장하려면 인터넷 서비스 제공자의 서비스에 가입해야 합니다.

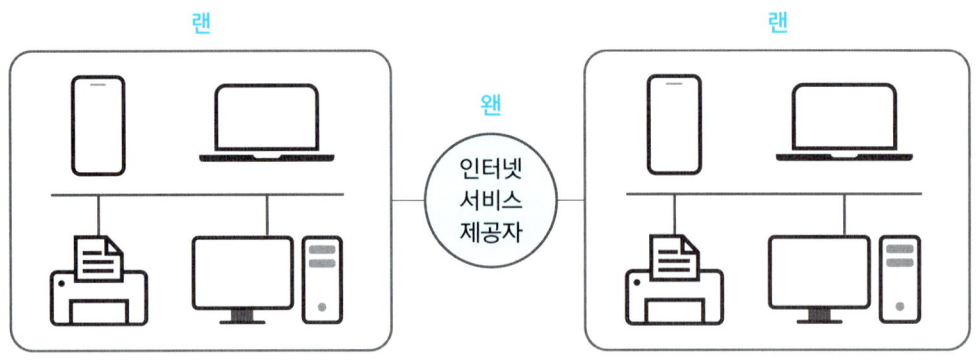

네트워크의 범위에 따라 구분되는 랜과 왠

여기서 잠깐 IP 주소의 관리 체계

전 세계의 IP 주소는 미국의 IANA(Internet Assigned Numbers Authority)라는 인터넷 할당 번호 관리 기관에서 통합 관리합니다. IANA는 대륙별 인터넷 주소 자원 관리 기관인 RIR(Regional Internet Registry)에 주소를 분배하며, 우리나라는 아시아/태평양 지역을 담당하는 APNIC 기관을 통해 한국인터넷진흥원(KISA)에서 IP 주소를 할당받습니다. 따라서 개인이나 기업, 그리고 인터넷 서비스를 제공하는 인터넷 서비스 제공자는 한국인터넷진흥원을 통해 IP 주소를 할당받게 됩니다.

네트워크의 구성 요소

근거리 통신망인 랜을 구성하는 주요 장치는 크게 모뎀, 공유기, 호스트로 나눌 수 있습니다.

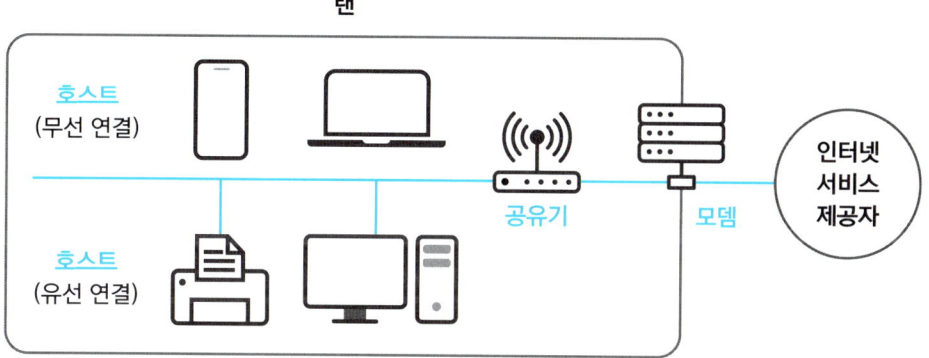

근거리 통신망의 구성 요소

- **모뎀**: 인터넷 서비스 제공자가 제공하는 외부 인터넷 회선을 내부 네트워크와 연결해 주는 장치입니다. 쉽게 말해 외부 인터넷과 가정이나 사무실 등의 내부 네트워크를 이어 주는 게이트웨이 역할을 합니다.
- **공유기**: 내부 네트워크를 구성하는 컴퓨터, 노트북, 스마트폰 등을 서로 연결해 주는 장치입니다. 유선과 무선 네트워크를 모두 지원하며, 가정에서는 주로 공유기 1대가 내부 장치 간 연결과 데이터 전송을 위한 경로 설정, 내부 IP 주소 할당 기능을 모두 수행합니다. 규모가 큰 기업에서는 공유기의 기능을 분리해서 사용하는데, 라우터(router)를 활용해서 네트워크 경로와 IP 주소를 관리하고 스위치(switch)로 내부 장치들을 물리적으로 연결해 데이터를 빠르게 전송합니다. 즉, 가정에서 사용하는 공유기는 라우터와 스위치, 무선 통신 기능이 결합된 통합 장치라고 이해할 수 있습니다.
- **호스트**: 네트워크에 직접 연결되는 컴퓨터, 노트북, 스마트폰 같은 장치를 의미합니다. 호스트는 네트워크를 통해 데이터를 주고받고 인터넷 서비스를 이용할 수 있습니다.

IP 주소 체계

IP 주소는 IPv4 기준으로 32비트로 구성되어 있으며 가독성을 위해 8비트씩 묶어 네 자리의 10진수로 나타냅니다. 8비트 묶음은 192.168.0.1과 같이 각각 점(.)으로 구분합니다.

2진수 → **11000000.10101000.00000000.00000001**
10진수 → **192 . 168 . 0 . 1**

IP 주소의 표현 방법

IP 주소는 한정된 자원이므로 효율적으로 사용하기 위해 다양한 방식으로 활용하는데, 대표적으로 **클래스 기반 주소 체계**가 있습니다. 클래스 기반 주소 체계는 IP 주소를 단순히 호스트 하나에만 할당하는 것이 아니라 네트워크를 구성하는 네트워크 주소와 네트워크 내 호스트 주소로 나누어 규모에 맞게 활용합니다. 클래스 기반 주소 체계는 네트워크 비트와 호스트 비트를 어떻게 나누느냐에 따라 클래스 이름을 붙입니다. 클래스별 비트 범위와 주요 용도는 다음과 같습니다.

클래스에 기반한 IP 주소

클래스	시작 주소 범위	네트워크 비트 / 호스트 비트	용도
A 클래스	0.0.0.0 ~ 127.255.255.255	8비트 / 24비트	대규모 네트워크
B 클래스	128.0.0.0 ~ 191.255.255.255	16비트 / 16비트	중규모 네트워크
C 클래스	192.0.0.0 ~ 223.255.255.255	24비트 / 8비트	소규모 네트워크
D 클래스	224.0.0.0 ~ 239.255.255.255	-	멀티캐스트 목적 (IPTV, 영상 회의 등)
E 클래스	240.0.0.0 ~ 255.255.255.255	-	연구·실험용

A 클래스는 32비트 주소 중에서 8비트를 네트워크 주소에, 나머지 24비트를 호스트 주소에 할당하여 하나의 네트워크에서 최대 16,777,216개의 호스트를 연결할 수 있습니다. 반면 C 클래스는 24비트를 네트워크 주소로, 나머지 8비트를 호스트 주소로 할당하여 최대 256개의 호스트를 사용할 수 있습니다. 즉, 네트워크 주소에 할당하는 비트 수가 적으면 더 많은 호스트를 연결할 수 있지만 네트워크의 수는 줄어들고, 네트워크 주소에 할당하는 비트 수가 많을수록 연결할 수 있는 호스트의 수는 줄어듭니다.

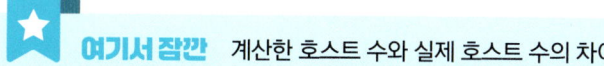

여기서 잠깐 계산한 호스트 수와 실제 호스트 수의 차이

앞에서 32비트의 주소에서 8비트를 네트워크 주소로, 나머지 24비트를 호스트 주소로 할당하면 하나의 네트워크에서 사용할 수 있는 호스트 수는 최대 16,777,216개라고 설명했습니다. 하지만 실제로는 이 값에서 2를 뺀 값만큼만 호스트를 사용할 수 있습니다. 왜냐하면 호스트 주소가 모두 0으로 이루어진 첫 번째 주소는 네트워크 자체를 구분하는 주소로 예약되어 있고, 모두 1로 이루어진 마지막 주소는 네트워크 전체에 데이터를 전송하는 브로드캐스트 주소로 예약되어 호스트에 할당해야 할 주소를 사용하기 때문입니다.

서브넷 마스크와 네트워크 대역

서브넷 마스크는 네트워크 주소와 호스트 주소를 구분하기 위해 사용합니다. 예를 들어 IP 주소가 10.0.2.15이고 서브넷 마스크가 255.0.0.0일 때 두 주소를 모두 2진수로 변환하여 AND 연산을 수행하면 네트워크 주소만 남고 나머지는 호스트를 식별하는 주소가 됩니다.

> AND 연산은 두 수가 모두 1일 때 결과가 1이 되고, 하나라도 0이면 결과가 0이 되는 연산입니다.

```
IP 주소
(10.0.2.15)      → 00001010.00000000.00000010.00001111

서브넷 마스크
(255.0.0.0)      → 11111111.00000000.00000000.00000000
─────────────────────────────────────────────────────────
AND 연산         → 00001010.00000000.00000000.00000000
                   네트워크 주소
```

서브넷 마스크로 네트워크 주소 확인하기

서브넷 마스크를 간단히 표현하는 방법으로 CIDR^{Classless Inter-Domain Routing} 표기법이 있습니다. CIDR 표기법은 IP 주소에서 네트워크와 호스트를 구분하기 위해 주소 뒤에 네트워크 비트 수를 '/숫자' 형태로 표시하는 방법입니다. 예를 들어 255.0.0.0은 2진수로 변환하면 1이 8개이므로 슬래시(/) 기호를 사용해 /8로 표현합니다. 즉, IP 주소 10.0.2.15/24는 서브넷 마스크가 1이 24개인 255.255.255.0이며 네트워크 주소는 10.0.2.0, 호스트 주소는 10.0.2.15임을 나타냅니다.

네트워크 대역은 같은 네트워크에 속한 컴퓨터들이 서로 통신할 수 있는 IP 주소의 범위를 말합니다. 한 건물 안에서 같은 층에 있는 방들처럼 네트워크 대역 안에 있는 장치들은 데이터를 서로 쉽게 주고받을 수 있습니다. 다른 네트워크 대역에 있는 경우에는 라우터 같은 장치를 거쳐야 통신할 수 있습니다. 예를 들어 192.168.0.0/24 대역은 192.168.0.1부터 192.168.0.254까지 총 254개의 호스트 주소를 포함합니다. 이처럼 네트워크 대역을 알면 어떤 IP 주소가 같은 네트워크에 속하는지, 그리고 네트워크 장치들을 어떻게 구분하는지 쉽게 파악할 수 있습니다.

사설 IP 주소

IP 주소를 효율적으로 사용하기 위해 공인 IP와 사설 IP를 활용합니다. **공인 IP**는 인터넷에 직접 연결되는 주소이며 **사설 IP**는 내부 네트워크에서만 사용하는 주소를 의미합니다. 즉, 홈 네트워크에서 공유기에 할당된 IP 주소는 공인 IP 주소를 사용하고 내부 네트워크에 연결된 컴퓨터나 스마트폰은 사설 IP를 사용합니다. 사설 IP를 사용하면 공인 IP의 고갈을 방지하고 내부 통신과 보안을 강화할 수 있습니다. 사설 IP 주소의 범위는 RFC 1918 문서에 정의되어 있으며 클래스별로 다음과 같습니다.

사설 IP 주소의 범위

클래스	IP 주소의 범위	서브넷 마스크	주소 수
A 클래스	10.0.0.0 ~ 10.255.255.255	255.0.0.0 (/8)	약 1,600만 개
B 클래스	172.16.0.0 ~ 172.31.255.255	255.240.0.0 (/12)	약 100만 개
C 클래스	192.168.0.0 ~ 192.168.255.255	255.255.0.0 (/16)	약 6만 5천 개

 여기서 잠깐 리눅스의 IP 주소

ip addr 명령어를 사용해 리눅스가 설치된 가상 환경에서 IP 주소를 확인하면 대부분 사설 IP 주소인 것을 알 수 있습니다. 가정용 공유기의 사설 IP 주소는 대부분 C 클래스(192.168.x.x)로 시작합니다.

○ 계속

```
ip addr
```

```
user@ubuntu25:~$ ip addr
1: lo: <LOOPBACK,UP,LOWER_UP> mtu 65536 qdisc noqueue state UNKNOWN group defaul
t qlen 1000
    link/loopback 00:00:00:00:00:00 brd 00:00:00:00:00:00
    inet 127.0.0.1/8 scope host lo
       valid_lft forever preferred_lft forever
    inet6 ::1/128 scope host noprefixroute
       valid_lft forever preferred_lft forever
2: enp0s3: <BROADCAST,MULTICAST,UP,LOWER_UP> mtu 1500 qdisc pfifo_fast state UP
group default qlen 1000
    link/ether 08:00:27:8a:36:25 brd ff:ff:ff:ff:ff:ff
    inet 192.168.219.109/24 brd 192.168.219.255 scope global dynamic noprefixrou
te enp0s3
       valid_lft 19683sec preferred_lft 19683sec
    inet6 fe80::a00:27ff:fe8a:3625/64 scope link
       valid_lft forever preferred_lft forever
user@ubuntu25:~$ 
```

09-2
삼바로 파일 서버 구축하기

삼바를 활용해 간단한 파일 서버를 구축해 보겠습니다. 삼바 서버 설치, 공유 디렉터리 설정, 접근 권한 관리 등을 실습해 보면서 서로 다른 운영체제 간의 파일 공유 원리를 이해하고 리눅스를 활용한 실무형 파일 서버 구축 능력을 익혀 보겠습니다.

파일 서버와 삼바

파일 서버는 네트워크를 통해 여러 사용자가 파일을 저장하고 공유할 수 있게 해줍니다. 예를 들어 회사의 공용 문서, 학교의 과제 자료, 가정에서의 사진이나 음악 파일처럼 여러 사람이 함께 사용하는 자료를 파일 서버에 보관하고 꺼내 쓸 수 있습니다. 그런데 파일 서버를 구축할 때 사용하는 운영체제가 서로 다르면 파일을 직접 공유하기 어렵습니다. 예를 들어 회사에서는 리눅스 서버를 사용하는데 직원들의 컴퓨터가 윈도우라면 두 운영체제가 서로 다른 프로토콜을 사용하므로 파일을 주고받기가 쉽지 않습니다.

이때 삼바가 필요합니다. 삼바Samba는 리눅스에서 윈도우와 macOS 환경의 파일과 프린터를 공유할 수 있게 해주는 오픈 소스 소프트웨어입니다. 삼바는 두 운영체제 사이에서 번역기처럼 작동하여 마치 같은 환경에서 쓰는 것처럼 파일이나 프린터를 함께 사용할 수 있게 해줍니다.

삼바 로고

Do it! 실습 공유 디렉터리와 삼바 사용자 생성하기

삼바를 활용해 파일 서버를 구축하려면 삼바 패키지를 설치하고 공유할 디렉터리를 생성해야 합니다. 파일 공유 설정을 마친 뒤 삼바 서비스를 재시작하면 파일 서버를 사용할 수 있습니다. 단계별로 실습을 진행해 봅시다.

1 다음 명령어를 입력해 삼바 프로그램을 설치합니다. 리눅스 배포판에 따라 명령어를 입력하세요.

우분투 명령어
sudo apt install samba

로키 명령어
sudo dnf install samba

2 설치를 완료하면 파일 서버에 접속합니다. 그리고 mkdir 명령어를 사용해 파일을 주고받을 공유 디렉터리를 생성합니다.

```
mkdir share
```

3 생성한 share 디렉터리에 읽기, 쓰기, 실행 권한을 부여합니다. chmod 명령어의 인자를 777로 설정하면 소유자, 그룹, 기타 사용자가 공유 디렉터리를 읽고, 쓰고, 실행할 수 있게 됩니다.

```
chmod 777 share
```

ls -l 명령어로 확인해 보면 다음과 같이 공유 디렉터리가 음영으로 강조되어 표시됩니다.

```
yulian@Ubuntu24:~$ mkdir share
yulian@Ubuntu24:~$ chmod 777 share
yulian@Ubuntu24:~$ ls -l
total 56
drwxrwxr-x 2 yulian yulian 4096 May 15 11:57 bin
drwxr-xr-x 2 yulian yulian 4096 Feb 18 10:31 Desktop
drwxr-xr-x 2 yulian yulian 4096 Feb 16 14:07 Documents
drwxr-xr-x 2 yulian yulian 4096 Feb 16 14:07 Downloads
drwxr-xr-x 2 yulian yulian 4096 Feb 16 14:07 Music
drwxr-xr-x 3 yulian yulian 4096 Feb 16 14:20 mydata
drwxr-xr-x 2 yulian yulian 4096 Feb 16 14:07 Pictures
drwxr-xr-x 2 yulian yulian 4096 Feb 16 14:07 Public
drwxrwxrwx 2 yulian yulian 4096 May 22 05:36 share
drwx------ 5 yulian yulian 4096 Feb 18 00:14 snap
drwxr-xr-x 2 yulian yulian 4096 Feb 16 14:07 Templates
drwxrwxr-x 2 yulian yulian 4096 Apr 10 08:27 test
drwxr-xr-x 2 yulian yulian 4096 Feb 16 14:07 Videos
drwxr-xr-x 5 yulian yulian 4096 Apr 30 16:41 wordpress
yulian@Ubuntu24:~$
```

4 이제 삼바 사용자를 생성합니다. 삼바 사용자는 파일 서버에 접속할 계정을 의미하며, 리눅스에 있는 사용자 계정 중에서 추가할 수 있습니다. 삼바 사용자를 추가하는 명령어는 다음과 같습니다. 사용자명은 리눅스 사용자 계정 중에서 하나를 사용합니다.

```
sudo smbpasswd -a yulian   ← 사용자명
```

5 명령어를 실행한 후 사용자가 삼바 서버에 접속할 때 사용할 비밀번호를 입력합니다. 비밀번호를 잘못 입력할 것을 대비해 비밀번호를 한 번 더 입력하면 사용자 추가가 완료됩니다.

```
yulian@Ubuntu24:~$ sudo smbpasswd -a yulian
New SMB password:
Retype new SMB password:
Added user yulian.
yulian@Ubuntu24:~$
```

Do it! 실습 삼바 설정 파일 편집하기

삼바 설정 파일은 파일 서버에서 공유할 디렉터리와 접근 가능한 사용자, 접근 권한 등을 관리하는 환경 설정 파일입니다. 삼바 설정 파일을 편집하여 공유 디렉터리 환경을 설정해 보겠습니다.

1 삼바가 정상적으로 설치되었다면 /etc/samba 디렉터리에 삼바 설정 파일인 smb.conf가 자동으로 생성됩니다. 먼저 다음 명령어를 입력해 smb.conf 파일이 생성되었는지 확인합니다.

```
ls -l /etc/samba/smb.conf
```

명령어를 실행하면 삼바 설정 파일의 세부 정보가 출력됩니다.

> 리눅스 배포판에 따라 삼바 설정 파일이 자동으로 생성되지 않을 수도 있습니다. 이때 2단계를 실행하면 smb.conf 파일이 새로 생성됩니다.

```
yulian@Ubuntu24:~$ ls -l /etc/samba/smb.conf
-rw-r--r-- 1 root root 8917 Apr  8  2024 /etc/samba/smb.conf
```

2 빔 편집기로 삼바 설정 파일을 엽니다. smb.conf 파일은 루트 사용자 파일이므로 수정하려면 sudo 명령어를 사용해 편집기를 실행해야 합니다.

```
sudo vi /etc/samba/smb.conf
```

3 smb.conf 파일 끝에 다음 내용을 추가해 공유 디렉터리 환경을 설정합니다. path에는 앞에서 생성한 공유 디렉터리의 절대 경로를, valid users에는 삼바 사용자 계정을 입력합니다. 작성한 내용을 자세히 살펴보겠습니다.

smb.conf
```
[share] ——①
    path = /home/yulian/share ——②
    available = yes ——③
    valid users = yulian ——④
    read only = no ——⑤
    browsable = yes ——⑥
```

① **[share]**: 공유 디렉터리 이름입니다. 다른 운영체제에서 이 이름으로 삼바 서버에 접속합니다. share 대신 다른 이름을 사용해도 괜찮습니다.
② **path**: 공유 디렉터리의 실제 경로를 지정합니다. 앞에서 생성한 공유 디렉터리의 절대 경로를 입력하면 됩니다.
③ **available**: 공유 활성화 여부를 결정합니다. 만약 yes가 아닌 no로 설정하면 공유 디렉터리가 비활성화되어 사용할 수 없게 됩니다.
④ **valid users**: 공유 디렉터리에 접근할 수 있는 사용자 계정을 의미합니다. 만약 여러 사용자를 추가하고 싶다면 user1, user2와 같이 콤마로 구분합니다.
⑤ **read only**: no로 설정하면 공유 디렉터리의 쓰기 권한을 허용합니다. 즉, 다른 환경에서 파일 서버에 접속해 파일을 생성, 복사, 수정할 수 있습니다.
⑥ **browsable**: yes로 설정하면 클라이언트에서 네트워크를 탐색할 때 공유 디렉터리가 보입니다. 만약 no로 설정하면 주소를 직접 입력해야 접근할 수 있습니다.

4 설정 파일을 저장하고 다음 명령어를 입력해 삼바를 재시작합니다. 설정을 변경하면 프로그램을 다시 시작해야 반영됩니다. 삼바 서비스명은 우분투에서는 smbd이고 로키에서는 smb입니다.

우분투 명령어
```
sudo systemctl restart smbd
```

로키 명령어
```
sudo systemctl restart smb
```

삼바를 재시작하면 공유 디렉터리 환경 설정이 완료됩니다. 이제 네트워크를 설정하고 클라이언트에서 삼바 파일 서버에 접속하면 공유 디렉터리를 사용할 수 있습니다.

```
yulian@Ubuntu24:~$ sudo systemctl restart smbd
yulian@Ubuntu24:~$ sudo systemctl status smbd
● smbd.service - Samba SMB Daemon
     Loaded: loaded (/usr/lib/systemd/system/smbd.service; enabled; preset: ena>
     Active: active (running) since Thu 2025-05-22 06:02:39 UTC; 6s ago
       Docs: man:smbd(8)
             man:samba(7)
             man:smb.conf(5)
    Process: 50609 ExecCondition=/usr/share/samba/is-configured smb (code=exite>
   Main PID: 50612 (smbd)
     Status: "smbd: ready to serve connections..."
      Tasks: 3 (limit: 4501)
     Memory: 7.6M (peak: 7.8M)
        CPU: 85ms
     CGroup: /system.slice/smbd.service
             ├─50612 /usr/sbin/smbd --foreground --no-process-group
             ├─50615 "smbd: notifyd" .
             └─50616 "smbd: cleanupd "

May 22 06:02:39 Ubuntu24 systemd[1]: Starting smbd.service - Samba SMB Daemon...
May 22 06:02:39 Ubuntu24 (smbd)[50612]: smbd.service: Referenced but unset envi>
May 22 06:02:39 Ubuntu24 systemd[1]: Started smbd.service - Samba SMB Daemon.
lines 1-20/20 (END)
```

가상 머신과 호스트의 네트워크 구성 방식

이어지는 실습에서 네트워크를 설정하기 위해 먼저 가상 머신과 호스트 간의 네트워크 연결 방식을 살펴보겠습니다. 컴퓨터에 실제로 설치되어 있는 운영체제를 호스트 OS라고 하고 가상 머신 안에 설치한 운영체제를 게스트 OS라고 합니다. 우리는 02장에서 호스트 OS에 버추얼박스를 설치하고 버추얼박스에 게스트 OS로 리눅스를 설치했습니다. 가상 머신 안에서 삼바 서버를 사용하려면 가상 머신과 호스트 컴퓨터가 서로 연결될 수 있는 네트워크 환경을 이해하고 설정해야 합니다. 가상 머신과 호스트 간의 네트워크 구성 방식은 다음과 같이 크게 세 종류가 있습니다.

- **호스트 전용**host-only **어댑터**: 호스트와 가상 머신 간의 전용 네트워크를 구성하는 방식으로 외부 인터넷과 연결되지 않습니다. 호스트와 가상 머신 간에 바로 통신할 수 있습니다.
- **NAT**Network Address Translation **방식**: 가상 머신을 호스트와 다른 네트워크에 두지만 NAT 라우터를 통해 호스트의 인터넷을 간접적으로 사용할 수 있게 하는 방식입니다. 가상 머신이 호스트와 직접 통신할 필요는 없지만 인터넷 연결만 필요할 때 사용합니다. 가상 머신을 설치할 때 별도 설정을 하지 않았다면 기본으로 설정됩니다.
- **브리지**bridged **어댑터**: 가상 머신을 호스트와 같은 네트워크에 직접 연결하는 방식입니다. 가상 머신은 독립된 IP 주소를 할당받아 호스트와 동일한 네트워크에서 직접 통신할 수 있습니다.

호스트와 가상 머신 사이에 클라이언트 서버 환경을 구축하려면 호스트 전용 어댑터나 브리지 어댑터를 사용하는 것이 좋습니다. NAT 방식은 포트 포워딩을 별도로 설정하지 않으면 호스트와 가상 머신 간에 직접 통신하기가 어렵습니다. 가상 환경에서 네트워크 구성 방법을 비교하면 다음과 같습니다.

> ✪ 포트 포워딩(port forwarding)은 외부 네트워크에서 특정 포트로 들어오는 데이터를 내부 네트워크의 지정된 장치로 전달하는 기술입니다.

가상 환경에서 네트워크를 설정하는 방식

구분	호스트 전용 어댑터	NAT 방식	브리지 어댑터
인터넷 사용	불가능(단독 사용 시)	가능	가능
호스트와 가상 머신 통신	직접 접근 가능	간접 접근(포트 포워딩)	직접 접근 가능
외부와 가상 머신 통신	불가능	설정 복잡함	가능
가상 머신 간 통신	가능	불가능	가능
보안성	높음	중간	낮음
설정 난이도	보통	쉬움	보통

Do it! 실습 가상 머신의 네트워크 설정하기

호스트 컴퓨터에서 가상 머신에 설치된 삼바 파일 서버에 접속할 수 있도록 브리지 어댑터 방식을 사용해 네트워크를 설정해 보겠습니다. 호스트 OS가 설치된 컴퓨터를 클라이언트로 하여 버추얼박스의 네트워크 설정을 변경하겠습니다.

1 가상 머신이 동작하는 상태에서는 네트워크 설정을 변경할 수 없습니다. 가상 머신 창에서 실행 중인 항목을 마우스 오른쪽 버튼으로 클릭한 뒤 [Stop → 전원 끄기]를 차례로 선택해 종료합니다.

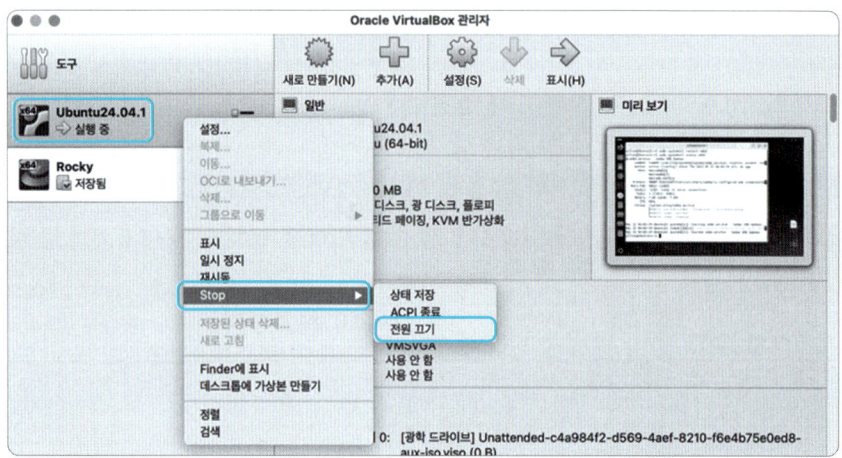

2 가상 머신이 종료되면 버추얼 박스 창 위쪽에서 [설정]을 클릭합니다. 새 창이 나타나면 왼쪽 메뉴에서 [네트워크]를 클릭하고 다음에 연결됨 영역에서 [어댑터에 브리지]를 선택합니다. 그리고 [확인]을 클릭해 저장합니다.

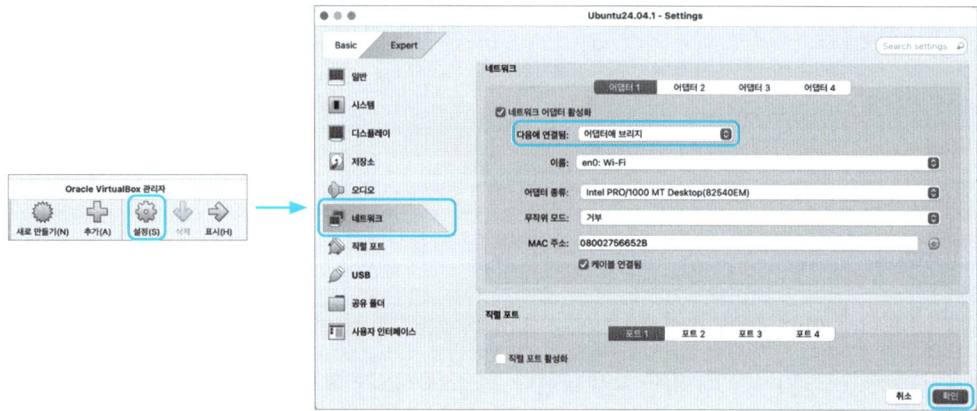

3 가상 머신을 다시 시작합니다. 실행할 항목에서 마우스 오른쪽 버튼을 클릭한 뒤 [시작 → 일반 시작]을 차례로 선택하거나 화면 위에서 [시작]을 클릭합니다.

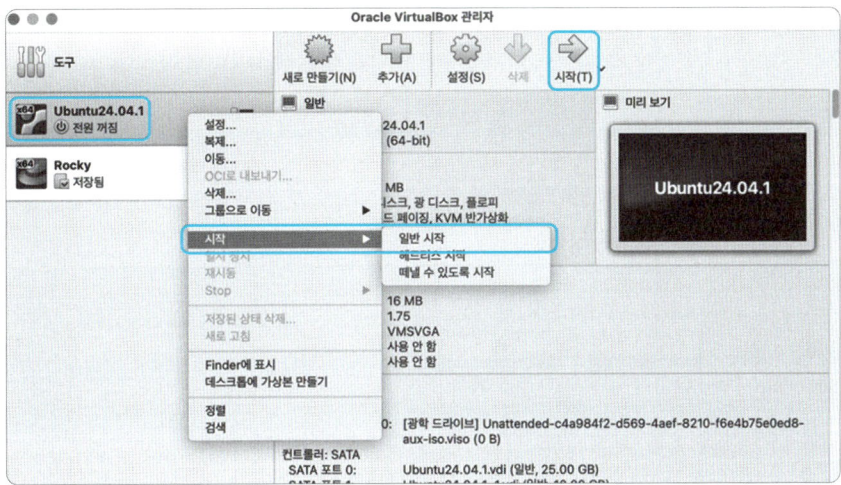

4 가상 머신이 시작되면 다음 명령어로 IP 주소를 확인합니다. 그리고 호스트와 같은 네트워크 대역인지 비교해 보겠습니다.

```
ip addr
```

명령어를 실행하면 현재 가상 머신의 IP 주소를 확인할 수 있습니다. 192.168.219.110에서 네트워크 주소는 192.168.219이고, 호스트 주소는 110임을 알 수 있습니다. 다음 단계에서 이 주소를 호스트 OS의 IP 주소와 비교해 같은 네트워크 대역을 가졌는지 확인할 수 있습니다.

```
ubuntu@ubuntu:~$ ip addr
1: lo: <LOOPBACK,UP,LOWER_UP> mtu 65536 qdisc noqueue state UNKNOWN group default qlen 1000
    link/loopback 00:00:00:00:00:00 brd 00:00:00:00:00:00
    inet 127.0.0.1/8 scope host lo
       valid_lft forever preferred_lft forever
    inet6 ::1/128 scope host noprefixroute
       valid_lft forever preferred_lft forever
2: enp0s3: <BROADCAST,MULTICAST,UP,LOWER_UP> mtu 1500 qdisc fq_codel state UP group default qlen 1000
    link/ether 08:00:27:34:5a:02 brd ff:ff:ff:ff:ff:ff
    inet 192.168.219.110/24 brd 192.168.219.255 scope global dynamic noprefixroute enp0s3
       valid_lft 21466sec preferred_lft 21466sec
    inet6 fe80::a00:27ff:fe34:5a02/64 scope link
       valid_lft forever preferred_lft forever
ubuntu@ubuntu:~$
```

5 호스트 OS가 macOS인 경우 IP 주소를 확인하는 방법은 다음과 같습니다. 화면 오른쪽 위에서 아이콘을 클릭하고 'terminal'을 검색해 터미널을 실행합니다.

터미널에 다음 명령어를 입력합니다.

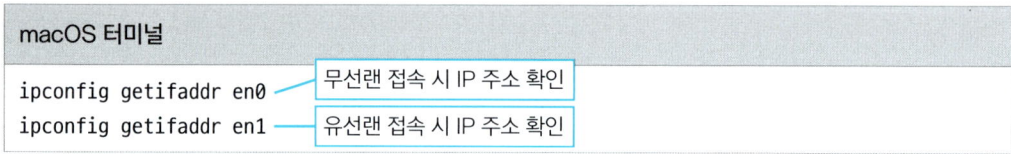

명령어를 실행해 보면 네트워크 주소가 192.168.219.105이므로 가상 머신의 네트워크 대역과 같음을 확인할 수 있습니다.

```
yulian@Yulians-MacBook-Pro ~ % ipconfig getifaddr en0
192.168.219.105
yulian@Yulians-MacBook-Pro ~ % ipconfig getifaddr en1
yulian@Yulians-MacBook-Pro ~ %
```

6 호스트 OS가 윈도우인 경우 IP 주소를 확인하는 방법은 다음과 같습니다. 화면 왼쪽 아래의 검색 창에 '명령'이라고 검색하여 [명령 프롬프트]를 실행합니다.

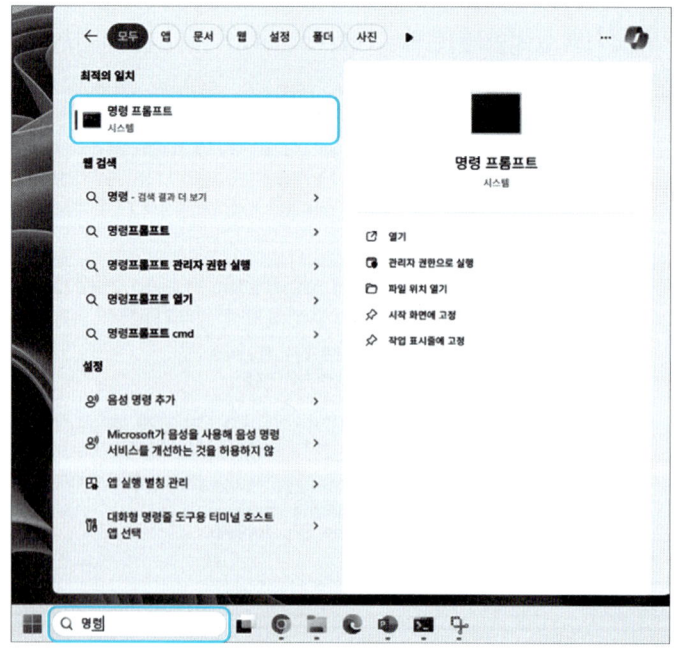

다음 명령어를 입력하면 호스트 OS에 할당된 IP 주소를 확인할 수 있습니다.

윈도우 명령 프롬프트

```
ipconfig
```

명령어를 실행해 보면 윈도우의 네트워크 주소는 192.168.219.104로 가상 머신의 네트워크 대역과 같은 것을 확인할 수 있습니다.

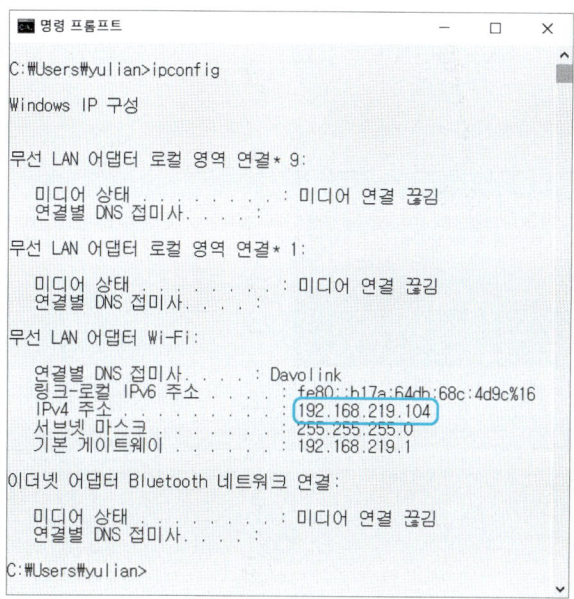

새로운 IP 주소 할당받기

1 만약 가상 머신과 호스트 OS가 서로 다른 네트워크 대역에 존재한다면, 가상 머신에 호스트와 같은 네트워크 대역을 가진 새로운 IP 주소를 할당받을 수 있습니다. 터미널에서 다음 명령어를 입력합니다. nmtui 명령어는 터미널에 기반한 네트워크 관리 도구로 네트워크 설정을 변경할 수 있습니다.

```
nmtui
```

2 명령어를 실행하고 표시된 첫 화면에서 [Edit a connection]을 선택한 뒤 Enter 를 누르면 네트워크 설정을 변경할 수 있습니다. 네트워크 인터페이스 이름인 [netplan-enp0s3]을 선택하고 방향키를 이용해 [〈Edit...〉] 메뉴로 이동한 뒤 Enter 를 누릅니다. 선택을 취소하거나 이전 화면으로 이동하려면 ESC 를 누릅니다.

✪ 네트워크 인터페이스 이름은 환경에 따라 달라질 수 있습니다.

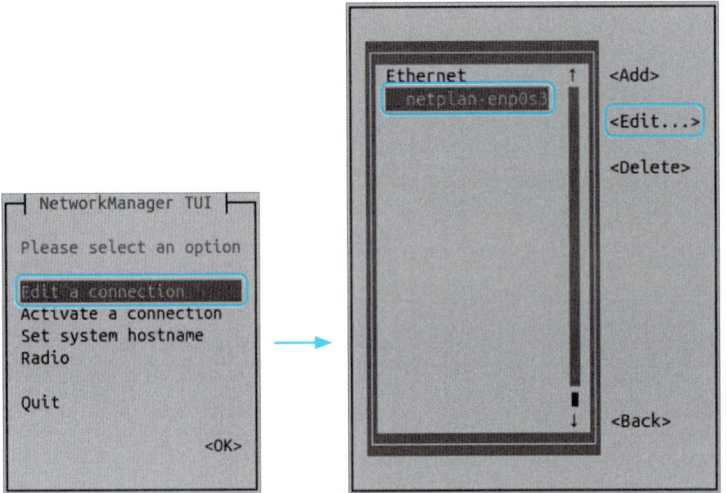

3 IPv4 CONFIGURATION 항목에서 [〈Manual〉]로 이동해 Enter 를 누르고 옵션을 [〈Automatic〉]으로 변경합니다. [〈Automatic〉]으로 변경하면 IP 주소를 자동으로 할당합니다.

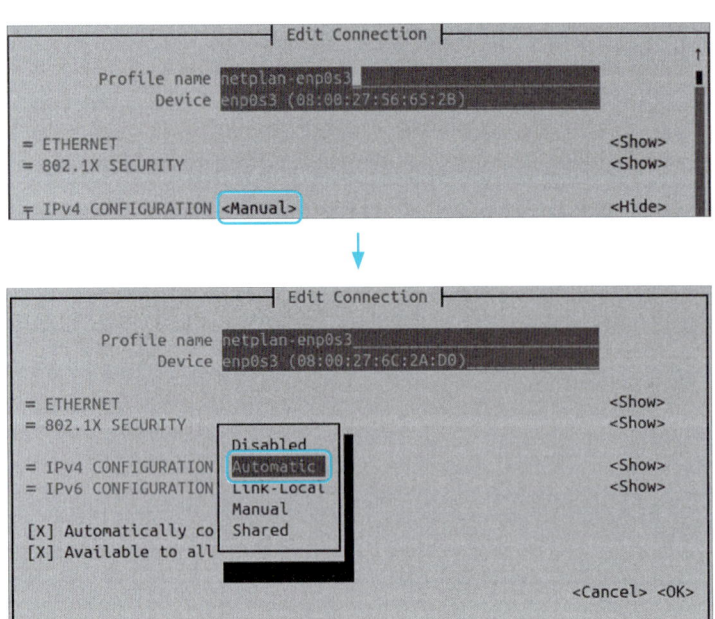

설정이 끝나면 방향키를 활용해서 맨 아래로 이동한 후 [〈OK〉]를 선택합니다.

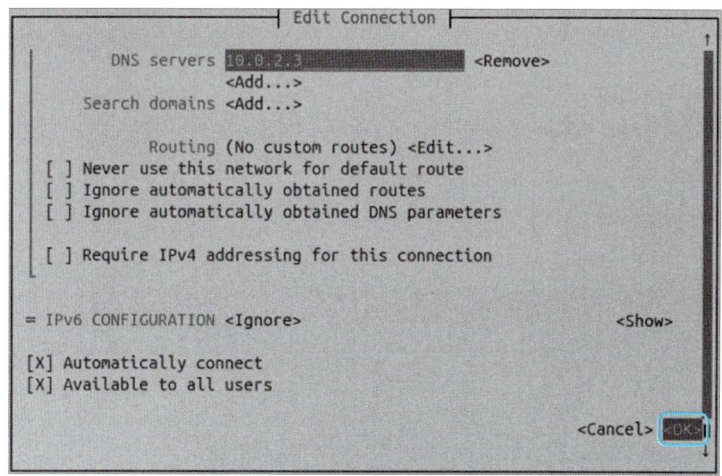

4 ESC를 눌러 첫 화면으로 돌아갑니다. 환경 설정 정보를 적용하기 위해 [Activate a connection]을 선택합니다. 여기에서 변경된 네트워크 설정을 활성화할 수 있습니다.

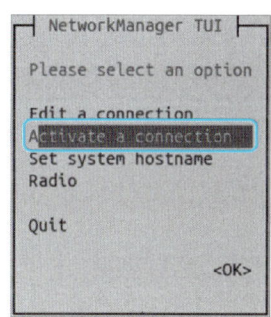

네트워크 인터페이스명 앞에 *가 표시되면 활성화된 것이고, * 표시가 없으면 비활성화된 상태입니다. 먼저 [〈Deactivate〉]를 선택해 비활성화한 뒤 다시 [〈Activate〉]를 선택해 활성화합니다. 이렇게 하면 앞에서 수정한 환경 설정 정보가 반영됩니다.

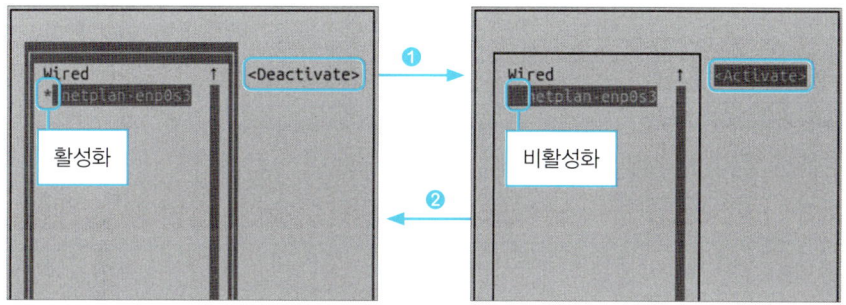

5 `ESC`를 2번 눌러 umtui 화면을 종료하고 터미널로 되돌아옵니다. 그리고 다음 명령어를 입력해 네트워크 관리자 서비스를 재시작합니다.

```
sudo systemctl restart NetworkManager
```

6 다시 IP 주소를 확인해 보면 호스트 OS와 같은 네트워크 대역에서 IP 주소를 할당받은 것을 볼 수 있습니다.

✪ 네트워크 관리자 서비스가 재시작하려면 시간이 걸릴 수 있으므로 일정 시간이 지난 뒤 IP 주소를 확인합시다.

```
ip addr
```

```
yulian@Ubuntu24:~$ ip addr
1: lo: <LOOPBACK,UP,LOWER_UP> mtu 65536 qdisc noqueue state UNKNOWN group defaul
t qlen 1000
    link/loopback 00:00:00:00:00:00 brd 00:00:00:00:00:00
    inet 127.0.0.1/8 scope host lo
       valid_lft forever preferred_lft forever
    inet6 ::1/128 scope host noprefixroute
       valid_lft forever preferred_lft forever
2: enp0s3: <BROADCAST,MULTICAST,UP,LOWER_UP> mtu 1500 qdisc pfifo_fast state UP
group default qlen 1000
    link/ether 08:00:27:56:65:2b brd ff:ff:ff:ff:ff:ff
    inet 192.168.219.107/24 brd 192.168.219.255 scope global dynamic noprefixrou
te enp0s3
       valid_lft 17607sec preferred_lft 17607sec
    inet6 fe80::a00:27ff:fe56:652b/64 scope link
       valid_lft forever preferred_lft forever
yulian@Ubuntu24:~$
```

이제 가상 머신이 호스트 OS와 동일한 네트워크 대역에서 IP 주소를 자동으로 할당받아 호스트 컴퓨터에서 삼바 서버에 접속할 수 있습니다.

 여기서 잠깐 DNS 서버란?

DNS 서버는 도메인명(www.naver.com 등)을 IP 주소로 변경해 주는 역할을 합니다. 사용자가 웹 브라우저의 주소 창에 도메인명을 입력하면 컴퓨터는 해당 도메인을 IP 주소로 변환해 해당 웹 사이트에 접속합니다. 이때 도메인을 IP 주소로 변환해 주는 서버를 DNS 서버라고 하며, 일반적으로 국내 통신사의 DNS 서버나 글로벌 공개 DNS 서버 주소를 사용합니다. 하지만 가상 머신에서는 DNS 서버를 직접 지정하지 않으면 가상화 프로그램이 DNS 서버를 가상으로 생성합니다.

Do it! 실습 클라이언트 환경에서 삼바 서버 접속하기

macOS와 윈도우에서 삼바 서버에 접속하는 방법을 알아보겠습니다.

macOS에서 삼바 서버 접속하기

1 아이콘을 선택해 파일 또는 디렉터리를 찾는 프로그램인 파인더 Finder를 실행한 뒤 [Go → Connect to Server…]를 선택합니다. 또는 파인더를 실행한 상태에서 단축키 Command + K 를 눌러도 됩니다.

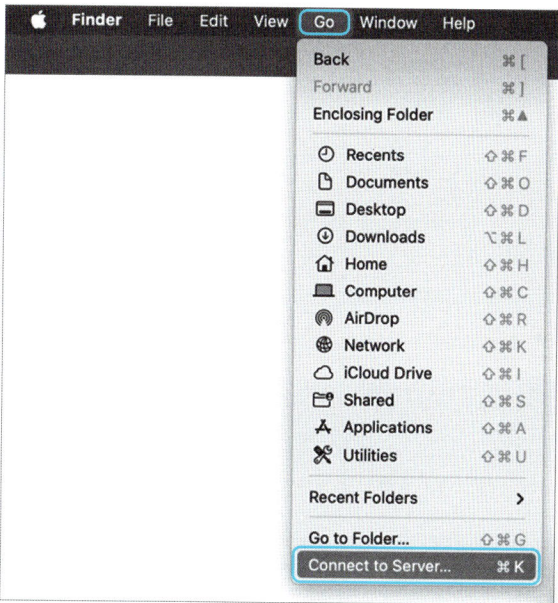

2 나타나는 서버 연결 창의 주소 창에 다음과 같은 형식으로 서버의 IP 주소와 공유 디렉터리명을 입력합니다.

🔵 IP주소는 각자 환경에 맞게 입력하세요.

IP 주소와 공유 디렉터리명을 올바르게 입력한 후 [Connect]를 클릭하면 삼바 파일 서버에 접속을 시도합니다.

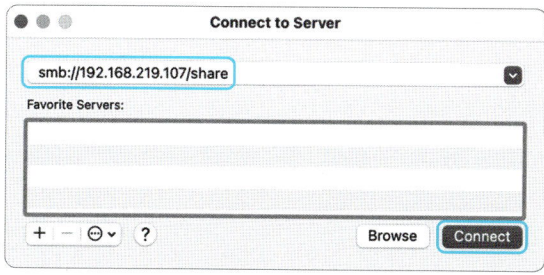

3 정상으로 연결되면 삼바 서버에 접속할 사용자 계정과 비밀번호 입력 창이 나타납니다. 계정명과 비밀번호를 입력한 후 [Connect]를 클릭하면 파인더에서 삼바 파일 서버가 연결됩니다. 삼바 공유 디렉터리가 USB나 외장 하드를 연결한 것처럼 인식되어 사용할 수 있습니다.

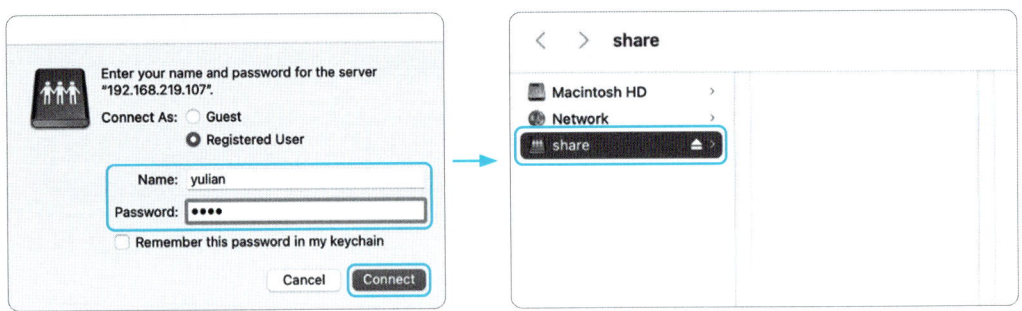

4 만약 계속 접속 중이라는 메시지만 표시되고 연결되지 않는다면 네트워크 방화벽을 확인해야 합니다. 삼바 파일 서버는 특정 포트를 사용하므로 해당 포트를 방화벽에서 열어 주어야 합니다. 리눅스 방화벽 명령어를 사용해 삼바 파일 서버에서 필요한 포트를 허용으로 설정합니다.

우분투 명령어

```
sudo ufw allow samba
```

로키 명령어

```
sudo firewall-cmd --permanent --add-service=samba
sudo firewall-cmd --reload
```

5 삼바 파일 서버로 연결이 완료되면 macOS와 가상 머신 간에 파일을 자유롭게 주고받을 수 있습니다. 가상 머신에서 touch 명령어로 테스트 파일을 생성하면 호스트 컴퓨터에서도 해당 파일이 나타납니다. 반대로 호스트 컴퓨터의 share 디렉터리에 파일을 복사하면 가상 머신에서도 동일한 파일을 확인할 수 있습니다.

```
touch test.txt
```

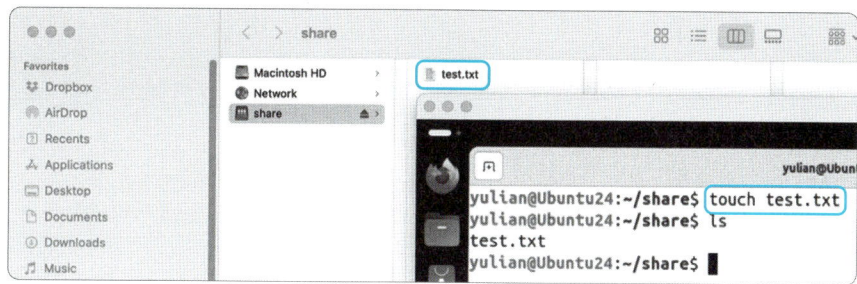

윈도우에서 삼바 서버 접속하기

1 가상 머신의 터미널에 리눅스 방화벽 명령어를 입력해 삼바 파일 서버에서 필요한 포트를 허용으로 설정합니다.

우분투 명령어

```
sudo ufw allow samba
```

로키 명령어

```
sudo firewall-cmd --permanent --add-service=samba
sudo firewall-cmd --reload
```

2 윈도우 검색 창에 '파일 탐색기'를 입력해 검색한 후 파일 탐색기를 엽니다.

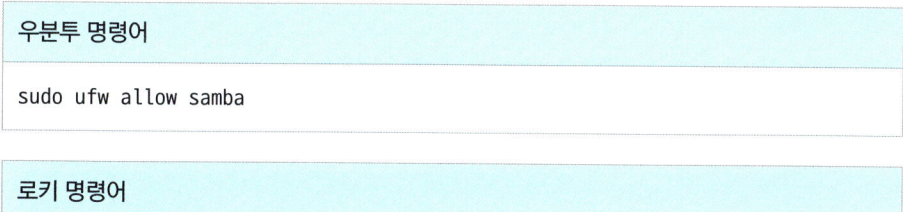

3 파일 탐색기의 주소 창에 실제 환경에 맞게 IP 주소와 공유 폴더명을 입력합니다.

```
\\192.168.219.108\share
```

4 새 창이 나타나면 삼바 사용자 계정의 이름과 암호를 입력하고 [확인]을 클릭합니다.

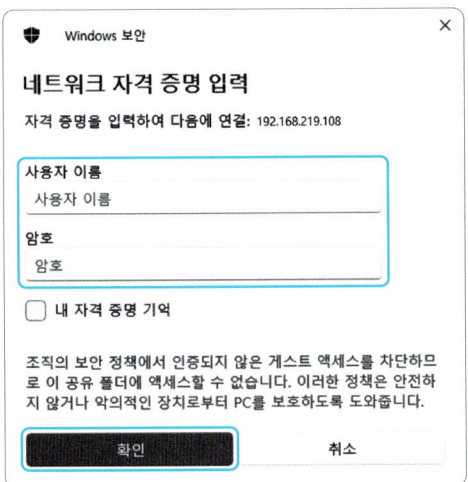

윈도우가 설치된 클라이언트에서도 동일한 파일이 공유되는 것을 확인할 수 있습니다.

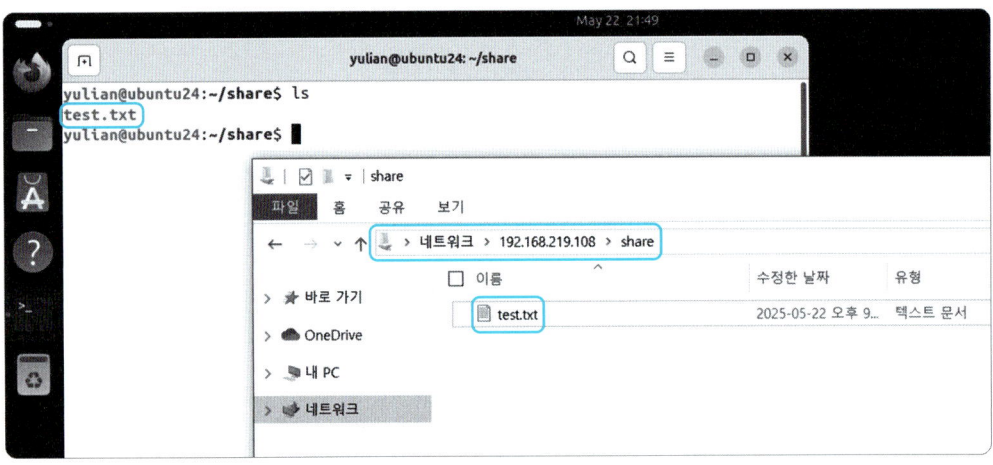

09-3
NFS로 파일 서버 구축하기

09-2절 실습에서는 호스트 OS와 가상 머신 사이에 삼바 파일 서버를 구축했습니다. 이번 절에서는 같은 네트워크에 있는 두 가상 머신 간에 파일 서버와 클라이언트를 설정하게 해주는 NFS에 대해 알아보고 직접 파일을 공유해 보겠습니다.

NFS란?

NFS^{Network File System}는 네트워크에 연결된 다른 컴퓨터 디렉터리를 로컬 디렉터리처럼 마운트해 사용할 수 있게 해주는 파일 공유 시스템입니다. 삼바가 주로 윈도우와 리눅스 사이의 파일 공유에 활용된다면, NFS는 리눅스나 유닉스 환경에서 파일을 빠르게 공유할 때 사용합니다.

> 마운트(mount)는 연결된 네트워크 자원을 로컬 파일 시스템에 통합해서 실제로 사용할 수 있게 만드는 작업을 말합니다. 예를 들어 외부 저장소나 공유 자원을 현재 파일 시스템에서 사용하려면 마운트해야 합니다.

NFS를 사용하면 가상 머신 간에도 파일을 안정적으로 공유할 수 있습니다. 이를 위해 브리지 어댑터 방식으로 네트워크를 구성하면 가상 머신들이 호스트와 동일한 네트워크 대역에서 통신할 수 있습니다.

다음처럼 가상 머신 1은 NFS 서버로, 가상 머신 2는 NFS 클라이언트로 설정하면 가상 머신 1이 공유한 디렉터리를 로컬 디렉터리처럼 연결해 사용할 수 있습니다. 이러한 구조를 활용하면 가상 머신 간의 파일 전송뿐만 아니라 프로젝트 소스 코드, 설정 파일, 로그 데이터 등을 여러 시스템에서 동시에 접근하고 관리할 수 있어서 협업 환경을 구축하는 데 유용합니다.

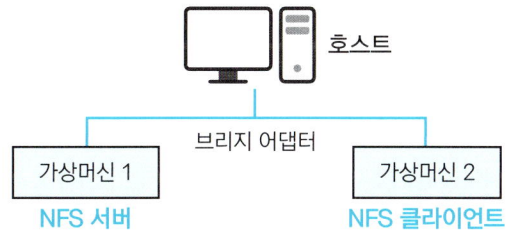

NFS를 위한 네트워크 구성하기

Do it! 실습   NFS 서버 설정하기

이번 실습에서는 NFS 서버를 설치하고 설정해 보겠습니다. 리눅스 운영체제가 설치된 2개의 가상 머신을 각각 서버와 클라이언트로 사용해 실습을 진행합니다. 02장에서 설치한 우분투와 로키를 사용하거나 다른 리눅스 배포판을 가상 머신에 설치하여 실습을 진행하세요. 가상 머신 간에 통신하고 인터넷도 사용할 수 있도록 브리지 어댑터 방식을 이용해 네트워크 환경을 구성합니다.

> 💡 앞에서 네트워크 설정을 하지 않았다면 301쪽 '[Do it! 실습] 가상 머신의 네트워크 설정하기'를 참고하세요.

1 준비한 가상 머신 2개 중에서 하나를 NFS 서버로 설정합니다. 리눅스 배포판에 따라 명령어를 입력해 NFS 서버를 설치합니다.

우분투 명령어

```
sudo apt install nfs-kernel-server
```

로키 명령어

```
sudo dnf install nfs-utils
```

2 NFS 서버에서 클라이언트가 접속할 수 있는 공유 디렉터리를 생성합니다. 그리고 공유 디렉터리에 읽기, 쓰기, 실행 권한을 부여합니다. 이렇게 하면 클라이언트가 파일을 자유롭게 읽고 쓰고 실행할 수 있습니다.

```
mkdir share
chmod 777 share
```

```
yulian@Ubuntu24:~$ pwd        ← NFS 서버용 가상 머신
/home/yulian
yulian@Ubuntu24:~$ mkdir share
yulian@Ubuntu24:~$ chmod 777 share
yulian@Ubuntu24:~$ ls -l
total 56
drwxrwxr-x 2 yulian yulian 4096 May 15 11:57 bin
drwxr-xr-x 2 yulian yulian 4096 Feb 18 10:31 Desktop
drwxr-xr-x 2 yulian yulian 4096 Feb 16 14:07 Documents
drwxr-xr-x 2 yulian yulian 4096 Feb 16 14:07 Downloads
drwxr-xr-x 2 yulian yulian 4096 Feb 16 14:07 Music
drwxr-xr-x 3 yulian yulian 4096 Feb 16 14:20 mydata
drwxr-xr-x 2 yulian yulian 4096 Feb 16 14:07 Pictures
drwxr-xr-x 2 yulian yulian 4096 Feb 16 14:07 Public
drwxrwxrwx 2 yulian yulian 4096 May 22 05:36 share
drwx------ 5 yulian yulian 4096 Feb 18 00:14 snap
drwxr-xr-x 2 yulian yulian 4096 Feb 16 14:07 Templates
```

3 이제 NFS 서버의 공유 정책을 정의하기 위해 설정 파일을 수정해 보겠습니다. 먼저 NFS 클라이언트로 사용할 또 다른 가상 머신을 열고 네트워크 정보를 확인하는 ip addr 명령어를 사용해 IP 주소를 확인하고 기록해 둡니다.

```
ip addr
```

```
user@ubuntu25:~$ ip addr        NFS 클라이언트용 가상 머신
1: lo: <LOOPBACK,UP,LOWER_UP> mtu 65536 qdisc noqueue state UNKNOWN group default qlen 1000
    link/loopback 00:00:00:00:00:00 brd 00:00:00:00:00:00
    inet 127.0.0.1/8 scope host lo
       valid_lft forever preferred_lft forever
    inet6 ::1/128 scope host noprefixroute
       valid_lft forever preferred_lft forever
2: enp0s3: <BROADCAST,MULTICAST,UP,LOWER_UP> mtu 1500 qdisc pfifo_fast state UP group default qlen 1000
    link/ether 08:00:27:8a:36:25 brd ff:ff:ff:ff:ff:ff
    inet 192.168.219.109/24 brd 192.168.219.255 scope global dynamic noprefixroute enp0s3
       valid_lft 19683sec preferred_lft 19683sec
    inet6 fe80::a00:27ff:fe8a:3625/64 scope link
       valid_lft forever preferred_lft forever
user@ubuntu25:~$
```

4 NFS 서버로 사용할 가상 머신으로 다시 돌아와 NFS 서버 설정 파일인 /etc/exports를 빔 편집기에서 엽니다. /etc/exports 파일은 루트 사용자 권한이 필요하므로 sudo 명령어를 함께 사용합니다.

```
sudo vi /etc/exports
```

5 /etc/exports 파일에 공유 디렉터리 경로와 NFS 클라이언트의 IP 주소, 권한 옵션을 순서대로 입력합니다. (rw, sync)은 클라이언트가 파일을 읽고 쓸 수 있도록 허용하고 파일을 쓸 때 서버가 실제 디스크에 기록될 때까지 기다려 안전하게 처리되도록 설정하는 권한 옵션입니다.

💡 사용자명과 NFS 클라이언트의 IP 주소는 환경에 맞게 작성합니다.

/etc/exports

```
/home/yulian/share 192.168.219.109(rw,sync)
```

사용자명 — /home/**yulian**/share
IP 주소 — 192.168.219.109

```
# /etc/exports: the access control list for filesystems which may be exported
#               to NFS clients.  See exports(5).
#
# /srv/nfs4         gss/krb5i(rw,sync,fsid=0,crossmnt,no_subtree_check)
# /srv/nfs4/homes   gss/krb5i(rw,sync,no_subtree_check)
#
/home/yulian/share 192.168.219.109(rw,sync)
```

6 /etc/exprots 파일을 저장한 후 exportfs 명령어로 /etc/exports 파일에 설정한 공유 디렉터리를 네트워크에 공유합니다. /etc/exports 파일에 정의된 모든 디렉터리를 내보내려면 -a 옵션을 사용합니다. 새로 공유 설정을 했다면 반드시 NFS 서비스를 재시작해야 적용됩니다.

> 이미 한 번 공유한 디렉터리를 다시 공유할 때는 -r 옵션을 사용하면 NFS 서비스를 재시작하지 않아도 되므로 편리합니다.

```
sudo exportfs -a
```

7 변경 사항을 적용하기 위해 NFS 서버를 재시작합니다. 리눅스 배포판에 따라 명령어를 입력합니다.

우분투 명령어

```
sudo systemctl restart nfs-kernel-server
```

로키 명령어

```
sudo systemctl restart nfs-server
```

8 exportfs 명령어에 -v 옵션을 사용해 정상으로 설정되었는지 확인합니다. 입력하지 않은 내용이 추가된 것은 기본값이므로 무시해도 됩니다.

```
sudo exportfs -v
```

```
yulian@Ubuntu24:~$ sudo exportfs -v
/home/yulian/share
                192.168.219.109(sync,wdelay,hide,no_subtree_check,sec=sys,rw
,secure,root_squash,no_all_squash)
yulian@Ubuntu24:~$
```

9 마지막으로 방화벽을 설정합니다. 리눅스 배포판에 따라 다음 명령어를 입력해 방화벽에서 NFS 서버 접근을 허용하여 NFS 클라이언트가 서버에 연결할 수 있도록 설정합니다.

우분투 명령어
sudo ufw allow nfs

로키 명령어
sudo firewall-cmd --permanent --add-service=nfs sudo firewall-cmd --permanent --add-service=mountd sudo firewall-cmd --permanent --add-service=rpc-bind sudo firewall-cmd --reload

 여기서 잠깐 /etc/exports 파일의 권한 옵션

/etc/exports 파일에서 다양한 권한 옵션을 사용할 수 있습니다. 옵션별 설명과 사용법은 다음과 같습니다.

/etc/exports 파일의 옵션

옵션	설명	사용법
ro	읽기 전용	로그 공유 등
rw	읽기/쓰기 모두 허용	파일 업로드, 백업 등
sync	모든 쓰기 작업을 디스크에 동기화한 후 응답	기본값(권장)
async	쓰기 작업을 메모리에 저장한 후 디스크 쓰기	성능을 최적화할 때 권장하는 방법. 안정성을 보장하지 않음
no_subtree_check	공유 디렉터리가 하위 디렉터리일 때 경로 검사 생략	성능을 최적화할 때 권장하는 방법
subtree_check	공유 디렉터리가 하위 디렉터리일 때 경로 검사	기본값. 보안이 중요할 때 권장하는 방법
root_squash	클라이언트의 루트 사용자를 익명 사용자로 매핑	보안이 강화된 네트워크에 활용
no_root_squash	클라이언트의 루트 사용자를 그대로 유지	신뢰할 수 있는 내부 네트워크에서 활용. 안정성을 보장하지 않음

Do it! 실습   NFS 클라이언트 설정하고 NFS 서버에 접속하기

NFS 서버와 클라이언트 간에 파일을 공유하는 방법을 살펴보겠습니다. 클라이언트는 NFS 서버의 공유 디렉터리에 마운트하여 로컬 디렉터리처럼 사용할 수 있습니다. 이 과정에서 네트워크를 통한 파일 공유와 마운트를 익혀 보겠습니다.

1 NFS 서버에 접속하려면 클라이언트 쪽에서도 NFS 프로그램이 필요합니다. 클라이언트로 사용할 또 다른 가상 머신을 열고 리눅스 배포판에 따라 명령어를 입력해 NFS 클라이언트 프로그램을 설치합니다.

우분투 명령어
sudo apt install nfs-common

로키 명령어
sudo dnf install nfs-utils

2 NFS 클라이언트에서 NFS 서버의 공유 디렉터리에 연결할 위치를 생성합니다. 여기서는 /mnt 경로 아래에 share 디렉터리를 만듭니다. mkdir 명령어의 -p 옵션을 사용하면 경로 중간에 비어 있는 디렉터리도 자동으로 함께 생성합니다.

```
sudo mkdir -p /mnt/share
```

3 이제 mount 명령어를 사용해 NFS 서버를 /mnt/share 디렉터리와 연결합니다.

> NFS 서버의 IP 주소와 사용자명은 실제 여러분 환경에 맞게 바꿔서 입력하세요.

4 마운트가 성공하면 명령어를 실행했을 때 에러 메시지가 출력되지 않습니다. NFS서버와 NFS 클라이언트가 제대로 연결되었는지 확인하려면 df 명령어나 mount 명령어를 사용합니다.

```
df -h
```

```
user@ubuntu25:~$ df -h
Filesystem                          Size  Used Avail Use% Mounted on
tmpfs                               382M  1.6M  381M   1% /run
/dev/sda2                            25G  9.1G   15G  40% /
tmpfs                               1.9G     0  1.9G   0% /dev/shm
tmpfs                               5.0M  8.0K  5.0M   1% /run/lock
tmpfs                               382M  112K  382M   1% /run/user/1000
192.168.219.107:/home/yulian/share   25G  8.7G   15G  38% /mnt/share
user@ubuntu25:~$
```

grep 명령어를 함께 사용해 nfs라는 단어가 포함된 줄만 표시하면 NFS로 마운트된 공유 디렉터리만 쉽게 확인할 수 있습니다.

```
mount | grep nfs
```

```
user@ubuntu25:~$ mount | grep nfs
192.168.219.107:/home/yulian/share on /mnt/share type nfs4 (rw,relatime,vers=4.2
,rsize=524288,wsize=524288,namlen=255,hard,proto=tcp,timeo=600,retrans=2,sec=sys
,clientaddr=192.168.219.109,local_lock=none,addr=192.168.219.107)
user@ubuntu25:~$
```

마운트가 완료되면 NFS 서버와 NFS 클라이언트의 디렉터리가 연결되어 한쪽에서 만든 파일을 다른 쪽에서도 그대로 볼 수 있습니다.

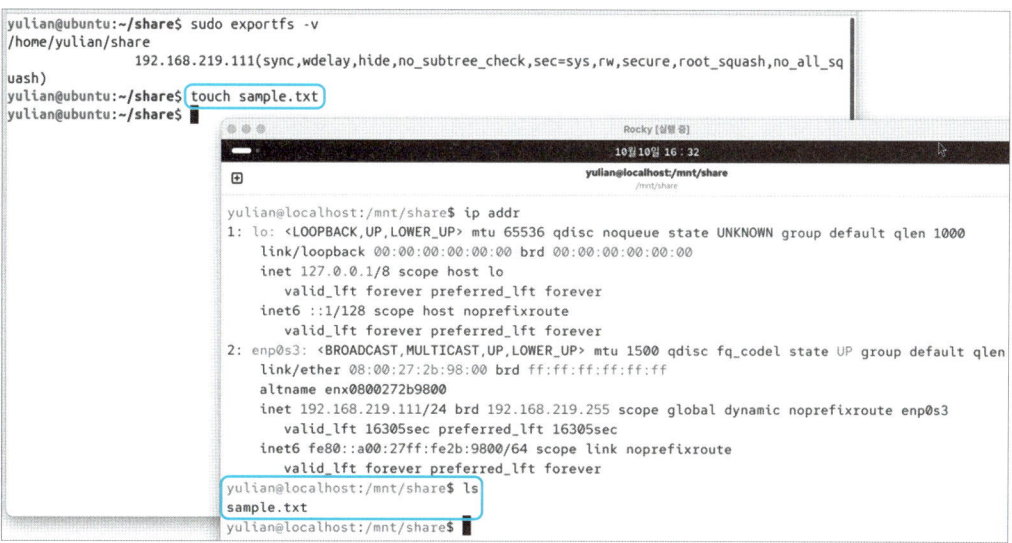

Do it! 실습 · 자동 마운트 설정하기

NFS 클라이언트와 NFS 서버를 마운트했지만 시스템을 재부팅하면 매번 다시 연결해야 해서 번거롭습니다. 해결 방법은 간단합니다. NFS 클라이언트의 /etc/fstab 파일을 수정하면 시스템이 부팅될 때 자동으로 NFS 서버가 마운트되도록 설정할 수 있습니다.

1 빔 편집기로 NFS 클라이언트의 /etc/fstab 파일을 엽니다.

```
sudo vi /etc/fstab
```

다음 형식에 맞춰 NFS 서버의 자동 마운트 정보를 /etc/fstab 파일에 추가하겠습니다.

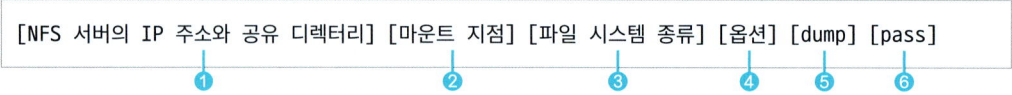

❶ **NFS 서버의 IP 주소와 공유 디렉터리**: 마운트할 때 사용한 서버 경로와 동일하게 입력합니다.
❷ **마운트 지점**: 클라이언트에서 NFS를 마운트할 목적으로 생성한 디렉터리 경로입니다.
❸ **파일 시스템 종류**: nfs로 입력합니다.
❹ **옵션**: defaults로 입력해 기본 옵션을 사용합니다.
❺ **dump**: 백업 명령어로, 백업 대상이 아닌 경우 0을 사용합니다.
❻ **pass**: 시스템을 부팅할 때 파일 시스템의 검사 순서에서 우선순위를 결정합니다. 루트 파일 시스템은 1, 다른 파일 시스템은 2로 설정하고, 부팅할 때 검사하지 않는다면 0을 사용합니다. 일반적으로 0으로 설정합니다.

2 /etc/fstab 파일에서 맨 아래에 다음 내용을 추가합니다. NFS 서버의 IP 주소와 공유 디렉터리, NFS 클라이언트의 마운트 지점은 실제 여러분의 환경에 맞춰서 변경합니다.

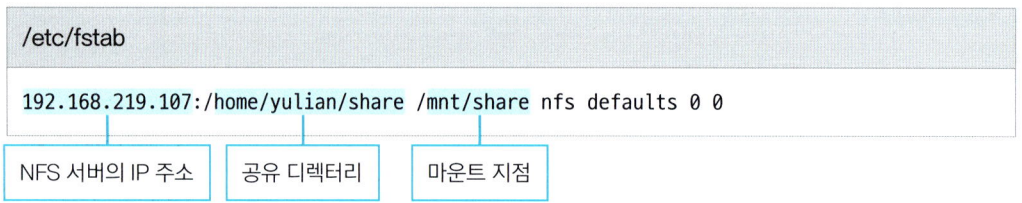

3 파일을 저장하고 빔 편집기를 종료한 후 다음 명령어를 실행해 시스템을 재부팅합니다.

```
sudo reboot
```

재부팅한 후에도 NFS 클라이언트의 share 디렉터리에서 NFS 서버의 파일이 그대로 보이면 자동 마운트가 성공한 것입니다.

되새김 문제

1. 빈칸에 알맞은 말을 써넣어 문장을 완성하시오.

   근거리 통신망으로, 같은 건물이나 사무실 내에서 컴퓨터를 연결하는 네트워크를 _____(이)라고 한다.

2. 다음 중 IP 주소를 설명한 내용으로 옳지 않은 것은?
   ① 네트워크상의 장치를 구분하는 주소이다.
   ② IPv4는 32비트 주소 체계를 사용한다.
   ③ IPv6는 128비트 주소 체계를 사용한다.
   ④ IP 주소는 항상 고정되어 변경할 수 없다.

3. 리눅스 간에 파일 시스템을 공유할 수 있게 해주는 네트워크 프로토콜은 무엇인가요?
   ① FTP
   ② SSH
   ③ NFS
   ④ SMB

4. 빈칸에 알맞은 말을 써넣어 문장을 완성하시오.

   NFS 서버의 공유 설정 정보를 클라이언트에 적용하기 위해 변경 사항을 즉시 반영하는 명령어는 sudo _____ -r 이다.

5. 다음 중 사설 IP 주소 대역에 속하는 것은 무엇인가요?
   ① 8.8.8.8
   ② 10.0.0.5
   ③ 172.100.0.1
   ④ 192.1.1.1

정답 1. 랜(LAN) 2. ④ 3. ③ 4. exports 5. ②

10장

사물 인터넷 장치 만들기

10장에서는 리눅스를 활용해 사물 인터넷 장치를 만들어 보겠습니다. 라즈베리파이에 리눅스 기반 운영체제인 라즈베리파이 OS를 설치하고 원격으로 접속해 리눅스 명령어로 제어하는 실습을 진행합니다.

10-1 ◆ 리눅스와 사물 인터넷 장치

10-2 ◆ 라즈베리파이 운영체제

10-3 ◆ 라즈베리파이와 리눅스 명령어

학습 목표
- 사물 인터넷과 라즈베리파이의 관계를 이해하고 설명할 수 있다.
- 라즈베리파이 운영체제를 설치할 수 있다.
- 라즈베리파이에 접속해 리눅스 명령어로 제어할 수 있다.

10-1
리눅스와 사물 인터넷 장치

리눅스는 오픈소스이면서 가볍고 보안 기능이 뛰어나 서버나 데스크톱뿐만 아니라 사물 인터넷 환경에서도 널리 사용됩니다. 이 절에서는 리눅스를 활용하는 사물 인터넷과 라즈베리파이가 무엇인지 살펴보고 라즈베리파이의 종류도 알아보겠습니다.

사물 인터넷과 라즈베리파이

사물 인터넷Internet of Things, IoT은 여러 가지 사물에 센서와 통신 기능을 넣어 인터넷에 연결하는 기술을 말합니다. 이렇게 연결된 사물들은 데이터를 주고받으며 다양한 서비스를 제공합니다. 사물 인터넷 기기에 들어가는 시스템은 크기가 작고 가격이 저렴하며 유무선 통신을 지원할 수 있어야 합니다.

이 조건을 만족하는 대표적인 기기가 라즈베리파이Raspberry Pi입니다. 라즈베리파이는 영국 라즈베리파이 재단에서 컴퓨터 교육을 목적으로 만든 초소형 컴퓨터입니다. 라즈베리파이는 저렴한 가격 덕분에 대규모 사물 인터넷 프로젝트의 비용을 줄일 수 있으며

라즈베리파이 로고

크기가 작아서 설치 공간도 거의 제약을 받지 않습니다. 또한 다양한 입출력 핀과 유무선 통신 기능을 지원해 센서나 네트워크 장치와 쉽게 연결할 수 있습니다.

라즈베리파이를 사용하려면 운영체제를 설치해야 하는데, 이때 주로 리눅스 기반 운영체제를 사용합니다. 리눅스는 오픈소스이면서 가볍고 보안 기능이 뛰어나 사물 인터넷 환경에 적합하기 때문입니다. 따라서 사물 인터넷 기기의 안정된 동작과 확장성을 위해 리눅스 운영체제는 필수라고 할 수 있습니다.

라즈베리파이의 종류

라즈베리파이는 2012년 B 모델을 시작으로 꾸준히 발전하면서 새 모델을 출시해 왔습니다. 이후 유선 랜 기능이 없고 메모리가 256MB인 A 모델이 추가되었으며, 크기와 성능에 따라 크게 3가지 제품군으로 구분할 수 있습니다.

라즈베리파이

첫 번째는 신용카드 크기의 소형 컴퓨터인 라즈베리파이로 모델 1~5까지 출시되었습니다. 성능이 가장 좋은 제품군으로, 대규모 사물 인터넷 프로젝트나 고성능 연산을 해야 하는 환경에서 사용합니다.

라즈베리파이 5
(이미지 출처: en.wikipedia.org/wiki/Raspberry_Pi)

라즈베리파이 제로

두 번째는 라즈베리파이 제로입니다. 기존의 라즈베리파이에 비해 크기가 절반 정도로 작고 가벼운 모델입니다. 메모리의 크기나 처리 속도는 기존 라즈베리파이에 비해 다소 부족하지만 크기가 작아 착용형 장치나 소형 사물 인터넷 기기 제작에 적합니다.

라즈베리파이 제로
(이미지 출처: en.wikipedia.org/wiki/Raspberry_Pi)

라즈베리파이 피코

마지막으로 운영체제 없이 특정 작업만 수행하도록 설계된 마이크로컨트롤러 기반 모델인 라즈베리파이 피코 Raspberry Pi Pico입니다. 마이크로컨트롤러 Microcontroller는 중앙 처리 장치인 CPU와 메모리, 입출력 장치 등을 하나의 칩에 통합한 소형 전자 부품입니다. 대표적인 예로 아두이노와 라즈베리파이 피코가 있습니다. 라즈베리파이 피코는 메모리가 264KB로 매우 작아서

라즈베리파이 피코
(이미지 출처: en.wikipedia.org/wiki/Raspberry_Pi)

음성이나 이미지 파일을 저장할 수 없고 운영체제 역시 설치할 수 없습니다. 라즈베리파이 피코는 저전력, 소형화, 실시간 제어 등과 같이 특정 목적으로 프로그램을 실행하는 데 적합합니다.

 여기서 잠깐 라즈베리파이 피코와 아두이노 우노

아두이노 우노는 라즈베리파이 피코처럼 마이크로컨트롤러를 탑재해 활용할 수 있도록 만든 회로 기판입니다. 둘 다 임베디드 시스템 개발과 교육 목적으로 활용됩니다. 하지만 마이크로컨트롤러 보드의 종류, 프로그래밍 언어, 메모리의 크기, 입출력 핀의 개수, 개발 환경 등 다양한 차이점이 있습니다. 따라서 만들고자 하는 응용 시스템의 목적과 범위, 성능에 따라 마이크로컨트롤러를 선택하는 것이 좋습니다.

라즈베리파이 피코의 플래시 메모리와 램^{RAM}은 각각 2 메가바이트와 264 킬로바이트로 아두이노 우노의 메모리와 램보다 상대적으로 큽니다. 또한 라즈베리파이 피코의 입출력 핀도 26개로 14개인 아두이노 우노보다 확장성이 좋지만, 아날로그 입력 핀의 개수는 아두이노 우노가 많습니다. 이렇게 라즈베리파이 피코와 아두이노 우노에는 명확한 차이점이 있으므로 어떤 장치를 만들지에 따라 보드를 선택해야 합니다.

라즈베리파이 피코와 아두이노 우노의 특징

구분	라즈베리파이 피코	아두이노 우노
마이크로컨트롤러	RP2040	ATmega328P
코어	듀얼 ARM Cortex-M0+ @ 133MHz	8-bit AVR @ 16MHz
플래시 메모리	2 메가바이트	32 킬로바이트
램	264 킬로바이트	2 킬로바이트
입출력 핀	26개의 GPIO 핀	14개의 디지털 I/O 핀(6개 PWM)
아날로그 입력	3개의 12-bit ADC 채널	6개의 10-bit ADC 채널
통신 인터페이스	UART(2개), SPI(2개), I2C(2개), PWM(16개)	UART(1개), SPI(1개), I2C(1개)
프로그래밍 언어	MicroPython, C/C++	Skech 언어(C++ 기반)
개발 환경	Thonny IDE	Arduino IDE

10-2
라즈베리파이 운영체제

라즈베리파이에서 사용할 수 있는 운영체제의 종류를 간단히 살펴보고, 라즈베리파이에 리눅스 운영체제를 설치하는 방법을 알아보겠습니다. 이를 통해 사물 인터넷 기기의 기본 구성을 이해하고 라즈베리파이를 활용한 실습 환경을 준비해 보겠습니다.

라즈베리파이 운영체제의 종류

라즈베리파이는 기본 운영체제로 라즈베리파이 OS^{Operating System}를 제공합니다. 라즈베리파이 OS는 데비안 리눅스 기반으로 제작된 운영체제로 범용성이 높아 교육, 프로그래밍 학습, 프로젝트 개발에 가장 많이 사용합니다. 라즈베리파이에는 라즈베리파이 OS 외에도 특정 목적에 맞는 다양한 운영체제를 설치하고 사용할 수 있습니다.

레트로파이^{RetroPie}는 라즈베리파이를 고전 게임 콘솔로 만들 수 있는 운영체제입니다. 레트로파이와 게임 소프트웨어인 롬^{ROM} 파일을 함께 설치하면 오락실에서 즐기던 게임을 라즈베리파이로 플레이할 수 있습니다.

윈도우 IoT 코어는 마이크로소프트에서 제공하는 사물 인터넷 장치용 운영체제로, 마이크로소프트에서 제공하는 음성 인식 API를 사용해 음성으로 동작하는 장치를 만들거나 조명, 온도 조절기, 보안 시스템과 같은 홈 자동화 시스템을 만들 때 사용할 수 있습니다.

> ✪ API(Application Programming Interface)는 소프트웨어 간에 데이터를 주고받을 수 있도록 정의한 규칙 모음입니다.

칼리 리눅스^{Kali Linux}는 보안 전문가와 해커들이 사용하는 보안에 특화된 리눅스 배포판입니다. 과학적 증거수집 목적의 디지털 포렌식, 보안 취약점을 찾기 위한 침투 테스트, 이미 만들어진 소프트웨어를 통해 설계도를 추적하는 역공학 등에 사용할 수 있습니다.

이 외에도 다양한 운영체제를 라즈베리파이에 설치해 사용할 수 있으므로 어떤 목적으로 라즈베리파이를 사용할지 먼저 고민하고 적절한 운영체제가 있는지 찾아보는 것이 좋습니다. 만약 특별한 목적이 없거나 범용 기기를 만들고 싶다면 라즈베리파이 기본 운영체제인 라즈베리파이 OS를 사용하는 것을 권장합니다.

운영체제 설치 및 부팅 과정 미리 보기

운영체제는 일반적으로 사용할 컴퓨터에 USB 메모리나 콤팩트 디스크Compact Disk, CD 등을 연결해 안내에 따라 설치합니다 하지만 라즈베리파이와 같은 임베디드 시스템은 설치 방식과 사용 환경이 다릅니다. 라즈베리파이 운영체제를 설치하는 호스트 컴퓨터와 운영체제가 실제로 동작하는 타깃 시스템(라즈베리파이 본체)을 구분해서 사용해야 합니다. 라즈베리파이 운영체제를 설치하고 부팅하는 과정을 살펴보겠습니다.

1. 하드웨어 준비하기

라즈베리파이 OS를 설치하고 부팅하려면 다음과 같은 하드웨어를 준비해야 합니다.

- **라즈베리파이 본체**: 라즈베리파이 3, 4, 5 모델이나 라즈베리파이 제로 모델을 준비합니다. 라즈베리파이 피코는 운영체제를 설치할 수 없습니다.
- **호스트 컴퓨터**: 일반적으로 사용하는 노트북이나 개인용 컴퓨터를 준비합니다.
- **마이크로 SD 카드**: 최소 용량이 8GB 이상인 SD 카드를 준비합니다. 운영체제 외에 추가 소프트웨어를 사용하려면 16GB 이상을 권장합니다.
- **마이크로 SD 카드 리더기**: 호스트 컴퓨터에 SD 카드 슬롯이 없다면 리더기를 준비합니다. USB 커넥터를 통해 마이크로 SD 카드를 호스트 컴퓨터에 연결할 수 있게 도와주는 장치입니다. 호스트 컴퓨터에서 라즈베리파이 운영체제 파일을 SD 카드에 복사하기 위해 사용합니다.

2. 소프트웨어 설치하기

하드웨어를 모두 준비했다면 라즈베리파이 OS의 소프트웨어를 내려받아 설치하면 됩니다. 라즈베리파이 OS를 설치하기 위해 내려받은 파일은 디스크 이미지 파일로 제공됩니다. 라즈베리파이 모델에 따라 시스템 비트가 다르므로 사용하는 모델에 맞는 운영체제를 내려받아야 합니다. 또한 라즈베리파이 OS는 목적에 따라 다음 3가지 버전으로 구분됩니다.

> 💡 비트(bit)는 컴퓨터가 처리할 수 있는 최소 단위입니다. 32-bit 시스템은 한 번에 32비트 데이터를 처리합니다. 처리할 수 있는 데이터가 많을수록 속도가 빠르므로 32-bit보다 64-bit 컴퓨터가 성능이 좋습니다.

- **데스크톱Desktop 버전**: 그래픽 사용자 인터페이스Graphic User Interface, GUI를 지원하여 마우스 클릭과 드래그를 통해 쉽게 사용할 수 있는 버전입니다. 입문자가 사용하기 적합한 버전입니다.
- **데스크톱 버전 + 권장 소프트웨어**: 데스크톱 버전에 추가 소프트웨어가 포함된 버전으로 용량이 가장 큽니다. 권장 소프트웨어로는 파이썬 기반 임베디드 소프트웨어 개발에 사용하는 토니 파이썬 IDE, 블록 기반 프로그래밍 언어인 스크래치, 코딩으로 음악을 만드는 소닉 파이, 문서 작업과 멀티미디어 파일을 재생할 수 있는 응용 프로그램 등이 포함됩니다.
- **라이트Lite 버전**: 그래픽 환경 없이 명령어 사용자 인터페이스Command User Interface, CUI만 지원하므로 명령어를 알아야 사용할 수 있습니다.

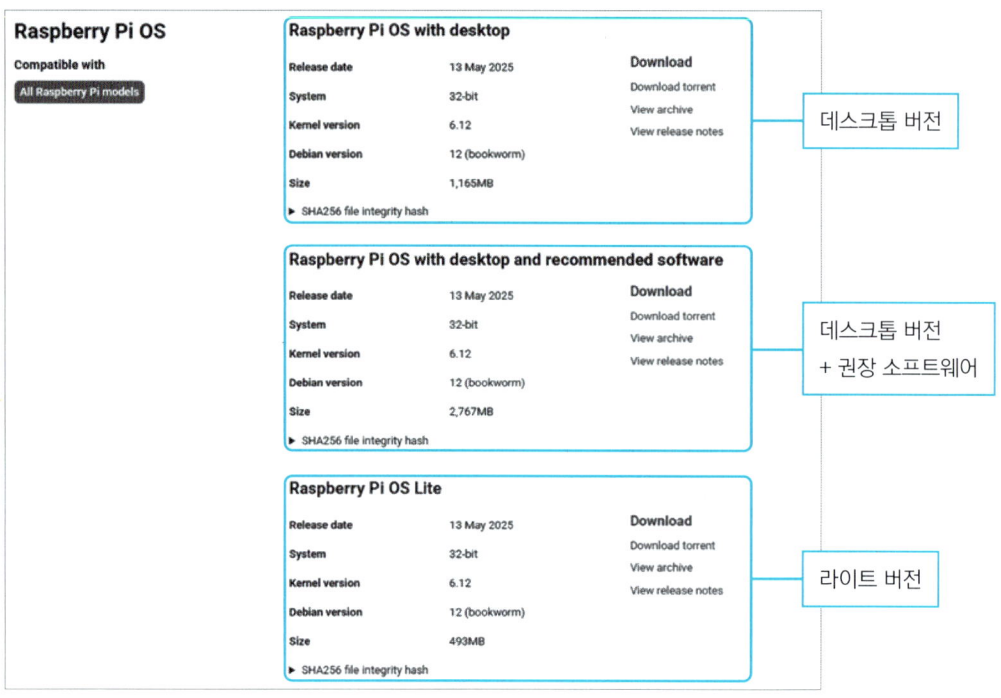

사용 목적별 라즈베리파이 OS의 종류

어떤 버전을 선택할지 고민된다면 라즈베리파이 모델별 지원 시스템 비트를 참고하면 됩니다. 예를 들어 라즈베리파이 3B+ 모델은 32-bit 또는 64-bit의 라즈베리파이 OS를 모두 사용할 수 있고, 라즈베리파이 5 모델은 반드시 64-bit OS를 설치해야 합니다.

라즈베리파이 모델별 지원하는 시스템 비트

시스템 비트	해당 모델
32-bit 전용 운영체제	라즈베리파이 1A, 1B, 1A+, 1B+, 제로, W, WH, 2B, 컴퓨트 모듈 1
32-bit와 64-bit 호환 운영체제	라즈베리파이 3B, 3B+, 3A+, 400, 4A, 4B, 컴퓨트 모듈 3, 3+, 4
64-bit 전용 운영체제	라즈베리파이 5

라즈베리파이 OS를 설치할 때 디스크 이미지 파일을 마이크로 SD 카드에 단순히 복사해서 붙여 넣을 경우 라즈베리파이를 부팅할 수 없으므로 이미지를 기록할 수 있는 전용 소프트웨어를 사용해야 합니다. 라즈베리파이 재단에서는 이를 위해 라즈베리파이 이미저(Imager)라는 전용 소프트웨어를 제공합니다.

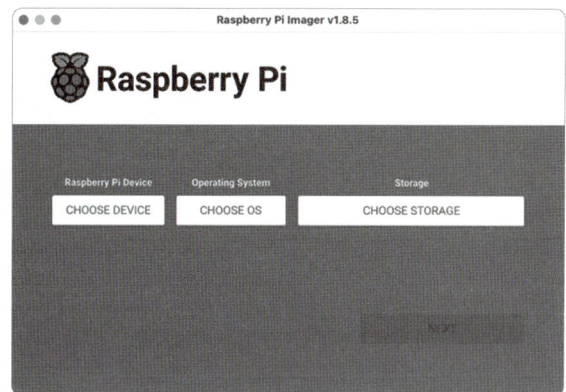

이미지 파일 쓰기를 할 수 있는 이미저 프로그램

3. 설치 마무리하고 부팅하기

라즈베리파이 이미저 프로그램을 사용해 라즈베리파이 OS를 설치한 뒤 호스트 컴퓨터에서 마이크로 SD 카드를 제거합니다. 그리고 라즈베리파이의 전원이 꺼진 상태에서 마이크로 SD 카드를 라즈베리파이 뒷면에 있는 마이크로 SD 카드 슬롯에 장착합니다. 전원이 켜진 상태에서 마이크로 SD 카드를 연결하고 해제하면 저장 장치가 손상될 뿐만 아니라 영구히 부팅되지 않을 수도 있으니 주의합니다.

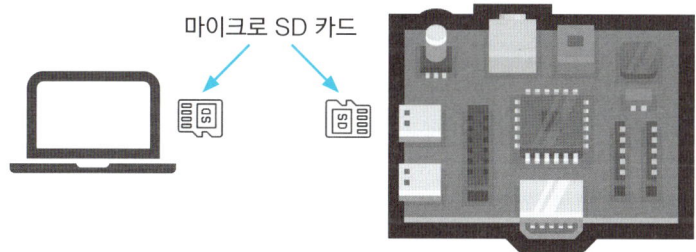

라즈베리파이 OS 설치하고 라즈베리파이 부팅하기

마지막으로 라즈베리파이 전원 어댑터의 한쪽은 라즈베리파이의 전원 공급 포트에, 반대쪽은 전원 콘센트에 연결해 전원을 공급하면 라즈베리파이 OS가 부팅되어 라즈베리파이를 사용할 준비가 완료됩니다.

Do it! 실습 라즈베리파이 OS 설치 준비하기

하드웨어를 모두 준비하고 설치 과정을 익혔다면 이제 라즈베이파이 OS를 직접 설치해 봅시다. 먼저 라즈베리파이 OS 디스크 이미지 파일을 준비하고 파일을 설치할 때 필요한 전용 프로그램인 라즈베리파이 이미저를 설치해 봅시다.

라즈베리파이 OS 디스크 이미지 파일 내려받기

1 라즈베리파이 재단에서 제공하는 라즈베리파이 OS 디스크 이미지 파일은 라즈베리 파이 공식 웹 사이트(raspberrypi.com)에서 내려받을 수 있습니다. 라즈베리 파이의 웹 사이트에 접속해 화면 위쪽 메뉴에서 [Software]를 클릭합니다.

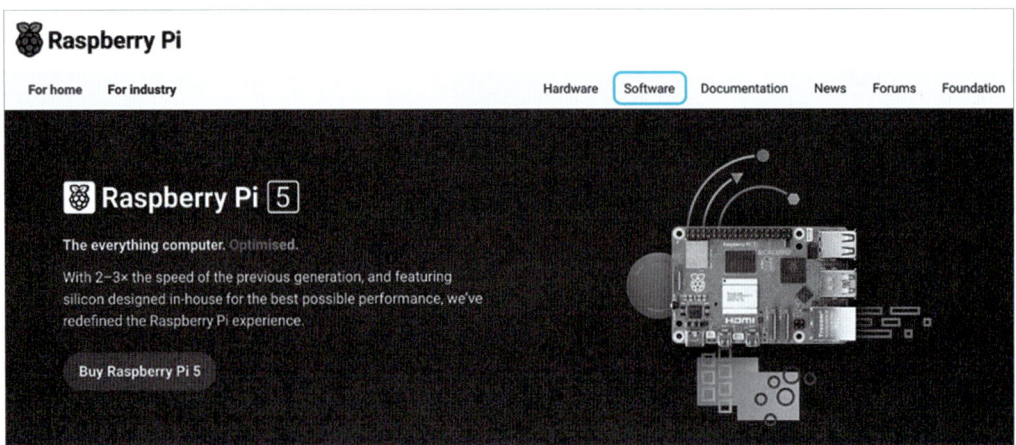

2 라즈베리파이 이미저와 라즈베리파이 OS를 내려받을 수 있는 페이지로 이동합니다. 스크롤을 내려 Raspberry Pi OS 영역에서 [View all download options]를 클릭합니다.

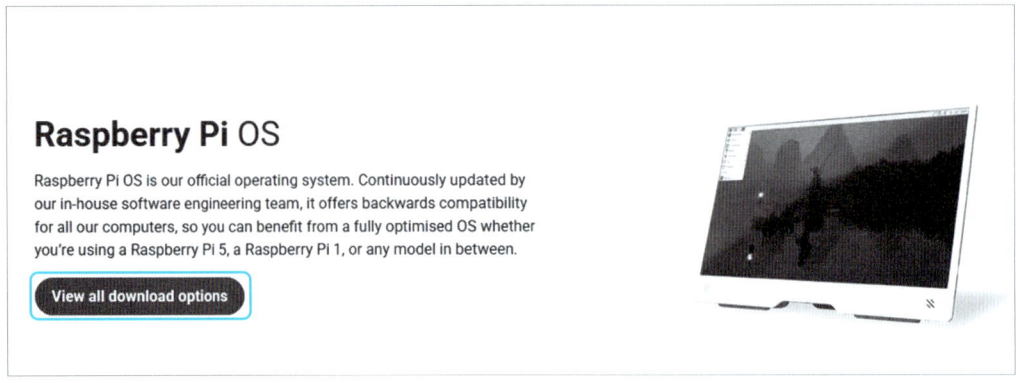

3 내려받을 수 있는 라즈베리파이 OS 버전이 표시됩니다. 라즈베리파이에서 지원하는 시스템 비트는 32-bit와 64-bit가 있으며, 라즈베리파이 본체에 따라 설치할 수 있는 운영체제가 결정됩니다. 이 책은 라즈베리파이 4를 기준으로 실습하므로 여기서는 [Raspberry Pi OS(64-bit)]을 내려받습니다.

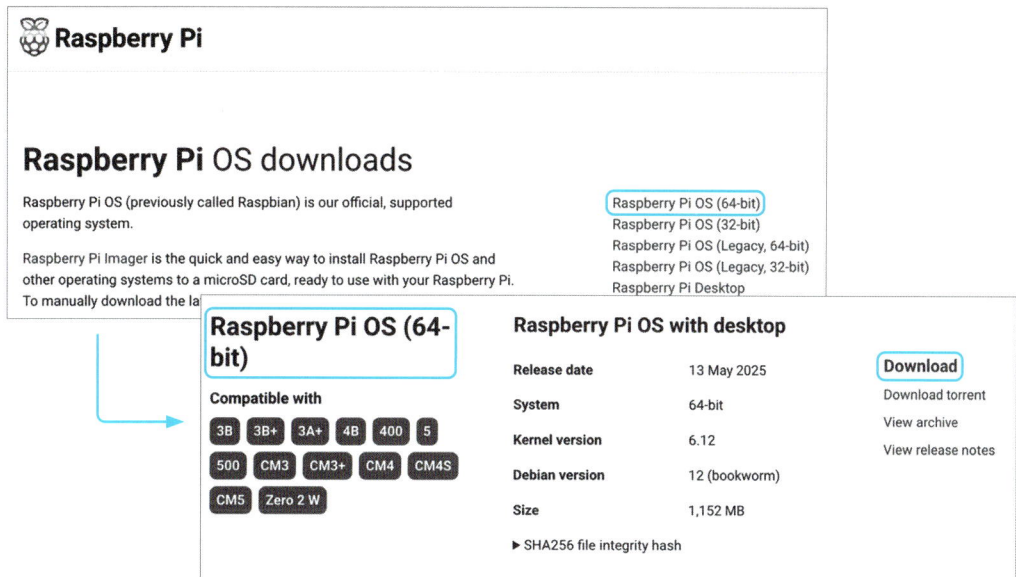

라즈베리파이 이미저 설치하기

라즈베리파이 OS를 설치하기 위해 라즈베리파이 이미저 프로그램을 내려받아 설치해 보겠습니다.

1 라즈베리파이 공식 웹 사이트(raspberrypi.com)에서 [Software] 메뉴를 클릭합니다. 'Rasberry Pi Imager' 영역에서 운영체제에 맞는 라즈베리파이 이미저의 설치 파일을 내려받을 수 있습니다.

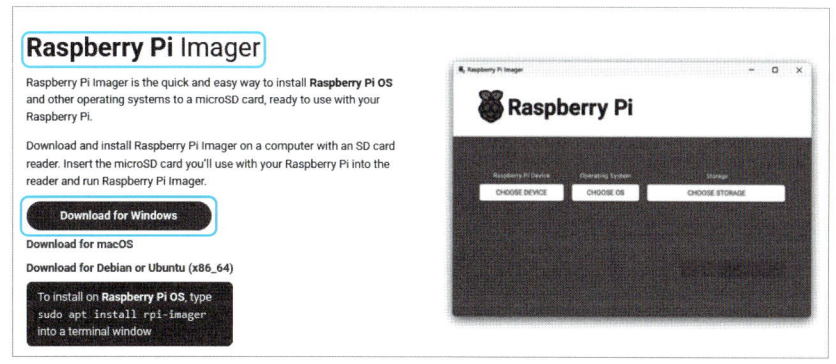

2 내려받은 파일을 더블클릭하면 운영체제 환경에 따라 설치 파일이 실행됩니다.

macOS에서는 다음과 같은 창이 나타나며 산딸기 모양의 라즈베리파이 로고 아이콘을 클릭한 후 드래그해 오른쪽에 있는 Applications 폴더에 옮기면 라즈베리파이 이미저가 설치됩니다.

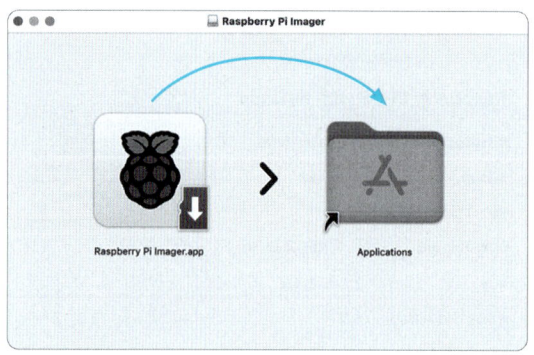

윈도우에서는 내려받은 파일을 열고 언어를 선택한 뒤 [Next]를 선택합니다. 이어지는 창에서 [I accept the agreement]를 선택하고 [Next]를 클릭하면 설치가 완료됩니다.

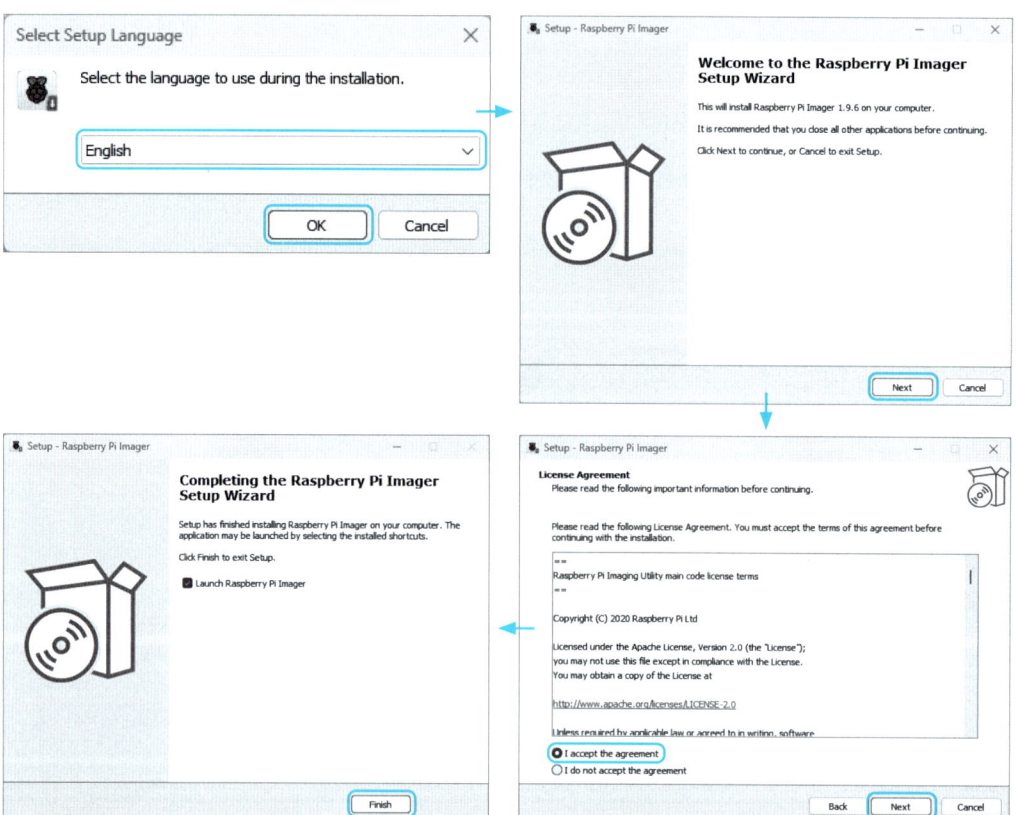

Do it! 실습 이미저로 라즈베리파이 OS 설치하기

라즈베리파이 이미저 프로그램를 활용해 라즈베리파이 OS를 설치해 보겠습니다. 라즈베리파이 OS 설치는 총 3단계입니다.

1 1단계로 사용할 장치를 선택합니다. 이미저 화면에서 맨 왼쪽에 있는 라즈베리파이 디바이스 영역의 [장치 선택]을 클릭하고 사용할 라즈베리파이 장치를 선택합니다. 여기서는 [Raspberry Pi 4] 장치를 선택했습니다.

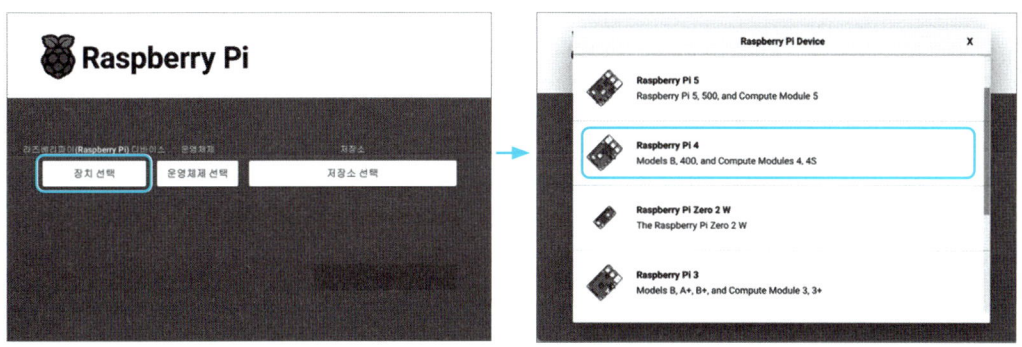

2 2단계로 사용할 운영체제를 선택합니다. 다시 [장치 선택]을 클릭한 후, 스크롤을 맨 아래쪽으로 이동해 [Use custom] 메뉴를 선택합니다.

그리고 내려받은 라즈베리파이 OS 디스크 이미지 파일을 선택하고 [Open]을 클릭합니다.

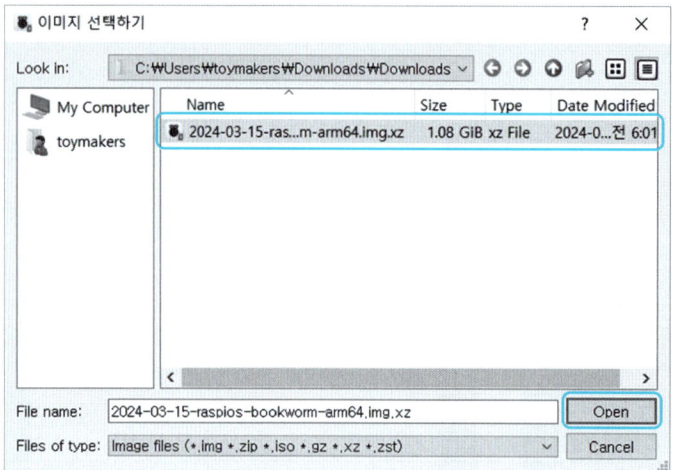

3 마지막으로 저장소를 선택합니다. 마이크로 SD 카드를 호스트 컴퓨터와 연결하고, 라즈베리파이 이미저에서 [저장소 선택]을 클릭하면 대용량 저장 장치와 함께 용량이 표시됩니다. 저장 장치를 선택합니다.

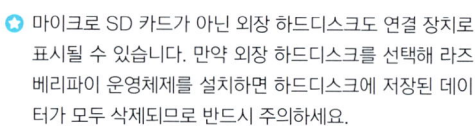 마이크로 SD 카드가 아닌 외장 하드디스크도 연결 장치로 표시될 수 있습니다. 만약 외장 하드디스크를 선택해 라즈베리파이 운영체제를 설치하면 하드디스크에 저장된 데이터가 모두 삭제되므로 반드시 주의하세요.

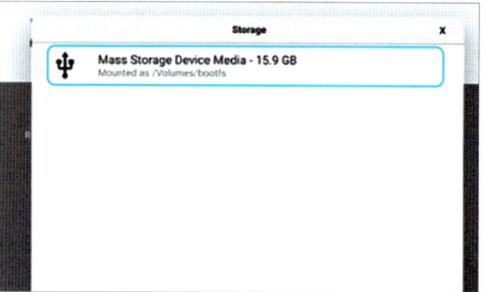

만약 마이크로 SD 카드가 연결되지 않았다면 하얀 바탕에 아무런 문구도 표시하지 않습니다.

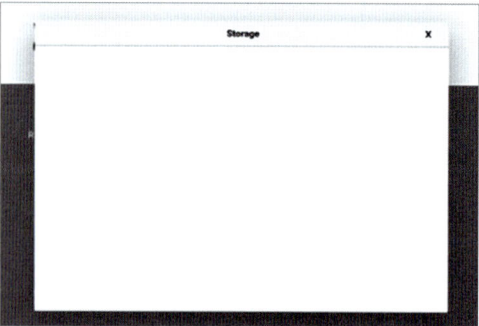

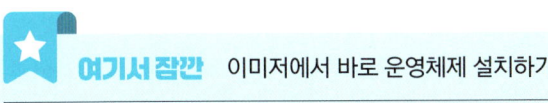

여기서 잠깐 | 이미저에서 바로 운영체제 설치하기

네트워크가 연결된 상태라면 이미저에서 [운영체제 선택]을 눌러 라즈베리파이 OS를 직접 내려받아 설치할 수 있습니다. 하지만 네트워크가 불안정할 경우에는 설치 과정에서 문제가 발생할 수 있으므로 내려받은 디스크 이미지 파일을 가져와 설치하는 것을 권장합니다.

Do it! 실습 OS 커스터마이징하기

장치와 운영체제를 선택하고 저장소까지 정상으로 인식했다면 OS를 커스터마이징해 보겠습니다. 만약 라즈베리파이 본체와 키보드, 마우스, 모니터를 모두 준비한 상태라면 OS 커스터마이징을 하지 않아도 상관없습니다. 하지만 라즈베리파이 본체만 준비했다면 OS 커스터마이징을 해야 원격으로 접속할 수 있습니다.

OS 커스터마이징하고 설치 완료하기

1 이미저 화면에서 [다음]을 누르면 OS 커스터마이징 설정을 적용할 수 있습니다. [설정을 편집하기]를 클릭하여 OS 커스터마이징을 진행합니다.

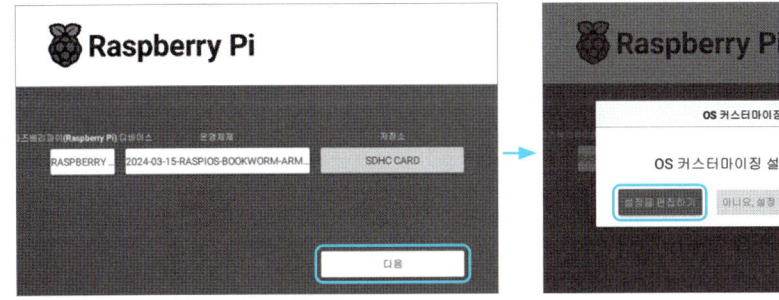

2 OS 커스터마이징 팝업 창이 나타나면 해당 정보를 입력합니다. OS 커스터마이징은 3가지 항목이 있습니다. 첫 번째 항목인 [일반] 탭에서는 라즈베리파이의 이름과 사용자 이름, 비밀번호, 무선 랜 설정, 로케일 설정을 저장합니다.

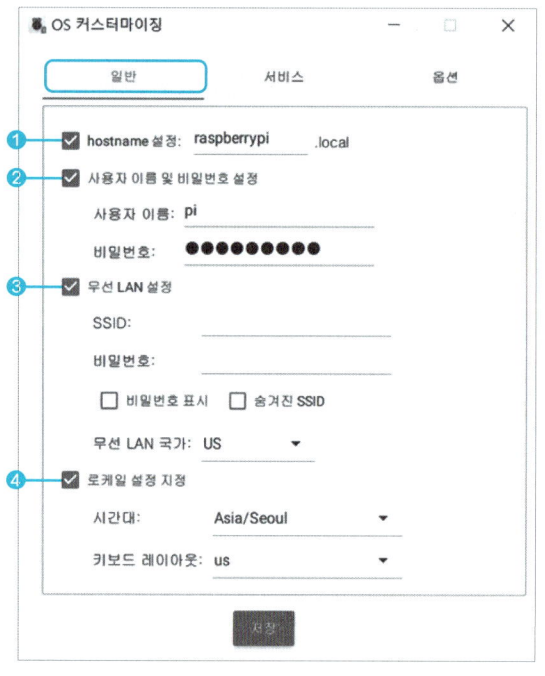

❶ hostname 설정: 네트워크에서 라즈베리파이를 식별할 때 사용하는 이름입니다. 따로 설정하지 않으면 기본값인 'raspberrypi'라고 입력됩니다.

❷ 사용자 이름 및 비밀번호 설정: 라즈베리파이에 접속하기 위한 계정 정보입니다. 잊어버리면 로그인하지 못해 라즈베리파이를 사용할 수 없으니 반드시 기억해 두세요.

❸ 무선 LAN 설정: 라즈베리파이가 부팅한 후 접속할 무선 네트워크의 SSID와 비밀번호를 입력합니다. SSID에 _를 제외한 특수 문자, 공백, 한글과 같은 문자가 포함될 경우 무선 랜 접속에 문제가 발생할 수 있으므로 영문자와 숫자로 구성하는 것이 좋습니다. 무선 랜 국가는 US(미국)나 GB(영국)으로 설정해야 정상으로 동작합니다.

⭐ SSID(Service Set Identifier)는 와이파이 네트워크를 구분하기 위해 붙인 네트워크 이름입니다.

❹ 로케일 설정 지정: 운영체제에서 사용하는 지역을 지정합니다. 시간대는 대한민국 표준시인 [Asia/Seoul]을, 키보드 레이아웃은 [us]를 선택합니다.

3 두 번째 항목인 [서비스] 탭을 누르면 라즈베리파이 서비스의 활성화 여부를 선택할 수 있습니다. [SSH 사용]에 체크한 후 [비밀번호 인증 사용]을 선택합니다. 이제 OS 커스터마이징 일반 항목에서 설정한 사용자 이름과 비밀번호로 로그인할 수 있습니다.

⭐ SSH(Secure Shell)는 네트워크를 통해 다른 컴퓨터에 로그인하여 원격으로 제어할 수 있는 프로토콜로, 이 옵션이 해제되어 있다면 원격으로 접속할 수 없으므로 키보드, 마우스, 모니터가 필요합니다.

4 마지막 항목인 [옵션] 탭에서는 부가 기능을 설정합니다. 운영체제에서 쓰기를 완료하면 효과음으로 알려 주거나 자동으로 미디어를 꺼내는 작업 등을 수행합니다. 또한 모든 설정을 저장해 두면 이후 운영체제를 다시 설치할 때 같은 설정을 재사용할 수 있습니다.

5 OS 커스터마이징을 완료하고 저장하면 설정한 내용을 적용할지 묻는 팝업 창이 나타납니다. 다시 수정하려면 [설정을 편집하기]를, 적용하려면 [예]를 클릭합니다.

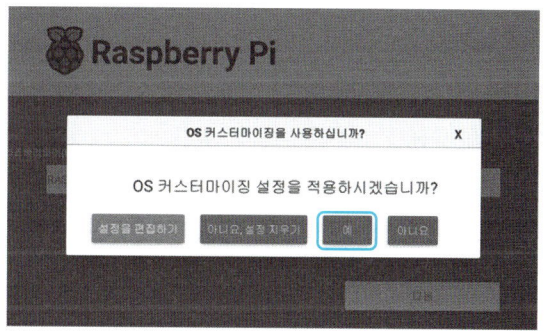

○ 설정을 지우고 싶으면 [아니요, 설정 지우기]를, OS 커스터마이징을 사용하지 않고 기본 설정으로 라즈베리파이 OS를 설치하고 싶으면 [아니요]를 클릭하세요.

6 [예]를 클릭하면 모든 데이터가 지워진다고 알려 주는 팝업 창이 나타납니다. 다시 한번 [예]를 클릭하면 라즈베리파이 OS가 설치되기 시작합니다.

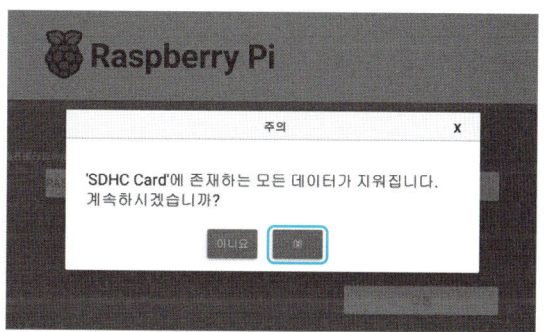

설치가 정상으로 완료되면 다음과 같은 팝업 창이 표시됩니다.

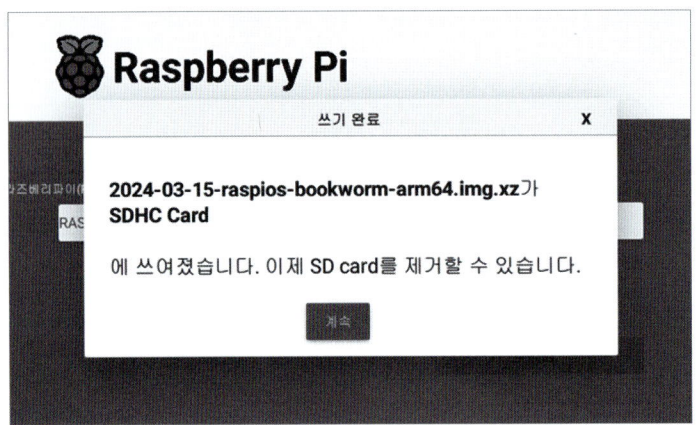

7 윈도우에서 라즈베리파이 OS를 설치할 경우, 라즈베리파이가 설치된 마이크로 SD 카드를 식별하지 못해 강제로 포맷하려는 문제가 발생할 수 있습니다. 설치 성공 메시지와 함께 다음 팝업 창이 나타나면 [취소]나 ⊠버튼을 눌러 취소합니다. 만약 [디스크 포맷]을 클릭하면 설치한 라즈베리파이 OS가 삭제되어 설치 과정을 처음부터 다시 진행해야 합니다.

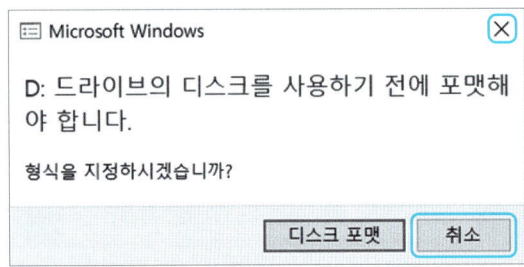

10-3
라즈베리파이와 리눅스 명령어

라즈베리파이를 사용하는 방법은 2가지입니다. 모니터, 키보드, 마우스가 없는 경우에 라즈베리파이에 내장된 무선 랜 기능을 활용해 호스트 컴퓨터에서 원격으로 접속할 수 있습니다. 모니터, 키보드, 마우스가 있다면 이 장치들을 라즈베리파이에 직접 연결하고 사용하면 됩니다. 이번 절에서는 실습을 통해 라즈베리파이를 사용하는 2가지 방법을 익혀 보고, 이어서 라즈베리파이에서 사용할 수 있는 리눅스 명령어도 배워 보겠습니다.

Do it! 실습 원격으로 라즈베리파이 연결하기

라즈베리파이를 호스트 컴퓨터에서 원격으로 사용할 수 있도록 설정해 보겠습니다. 라즈베리파이에 원격으로 접속하려면 호스트 컴퓨터와 라즈베리파이가 동일한 네트워크에 연결되어 있어야 합니다. 만약 호스트 컴퓨터는 A라는 네트워크에, 라즈베리파이는 A_5G 네트워크에 연결되어 있다면 서로 다른 네트워크이므로 원격으로 접속할 수 없습니다.

1 앞선 실습에서 라즈베리파이 OS를 설치한 마이크로 SD 카드를 호스트 컴퓨터에서 제거하고 라즈베리파이 뒷면에 있는 마이크로 SD 카드 슬롯에 삽입합니다. 마이크로 SD 카드의 한쪽 면은 검은색이고 반대쪽 면은 로고와 용량이 표시되어 있습니다. 일반적으로 다음과 같이 로고가 보이는 방향으로 꽂으면 됩니다.

> ⭐ 마이크로 SD 카드는 삽입 방향이 정해져 있어서 억지로 넣으면 슬롯이 손상될 수 있습니다. 마이크로 SD 카드가 잘 들어가지 않으면 뒤집어서 연결해 보세요.

2 SSH 프로토콜을 사용해 라즈베리파이와 원격으로 통신할 수 있는 환경을 만들겠습니다. macOS에서는 터미널 프로그램을, 윈도우에서는 명령 프롬프트를 열고 다음 명령어를 입력합니다. 사용자명과 호스트명은 라즈베리파이 OS를 설치할 때 커스터마이징 OS에서 입력한 값을 사용합니다.

> 만약 커스터마이징 OS를 적용하지 않고 기본 설정으로 사용한 경우 사용자명은 pi이고 호스트명은 raspberrypi.local 입니다. 그리고 접속할 때 비밀번호는 raspberry 입니다.

3 만약 호스트명으로 접속되지 않는다면 라즈베리파이의 IP 주소를 직접 입력해야 합니다. IP 스캔 프로그램을 사용하면 라즈베리파이의 IP 주소를 확인할 수 있습니다. macOS는 앱스토어에서 'lanscan'을 검색합니다.

> 여기에서 소개한 프로그램 외에도 IP 스캔을 할 수 있는 다양한 앱이 있으므로 선호하는 다른 프로그램을 사용해도 상관없습니다.

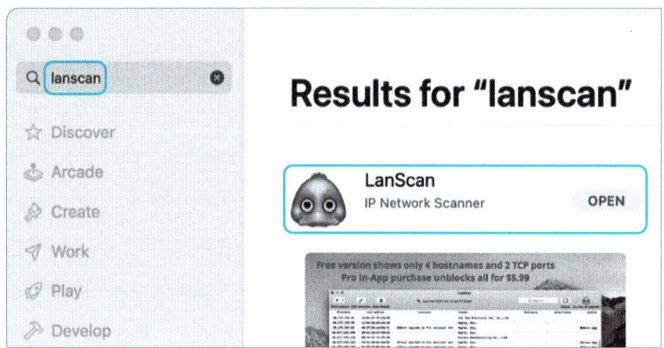

윈도우에서는 작업 표시줄 검색 창에 'Advanced IP Scanner'를 검색해 IP 스캔 프로그램을 설치합니다.

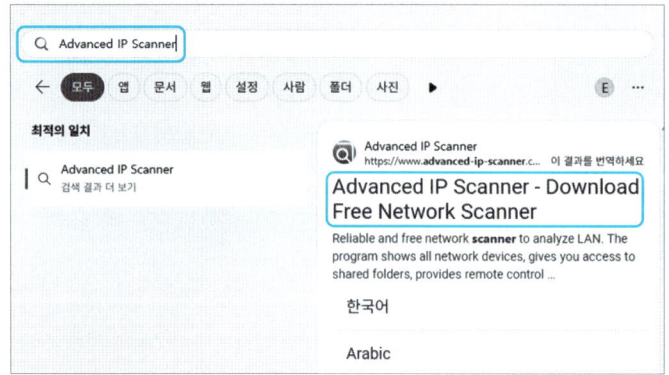

4 macOS에서 lanscan을 실행하고 [Start LanScan]을 클릭하면 네트워크로 연결된 모든 장치의 IP 주소를 확인할 수 있습니다. 제조사가 'Raspberry Pi Foundation'로 표시된 장치가 라즈베리파이입니다. 해당 장치의 IP 주소를 호스트 명 대신 터미널에 입력하면 됩니다.

> 🌟 라즈베리파이의 IP 주소는 공유기가 할당하며 접속할 때마다 달라질 수 있습니다.

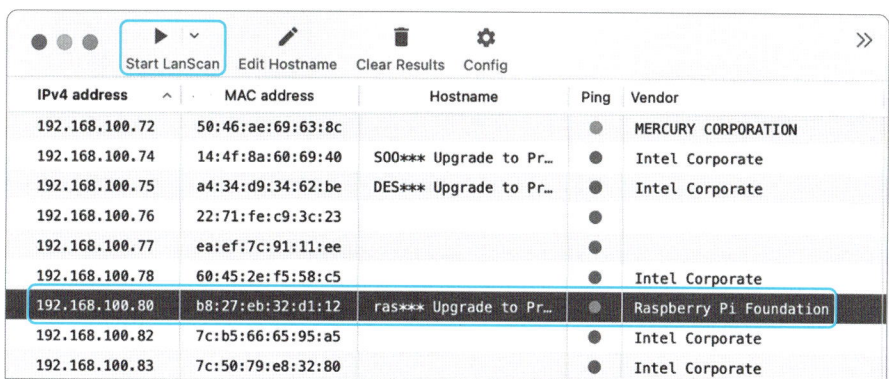

윈도우에서는 Advanced IP Scanner을 실행하고 [스캔]을 클릭해 IP 주소를 확인합니다.

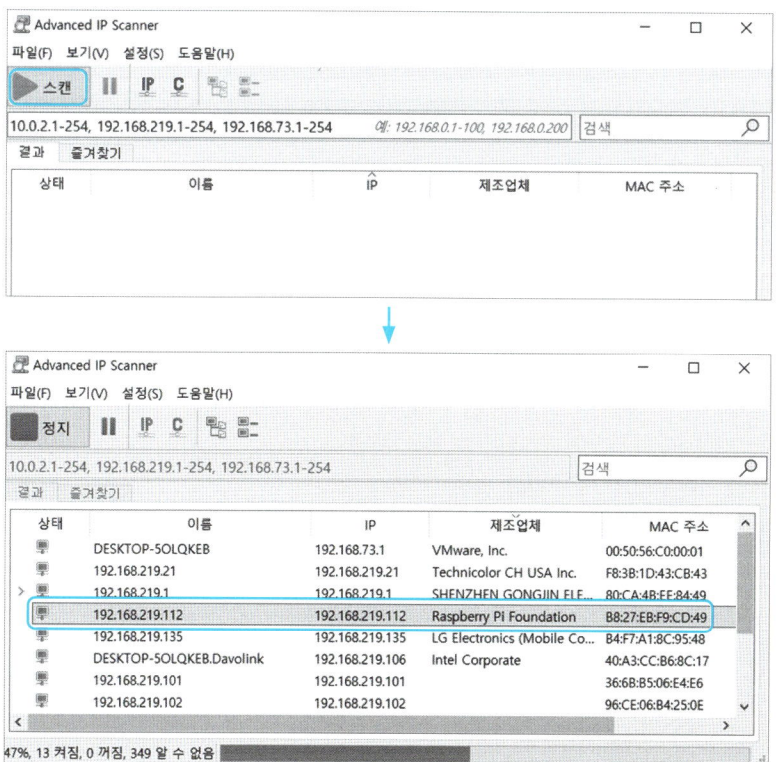

10장 | 사물 인터넷 장치 만들기 **341**

5 터미널 프로그램이나 명령 프롬프트에서 라즈베리파이의 IP 주소를 사용해 ssh 명령어를 실행합니다.

6 처음 접속을 시도하면 다음과 같이 지문(fingerprint)를 저장할지 물어봅니다. 지문은 다음에 같은 호스트 컴퓨터에서 라즈베리파이에 접속할 때 보안 검증에 사용합니다. 'yes'를 입력하고 Enter 를 누릅니다.

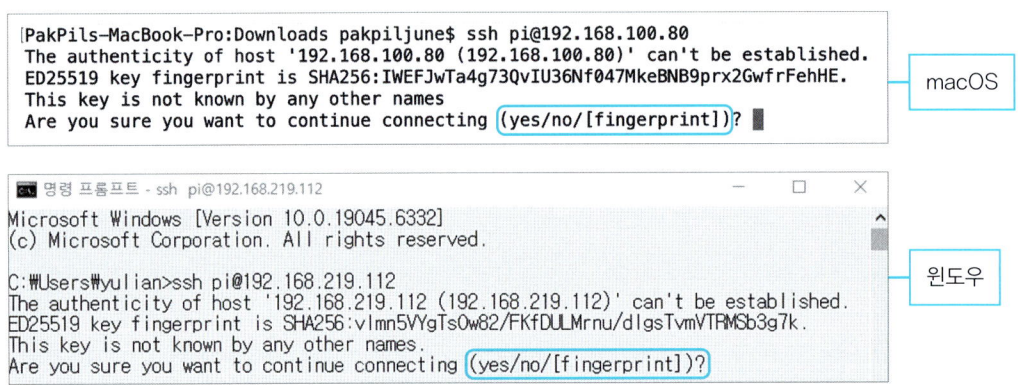

7 지문을 저장하면 접속을 시도한 호스트의 정보가 알려진 호스트 목록에 저장되고 비밀번호 입력을 요청합니다. 비밀번호는 세 번까지 틀릴 수 있으며 그 이후에는 다시 접속해서 올바른 비밀번호를 입력해야 합니다.

> 비밀번호는 보안을 위해 화면에 표시되지 않습니다. 만약 잘못 입력해도 다시 입력하면 되므로 걱정하지 않아도 됩니다. 다만 백스페이스 키를 눌러도 화면에서 지워지지 않고 해당 키가 입력으로 처리됩니다.

```
[PakPils-MacBook-Pro:Downloads pakpiljune$ ssh pi@192.168.100.80
The authenticity of host '192.168.100.80 (192.168.100.80)' can't be established.
ED25519 key fingerprint is SHA256:IWEFJwTa4g73QvIU36Nf047MkeBNB9prx2GwfrFehHE.
This key is not known by any other names
Are you sure you want to continue connecting (yes/no/[fingerprint])? yes
Warning: Permanently added '192.168.100.80' (ED25519) to the list of known hosts.
pi@192.168.100.80's password:
```
macOS

윈도우

8 접속이 정상으로 이루어지고 비밀번호까지 입력하면 로그인이 완료됩니다. macOS의 터미널이나 윈도우의 명령 프롬프트에 'pi@raspberrypi:~ $'라고 입력한 사용자명과 호스트명이 표시되면 원격 접속에 성공한 것입니다.

💡 사용자명과 호스트명은 입력한 값에 따라 달라질 수 있습니다.

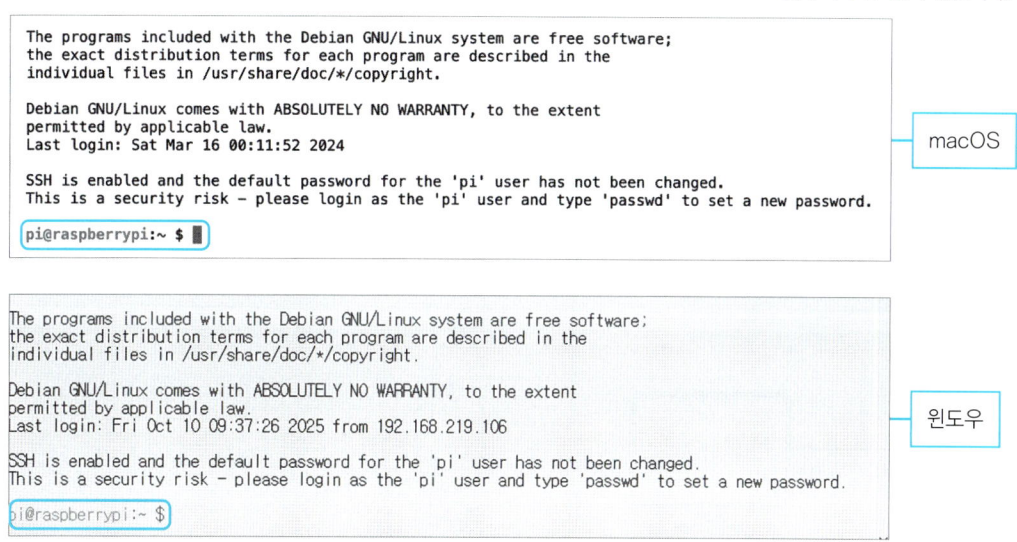

macOS

윈도우

Do it! 실습 유선으로 라즈베리파이 연결하기

만약 라즈베리파이와 연결할 모니터, 키보드, 마우스를 모두 준비했다면 HDMI 케이블과 USB 케이블을 이용해 라즈베리파이에 유선으로 연결할 수 있습니다.

1 먼저 라즈베리파이 본체와 모니터를 HDMI 케이블로 연결합니다. HDMI 케이블은 라즈베리파이 모델에 따라 규격에 맞게 사용합니다.

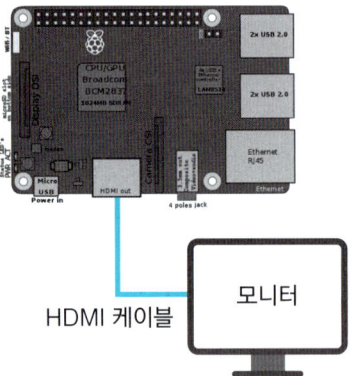

2 키보드와 마우스를 라즈베리파이 본체에 USB 케이블로 연결합니다.

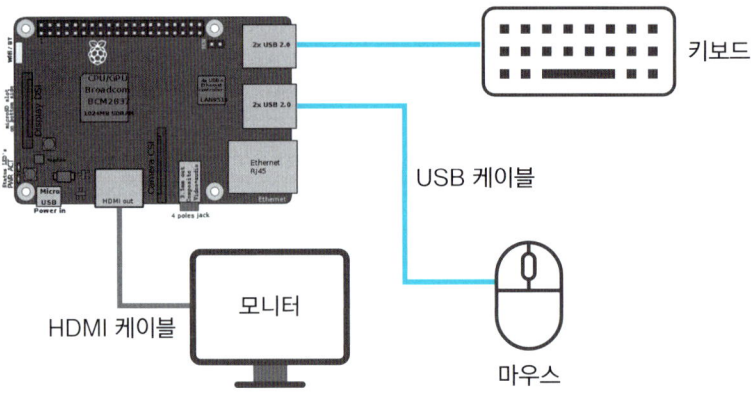

3 라즈베리파이 OS가 설치된 마이크로 SD 카드를 라즈베리파이의 SD 카드 슬롯에 삽입합니다.

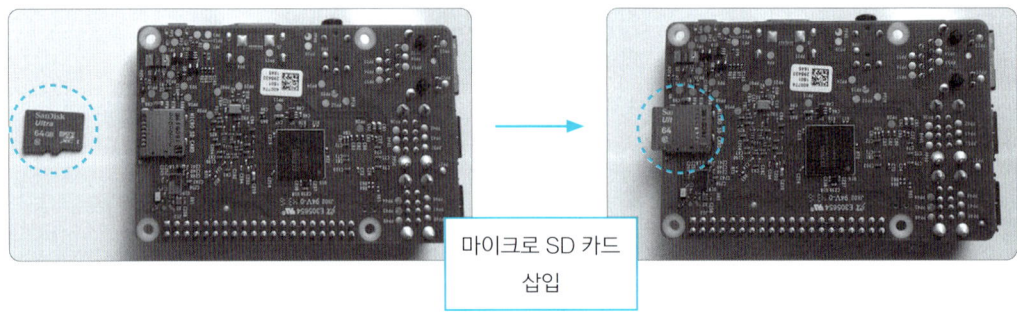

4 모니터에 전원을 공급합니다. 반드시 라즈베리파이보다 모니터에 먼저 전원을 공급해야 합니다. 그렇지 않을 경우 라즈베리파이가 부팅되는 과정을 모니터에서 확인할 수 없습니다.

5 라즈베리파이에 전원을 연결하면 부팅이 시작됩니다. 모니터에서 부팅 과정과 시작 화면을 확인할 수 있습니다.

여기서 잠깐 라즈베리파이 모델별 USB와 HDMI 커넥터의 규격

라즈베리파이 모델에 따라 USB 커넥터와 HDMI 커넥터의 규격이 다르므로 사용하는 라즈베리파이 모델에 맞는 케이블을 준비해야 합니다. 만약 규격이 맞지 않으면 새로운 케이블을 구매하거나 변환 젠더를 활용할 수 있습니다. 다음은 라즈베리파이 모델에 따라 키보드와 마우스를 연결할 때 사용하는 USB 규격입니다.

라즈베리파이에 키보드와 마우스를 연결할 때 사용하는 USB 규격
(이미지 출처: en.wikipedia.org/wiki/USB)

USB 타입		라즈베리파이 모델
USB A 타입		1A, 1B, 1A+, 1B+, 2B, 3B, 3B+, 3A+, 4B, 5, 400
마이크로 B 타입		제로, 제로 W, 제로 WH, 제로 2W

○ 계속

다음은 라즈베리파이 모델에 따라 모니터를 연결할 때 사용하는 HDMI 규격입니다. 크기순으로는 HDMI 표준 A 타입이 가장 크고 그다음은 미니 C 타입, 가장 작은 것은 마이크로 D 타입입니다.

라즈베리파이에 모니터를 연결할 때 사용하는 HDMI 규격
(이미지 출처: en.wikipedia.org/wiki/HDMI)

HDMI 타입	라즈베리파이 모델
표준 A 타입	1A, 1B, 1A+, 1B+, 2B, 3B, 3B+, 3A+
미니 C 타입	제로, 제로 W, 제로 WH, 제로 2W
마이크로 D 타입	4B, 5, 400

Do it! 실습 라즈베리파이 전용 명령어

라즈베리파이 OS에는 일반 리눅스 명령어와 더불어 라즈베리파이 전용 명령어가 포함되어 있습니다. 이 명령어는 라즈베리파이 환경 설정, 핀 번호 확인 등 라즈베리파이 특화 기능을 다룰 수 있도록 도와줍니다.

raspi-config 명령어로 환경 설정 하기

1 라즈베리파이의 환경 설정을 할 때 사용하는 raspi-config 명령어를 살펴보겠습니다. raspi-config 명령어는 sudo 명령어와 함께 사용해 시스템 권한으로 실행하면 라즈베리파이의 환경 설정을 변경할 수 있습니다.

```
sudo raspi-config
```

2 명령어를 입력하고 Enter를 누르면 다음과 같이 파란색 바탕에 8가지 기본 메뉴로 구성된 환경 설정 화면이 나타납니다. 기본 메뉴는 다음과 같습니다.

◉ 라즈베리파이 모델에 따라 나타나는 세부 옵션의 내용과 설정 방법은 달라질 수 있습니다.

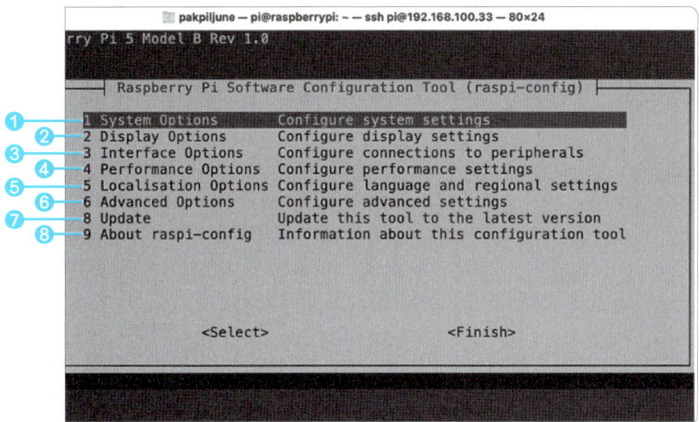

라즈베리파이의 환경 설정

❶ **System Options**: 사용자 비밀번호 변경, 무선 랜 접속 SSID 및 비밀번호 설정, 부팅 모드 선택, 기본 브라우저 선택 등 시스템 전반을 설정할 수 있습니다.
❷ **Display Options**: 화면 비활성화 여부 및 시간, 해상도, 화면 출력 장치 등을 설정할 수 있습니다.
❸ **Interface Options**: 라즈베리파이에 연결해서 사용할 수 있는 다양한 인터페이스를 활성화하거나 비활성화할 수 있습니다.
❹ **Performance Options**: 오버 클럭, GPU 메모리 설정, 읽기 전용 파일 시스템 지원 등 성능과 관련된 옵션을 제공합니다.
❺ **Localisation Options**: 언어 및 지역 설정, 키보드 자판 배열, 무선 랜 국가 설정 등을 지정할 수 있습니다.
❻ **Advanced Options**: 파일 시스템 확장, 네트워크 인터페이스 설정, 부팅 순서 및 부트로더 제어, 오디오 환경 설정 등 고급 기능을 다룰 수 있습니다.
❼ **Update**: 라즈베리파이 OS를 최신 버전으로 업데이트합니다.
❽ **About raspi-config**: raspi-config 명령어의 설명과 버전 정보를 확인할 수 있습니다.

메뉴를 이동하려면 키보드 방향키를 사용하고 메뉴를 선택할 때에는 Enter, 메뉴 취소나 이전 화면으로 이동하려면 ESC를 사용합니다.

pinout 명령어로 핀 번호 확인하기

pinout 명령어를 사용하면 라즈베리파이의 핀 번호를 확인합니다. 다음과 같이 명령어를 입력하고 Enter를 누르면 어떤 내용이 출력되는지 확인해 봅시다.

```
pinout
```

pinout 명령어로 현재 사용하는 라즈베리파이의 모델과 메모리 크기, USB 포트의 개수와 유형, 유/무선 통신 정보, 카메라/디스플레이 포트의 개수 등을 확인할 수 있습니다.

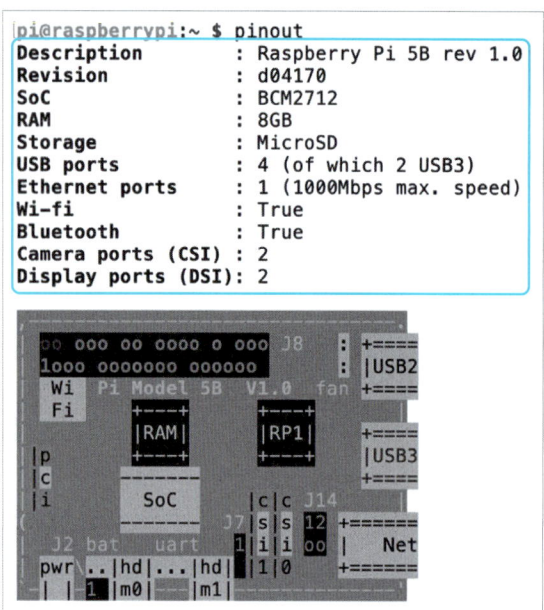

또한 라즈베리파이에 연결할 수 있는 핀의 번호와 역할을 보여 주므로 추후에 센서나 전자 부품을 연결할 때 참고할 수 있습니다.

되새김 문제

1 다음 중 라즈베리파이의 특징으로 옳은 것은 무엇인가요?
   ① 고성능 GPU만 제공한다.
   ② 저전력·저비용의 싱글보드 컴퓨터이다.
   ③ 윈도우 운영체제만 사용할 수 있다.
   ④ 데스크톱 PC보다 크기가 크다.

2 다음 중 라즈베리파이의 종류로 올바르지 않은 것은 무엇인가요?
   ① Raspberry Pi 4
   ② Raspberry Pi 제로
   ③ Raspberry Pi 피코
   ④ Raspberry Pi 클라우드

3 라즈베리파이에 OS를 설치하는 올바른 순서를 나타낸 것은 무엇인가요?
   ① OS 내려받기 → SD 카드 포맷 → 이미지 복사 → 부팅
   ② 이미지 복사 → OS 내려받기 → 포맷 → 부팅
   ③ 부팅 → 포맷 → 이미지 복사 → OS 내려받기
   ④ 포맷 → 부팅 → OS 내려받기 → 이미지 복사

4 라즈베리파이의 GPIO 핀 배치를 확인할 때 사용하는 명령어는 무엇인가요?
   ① gpioinfo
   ② pinout
   ③ gpioshow
   ④ i2cinfo

5 라즈베리파이에서 기본으로 사용하는 운영체제는 무엇인가요?
   ① 우분투
   ② 라즈베리파이 OS
   ③ 페도라 코어
   ④ 안드로이드

정답 1. ② 2. ④ 3. ① 4. ② 5. ②

11장

클라우드에서
리눅스 사용하기

클라우드 컴퓨팅은 인터넷을 통해 서버, 저장소, 데이터베이스, 네트워크, 소프트웨어 등의 IT 자원을 필요할 때마다 빌려서 사용하는 방식입니다. 11장에서는 클라우드 컴퓨팅의 기본 개념을 이해하고, 클라우드 환경을 구성하는 과정에서 리눅스를 어떻게 활용하는지 알아보겠습니다. 또한 클라우드 컴퓨팅 서비스인 아마존 웹 서비스 계정을 생성하고 클라우드 환경에 리눅스를 설치하고 실습해 보겠습니다.

11-1 ◆ 클라우드 컴퓨팅 환경 알아보기

11-2 ◆ AWS 계정 생성하고 설정하기

11-3 ◆ EC2 인스턴스 생성하기

11-4 ◆ EC2 인스턴스 접속하기

학습 목표
- 클라우드 컴퓨팅의 개념을 이해하고 설명할 수 있다.
- AWS 계정을 생성하고 EC2 인스턴스를 생성할 수 있다.
- EC2 인스턴스에 접속해 리눅스 명령어를 사용할 수 있다.

11-1
클라우드 컴퓨팅 환경 알아보기

클라우드 컴퓨팅 환경의 기본 개념과 다양한 서비스 모델을 살펴보고 CSP와 MSP의 차이를 이해해 보겠습니다. 이를 통해 클라우드를 효과적으로 활용하는 기초를 마련할 수 있습니다.

클라우드 컴퓨팅이란?

클라우드 컴퓨팅 서비스는 2000년대 초반 아마존에서 시작되었습니다. 블랙 프라이데이처럼 접속자가 폭발적으로 늘어나는 시기에는 대규모 서버를 운영해야 했지만 평소에는 남는 서버가 생겼습니다. 아마존은 이 남는 서버 자원을 다른 기업이 빌려 쓸 수 있도록 제공하기 시작했고, 이러한 서비스가 대표적인 클라우드 컴퓨팅 플랫폼인 AWS$^{Amazon\ Web\ Services}$로 발전했습니다.

> 11-2~11-4절에서 AWS의 핵심 서비스인 EC2 인스턴스를 사용해 실제로 클라우드 환경에 서버를 구축해 봅니다.

클라우드 컴퓨팅을 사용하면 필요할 때마다 인터넷을 통해 컴퓨터 자원을 빌려 쓸 수 있습니다. 예를 들어 물이나 전기를 수도꼭지나 콘센트를 통해 꺼내 쓰듯 인터넷만 연결되면 어디서든 서버, 저장 공간, 네트워크 등의 인프라 자원을 사용할 수 있습니다. 덕분에 사용자는 비싼 서버를 직접 사지 않아도 되고 인터넷이 되는 곳이라면 어디서든 컴퓨터, 노트북, 스마트폰, 스마트 워치 등의 기기를 통해 컴퓨터 자원을 편리하게 활용할 수 있습니다.

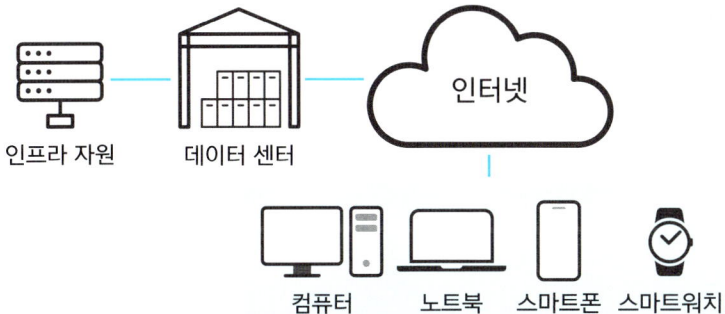

클라우드 컴퓨팅의 개념도

오늘날 클라우드 컴퓨팅 서비스를 제공하는 대부분의 서버가 리눅스 운영체제를 기반으로 운영됩니다. 리눅스는 안정성과 보안성이 뛰어나고 오픈소스로 자유롭게 확장할 수 있어서 대규모 분산 서버를 운영해야 하는 클라우드 환경에서 가장 적합한 운영체제로 자리 잡았습니다. 따라서 리눅스를 이해하는 것은 클라우드를 효과적으로 활용하는데 도움이 됩니다.

클라우드 컴퓨팅 서비스 모델의 유형

클라우드 컴퓨팅은 서비스 제공과 사용자의 책임 범위에 따라 크게 3가지 모델로 구분할 수 있습니다.

- IaaS$^{Infrastructure\ as\ a\ Service}$: 인프라형 서비스로, 클라우드 서비스를 제공하는 회사가 서버·스토리지·네트워크 등 인프라를 제공하고 사용자가 운영체제 설치와 런타임 환경 설정, 애플리케이션 배포 등을 구축합니다.
- PaaS$^{Platform\ as\ a\ Service}$: 플랫폼형 서비스로, 클라우드 서비스를 제공하는 회사가 인프라는 물론 애플리케이션 개발과 배포 환경까지 제공하고 사용자가 애플리케이션 개발과 데이터 관리를 담당합니다.
- SaaS$^{Software\ as\ a\ Service}$: 소프트웨어형 서비스로, 인프라와 개발 환경은 물론 애플리케이션까지 포함한 서비스를 제공하므로 소프트웨어를 구매해 설치하지 않고 웹이나 앱을 통해 구독형으로 사용할 수 있습니다.

클라우드 서비스 모델을 피자 배달에 비유하면 고객이 재료를 직접 사서 요리해 먹는 것을 IaaS, 완성된 반죽에 토핑만 골라서 올리고 굽는 방식을 PaaS, 피자 전문점에 주문해서 시켜 먹는 방식을 SaaS라고 할 수 있습니다.

CSP와 MSP

오늘날 클라우드 컴퓨팅 생태계를 구성하는 기업은 다양합니다. 클라우드 인프라 및 서비스를 직접 제공하는 회사를 CSP$^{Cloud\ Service\ Provider}$라고 합니다. CSP는 데이터 센터와 클라우드 플랫폼을 운영하며 사용자에게 서버, 스토리지, 네트워크, 데이터베이스, AI, 보안 등 다양한 클라우드 자원을 제공합니다. 대표적인 CSP로 아마존의 AWS, 마이크로소프트의 애저^{Azure}, 구글의 GCP$^{Google\ Cloud\ Platform}$가 있습니다.

MSP$^{Managed\ Service\ Provider}$는 사용자가 복잡한 클라우드 컴퓨팅 서비스를 효율적으로 사용할 수 있도록 설계, 구축, 운영, 보안, 비용 관리까지 지원하는 IT 서비스 기업입니다. 즉, 클라우드 컴퓨팅 인프라를 직접 제공하지 않지만 CSP에서 제공하는 자원을 대신 운영하고 관리하는 역할을 담당합니다. 대표적인 MSP로 메가존, 베스핀글로벌, LG CNS, SK C&C 등이 있습니다.

11-2
AWS 계정 생성하고 설정하기

AWS를 직접 사용하며 클라우드 컴퓨팅 환경을 알아보겠습니다. 먼저 AWS 계정을 생성하고 웹 콘솔에서 사용할 언어와 리전을 설정하는 방법을 살펴봅니다. 그리고 보안 강화를 위해 루트 사용자 계정에 다중 인증을 설정하는 절차를 소개합니다. 이를 통해 AWS 환경에 안전하게 접속하고 서비스를 효율적으로 사용할 수 있는 기본기를 갖추게 됩니다.

Do it! 실습 AWS 계정 생성하기

1 아마존 클라우드 서비스를 사용하려면 먼저 루트 계정을 생성해야 합니다. AWS 웹 사이트(aws.amazon.com/ko/free)에 접속하고 [무료 계정 생성]을 클릭하면 계정 생성 화면으로 이동합니다.

> ✪ AWS는 신규 사용자에게 일정 기간 동안 AWS 서비스를 무료로 체험할 수 있는 프리 티어(Free Tier)를 제공합니다.

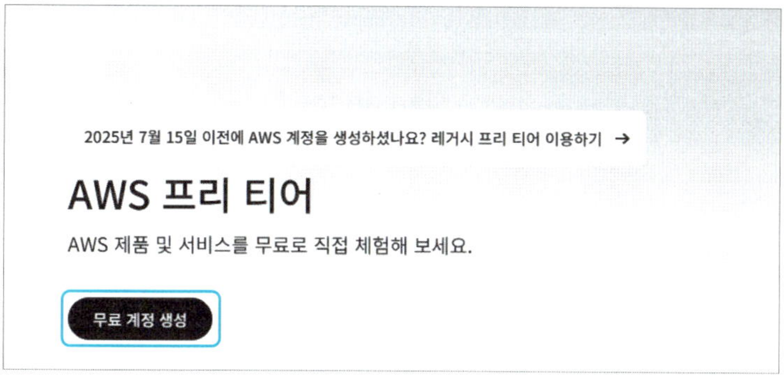

2025년 7월 15일 이전에 AWS 계정을 생성하셨나요? 레거시 프리 티어 이용하기 →

AWS 프리 티어

AWS 제품 및 서비스를 무료로 직접 체험해 보세요.

[무료 계정 생성]

2 루트 계정을 생성해 보겠습니다. 계정을 생성하는 첫 화면에서 이메일 주소와 계정명을 입력하고 [Verify email address]를 클릭합니다.

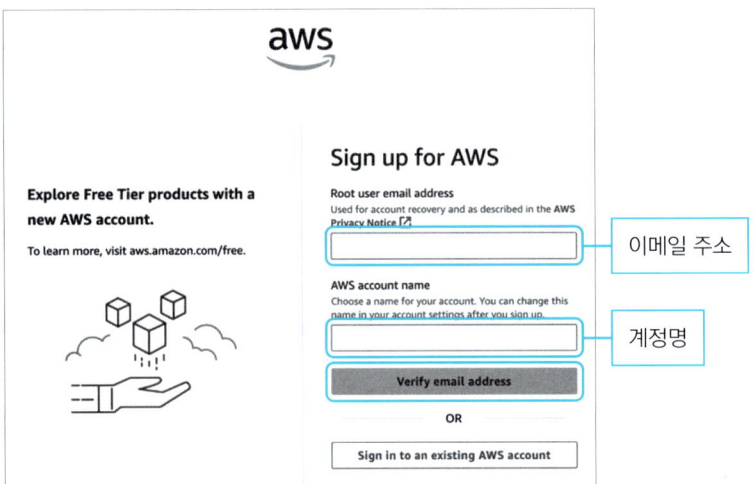

3 입력한 이메일로 본인 확인용 검증 코드를 전송합니다. 6자리 검증 코드를 입력하고 [Verify]를 클릭하면 다음 페이지로 넘어갑니다.

✪ 이메일이 도착하지 않았다면 스팸함을 확인해 보세요.

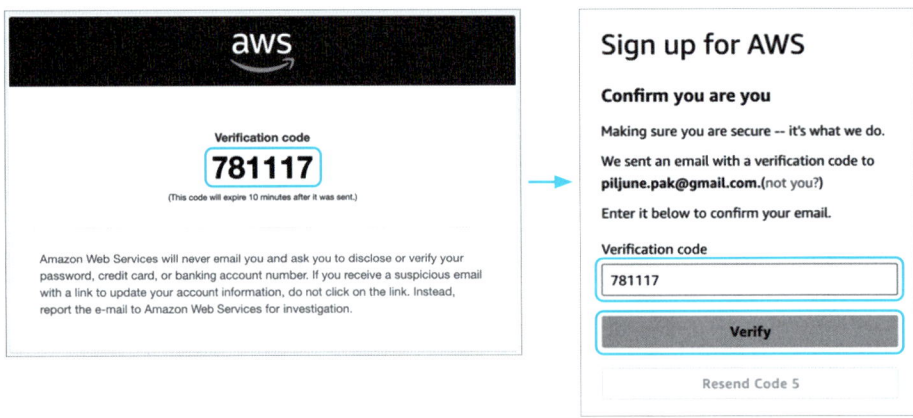

4 루트 사용자의 비밀번호를 설정하는 단계로 넘어오면 대소 문자, 숫자, 특수 문자를 조합해서 비밀번호를 입력합니다.

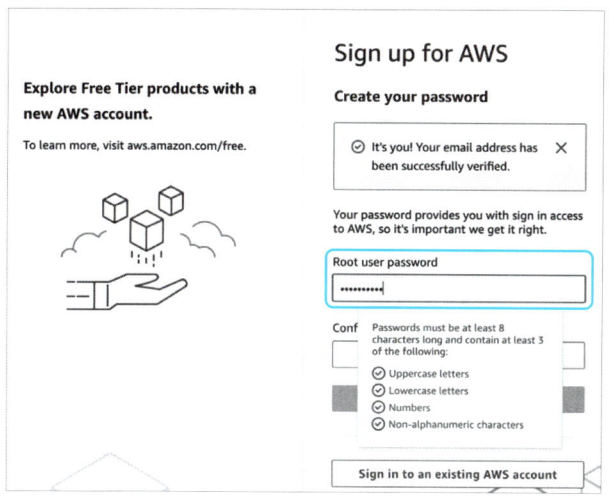

5 다음은 AWS를 사용하는 목적과 연락처를 입력합니다. 사용 목적은 기업용이면 [Business]를, 개인용이면 [Personal]을 선택하고 국가와 주소, 우편번호를 작성합니다. 대한민국 국가 코드는 '82'로 입력하면 됩니다. 모두 입력한 후 [Agree and Continue (step 2 of 5)]를 선택해 다음 단계로 넘어갑니다.

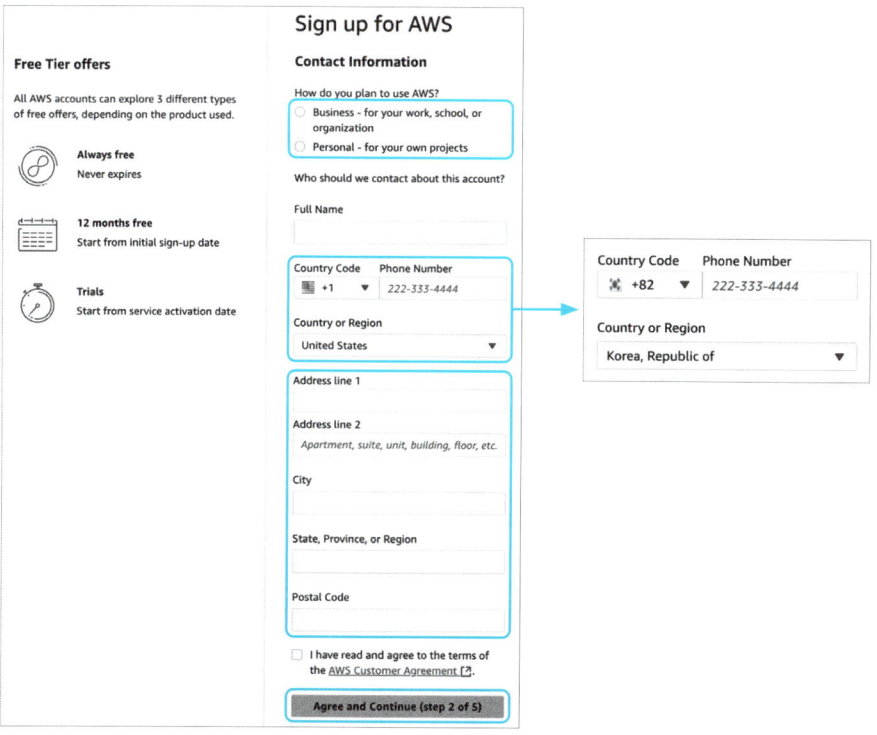

6 AWS 프리 티어는 12개월간 무료로 사용할 수 있지만 기본 사용 기간이 지나거나 기본 사용량을 초과하면 비용이 청구되므로 카드 정보를 입력해야 합니다. 카드 정보와 영수증이 전달될 이메일 주소를 입력하고 [Verify and continue (step 3 of 5)]를 클릭해 회원 가입을 계속 진행합니다.

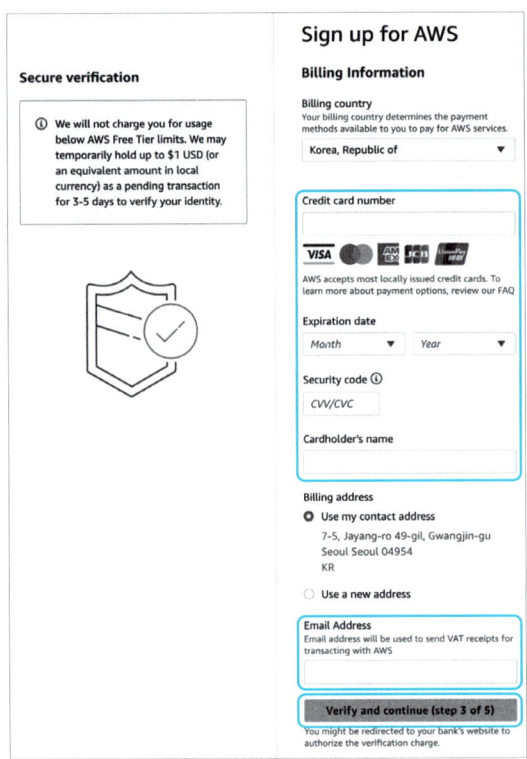

7 본인 확인을 위한 핸드폰 번호 검증 절차를 진행합니다. [Text message (SMS)]를 선택하고 핸드폰 번호를 입력한 후 [Send SMS (step 4 of 5)]을 클릭하면 문자 메시지로 검증 코드가 전달됩니다. 네 자리의 검증 코드를 입력해 다음 단계로 넘어갑니다.

✪ 본인 확인을 위해 전화를 이용한다면 [Voice call]을 선택합니다.

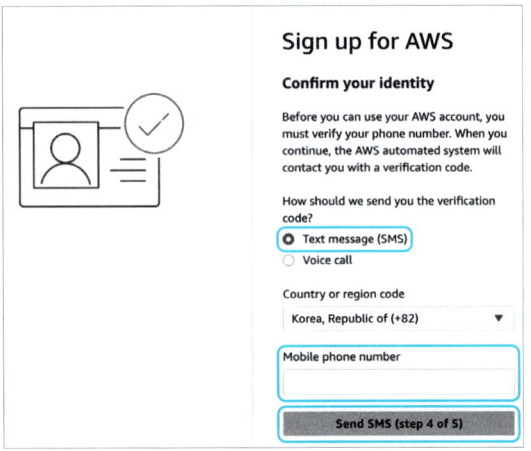

8 마지막으로 사용할 플랜을 결정합니다. 무료 서비스인 프리 티어를 사용하려면 맨 왼쪽에 있는 [Basic support - Free] 플랜을 선택합니다. 이어서 [Complete sign up]을 클릭하면 회원 가입이 완료됩니다.

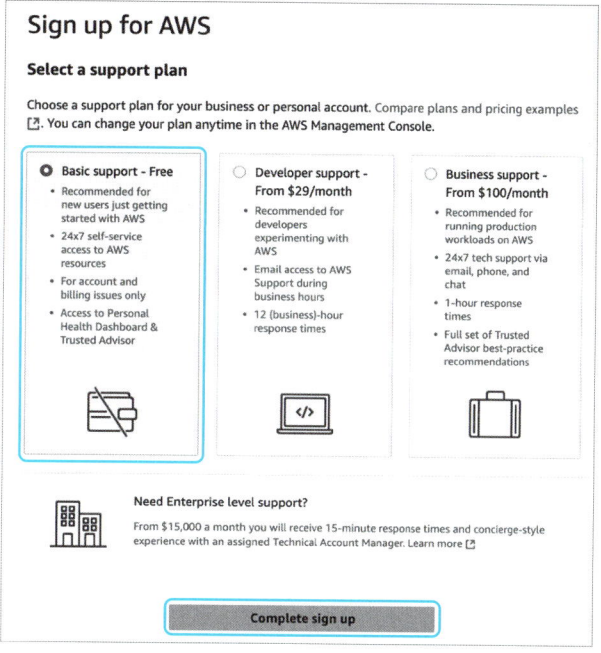

회원 가입이 성공적으로 완료되면 다음과 같이 축하 메시지가 나타납니다. [Go to the AWS Management Console]을 클릭하면 AWS 관리 콘솔 화면으로 이동합니다.

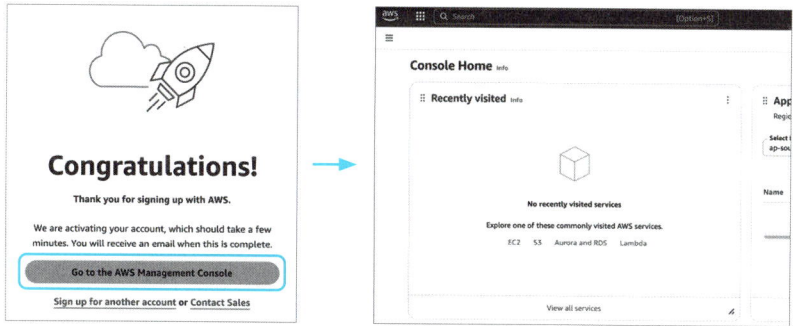

Do it! 실습   언어와 리전 설정하기

회원 가입을 마치면 AWS 관리 콘솔 화면에서 사용할 언어와 리전을 설정할 수 있습니다. 이번 실습에서는 콘솔 홈의 언어를 한국어로 바꾸고 AWS에서 사용하는 리전의 의미를 이해한 후 실제로 설정해 보겠습니다.

1 사용할 언어를 변경하기 위해 콘솔 화면 오른쪽 위에서 ⚙아이콘을 클릭한 후 [Language → 한국어]를 선택합니다. 웹 브라우저의 기본 언어가 한국어라면 [Browser default]로 설정해도 됩니다.

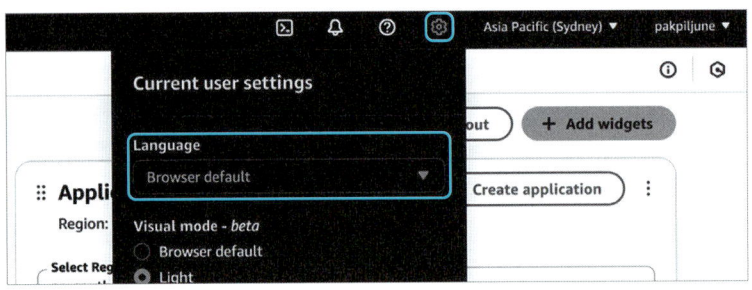

리전Region은 AWS 데이터 센터가 위치한 물리적인 지역을 의미합니다. AWS는 전 세계 여러 지역에 리전을 두고 있는데 어떤 리전을 선택하느냐에 따라 서비스 속도, 비용 등이 달라질 수 있습니다. 예를 들어 우리나라에서 서비스를 운영한다면 서울 리전을 선택하면 더 빠른 속도를 기대할 수 있습니다.

2 화면 오른쪽 위에서 지역명을 클릭하고 [서울 ap-northeast-2] 리전을 선택하면 리전 설정이 완료됩니다.

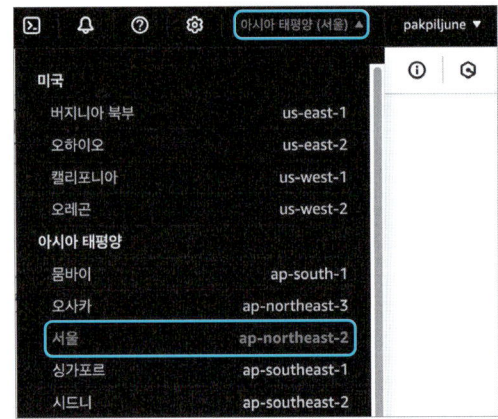

Do it! 실습 루트 사용자 계정에 다중 요소 인증 추가하기

AWS에서 처음 만든 루트 계정은 모든 권한을 가진 중요한 계정이므로 반드시 MFA를 설정해야 합니다. MFA^{Multi-Factor Authentication}는 다중 요소 인증을 의미하며, 로그인할 때 비밀번호를 하나만 쓰는 것이 아니라 서로 다른 인증 방식을 2가지 이상 함께 사용하는 것입니다. 이렇게 하면 계정을 훨씬 더 안전하게 보호할 수 있습니다. 인증 방식은 크게 3가지로 구분할 수 있습니다.

- **지식 기반 인증**: 사용자가 기억할 수 있는 정보를 활용합니다(예 비밀번호, PIN 번호, 질의응답).
- **소지 기반 인증**: 사용자가 소지하고 있는 물리적 수단을 활용합니다(예 스마트폰, 보안 토큰, OTP 생성기).
- **생체 기반 인증**: 사용자의 고유한 신체적 특징을 활용합니다(예 지문, 얼굴, 홍채 인식).

이번 실습에서는 비밀번호와 함께 인증 관리자 앱에 생성되는 일회용 비밀번호인 OTP를 이용해 MFA를 설정해 보겠습니다.

1 AWS 계정에 MFA를 추가하기 위해 콘솔 홈의 왼쪽 위 ◉아이콘을 클릭하고 [IAM] 서비스를 선택합니다. 검색 창에서 'IAM'을 입력해서 찾을 수도 있습니다.

⭐ IAM(Identity and Access Management)은 조직 내 사용자들이 누구인지 확인하고, 어떤 자원에 접근할 수 있는지 제어 및 관리하는 서비스입니다.

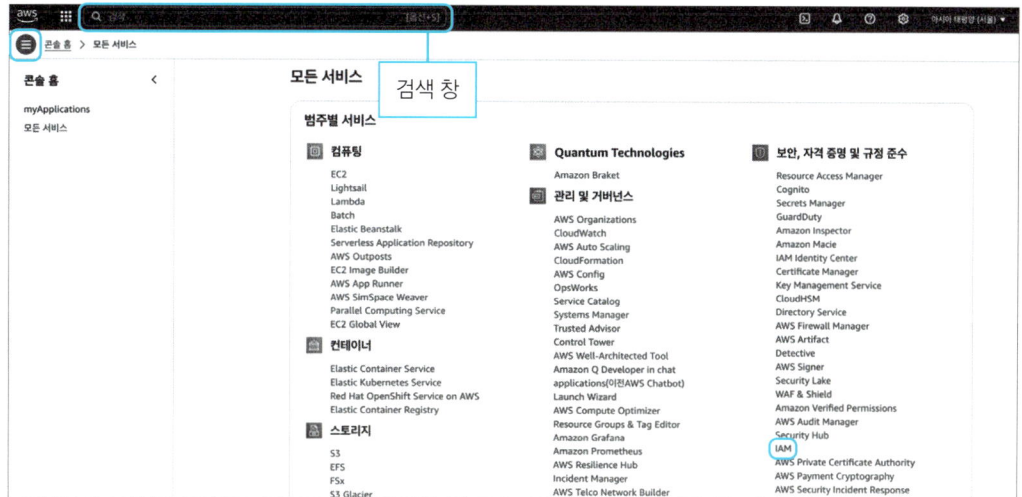

2 IAM 대시보드로 이동하면 보안 권장 사항으로 '루트 사용자에 대해 MFA 추가' 항목이 표시됩니다. 오른쪽에 있는 [MFA 추가]를 클릭합니다.

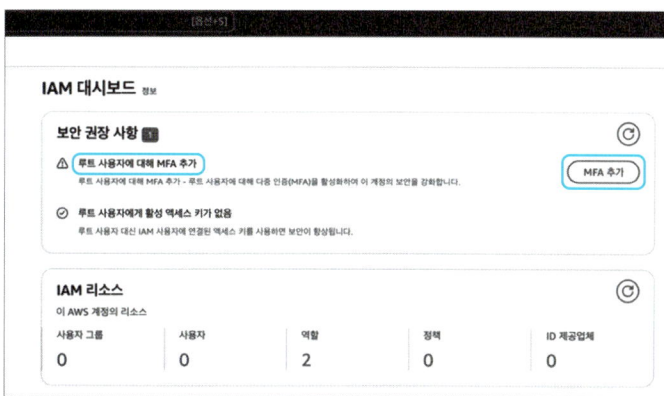

3 MFA 추가는 2단계로 진행됩니다. 1단계에서는 MFA 디바이스를 선택합니다. 먼저 사용할 디바이스의 이름을 입력합니다. 디바이스 이름은 알파벳과 숫자, 일부 특수 문자를 조합해서 사용할 수 있습니다. 그리고 디바이스 옵션에서 [인증 관리자 앱]을 선택합니다. 인증 관리자 앱은 스마트폰에 설치해 사용하는 앱으로 로그인할 때 일회용 인증 번호(OTP)를 생성해 줍니다. 모두 선택한 뒤 [다음]을 누릅니다.

4 2단계인 디바이스 설정 화면으로 이동합니다. 이 단계를 진행하려면 스마트폰에 앱을 설치해야 합니다.

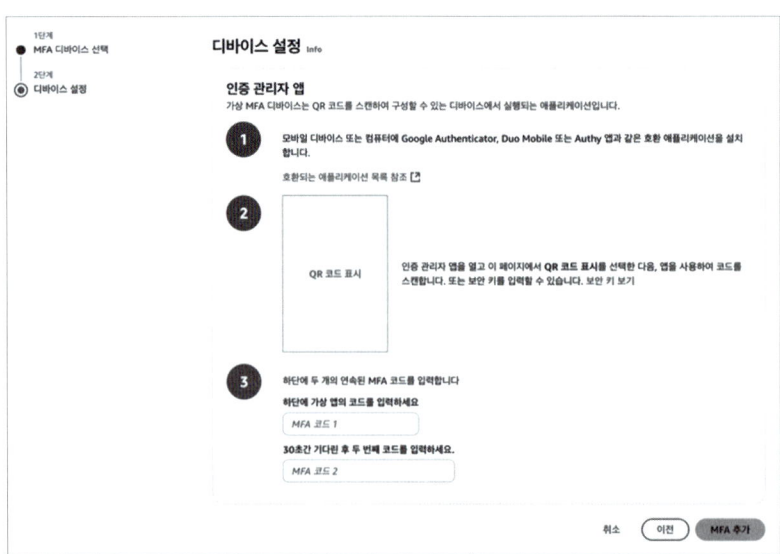

5 인증할 때 사용하는 앱은 여러 종류가 있지만 여기서는 Google Authenticator 앱을 사용하겠습니다. 스마트폰의 구글 플레이나 앱스토어에서 Google Authenticator 앱을 선택해 설치합니다.

> ✲ Google Authenticator 앱은 일회용 비밀번호를 생성하는 앱으로 특정 시간 동안 유효한 숫자 비밀번호를 생성합니다.

6 스마트폰에서 Google Authenticator 앱을 실행하고 ⊞ 버튼을 탭해 [QR 코드 스캔]을 선택합니다.

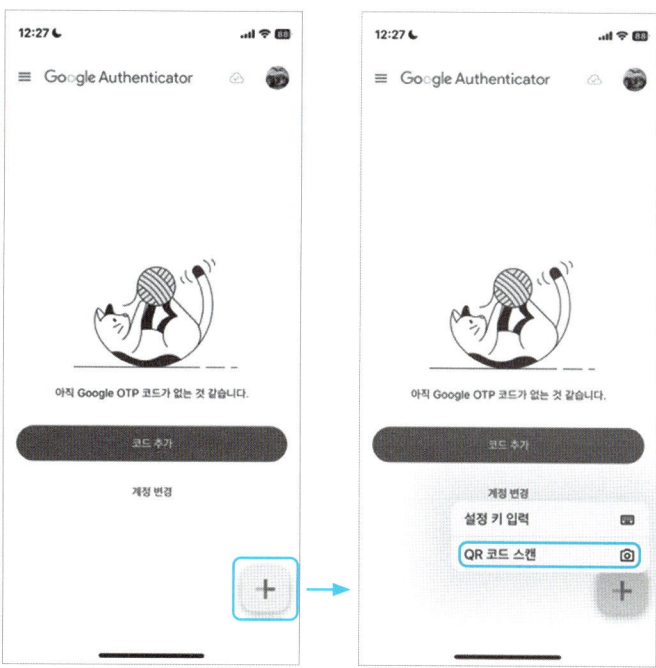

7 디바이스 설정 화면에서 [QR 코드 표시] 버튼을 클릭하고 카메라로 QR 코드를 인식하면 모바일 단말에 6자리 인증 코드가 나타납니다.

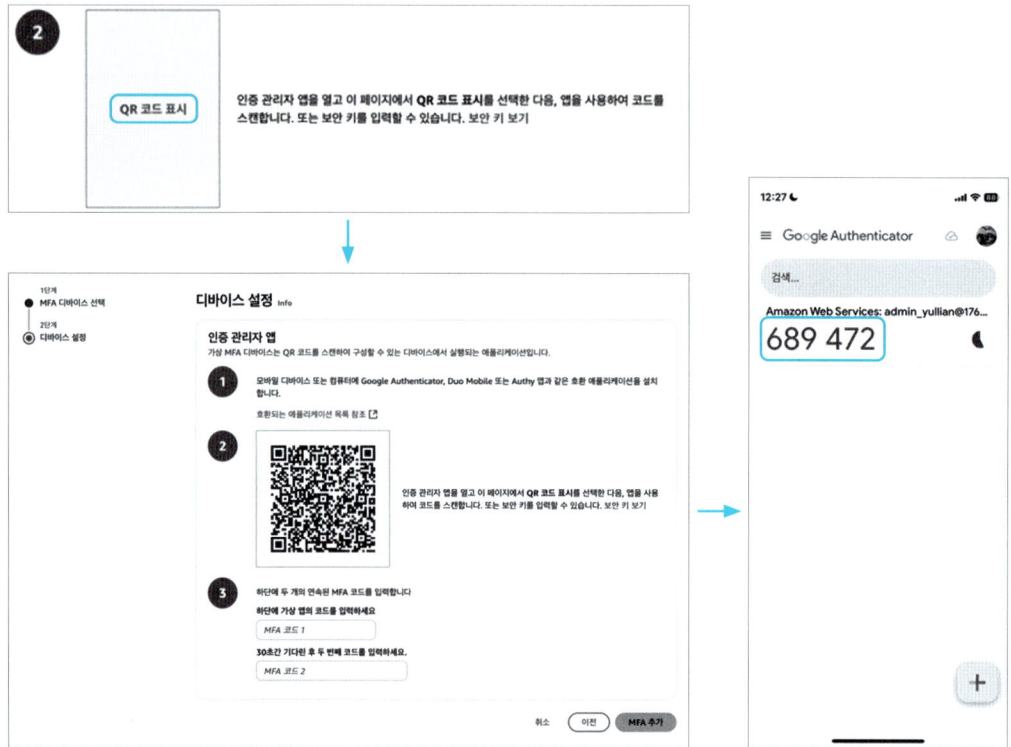

8 인증 코드를 'MFA 코드 1'에 입력한 후 30초 뒤에 6자리 코드가 변경되면 'MFA 코드 2'에 변경된 코드를 입력하고 [MFA 추가]를 클릭하면 MFA가 추가됩니다.

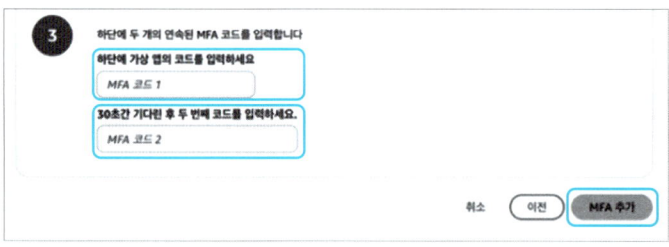

9 MFA가 추가되었는지 확인해 봅시다. 화면 오른쪽 위에서 계정명을 선택하고 [로그아웃] 버튼을 누른 후 다시 로그인하기 위해 [콘솔에 로그인]을 클릭합니다.

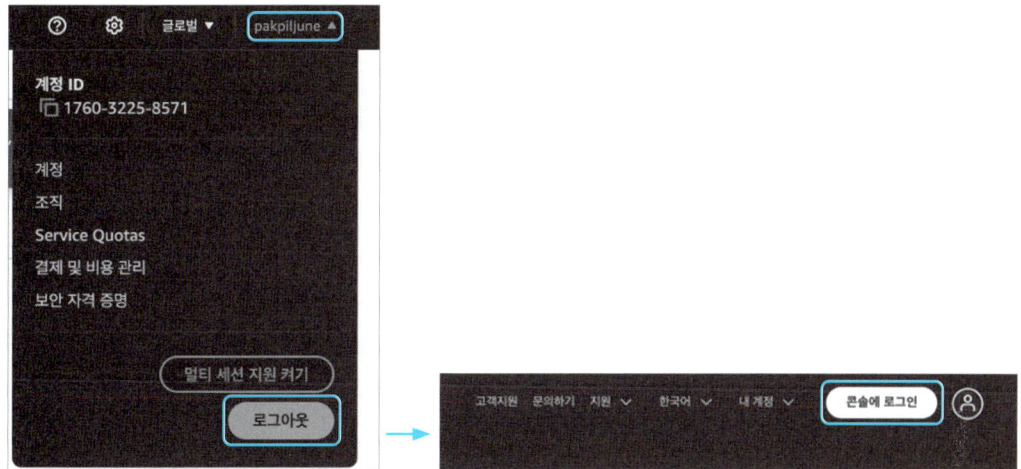

10 [Sign in using root user email]을 클릭합니다.

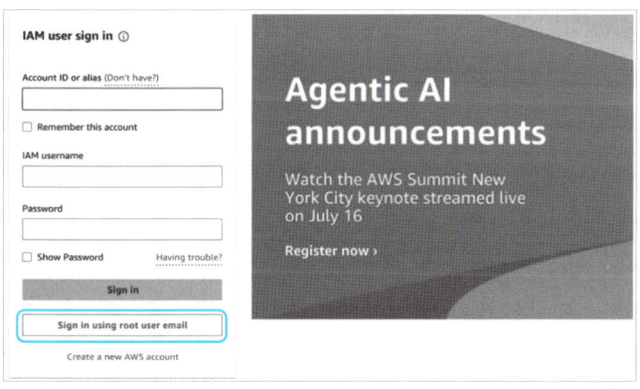

11 루트 사용자의 이메일 주소와 비밀번호를 입력하면 이제는 이전과 달리 MFA 코드 입력 화면이 나타납니다. 스마트폰에서 Google Authenticator 앱을 실행해 6자리 코드를 입력하고 [Sign in]을 클릭하면 AWS에 로그인할 수 있습니다.

> 6자리 코드는 주기적으로 변경되므로 변경되기 전에 빠르게 입력해야 합니다.

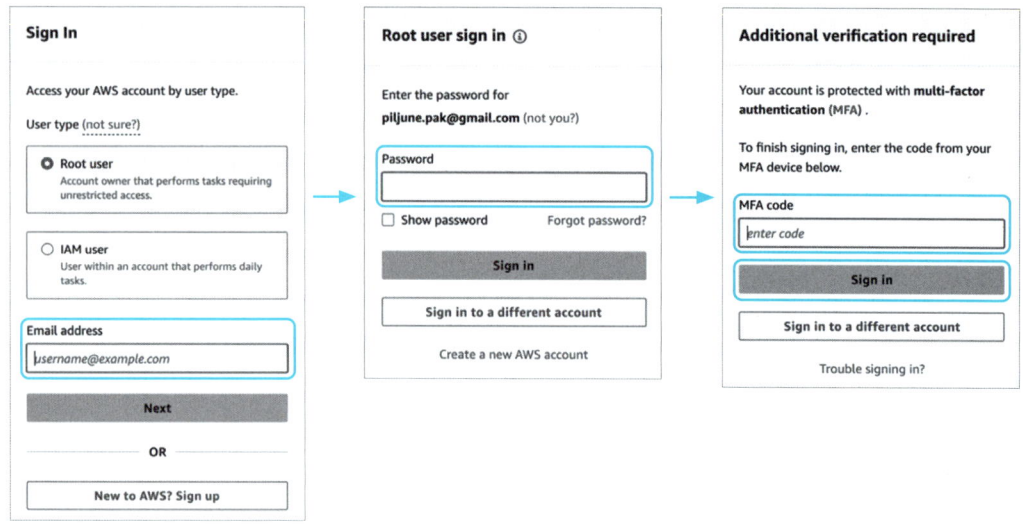

Do it! 실습 IAM 사용자 생성하기

루트 사용자는 AWS 전체를 제어할 수 있는 강력한 권한을 가지므로 직접 사용하면 보안상 위험합니다. 따라서 일상적인 관리 작업은 루트 사용자 대신 IAM^{Identity and Access Management} 사용자를 생성해 사용하는 것이 일반적입니다. 이제 IAM 사용자를 생성하는 방법을 알아보겠습니다.

1 다시 AWS의 IAM 서비스로 이동합니다. 왼쪽 메뉴에서 [사용자]를 선택하고 오른쪽 위에서 [사용자 생성]을 클릭합니다.

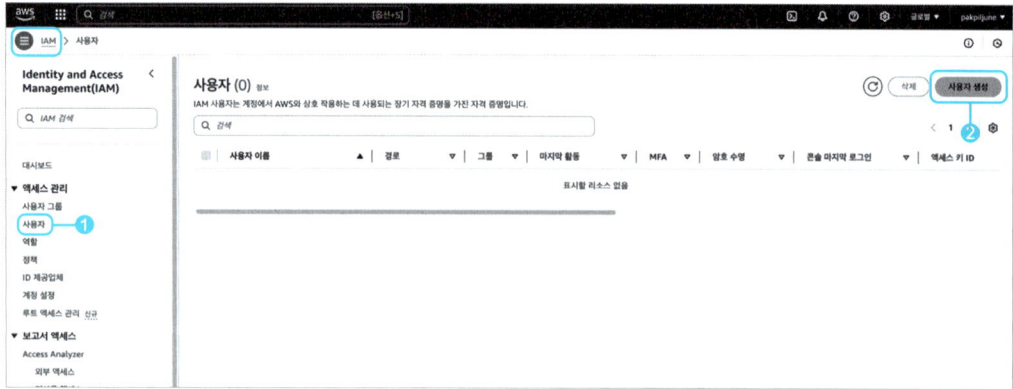

2 IAM 계정 역시 보안을 위해 MFA를 설정해야 합니다. IAM 대시보드에서 [MFA 추가]를 선택한 후, 루트 사용자 계정에 MFA를 설정했던 것과 같이 IAM 계정에서 MFA를 추가합니다.

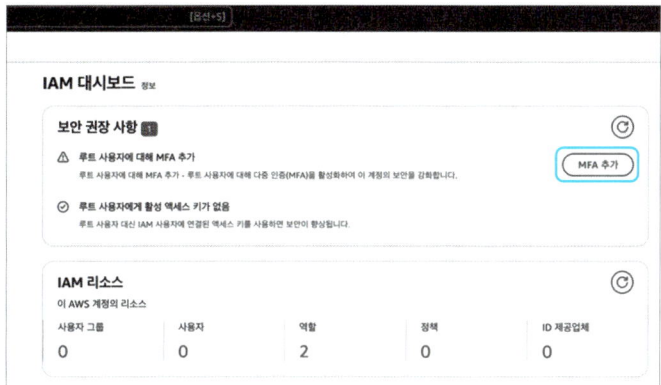

3 IAM 계정에서 MFA 설정까지 끝나면 IAM 사용자 항목을 선택하고 로그인합니다. 루트 사용자로도 AWS 서비스를 사용할 수 있지만, 실제 환경에서는 이렇게 IAM 계정을 별도로 생성하고 관리해야 더 안전합니다.

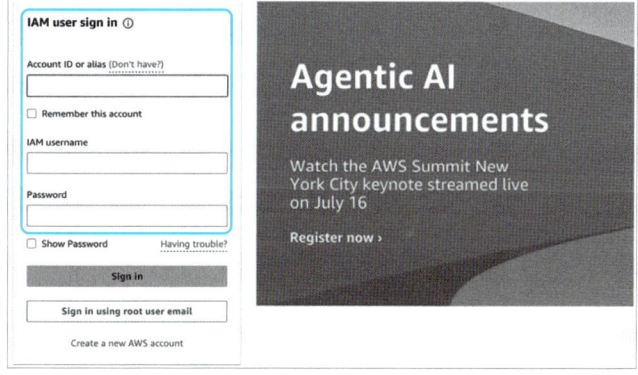

11-3

EC2 인스턴스 생성하기

AWS에서 제공하는 아마존 리눅스는 클라우드 환경에 최적화된 경량 리눅스 배포판입니다. 보안 업데이트와 패키지 관리를 아마존에서 직접 장기적으로 지원하므로 서버를 안정적이고 안전하게 운영할 수 있습니다. 이번 절에서는 AWS 콘솔을 이용해 EC2 인스턴스를 생성하고, 운영체제로 아마존 리눅스를 선택하여 클라우드 환경에 리눅스 서버를 구축하는 과정을 알아보겠습니다.

EC2 서비스란?

EC2^{Elastic Compute Cloud}는 AWS에서 제공하는 가상 서버로, 클라우드 환경에서 컴퓨팅 자원을 쉽게 생성하고 관리해 줍니다. AWS에서 제공하는 가상 머신이라고 생각하면 이해하기 쉽습니다. EC2는 사용량에 따라 인스턴스를 자유롭게 생성·중지·시작·종료할 수 있으며, 목적에 따라 CPU·메모리·GPU 등 최적화된 자원을 구성할 수 있습니다. 인스턴스^{instance}는 사용자가 생성한 하나의 가상 서버를 의미합니다. 예를 들어 개인용 웹 서버, 파일 서버, 데이터베이스 서버 등 용도에 맞게 인스턴스를 만들 수 있으며 리눅스나 윈도우 같은 운영체제도 자유롭게 선택해 사용할 수 있습니다.

Do it! 실습 EC2 인스턴스 생성하기

AWS 콘솔을 이용해 EC2 인스턴스를 생성하고 상태를 확인하며 리눅스 환경을 활용할 준비를 해보겠습니다.

1 AWS 콘솔 홈에서 EC2 서비스를 클릭하면 EC2 인스턴스를 생성할 수 있는 초기 화면이 나타납니다.

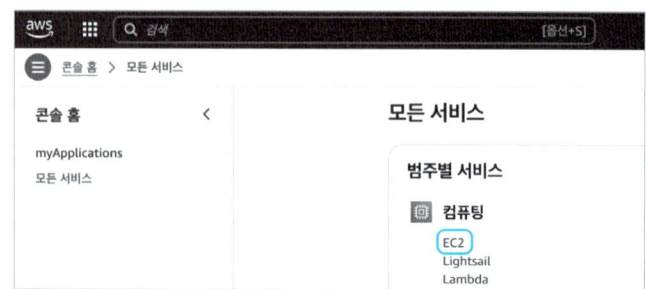

2 [인스턴스 시작]을 클릭해 인스턴스를 생성합니다. 화면 왼쪽 메뉴에서 [대시보드 → 인스턴스]를 선택해도 [인스턴스 시작]을 찾을 수 있습니다.

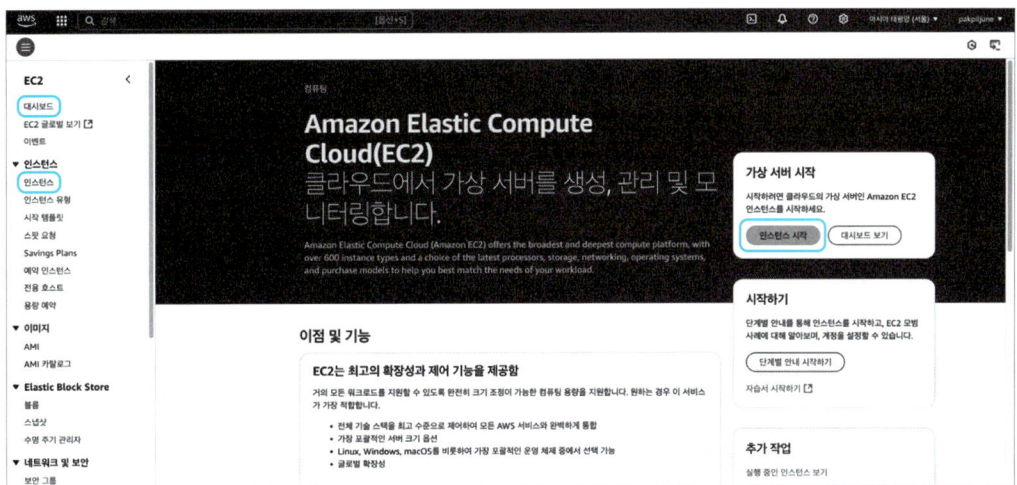

3 EC2 인스턴스를 생성하기 위한 기본 정보를 입력하는 화면으로 이동합니다. 인스턴스의 이름을 '아마존 리눅스'로 설정하고 애플리케이션 및 OS 이미지는 맨 앞에 있는 [Amazon Linux]를 선택한 후 화면 스크롤을 내립니다.

> OS 이미지는 AMI(Amazon Machine Image)를 의미하며 EC2 인스턴스를 생성하기 위한 템플릿 디스크 이미지입니다. AMI에는 운영체제와 함께 애플리케이션, 설정, 데이터 등이 포함된 형태로 제공되므로 목적에 맞는 이미지를 선택하면 사용하기 편리합니다.

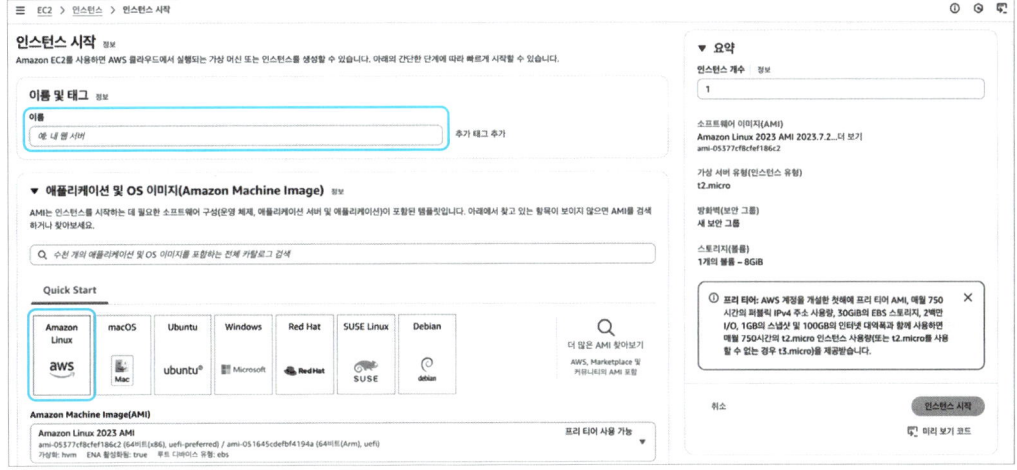

11장 | 클라우드에서 리눅스 사용하기

4 인스턴스 유형을 선택합니다. 인스턴스 유형은 CPU, 메모리, 네트워크 성능, 스토리지 용량 등에 따라 분류된 서버 사양을 의미합니다. 추가 금액을 지불하지 않기 위해 [프리 티어 사용 가능] 항목을 선택합니다.

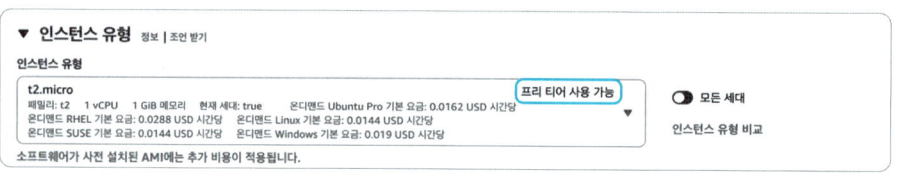

5 이어서 키 페어를 생성합니다. 키 페어는 EC2 인스턴스에 안전하게 로그인할 수 있는 인증 수단입니다. 비밀번호를 따로 만들지 않고 미리 생성한 키 페어로 로그인할 수 있습니다. 키 페어를 생성하면 공개 키^{public key}와 비밀 키^{private key}가 만들어지는데 공개 키는 AWS에 저장되고 비밀 키는 사용자 컴퓨터에 저장되어 EC2 인스턴스에 접속할 때 사용합니다. 초기에는 키 페어가 없으므로 [새 키 페어 생성]을 클릭해 새로 생성합니다.

> 비밀 키를 분실하거나 삭제할 경우 EC2 인스턴스에 접속할 수 없고 유출될 경우 보안 사고가 발생할 수 있으므로 관리에 유의하세요.

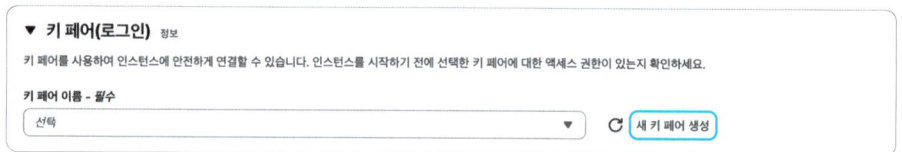

6 키 페어 생성 창이 표시되면 차례로 항목을 입력하거나 선택하고 [키 페어 생성]을 클릭합니다. 키 페어를 생성하면 비밀 키가 '키 페어 이름.pem' 파일로 저장되며, 이 파일은 나중에 EC2 인스턴스에 접속할 때 사용합니다.

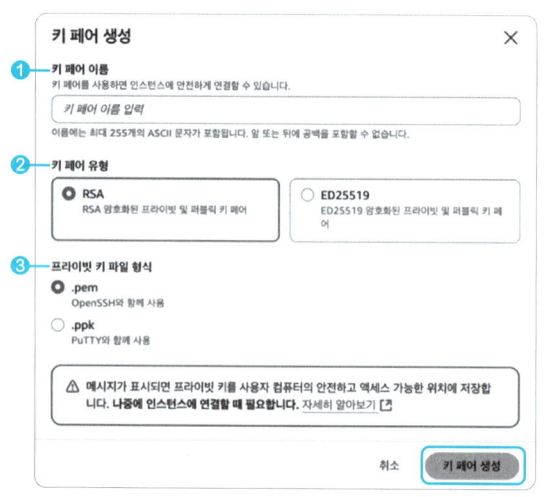

❶ 키 페어 이름: 공백 없이 영문과 숫자로 작성합니다.

❷ 키 페어 유형: 키를 저장하는 암호화 방식을 의미합니다. 여기서는 기본값인 [RSA]를 사용합니다.

❸ 프라이빗 키 파일 형식: 비밀 키의 파일 형식을 지정합니다. [.pem]은 OpenSSH를 활용한 원격 접속에 사용하며 리눅스, macOS, 윈도우 운영체제 등에서 활용할 수 있습니다. [.ppk]는 윈도우 운영체제의 PuTTY 프로그램으로 접속할 때 주로 사용합니다. 여기에서는 확장성이 좋은 .pem 파일을 사용하겠습니다.

7 네트워크를 설정하는 단계입니다. 다음 옵션을 차례로 입력합니다. 그리고 가상 머신에 원격으로 접속하기 위해 [다음에서 SSH 트래픽 허용] 항목을 체크합니다.

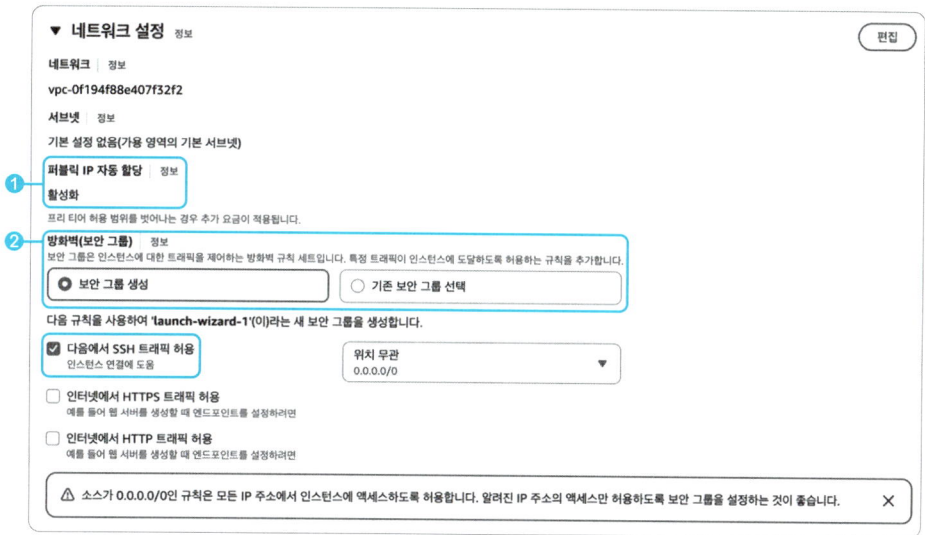

① **퍼블릭 IP 자동 할당**: 퍼블릭 IP가 활성화되어 있어야 외부 네트워크에서 가상 머신에 접속할 수 있으므로 정상으로 활성화되어 있는지 확인합니다.

② **방화벽(보안 그룹)**: 보안 그룹은 인스턴스가 들어오고 나가는 네트워크 트래픽을 제어하는 방화벽 규칙을 의미합니다. 특정 IP 주소와 포트 번호를 허용하거나 차단하여 인스턴스를 안전하게 보호합니다.

8 마지막으로 스토리지 구성에서는 프리티어에서 사용할 수 있는 기본 스토리지의 값을 유지하고 화면 오른쪽 아래에서 [인스턴스 시작]을 클릭합니다.

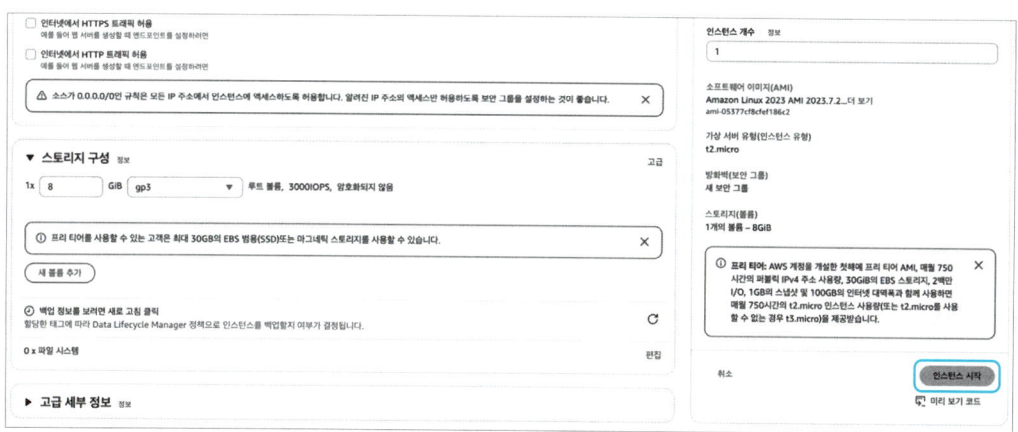

9 인스턴스를 시작하면 현재 모든 인스턴스를 보기 위해 [모든 인스턴스 보기]를 클릭합니다.

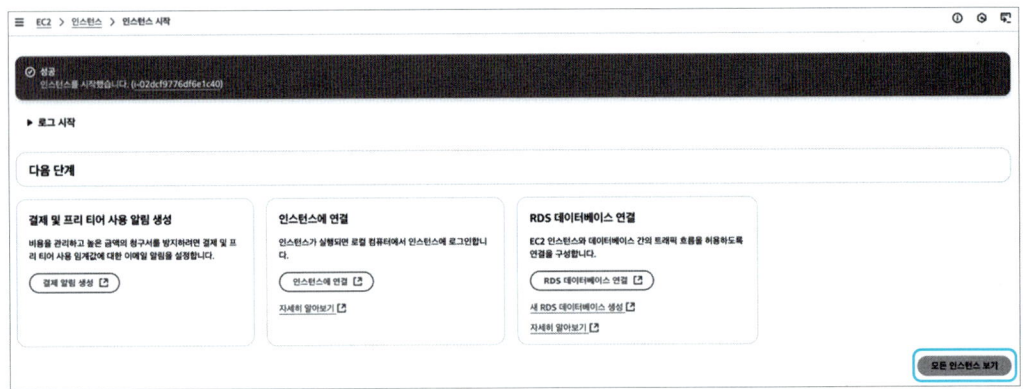

만약 인스턴스가 보이지 않는다면 화면 위에서 새로 고침 ⓒ아이콘을 클릭하면 생성한 인스턴스가 나타납니다. 인스턴스를 초기화하는 데 시간이 다소 걸리므로 가상 머신을 사용할 준비가 되었다면 상태 검사에 표시된 문구가 [초기화]에서 [2/2개 검사 통과]로 바뀔 때까지 기다려야 합니다.

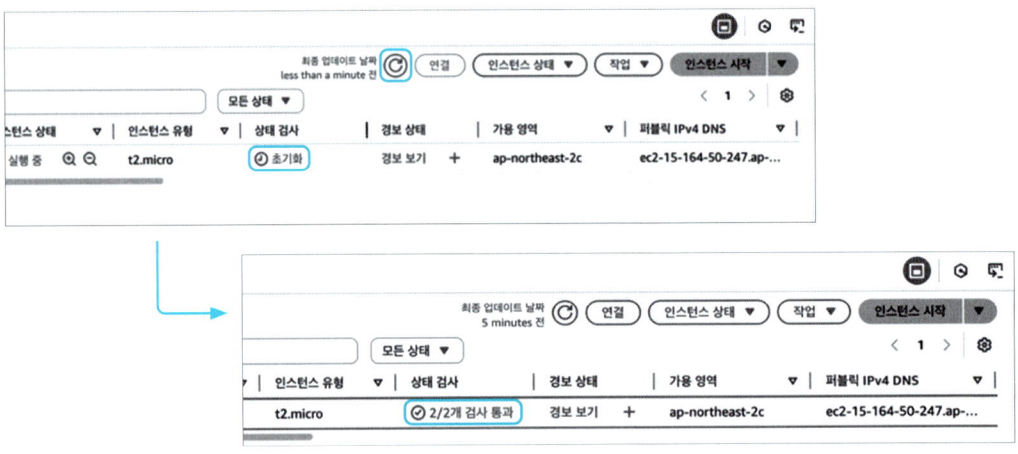

이제 EC2 인스턴스의 생성 과정이 모두 끝났습니다. 다음 절에서는 EC2 인스턴스에 원격 접속해 리눅스 환경으로 들어가 봅시다.

11-4
EC2 인스턴스 접속하기

이번 절에서는 생성한 EC2 인스턴스를 원격으로 접속하는 방법을 알아보겠습니다. 이를 통해 클라우드에서 가상 서버를 생성하고 안전하게 접속하는 방법을 익히고 리눅스 학습과 서비스 운영의 기초를 다질 수 있습니다.

Do it! 실습 클라우드에서 리눅스 활용하기

macOS와 윈도우에서 EC2 인스턴스에 원격으로 접속해 리눅스 명령어를 입력할 수 있는 환경으로 들어가 봅시다.

macOS에서 E2C 인스턴스 접속하기

1 AWS의 EC2에 접속하기 위해 퍼블릭 IP 주소를 알아야 합니다. 실행 중인 EC2 인스턴스를 클릭하면 화면 아래쪽의 세부 정보에서 퍼블릭 IPv4 주소를 확인할 수 있습니다. IP 주소 앞의 🗐 아이콘을 클릭하면 자동으로 클립보드에 복사됩니다.

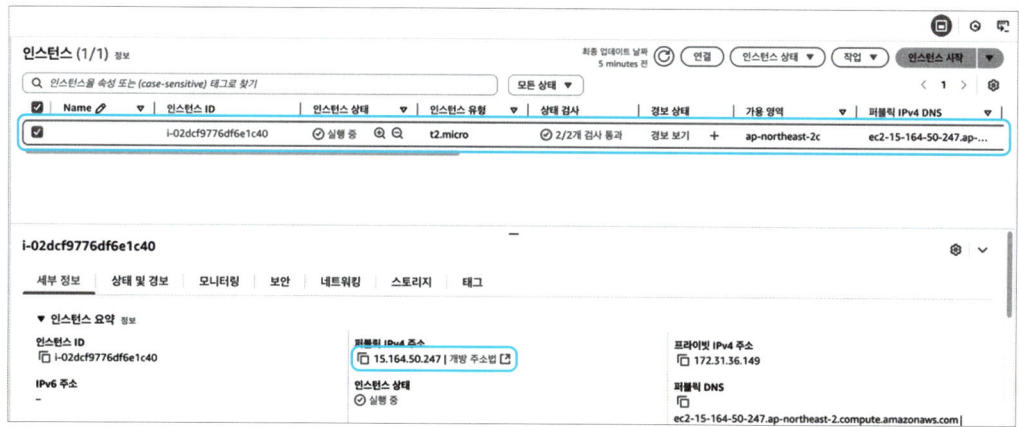

퍼블릭 IP 주소 확인하기

2 배경 화면 오른쪽 위에 있는 🔍아이콘을 클릭하고 'terminal'이라고 입력해 터미널 프로그램을 실행합니다.

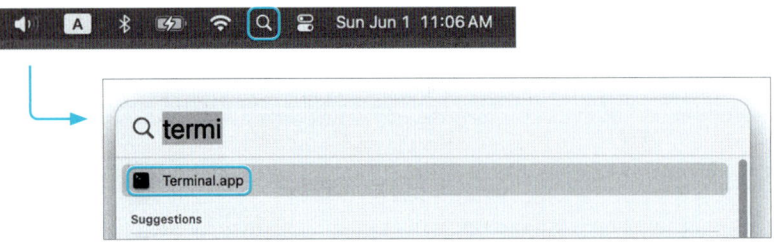

3 터미널 프로그램에 ssh 명령어를 입력합니다. EC2에 접속하는 클라이언트 환경에 상관없이 공통으로 다음 ssh 명령어 형식을 사용해 가상 머신에 원격으로 접속할 수 있습니다. -i 옵션은 키 페어를 통해 접속할 때 사용하는 옵션으로 키 페어가 저장된 경로를 뒤에 입력하면 됩니다. 그리고 가상 머신에 접속하기 위해 사용자 계정과 EC2의 퍼블릭 IP 주소를 @ 기호로 구분해 작성합니다. 사용자 계정은 앞에서 선택한 Amazon Linux의 계정을 입력하면 됩니다.

```
ssh -i [키페어경로.pem] [사용자 계정]@[EC2의 퍼블릭 IP 주소]
```

4 원격 접속 명령어를 입력해도 다음과 같은 에러가 발생합니다. 이는 비밀 키의 접근 권한이 너무 과하게 허용했기 때문입니다. 따라서 비밀 키에 대한 접근 권한을 파일 소유자만 읽을 수 있게 수정한 뒤 다시 접속해야 합니다.

```
yulian@Yulians-MacBook-Pro ~ % ssh -i ~/Desktop/mykey.pem ec2-user@15.164.50.247
The authenticity of host '15.164.50.247 (15.164.50.247)' can't be established.
ED25519 key fingerprint is SHA256:hl+LhgH3stTg0uHXMqe6B/wlp43KAtOXTvJw3j1wYS4.
This key is not known by any other names.
Are you sure you want to continue connecting (yes/no/[fingerprint])? yes
Warning: Permanently added '15.164.50.247' (ED25519) to the list of known hosts.
@@@@@@@@@@@@@@@@@@@@@@@@@@@@@@@@@@@@@@@@@@@@@@@@@@@@@@@@
@          WARNING: UNPROTECTED PRIVATE KEY FILE!          @
@@@@@@@@@@@@@@@@@@@@@@@@@@@@@@@@@@@@@@@@@@@@@@@@@@@@@@@@
Permissions 0644 for '/Users/yulian/Desktop/mykey.pem' are too open.
It is required that your private key files are NOT accessible by others.
This private key will be ignored.
Load key "/Users/yulian/Desktop/mykey.pem": bad permissions
ec2-user@15.164.50.247: Permission denied (publickey,gssapi-keyex,gssapi-with-mic
).
yulian@Yulians-MacBook-Pro ~ % ls -l ~/Desktop/mykey.pem
```

5 접근 권한을 수정할 수 있는 chmod 명령어로 비밀 키의 권한을 사용자만 읽기 권한으로 수정합니다.

```
chmod 400 ~/Desktop/mykey.pem
```

다시 접속을 시도하면 이번엔 정상으로 접속됩니다. 아마존 리눅스는 레드햇 계열 리눅스 배포판이므로 로키와 동일한 명령어 체계를 갖습니다. 따라서 원격으로 접속한 후 앞에서 학습한 리눅스 명령어를 입력하면 정상으로 동작합니다.

```
yulian@Yulians-MacBook-Pro ~ % chmod 400 ~/Desktop/mykey.pem
yulian@Yulians-MacBook-Pro ~ % ls -l ~/Desktop/mykey.pem
-r--------@ 1 yulian  staff  1678 Jun  1 10:20 /Users/yulian/Desktop/mykey.pem
yulian@Yulians-MacBook-Pro ~ % ssh -i ~/Desktop/mykey.pem ec2-user@15.164.50.247
   ,     #_
   ~\_  ####_        Amazon Linux 2023
  ~~  \_#####\
  ~~     \###|
  ~~       \#/ ___   https://aws.amazon.com/linux/amazon-linux-2023
   ~~       V~' '->
    ~~~         /
      ~~._.   _/
         _/ _/
       _/m/'
[ec2-user@ip-172-31-36-149 ~]$
```

여기서 잠깐 AMI에 따른 주요 사용자 계정명

AMI는 사용자 계정도 포함한 이미지 파일입니다. 따라서 EC2 인스턴스를 생성할 때 사용자 계정을 따로 생성하지 않더라도 AMI를 선택하면 지정된 사용자 계정명을 사용할 수 있습니다. 자주 사용하는 AMI별 사용자 계정명은 다음과 같습니다.

AMI에 따른 주요 사용자 계정명

AMI	계정명
아마존 리눅스	ec2-user
우분투	ubuntu
RHEL	ec2-user / root
센트OS	centos
데비안	admin / root

윈도우에서 E2C 인스턴스 접속하기

1 윈도우에서 ssh 명령어를 사용하려면 명령 프롬프트를 실행해야 합니다. 윈도우 운영체제의 왼쪽 아래 검색 창에서 '명령'으로 검색하고 명령 프롬프트를 실행합니다.

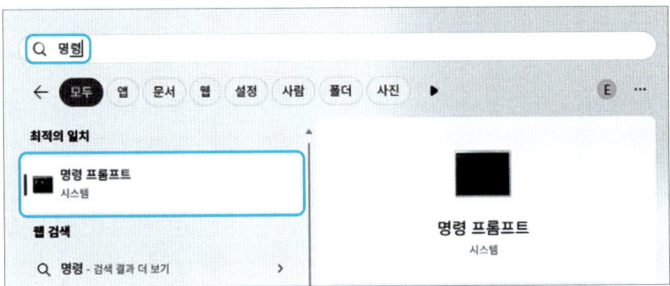

2 명령 프롬프트에 형식에 맞게 ssh 명령어를 입력하면 macOS 환경과 동일한 문제로 원격 EC2에 접속하지 못하는 에러가 발생합니다.

```
ssh -i [키페어경로.pem] [사용자 계정]@[EC2의 퍼블릭 IP 주소]
```

3 이 문제를 해결하기 위해 내려받은 비밀 키 파일(.pem)을 찾아 선택한 후 오른쪽 마우스 버튼을 클릭합니다. 그리고 [속성] 메뉴를 선택합니다.

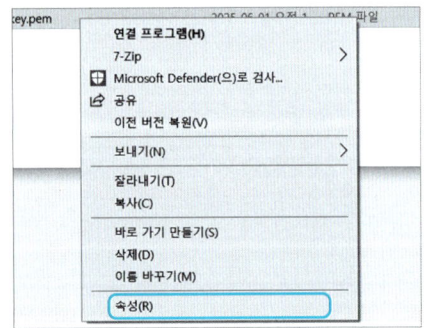

4 속성 창이 나타나면 위에서 [보안] 탭을 누르고 [고급]을 클릭합니다.

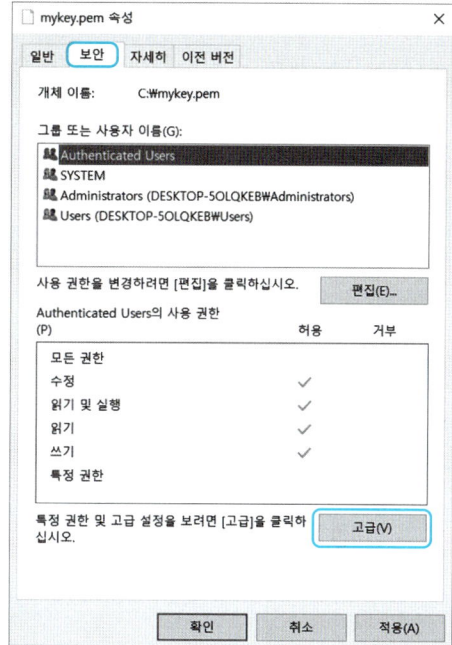

5 비밀 키 파일의 모든 권한을 제거하기 위해 왼쪽 아래에 있는 [상속 사용 안 함]을 클릭합니다. 팝업 창이 나타나면 [이 개체에서 상속된 사용 권한을 모두 제거합니다.]를 클릭합니다.

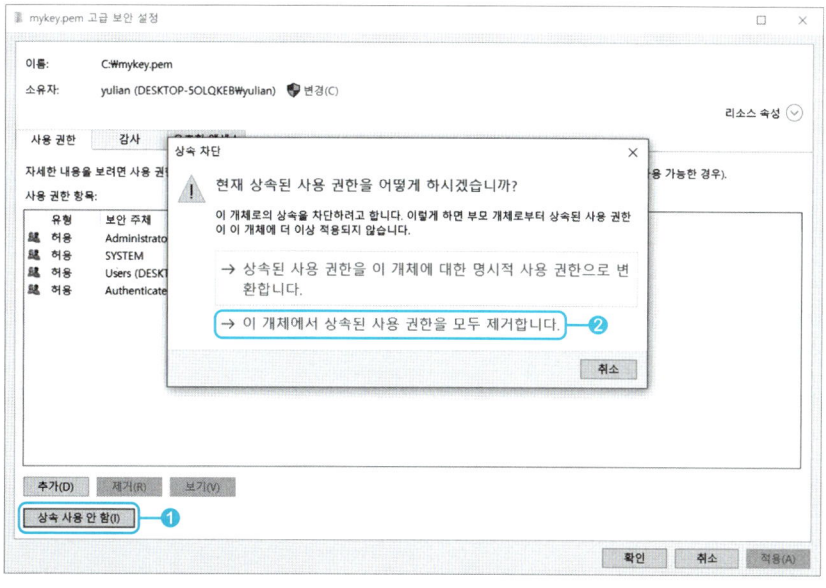

6 특정 사용자에게만 읽고 실행할 수 있는 권한을 추가하기 위해 [보안 주체 선택] 항목을 선택합니다. 개체 유형은 [사용자]를 선택하고 [확인]을 클릭합니다.

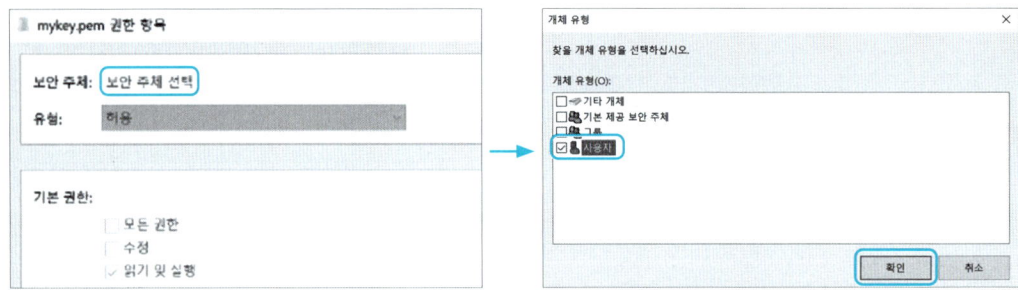

7 선택할 개체 이름에는 윈도우 운영체제에 로그인한 사용자명을 입력한 후 [확인]을 클릭합니다.

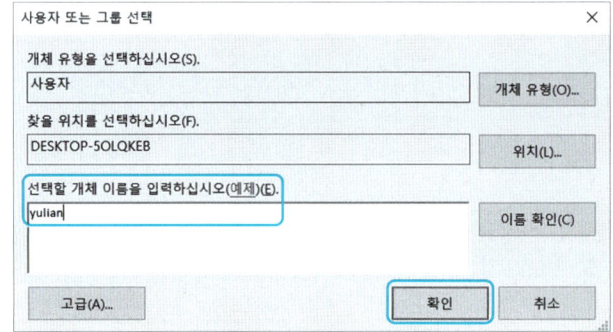

8 사용자의 기본 권한에 [읽기 및 실행], [읽기] 권한에 체크하고 나머지는 체크 표시를 해제합니다. 그리고 [확인]을 클릭하면 비밀 키 파일의 보안 속성에서 사용 권한이 [읽기 및 실행]과 [읽기]만 허용된 것을 볼 수 있습니다.

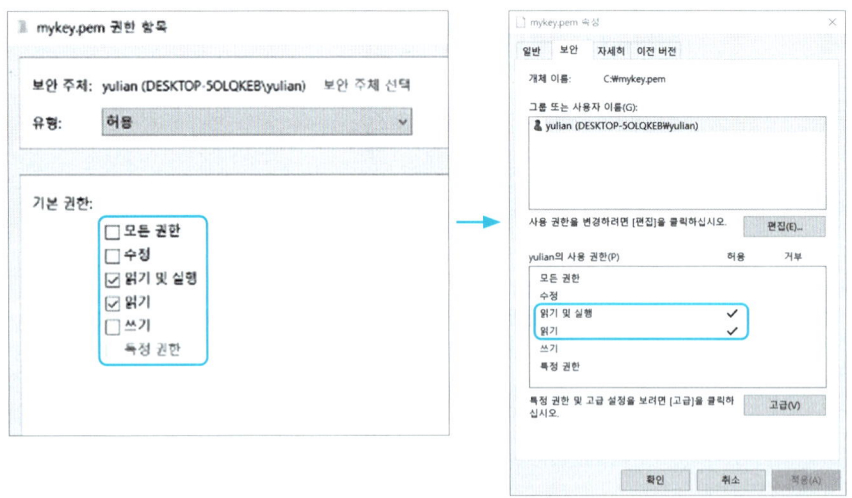

9 사용자에게만 읽기 및 실행 권한을 부여했으므로 다시 ssh 명령어로 접속을 시도하면 EC2 인스턴스에 정상으로 접속됩니다. EC2 인스턴스에 접속한 후 리눅스의 기본 명령어를 실습할 수 있습니다.

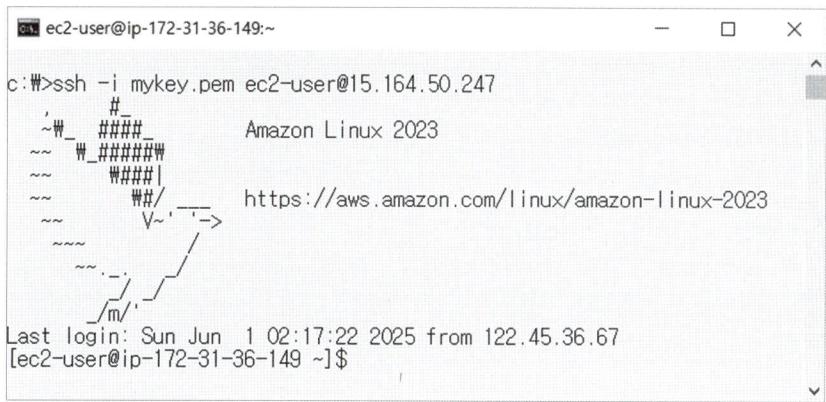

Do it! 실습 EC2 인스턴스 중지 및 종료하기

프리 티어 기간이 만료되면 요금이 청구될 수 있으므로 EC2 인스턴스를 사용하지 않을 때는 서비스를 중지하거나 종료하는 것이 좋습니다.

1 AWS 서비스에서 [EC2 → 인스턴스] 메뉴를 선택해 [인스턴스 중지]를 선택하면 인스턴스를 중지할 수 있습니다. 인스턴스 중지는 가상 머신의 전원을 차단하는 것과 동일합니다. 따라서 인스턴스 중지만으로도 추가 과금을 방지할 수 있습니다.

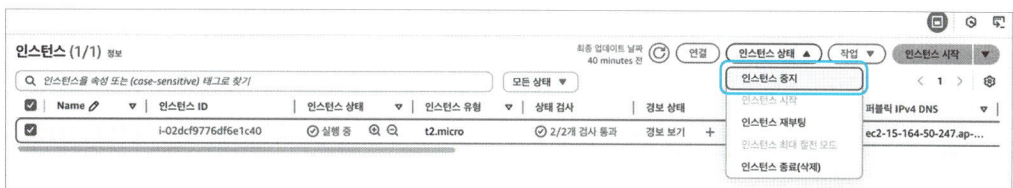

하지만 EC2 인스턴스 외에 스토리지(EBS)나 다른 서비스를 함께 사용한다면 EC2 인스턴스를 중지하더라도 서비스가 활성화되어 있는 경우 사용료가 부과될 수 있습니다. 따라서 특정 서비스를 활성화할 경우 과금 여부를 반드시 확인해야 합니다.

2 EC2 인스턴스를 종료하면 가상 머신이 삭제됩니다. 따라서 해당 인스턴스를 더 이상 사용하지 않을 경우에는 [인스턴스 종료(삭제)]를 선택해 데이터를 삭제합니다. 한 번 삭제한 인스턴스는 다시 복구할 수 없으므로 인스턴스를 종료할 때 주의해야 합니다.

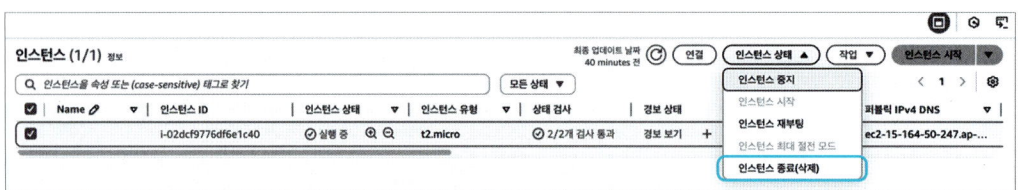

 **되새김 문제**

1 빈칸에 알맞은 말을 써넣어 문장을 완성하시오.

> 서버, 저장소, 네트워크 등의 IT 자원을 인터넷을 통해 제공하는 환경을 _____ 컴퓨팅 이라고 한다.

2 다음 중 클라우드 서비스 모델을 올바르게 나열한 것은 무엇인가요?
① SaaS, PaaS, IaaS
② IaaS, SaaS, DaaS
③ OSaaS, SaaS, NaaS
④ PaaS, AaaS, SaaS

3 클라우드 서비스를 직접 제공하는 사업자를 가리키는 용어는 무엇인가요?
① ISP
② MSP
③ CSP
④ ERP

4 빈칸에 알맞은 말을 써넣어 문장을 완성하시오.

> AWS 계정 보안을 강화하기 위해 비밀번호 외에 두 번째 인증 수단을 추가하는 기능을 _____ (이)라고 한다.

5 AWS에서 가상 서버를 생성할 때 사용하는 서비스는 무엇인가요?
① S3
② EC2
③ IAM
④ CloudFront

정답 1. 클라우드 2. ① 3. ③ 4. MFA 5. ②

찾아보기

한글

가상 머신	29
가상화	29
나노	164
네트워크	289
노드	289
데비안	24
디렉터리 파일	75
라즈베리파이	323
라즈베리파이 OS	329
랜	290
레드햇	24
로키	48
리눅스	18
리다이렉션	182
링크 파일	75
메가바이트	118
메비바이트	118
명령 프롬프트	59
명령어	57
배시	58
버추얼박스	31
본셸	58
빔	191
빔 길잡이	196
사물 인터넷	323
사설 IP 주소	294
삼바	296
상대 경로	81
서버	263
서브넷 마스크	293
센트OS	48
셸	23
셸 변수	216
셸 스크립트	225
소유권	124
숫자 모드	125
슬랙웨어	24
시셸	58
심볼릭 모드	125
아카이브	141
아파치	271
안드로이드	24
압축	141
와일드카드	109
왠	290
우분투	41
운영체제	17
워드프레스	278
웹 브라우저	264
웹 서버	264
위치 매개변수	231
유닉스	17
일반 파일	75
장치 파일	75
절대 경로	81
커널	17
콘셸	58
클라우드 컴퓨팅	351
클라이언트	263
터미널	57
통신 파일	75
트리 구조	76
티시셸	58
파이프라인	187
패키지	24
프로세스	152
하이퍼바이저	30
허가권	124
환경 변수	219

영문

adduser	119
apache2	271
apt	133
awk	204
AWS	353
bzip2	144
case	244
cat	173
cd	82
CGI	267
chmod	127
chsh	213
cp	90
CSP	352
deluser	122
dnf	138
DNS 서버	308
du	233
EC2	366

export	220	MSP	352	touch	66
expr	247	mv	95	tree	88
find	115	MySQL	281	unset	218
for	252	nano	165	until	255
getconf	77	NetworkManager	308	unzip	151
GNU	18	NFS	313	useradd	258
GPL	19	nmtui	305	vi	191
grep	155	PaaS	352	VM	29
gzip	144	passwd	121	whereis	107
head	180	PATH	227	which	106
history	113	pgrep	158	while	255
HTML	266	PHP	274	xz	144
HTTP	264	pinout	347	zip	148
httpd	271	printf	236		
HTTPS	264	ps	154		
IaaS	352	PS1	219		
IAM	364	pwd	83		
if	241	raspi-config	346		
ip	303	read	234		
IP 주소 체계	292	RHEL	48		
ipconfig	305	rm	68		
ISP	290	rmdir	70		
kill	160	SaaS	352		
LAMP	278	sed	198		
less	174	sleep	158		
let	249	ssh	340		
ls	63	systemctl	274		
man	102	tail	180		
MFA	358	tar	142		
mkdir	69	test	239		
more	174	top	156		

Basic Programming Course
기초 프로그래밍 코스

파이썬, C 언어, 자바로 시작하는 프로그래밍!
기초 단계를 독파한 후 응용 단계로 넘어가세요!

기초 단계

박응용 | 432쪽

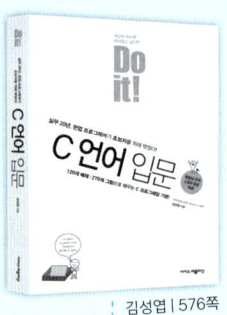
김성엽 | 576쪽

박은종 | 632쪽

시바타 보요 저, 강민 역 | 408쪽

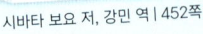
시바타 보요 저, 강민 역 | 452쪽

시바타 보요 저, 강민 역 | 424쪽

응용 단계

김창현 | 384쪽

강성윤 | 740쪽

김종관 | 616쪽

나는 어떤 코스가 적합할까?

A 파이썬 개발자가 되고 싶은 사람

- Do it! 점프 투 파이썬
- Do it! 점프 투 파이썬 — 라이브러리 예제 편
- Do it! 파이썬 생활 프로그래밍 with 챗GPT
- Do it! 장고 + 부트스트랩 파이썬 웹 개발의 정석
- Do it! LLM을 활용한 AI 에이전트 개발 입문

B 자바 개발자가 되고 싶은 사람

- Do it! 자바 프로그래밍 입문
- Do it! 점프 투 스프링 부트 3
- Do it! 점프 투 자바
- Do it! 자바 완전 정복

Web Programming Course
웹 프로그래밍 코스

웹 기술의 기본은 HTML, CSS, 자바스크립트!
기초 단계를 독파한 후 응용 단계로 넘어가세요!

기초 단계

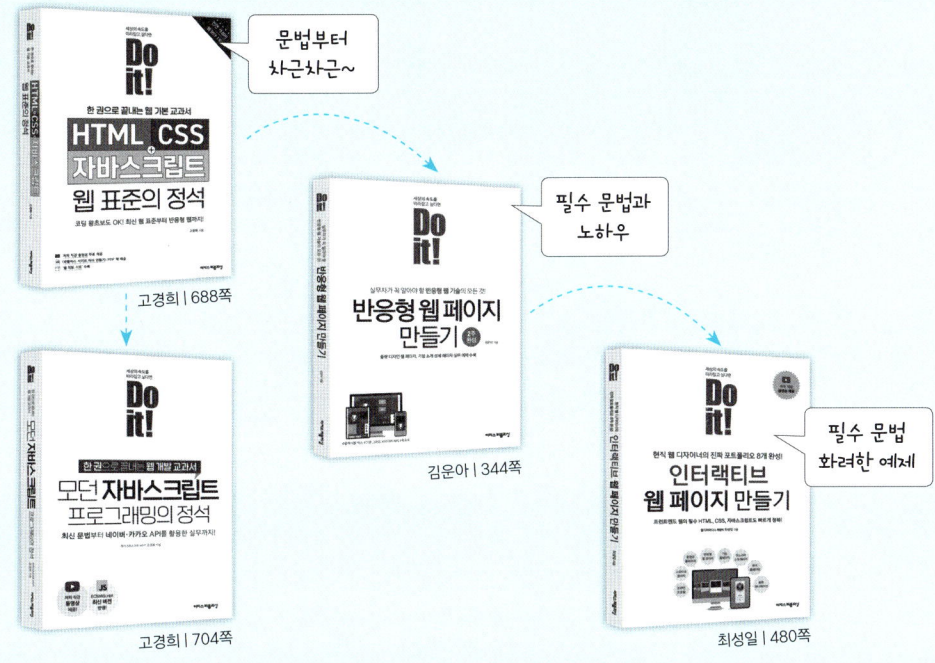

문법부터 차근차근~

필수 문법과 노하우

필수 문법 화려한 예제

고경희 | 688쪽
김운아 | 344쪽
고경희 | 704쪽
최성일 | 480쪽

응용 단계

고경희 | 560쪽
박응용 | 408쪽
이성용, 김태곤 | 640쪽

나는 어떤 코스가 적합할까?

A 프런트엔드 개발자가 되고 싶은 사람

- Do it! HTML + CSS + 자바스크립트 웹 표준의 정석
- Do it! 모던 자바스크립트 프로그래밍의 정석
- Do it! 반응형 웹 페이지 만들기
- Do it! 인터랙티브 웹 페이지 만들기
- Do it! 자바스크립트 + 제이쿼리 입문
- Do it! Vue.js 입문

B 백엔드 개발자가 되고 싶은 사람

- Do it! HTML + CSS + 자바스크립트 웹 표준의 정석
- Do it! 모던 자바스크립트 프로그래밍의 정석
- Do it! Node.js 프로그래밍 입문
- Do it! 점프 투 스프링 부트 3
- Do it! 장고 + 부트스트랩 파이썬 웹 개발의 정석

앱 프로그래밍 코스

Application Programming Course

자바, 코틀린, 스위프트로 시작하는 앱 프로그래밍!
나만의 앱을 만들어 보세요!

기초 단계

Do it! 자바 완전 정복
김동형 | 856쪽

Do it! 안드로이드 앱 프로그래밍
정재곤 | 800쪽

Do it! 깡샘의 안드로이드 앱 프로그래밍 with 코틀린
강성윤 | 740쪽

Do it! 깡샘의 플러터&다트 프로그래밍
강성윤 | 712쪽

Do it! 스위프트로 아이폰 앱 만들기 입문
송호정, 이범근 | 696쪽

응용 단계

Do it! 플러터 앱 개발&출시하기
조준수 | 544쪽

Do it! 리액트로 웹앱 만들기 with 타입스크립트
전예홍 | 680쪽

Do it! 프로그레시브 웹앱 만들기
김응석 | 576쪽

나는 어떤 코스가 적합할까?

A 빠르게 앱을 만들고 싶은 사람

- Do it! 안드로이드 앱 프로그래밍
- Do it! 깡샘의 안드로이드 앱 프로그래밍 with 코틀린
- Do it! 스위프트로 아이폰 앱 만들기 입문
- Do it! 플러터 앱 개발&출시하기

B 앱 개발 실력을 더 키우고 싶은 사람

- Do it! 자바 완전 정복
- Do it! 리액트로 웹앱 만들기 with 타입스크립트
- Do it! 프로그레시브 웹앱 만들기
- Do it! 깡샘의 플러터&다트 프로그래밍

AI & Data Analysis Course
인공지능 & 데이터 분석 코스

인공지능, 데이터 분석도 Do it! 시리즈와 함께!
주어진 순서대로 차근차근 독파해 보세요!

인공지능

윤성진 | 432쪽

이기창 | 256쪽

이성용 | 504쪽

데이터 분석

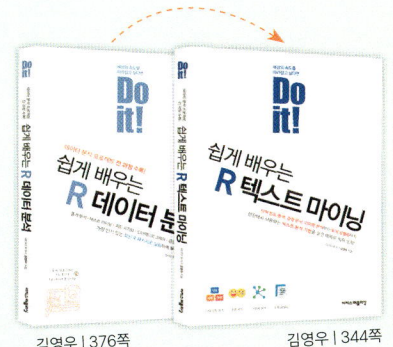

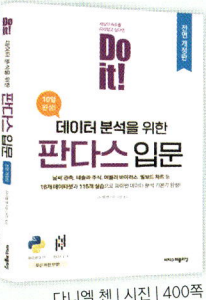

김영우 | 376쪽　　김영우 | 344쪽　　김영우 | 472쪽　　다니엘 첸 | 시진 | 400쪽

나는 어떤 코스가 적합할까?

A 인공지능 개발자가 되고 싶은 사람

- Do it! 점프 투 파이썬
- Do it! LLM을 활용한 AI 에이전트 개발 입문
- Do it! 딥러닝 교과서
- Do it! BERT와 GPT로 배우는 자연어 처리

B 데이터 분석가가 되고 싶은 사람

- Do it! 쉽게 배우는 파이썬 데이터 분석
- Do it! 쉽게 배우는 R 데이터 분석
- Do it! 쉽게 배우는 R 텍스트 마이닝
- Do it! 데이터 분석을 위한 판다스 입문
- Do it! R 데이터 분석 with 샤이니
- Do it! 첫 통계 with 베이즈

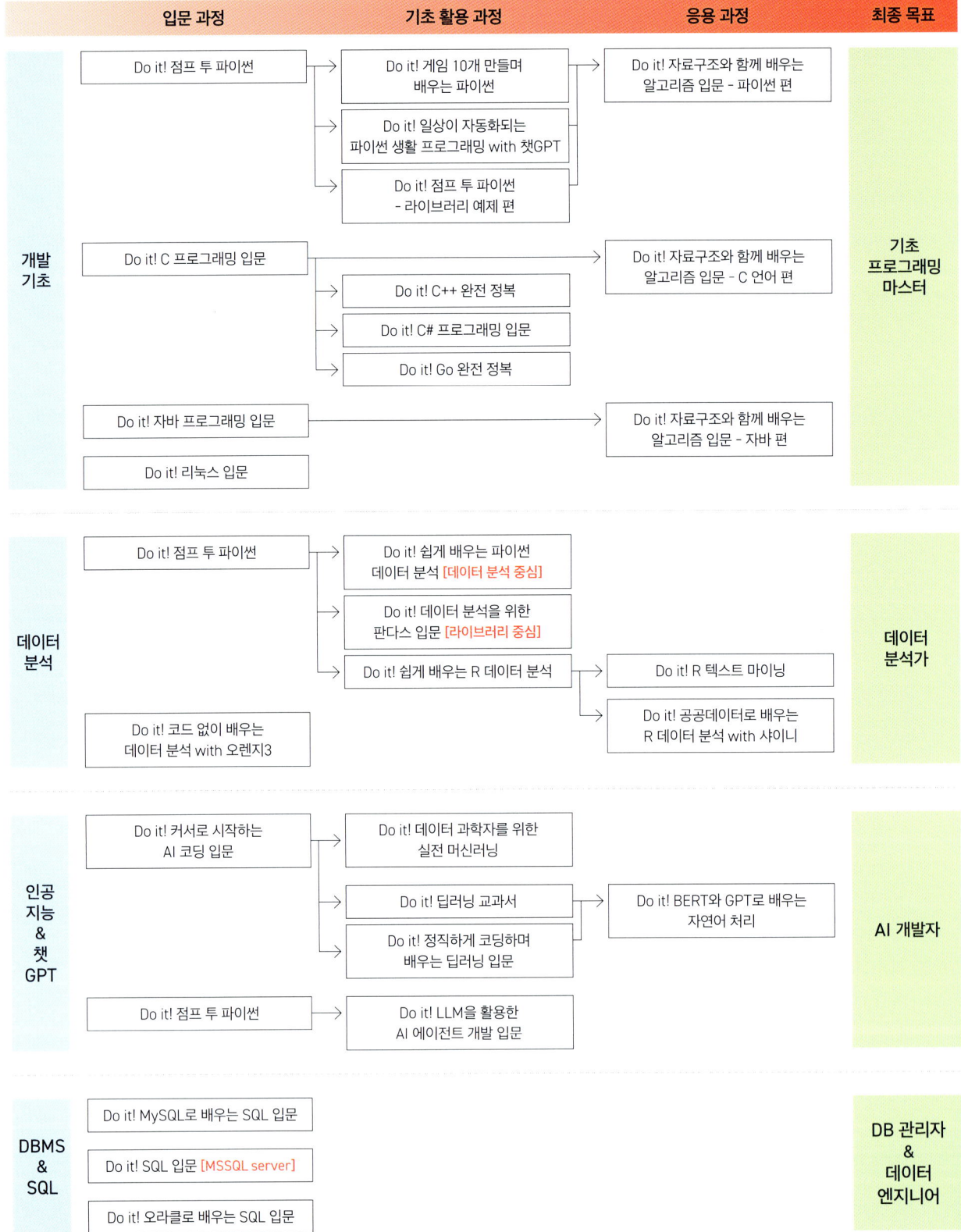

세상의 속도를
따라잡고 싶다면

Do it!

우분투와 로키로 배우는 리눅스 기본기

리눅스 입문

별책 부록 A | 핵심 명령어 사전

이지스 퍼블리싱

핵심 명령어 사전으로 리눅스 완전 정복!

책에서 배운 명령어와 함께 실무에서 유용하게 사용하는 명령어를 빠르게 찾아 복습하고 활용해 보세요. 별책으로 구성되어 있어 떼어 들고 다니며 언제든 편하게 참고할 수 있습니다.

- **A-1** 파일과 디렉터리 생성, 확인, 이동, 삭제와 관련된 명령어
- **A-2** 사용자 계정, 권한과 관련된 명령어
- **A-3** 문서 보기, 편집과 관련된 명령어
- **A-4** 시스템, 서비스와 관련된 명령어
- **A-5** 기타 명령어

A-1
파일과 디렉터리 생성, 확인, 이동, 삭제와 관련된 명령어

명령어 요약

순서	명령어	설명
1	ls	디렉터리 내 파일과 디렉터리 목록 출력
2	cd	현재 작업 중인 디렉터리 이동
3	mkdir	새 디렉터리 생성
4	rmdir	빈 디렉터리만 삭제
5	cp	파일이나 디렉터리 복사
6	mv	파일이나 디렉터리를 이동하거나 이름을 변경
7	rm	파일이나 디렉터리 삭제
8	touch	빈 파일 생성 또는 기존 파일의 수정 시간 변경
9	stat	파일/디렉터리의 크기, 권한, 소유자 등 세부 정보 출력
10	tree	디렉터리와 파일 구조를 트리 형식으로 출력
11	file	파일의 유형 출력

1. ls 명령어

명령어	ls	디렉터리 내 파일과 디렉터리 목록 출력	
형식		ls [옵션] [파일/디렉터리 경로]	
옵션	설명		예시
-l	파일과 디렉터리의 상세 정보 출력		ls -l
-a	점(.)으로 시작하는 파일 숨김 파일을 포함해 출력		ls -a
-h	사람이 읽기 쉬운 크기로 출력		ls -lh
-t	파일과 디렉터리의 수정 시간에 따라 정렬		ls -lt
-R	하위 디렉터리까지 모두 포함해 출력		ls -R

2. cd 명령어

명령어	cd	현재 작업 중인 디렉터리를 이동	
형식		cd [디렉터리 경로]	
옵션	설명		예시
~	사용자의 홈 디렉터리로 이동		cd ~
-	이전 디렉터리로 이동		cd -
..	상위 디렉터리로 이동		cd ..

3. mkdir 명령어

명령어	mkdir	새 디렉터리 생성
형식		mkdir [옵션] 디렉터리명
옵션	설명	예시
-p	상위 디렉터리가 없으면 함께 생성	mkdir -p a/b/c
-v	디렉터리 생성 과정 모두 출력	mkdir -vp a/b/c

4. rmdir 명령어

명령어	rmdir	빈 디렉터리만 삭제
형식		rmdir [옵션] 디렉터리명
옵션	설명	예시
-p	하위 디렉터리 구조를 따라 연속해서 삭제	rmdir -p a/b/c

5. cp 명령어

명령어	cp	파일이나 디렉터리를 복사
형식		cp [옵션] 원본 대상
옵션	설명	예시
-r	디렉터리 전체 복사	cp -r dir backup_dir
-i	덮어쓰기 전에 확인 메시지 출력	cp -i a.txt b.txt
-v	복사 과정을 출력	cp -v *.txt dest/

○ 계속

-u	대상보다 새 파일만 복사	cp -u *.txt dest/
-p	원본의 권한과 타임 스탬프 유지	cp -p a.txt b.txt

6. mv 명령어

명령어	mv	파일이나 디렉터리를 이동하거나 이름을 변경	
형식		mv [옵션] 원본 대상	
옵션	설명		예시
-i	덮어쓰기 전에 확인 메시지 출력		mv -i a.txt b.txt
-v	진행 과정을 출력		mv -v a.txt /tmp

7. rm 명령어

명령어	rm	파일이나 디렉터리를 삭제
형식		rm [옵션] 대상
옵션	설명	예시
-r	디렉터리 및 하위 디렉터리를 모두 삭제	rm -r backup_dir
-i	삭제하기 전 확인 메시지 출력	rm -i a.txt
-v	삭제 과정을 출력	rm -rv *.txt
-f	경고 메시지 없이 강제 삭제	rm -rf *.txt

8. touch 명령어

명령어	touch	빈 파일 생성 또는 기존 파일의 수정 시간 변경
형식		touch [옵션] 파일명
옵션	설명	예시
-t	특정 시간으로 수정 시간 변경, [[CC]YY]MMDDhhmm[.ss]	touch -t 202501011000 oldfile.txt
-a	접근 시간만 변경	touch -a file.txt
-m	수정 시간만 변경	touch -m file.txt

9. stat 명령어

명령어	stat	파일/디렉터리의 크기, 권한, 소유자 등 세부 정보 출력
형식		stat [옵션] "형식지정자" 파일명

옵션	설명	예시
-c	출력 형식 지정	stat -c "%n %s %F" sample.txt
형식 지정자		
%n	파일명	stat -c "%n" sample.txt
%s	파일 크기(byte)	stat -c "%s" sample.txt
%y	최종 수정 시간	stat -c "%y" sample.txt
%F	파일 유형	stat -c "%F" sample.txt
%u	소유자 식별 번호, UID	stat -c "%u" sample.txt
%g	소유자 그룹 식별 번호, GID	stat -c "%g" sample.txt

10. tree 명령어

명령어	tree	디렉터리와 파일 구조를 트리 형식으로 출력
형식		tree [옵션] [디렉터리 경로]

옵션	설명	예시
-L 번호	하위 [번호] 단계까지 출력	tree -L 2
-d	디렉터리만 출력	tree -d
-a	숨김 파일을 포함해 출력	tree -a
-f	전체 경로를 함께 출력	tree -f

11. file 명령어

명령어	file	파일의 유형을 출력
형식		file [옵션] 파일명

옵션	설명	예시
-i	MIME 타입 출력(이미지나 문서 형식)	file -i image.jpg
-b	파일명 생략하고 정보만 출력	file -b /etc
-z	압축된 파일 내용도 검사	file -z archive.gz

A-2
사용자 계정, 권한과 관련된 명령어

명령어 요약

순서	명령어	설명
1	adduser	새 사용자 계정 생성(대화형으로 계정 정보 추가)
2	deluser	adduser와 대응하는 사용자 계정 삭제
3	useradd	새 사용자 계정 생성(홈 디렉터리 등 옵션을 통해 추가 가능)
4	userdel	useradd와 대응하는 사용자 계정의 삭제
5	passwd	사용자 계정의 비밀번호를 설정하거나 변경
6	su	로그인한 사용자가 다른 사용자로 전환할 때 사용
7	sudo	관리자 권한을 일시적으로 부여받아 명령어 실행
8	chmod	파일이나 디렉터리의 권한 변경
9	chown	파일이나 디렉터리의 소유자와 소유 그룹 변경
10	chgrp	파일이나 디렉터리의 그룹 소유권 변경
11	groupadd	시스템에 새로운 그룹 생성
12	groupdel	시스템에서 기존 그룹 삭제
13	gpasswd	사용자를 그룹에 추가, 제거, 관리

1. adduser 명령어

명령어	adduser	새 사용자 계정 생성(대화형으로 계정 정보 추가)
형식		adduser [옵션] 사용자명
옵션	설명	예시
--home	사용자 홈 디렉터리 지정	sudo adduser --home /home/userhome
--shell	로그인 셸 지정	sudo adduser --shell /bin/bash [사용자명]
--uid	사용자 UID 지정	sudo adduser --uid 1100 [사용자명]
--disabled-password	암호 없이 사용자 생성	sudo adduser --disabled-password [사용자명]
--ingroup	그룹에 소속된 사용자 생성	sudo adduser --ingroup [그룹명] [사용자명]

2. deluser 명령어

명령어	deluser	adduser와 대응하는 사용자 계정 삭제 명령어
형식		deluser [옵션] 사용자명

옵션	설명	예시
--remove-home	사용자 홈 디렉터리 삭제	sudo deluser --remove-home [사용자명]
--remove-all-files	사용자 소유의 모든 파일 삭제	sudo deluser -remove-all-files [사용자명]
--backup	삭제하기 전 사용자 데이터 백업	sudo deluser --backup [사용자명]

3. useradd 명령어

명령어	useradd	새 사용자 계정 생성(홈 디렉터리 등 옵션을 통해 추가 가능)
형식		useradd [옵션] 사용자명

옵션	설명	예시
-m	사용자 계정과 동일한 홈 디렉터리 생성	sudo useradd -m [사용자명]
-d	홈 디렉터리를 직접 지정	sudo useradd -m -d /home/dir
-s	로그인 셸 지정	sudo useradd -m -s /bin/bash [사용자명]
-u	사용자 ID를 수동으로 지정	sudo useradd -u 1200 [사용자명]
-g	기본 그룹 지정	sudo useradd -m -g [그룹명] [사용자명]

4. userdel 명령어

명령어	userdel	useradd와 대응하는 사용자 계정 삭제 명령어
형식		userdel [옵션] 사용자명

옵션	설명	예시
-r	사용자 계정과 홈 디렉터리, 메일 스풀 등 함께 삭제	sudo userdel -r [사용자명]

5. passwd 명령어

명령어	passwd	사용자 계정의 비밀번호를 설정하거나 변경
형식		passwd [옵션] [사용자명]

옵션	설명	예시
-d	비밀번호 삭제	sudo passwd -d [사용자명]
-l	계정 잠금	sudo passwd -l [사용자명]
-u	계정 잠금 해제	sudo passwd -u [사용자명]
-e	비밀번호 만료 설정	sudo passwd -e [사용자명]
-n	비밀번호 변경 불가 일수 지정	sudo passwd -n 5 [사용자명]
-x	비밀번호 강제 변경 일수 지정	sudo passwd -x 90 [사용자명]

6. su 명령어

명령어	su	로그인한 사용자가 다른 사용자로 전환할 때 사용
형식		su [옵션] [사용자명]

옵션	설명	예시
-	루트 계정으로 로그인	su -
-l	로그인 할 사용자의 환경 변수를 적용하여 로그인	su -l [사용자명]
-s	특정 셸을 지정하여 로그인	su -s /bin/bash [사용자명]

7. sudo 명령어

명령어	sudo	관리자 권한을 일시적으로 부여받아 명령어 실행
형식		sudo [옵션] 명령어

옵션	설명	예시
-i	루트 사용자로 로그인	sudo -i
-u	지정한 사용자 권한으로 명령 실행	sudo -u [사용자명] [명령]
-l	현재 사용자가 실행 가능한 sudo 명령어 목록	sudo -l

8. chmod 명령어

명령어	chmod	파일이나 디렉터리의 권한 변경	
형식	colspan chmod [옵션] 파일/디렉터리 경로		
옵션	설명		예시
-R	디렉터리와 하위 파일까지 함께 권한 변경		chmod -R 755 /tmp
숫자	8진수 3자리의 숫자로 읽기/쓰기/실행 권한 변경		chmod 644 file.txt
기호	사용자/그룹/기타(ugo)와 읽기/쓰기/실행(rwx) 기호 조합		chmod u+rx file.txt

9. chown 명령어

명령어	chown	파일이나 디렉터리의 소유자와 소유 그룹 변경
형식	colspan chown [옵션] [소유자] 파일/디렉터리 chown [옵션] [소유자:그룹] 파일/디렉터리	
옵션	설명	예시
-R	재귀적으로 하위 디렉터리와 파일까지 모두 변경	chown -R tom.dev /develop
-v	수정한 파일과 디렉터리 이름을 출력	chown -v alice file.txt
-c	실제로 변경된 항목만 출력	chown -c alice file.txt

10. chgrp 명령어

명령어	chgrp	파일이나 디렉터리의 그룹 소유권 변경
형식	colspan chgrp [옵션] 그룹명 파일/디렉터리 경로	
옵션	설명	예시
-R	재귀적으로 하위 디렉터리와 파일까지 모두 변경	chgrp -R dev /home/user
-v	수정한 파일과 디렉터리 이름 출력	chgrp -v users file.txt
-c	실제로 변경된 항목만 출력	chgrp -c admin file.txt

11. groupadd 명령어

명령어	groupadd	시스템에 새로운 그룹을 생성
형식	colspan groupadd [옵션] 그룹명	
옵션	설명	예시
-g	그룹 식별 번호(GID)를 수동으로 지정	groupadd -g 1200 dev

12. groupdel 명령어

명령어	groupdel	시스템에서 기존 그룹을 삭제
형식		groupdel 그룹명

13. gpasswd 명령어

명령어	gpasswd	사용자를 그룹에 추가, 제거, 관리
형식		gpasswd [옵션] 그룹명 gpasswd [옵션] 사용자명 그룹명
옵션	설명	예시
없음	그룹에 비밀번호 설정	gpasswd devs
-a	사용자를 그룹에 추가	gpasswd -a tom devs
-d	사용자를 그룹에서 제거	gpasswd -d tom devs

A-3
문서 보기, 편집과 관련된 명령어

명령어 요약

순서	명령어	설명
1	cat	파일의 내용을 출력하거나 여러 파일을 연결
2	more	문서 파일의 내용을 한 화면씩 나눠서 출력
3	less	문서 파일을 앞뒤로 탐색하며 출력
4	head	문서 파일의 앞부분을 출력
5	tail	문서 파일의 뒷부분을 출력
6	nano	터미널에 기반한 간단한 문서 편집기에서 사용
7	vi	모드 및 다양한 기능을 지원하는 문서 편집기에서 사용
8	grep	입력 스트림에서 특정 문자열을 검색해 일치하는 줄 출력
9	sed	입력 데이터로 지정된 편집 명령을 수행하는 스트림 편집기에서 사용
10	awk	문서 파일에서 행과 열 단위로 데이터를 처리, 분석하는 도구
11	wc	문서의 줄, 단어, 문자, 바이트 수를 계산
12	cut	문서에서 문자 위치를 기준으로 일부 내용을 추출

1. cat 명령어

명령어	cat	파일의 내용을 출력하거나 여러 파일을 연결
형식		cat [옵션] [파일명]

옵션	설명	예시
-n	모든 행의 행 번호를 함께 출력	cat -n file.txt
-E	각 행 끝에 $ 출력	cat -E file.txt
-s	연속된 빈 행을 하나의 행으로 축소	cat -s file.txt
-T	탭 문자를 ^I 문자로 대체해 출력	cat -T file.txt

2. more 명령어

명령어	more	문서 파일의 내용을 한 화면씩 나눠서 출력
형식		more [옵션] [파일명]
옵션	설명	예시
+n	지정한 n번째 줄부터 출력 시작	more +12 file.txt
+/패턴	지정한 패턴이 있는 줄부터 출력 시작	more +/print file.txt
-d	'스페이스바 키를 눌러 계속하기' 메시지 출력	more -d file.txt
-f	긴 줄을 여러 줄로 나누지 않고 한 줄로 출력	more -f file.txt

3. less 명령어

명령어	less	문서 파일을 앞뒤로 탐색하며 출력
형식		less [옵션] [파일명]
옵션	설명	예시
-N	모든 행의 행 번호를 함께 출력	less -N file.txt
-S	줄바꿈 없이 긴 줄을 한 줄로 출력	less -S file.txt
-i	검색 시 대소문자 구분을 하지 않음	less -i file.txt
+n	지정한 n번째 줄부터 출력 시작	less +50 file.txt
+/패턴	지정한 패턴이 있는 줄부터 출력 시작(패턴 강조)	less +/output file.txt

4. head 명령어

명령어	head	문서 파일의 앞부분을 출력
형식		head [옵션] [파일명]
옵션	설명	예시
-숫자	처음부터 지정한 줄 수만큼 출력	head -10 file.txt
-n [숫자]	처음부터 지정한 줄 수만큼 출력	head -n 10 file.txt
-n -[숫자]	끝에서 제외할 줄 수를 지정	head -n -10 file.txt
-c	지정한 바이트 수만큼 출력	head -c 100 file.txt

5. tail 명령어

명령어	tail	문서 파일의 뒷부분을 출력
형식	colspan tail [옵션] [파일명]	
옵션	설명	예시
-숫자	끝에서 지정한 줄 수만큼 출력	tail -10 file.txt
-n [숫자]	끝에서 지정한 줄 수만큼 출력	tail -n 10 file.txt
-c	끝에서 지정한 바이트 수만큼 출력	tail -c 100 file.txt
-f	파일의 변경 내용을 실시간으로 출력(로그 모니터링)	tail -f file.txt

6. nano 명령어

명령어	nano	터미널에 기반한 간단한 문서 편집기에서 사용
형식	colspan nano [옵션] [파일명]	
옵션	설명	예시
-l	줄 번호를 왼쪽에 출력	nano -l file.txt
-c	현재 커서의 행과 열의 위치를 표시	nano -c file.txt
+[줄번호]	지정한 줄 번호로 이동해 편집 시작	nano +10 file.txt

7. vi 명령어

명령어	vi	모드 및 다양한 기능을 지원하는 문서 편집기에서 사용
형식	colspan vi [옵션] [파일명]	
옵션	설명	예시
+n	지정한 줄에서 편집 시작	vi +10 file.txt
+	파일의 마지막 줄에서 편집 시작	vi + file.txt
-R	읽기 전용으로 파일 열기	vi -R file.txt

8. grep 명령어

명령어	grep	입력 스트림에서 특정 문자열을 검색해 일치하는 줄 출력
형식		grep [옵션] "패턴" [파일명]

옵션	설명	예시
-i	대소 문자 구분하지 않고 검색	grep -i "Print" file.txt
-n	줄 번호와 함께 출력	grep -n "print" file.txt
-r	디렉터리를 재귀적으로 검색	grep -r "print" /home
-l	일치하는 파일 이름만 출력	grep -l "print" *.txt
-c	일치하는 줄의 개수를 출력	grep -c "print" file.txt
-e	검색 패턴을 여러 개 지정	grep -e "print" -e "size" file.txt

9. sed 명령어

명령어	sed	입력 데이터로 지정된 편집 명령을 수행하는 스트림 편집기에서 사용
형식		sed [옵션] '명령' [파일명]

옵션	설명	예시
-e	여러 sed 명령어를 추가로 적용할 때 사용	sed -e '1,2p' -e '3,4p' file.txt
-n	입력 스트림의 출력을 제한(p 명령어로 출력)	sed -n -e '1,$p' file.txt
-i	원본 파일의 내용을 수정	sed -i 's/kim/Kim/g' file.txt
-f	명령을 외부 스크립트에서 불러오기	sed -f script.sed file.txt

명령	설명	예시
p	특정 행 출력 명령(-n 옵션과 함께 사용)	sed -e '3p' file.txt
s/A/B/	A를 B로 치환(한 번만 수행)	sed 's/dog/cat/' file.txt
s/A/B/g	A를 B로 치환(모든 문서에 적용)	sed 's/dog/cat/g' file.txt
d	특정 줄 삭제	sed '2d' file.txt
/패턴/d	패턴이 포함된 줄 삭제	sed '/print/d' file.txt

10. awk 명령어

명령어	awk	문서 파일에서 행과 열 단위로 데이터를 처리, 분석하는 도구
형식		awk [옵션] '패턴 {동작}' [파일명]

옵션	설명	예시
-f	스크립트 파일로 명령어를 처리	awk -f script.awk file.txt
-F	필드 구분자를 특정 문자로 지정	awk -F ':' '{print $1}' /etc/passwd
-v	외부 변숫값을 awk 스크립트에 전달	awk -v n="admin" '{print n, $1}' file.txt

내장 변수	설명	예시
$0	현재 줄 전체	awk '/print/ {print $0}' file.txt
$1, $2…	각 필드	awk '{print $1, $3}' file.txt
NF	현재 줄의 필드 개수	awk '{print NF}' file.txt
NR	현재까지 처리한 줄 번호	awk '{print NR, $0}' file.txt

11. wc 명령어

명령어	wc	문서의 줄, 단어, 문자, 바이트 수 계산
형식		wc [옵션] [파일명]

옵션	설명	예시
-l	줄(line) 수만 출력	wc -l file.txt
-w	단어(word) 수만 출력	wc -w file.txt
-c	바이트(byte) 수만 출력	wc -c file.txt
-m	문자(character) 수만 출력	wc -m file.txt

12. cut 명령어

명령어	cut	문서에서 문자 위치를 기준으로 일부 내용 추출
형식		cut [옵션] [파일명]

옵션	설명	예시
-d	필드 구분자를 지정, /etc/passwd에서 사용자 이름 추출	cut -d ',' -f1 /etc/passwd
-f	필드 번호 지정, 사용자 이름과 홈 디렉터리 경로 추출	cut -d ',' -f1,6 /etc/passwd

A-4
시스템, 서비스와 관련된 명령어

명령어 요약

순서	명령어	설명
1	systemctl	시스템 서비스의 상태를 제어하거나 조회
2	apt	데비안 계열의 패키지 관리
3	yum	레드햇 계열의 패키지 관리
4	dnf	yum 명령어의 차세대 버전(의존성 기능과 성능 향상)
5	snap	여러 리눅스 배포판에서 패키지 관리에 사용
6	uname	커널의 이름, 버전, 아키텍처 등 시스템 정보 출력
7	hostnamectl	호스트명을 조회하거나 영구히 설정
8	df	디스크 공간의 사용량과 남은 공간을 확인
9	du	파일이나 디렉터리에서 실제로 사용하는 디스크 공간의 크기 출력
10	lsblk	시스템에 연결된 블록 디바이스의 정보를 트리 형태로 출력

1. systemctl 명령어

명령어	systemctl	시스템 서비스의 상태를 제어하거나 조회
형식		systemctl [명령] [서비스명]
옵션	설명	예시
start	지정한 서비스 시작	systemctl start apache2
stop	지정한 서비스 종료	systemctl stop apache2
restart	서비스 재시작	systemctl restart apache2
reload	서비스 재시작하지 않고 설정만 다시 불러오기	systemctl reload apache2
status	서비스 상태 확인	systemctl status apache2
enable	부팅 시 자동 시작 설정	systemctl enable apache2
disable	부팅 시 자동 시작 종료	systemctl disable apache2

2. apt 명령어

명령어	apt	데비안 계열의 패키지 관리 도구
형식		apt [명령] [패키지명]
옵션	설명	예시
update	패키지 목록 업데이트	sudo apt update
upgrade	설치된 모든 패키지를 최신 버전으로 업그레이드	sudo apt upgrade
install	새 패키지 설치	sudo apt install nano
remove	설정 파일은 유지한 채 패키지만 제거	sudo apt remove nano
purge	패키지와 설정 파일을 완전히 제거	sudo apt purge nano
autoremove	더 이상 필요 없는 패키지 자동 제거	sudo apt autoremove
search	패키지 검색	apt search apache
show	패키지 정보 상세 보기	apt show nano

3. yum 명령어

명령어	yum	레드햇 계열의 패키지 관리 도구
형식		yum [명령] [패키지명]
옵션	설명	예시
update upgrade	설치된 모든 패키지를 최신 버전으로 업그레이드	sudo yum update sudo yum upgrade
install	새 패키지 설치	sudo yum install httpd
remove	패키지 제거	sudo yum remove httpd
search	패키지 이름 또는 설명 검색	yum search httpd
info	패키지 정보 상세 보기	yum info nano
list	패키지 목록 출력	yum list installed
clean all	캐시와 메타데이터 정리	sudo yum clean all

4. dnf 명령어

명령어	dnf	yum 명령어의 차세대 버전(의존성 기능과 성능 향상)
형식		dnf [명령] [패키지명]
옵션	설명	예시
update upgrade	설치된 모든 패키지 최신 버전으로 업그레이드	sudo dnf update sudo dnf upgrade
install	새 패키지 설치	sudo dnf install httpd
remove	패키지 제거	sudo dnf remove httpd
search	패키지 이름 또는 설명 검색	dnf search mysql
info	패키지 정보 상세 보기	dnf info nano
list	패키지 목록 출력	dnf list installed
clean all	캐시 및 메타데이터 정리	sudo dnf clean all
autoremove	더 이상 필요 없는 의존성 자동 삭제	sudo dnf autoremove

5. snap 명령어

명령어	snap	여러 리눅스 배포판에서 사용할 수 있는 패키지 관리 도구
형식		snap [명령] [패키지명]
옵션	설명	예시
refresh	설치된 snap 패키지를 최신 버전으로 업데이트	sudo snap refresh
install	새 패키지 설치	sudo snap install nano
remove	패키지 제거	sudo snap remove nano
find	패키지 이름 또는 설명 검색	snap search nano
info	패키지 정보 상세 보기	snap info nano
list	패키지 목록 출력	snap list

6. uname 명령어

명령어	uname	커널의 이름, 버전, 아키텍처 등 시스템 정보 출력	
형식		uname [옵션]	
옵션	설명		예시
-s	커널 이름 출력(기본값)		uname -s
-n	호스트명 출력		uname -n
-r	커널 릴리즈 버전 출력		uname -r
-v	커널 버전의 상세 정보 출력		uname -v
-m	시스템 아키텍처 출력		uname -m
-o	운영체제 이름 출력		uname -o
-a	위 모든 정보를 함께 출력		uname -a

7. hostnamectl 명령어

명령어	hostnamectl	호스트명을 조회하거나 영구히 설정하는 명령어
형식		hostnamectl [옵션] [호스트명]
옵션	설명	예시
없음	현재 호스트명 관련 정보 출력	hostnamectl
set-hostname	호스트명 설정	sudo hostnamectl set-hostname server1

8. df 명령어

명령어	df	디스크 공간의 사용량과 남은 공간을 확인
형식		df [옵션] [파일 또는 디렉터리 경로]
옵션	설명	예시
-h	사람이 읽기 쉬운 형식으로 출력(KB, MB, GB 등의 단위 표시)	df -h
-h	해당 경로가 속한 파일 시스템의 사용량만 출력	df -h /home
-T	파일 시스템의 타입도 함께 출력	df -T
-a	모든 파일 시스템 정보 출력	df -a

9. du 명령어

명령어	du	파일이나 디렉터리에서 실제로 사용하는 디스크 공간의 크기 출력
형식		du [옵션] [경로]
옵션	설명	예시
-h	사람이 읽기 쉬운 형식으로 출력	du -h
-s	요약 정보만 출력	du -sh
-a	파일과 디렉터리 모두 사용량 출력	du -ah
-c	총합도 함께 출력	du -ch /home
-d n	디렉터리의 깊이 수준 제한(n단계까지만 출력)	du -d 2 /home

10. lsblk 명령어

명령어	lsblk	시스템에 연결된 블록 디바이스의 정보를 트리 형태로 출력
형식		lsblk [옵션]
옵션	설명	예시
없음	디스크와 파티션을 트리 형식으로 기본 정보 출력	lsblk
-f	파일 시스템 정보를 함께 출력	lsblk -f
-a	모든 디바이스 출력(마운트되지 않은 것도 포함)	lsblk -a
-d	디스크만 출력(파티션 제외)	lsblk -d

A-5 기타 명령어

명령어 요약

순서	명령어	설명
1	alias	긴 명령어를 짧은 명령어로 단축해서 사용
2	find	파일과 디렉터리를 조건에 따라 검색
3	history	사용자가 입력한 명령어 기록을 확인, 재실행
4	ip	네트워크 인터페이스, 주소, 라우팅의 설정, 확인
5	kill	지정한 프로세스에 신호를 보내 제어
6	nslookup	DNS 서버에 질의해 도메인 이름을 IP 주소로 변환
7	ping	특정 IP 주소로 네트워크 연결 상태와 지연 시간 확인
8	ps	현재 실행 중인 프로세스의 상태와 정보 확인
9	scp	로컬과 원격 시스템 간의 파일 전송
10	ss	네트워크 연결 상태, 포트, 프로세스 정보를 빠르게 확인
11	ssh	원격 서버에 암호화된 방식으로 안전하게 접속
12	wget	HTTP/HTTPS/FTP 등의 프로토콜을 통해 파일 내려받기

1. alias 명령어

명령어	alias		
형식	colspan alias [이름]='명령어'		
옵션	설명		예시
없음	현재 정의된 모든 alias 목록 출력		alias
없음	ll 명령어를 ls -alF로 지정		alias ll='ls -alF'
없음	특정 alias 제거(위에서 지정한 ll 명령어 제거)		unalias ll
없음	모든 alias 제거		unalias -a

2. find 명령어

명령어	find	파일과 디렉터리를 조건에 따라 검색	
형식		find [경로] [조건] [동작]	
옵션	설명		예시
-name	이름과 패턴이 일치하는 파일 찾기		find . -name "file.txt"
-iname	대소 문자를 구분하지 않고 이름 비교		find /var -iname "*.log"
-type	파일 타입에 따른 검색		find . -type f
-size	파일 크기를 기준으로 검색		find . -size +10M
-mtime	마지막 수정 시간 기준으로 검색		find . -mtime +30
-user	지정 사용자 소유의 파일 검색		find /home -user alice
-perm	파일 권한으로 검색		find . -perm 644
-exec	찾은 파일에 대해 명령 실행		find . -name "*.log" -exec rm {} \;
-empty	빈 파일 또는 디렉터리 찾기		find . -type d -empty

3. history 명령어

명령어	history	사용자가 입력한 명령어 기록 확인, 재실행	
형식		history [옵션] [숫자]	
옵션	설명		예시
숫자	최근 실행한 명령어 중 일부만 출력		history 10
-c	현재 히스토리 메모리 내용 모두 삭제		history -c
-d [번호]	특정 번호의 히스토리 한 줄 삭제		history -d 5
!n	히스토리 번호 n에 해당하는 명령어 실행		!100
![문자열]	특정 문자열로 시작하는 최근 명령어 실행		!his

4. ip 명령어

명령어	ip	네트워크 인터페이스, 주소, 라우팅의 설정, 확인
형식		ip [객체] [명령] [옵션]
옵션	설명	예시
addr	IP 주소 관련 정보 및 설정	ip addr / ip a (IP 주소 전체 출력)
link	네트워크 인터페이스 장치 정보	ip link (모든 네트워크 인터페이스 정보 확인) ip link show eth0 (특정 인터페이스 정보) ip link set eth0 up (인터페이스 활성화) ip link set eth0 down (인터페이스 비활성화)
route	라우팅 테이블 정보 및 설정	ip route / ip r (현재 라우팅 테이블 확인) ip route add default via 192.168.1.1 (기본 게이트웨이를 192.168.1.1로 설정) ip route del default (기본 라우트 삭제)
neigh	ARP 캐시 정보 관리	ip neigh / ip n (ARP 캐시 확인) ip neigh flush all (ARP 캐시 삭제)

5. kill 명령어

명령어	kill	지정한 프로세스에 신호를 보내 제어
형식		kill [옵션] 프로세스ID
옵션	설명	예시
없음	프로세스 종료(기본 형식)	kill 123
-l	사용할 수 있는 신호 목록 출력	kill -l
-s	보낼 신호를 이름으로 지정(SIGTERM, SIGKILL 등)	kill -s SIGKILL 123
-9	강제 종료(SIGKILL)	kill -9 123
-15	정상 종료(SIGTERM)	kill -15 123
-INT	인터럽트, Ctrl+C와 동일(SIGINT)	kill -INT 123

6. nslookup 명령어

명령어	nslookup	DNS 서버에 질의해 도메인 이름을 IP 주소로 변환
형식		nslookup [도메인] [DNS 서버]
옵션	설명	예시
[도메인]	도메인명으로 IP 주소를 알고 싶은 경우 사용	nslookup google.com

○ 계속

[IP 주소]	IP 주소로 도메인명을 알고 싶은 경우 사용	nslookup 8.8.8.8
[도메인] [DNS서버]	특정 DNS 서버에 도메인명을 질의	nslookup naver.com 8.8.8.8

7. ping 명령어

명령어	ping	특정 IP 주소로 네트워크 연결 상태와 지연 시간 확인
형식		ping [옵션] IP 주소 또는 도메인명
옵션	설명	예시
없음	무한 반복하며 네트워크 상태 확인(Ctrl+C로 종료)	ping 8.8.8.8
-c	패킷 전송 횟수를 지정	ping -c 5 8.8.8.8
-i	패킷 전송 간격을 지정	ping -i 2 8.8.8.8
-s	데이터 패킷 크기 설정 (기본 56바이트+헤더 8바이트=64바이트)	ping -s 100 8.8.8.8

8. ps 명령어

명령어	ps	현재 실행하는 프로세스의 상태와 정보를 확인
형식		lsblk [옵션]
옵션	설명	예시
-e / -A	시스템의 모든 프로세스 출력	ps -e
-f	전체 포맷을 포함해 출력	ps -ef
-u	특정 사용자의 프로세스 보기	ps -u root
aux	전체 프로세스를 BSD 스타일로 표시	ps aux

9. scp 명령어

명령어	scp	로컬과 원격 시스템 간의 파일 전송
형식		scp [옵션] <출발지> <목적지>
옵션	설명	예시
-P	포트 번호를 지정(기본값: 22번)	scp -P 2020 file.txt usr@host:/tmp/
-C	압축 전송(전송 속도 개선)	scp -C file.txt usr@host:/tmp/
-r	디렉터리 전체를 재귀적으로 전송	scp -r mydir usr@192.168.1.15:/backup/

10. ss 명령어

명령어	ss	네트워크 연결 상태, 포트, 프로세스 정보를 빠르게 확인
형식		ss [옵션]
옵션	설명	예시
-t	TCP 연결만 출력	ss -t
-u	UDP 연결만 출력	ss -u
-l	수신 대기 상태(LISTEN)인 포트만 출력	ss -l
-a	모든 소켓 출력	ss -a
-n	호스트 이름과 포트 이름을 숫자로 출력	ss -n
-p	해당 소켓을 사용하는 프로세스 정보 포함	ss -p
-s	전체 소켓 통계 요약	ss -s
-r	소켓의 라우팅 정보 출력	ss -r

11. ssh 명령어

명령어	ssh	원격 서버에 암호화된 방식으로 안전하게 접속
형식	colspan	ssh [옵션] 사용자명@호스트명
옵션	설명	예시
-p	SSH 연결 포트 지정(기본값: 22번)	ssh -p 2222 user@192.168.1.10
-i	개인 키 파일 지정	ssh -i ~/.ssh/id_rsa user@hostname
-v	연결 디버깅 정보 출력	ssh -v user@192.168.1.10

12. wget 명령어

명령어	wget	HTTP/HTTPS/FTP 등 프로토콜을 통해 파일 내려받기
형식	colspan	wget [옵션] \<URL\>
옵션	설명	예시
없음	단순 파일 내려받기	wget https://example.com/file.zip
-O	지정한 이름으로 내려받기	wget -O myfile.zip https://example.com/file.zip
-c	중단된 내려받기를 이어받기	wget -c https://example.com/file.iso
-P	지정한 디렉터리에 파일 저장	wget -P /tmp https://example.com/file.zip

세상의 속도를
따라잡고 싶다면

리눅스
입문

Do it!
Linux for Beginners